朱子三代与政和

中共政和县委员会　政和县人民政府　编

海峡出版发行集团｜海峡文艺出版社

图书在版编目(CIP)数据

朱子三代与政和/中共政和县委员会,政和县人民政府编.—福州:海峡文艺出版社,2023.12
ISBN 978-7-5550-3569-5

Ⅰ.①朱… Ⅱ.①中…②政… Ⅲ.①朱熹(1130—1200)—哲学思想—文化研究②文史资料—政和县 Ⅳ.①B244.7②K295.74

中国国家版本馆 CIP 数据核字(2023)第 234023 号

朱子三代与政和

中共政和县委员会 政和县人民政府 编

出 版 人	林 滨	
责任编辑	蓝铃松	
出版发行	海峡文艺出版社	
经 销	福建新华发行(集团)有限责任公司	
社 址	福州市东水路 76 号 14 层	
发 行 部	0591—87536797	
印 刷	福州力人彩印有限公司	
厂 址	福州市晋安区新店镇健康村西庄 580 号 9 栋	
开 本	720 毫米×1010 毫米 1/16	
字 数	520 千字	
印 张	31	插页 10
版 次	2023 年 12 月第 1 版	
印 次	2023 年 12 月第 1 次印刷	
书 号	ISBN 978-7-5550-3569-5	
定 价	168.00 元	

如发现印装质量问题,请寄承印厂调换

政和县城全景图（余明传／摄）

清代政和县四境图

清代政和县城域图

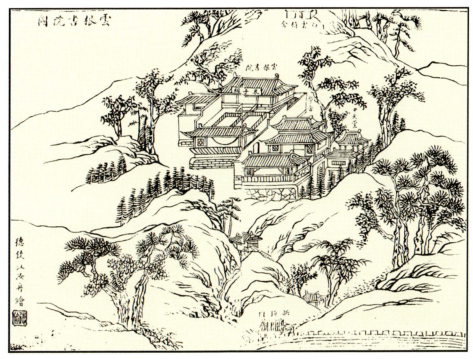

云根书院古图

星溪书院古图

云根书院

星溪书院

朱子孝道园

朱子文化公园

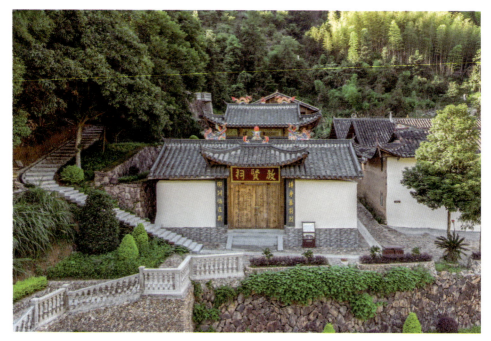

启贤祠

韦斋祠

朱子阁

明伦堂

2008年4月，中共中央组织部原常务副部长赵宗鼐（中）到云根书院考察

　　2010年9月，中共中央党史研究室原副主任石仲泉（左三）到云根书院考察

2008年8月3日，世界朱氏联合会会长朱祥南（前排中）到云根书院寻根祭祖

2013年5月15日，中国朱子学会常务副会长朱杰人（中）一行考察云根书院

2009 年 8 月，台湾朱子文化交流促进会会长朱茂男（左五）一行到云根书院开展"朱子之路"研习活动

2010 年 4 月 5 日，政和县朱子后裔到云根书院开展祭祖活动

2018 年 6 月 1 日，政和县南门小学举办敬师礼活动

2018 年 12 月，政和县朱子文化研究会成立大会合影

2020 年 10 月 17 日，云根书院创建 900 周年纪念大会合影

2020 年 10 月 17 日，云根书院创建 900 周年纪念大会现场

2023 年 3 月 29 日，朱子乡饮酒礼展演现场

2023 年 3 月 29 日，政和县领导为弘扬朱子孝道文化模范个人颁奖并合影

2023 年 3 月 30 日，中国朱子学会会长朱崇实在朱子孝道文化弘扬大会上致辞

2023 年 3 月 30 日，朱子孝道文化弘扬大会召开

2023年3月30日，中共政和县委书记黄拔荣在朱子孝道文化弘扬大会上致辞

2023年3月31日，中国朱子学会会长朱崇实（前排中）到星溪书院调研

　　2023 年 3 月 29 日，福建省诗词学会艺术研究院《二十四孝新编》诗书画印捐赠仪式在星溪书院举行

2023 年 9 月 17 日，朱子后裔联谊会在朱森公启贤祠举行落成祭祠典礼

朱子孝道文化弘扬大会致辞（代序）

朱崇实

朱子孝道文化弘扬大会今天在春意盎然、美丽的政和县举行，很高兴能够在这里与大家相聚，共同探讨朱子的孝道文化。首先，我谨代表中国朱子学会，热烈祝贺本次大会的召开，热烈欢迎各位的到来！

百善孝为先，这一中华传统美德对朱子的影响是极为深刻的，以至孝道成为朱子思想、朱子文化的重要构成部分。

朱子的第一部著作《诸家祭礼考编》就与孝道的践行相关。在朱子看来，孝可以发展为仁义礼智信，进而达到修齐治平、内圣外王。对孝的思考，贯穿朱子思想发展的始终，而朱子体悟孝道的起点，正是本次大会的举办地政和。

绍兴四年（1134），朱子的祖母程氏夫人病故。次年，朱松扶柩到政和，择地葬母于星溪乡富美村铁炉岭。六岁的朱子随父朱松返回政和县，在这里为祖母守孝三年。朱松在祭拜扫墓时，常携朱子在身边，以身体力行的方式带他体悟孝道。朱子成年后，又多次往来政和，常在云根书院和星溪书院讲授理学、弘扬孝道，一时四方学子云集政和。从此，政和文风振兴、英才辈出，有"先贤过化之乡"的美誉。可以说，政和是朱子文化的一个孕育之地，是朱子一生对孝道以认识、践行、研究及弘扬的原点。

习近平总书记十分重视中华优秀传统文化的传承与发展。两年前，习近平总书记在武夷山朱熹园考察时曾指出："要推动中华优秀传统文化创造性转化、创新性发展，以时代精神激活中华优秀传统文化的生命力。要把坚持马克思主义同弘扬中华优秀传统文化有机结合起来，坚定不移走中国特色社会主义道路。"朱子文化是中华优秀传统文化的重要组成部分。得益于朱氏父子留下的丰厚文化遗产，近年来政和县大力弘扬朱子文化，特别是精心打造朱子孝道文化品牌，并有机地与提升社会文明道德相结合，取得良好的效果，充分展示了优秀传统文化的生机与活力。政和为本次大会提供了一个很好的思想交流平台，也为各位代表提供了一个很好的考察与学习的机会。因此，选择在政和举办朱子孝道文化弘扬大会是一个最佳的选择，具有特殊的意义。我由衷地期望与会同仁能够通过本次大会贡献你们的智慧，用你们的真知灼见更好地推动全社会弘扬孝道文化，建设文明和谐的社会。

本次大会由中国朱子学会和中共政和县委、县人民政府主办，南平市朱子文化研究会、武夷文化研究院承办。我要感谢所有为本次大会付出努力的同志们，感谢你们的辛劳付出。最后，让我们共同努力，一起为推动包括朱子孝道文化在内的中华优秀传统文化创造性转化、创新性发展做出新的更大贡献。

祝本次大会圆满成功！

2023 年 3 月 30 日

（作者系中国朱子学会会长）

目　　录

第二辑 千秋吟颂

第三辑 朱子三代与两院两园三祠

第四辑　朱松诗文

第五辑 朱子格言

附录

绪　　论

林文志　罗小成

2021 年 3 月 22 日，习近平总书记在福建省南平市武夷山五曲之畔的朱熹园考察时强调："如果没有中华五千年文明，哪里有什么中国特色？如果不是中国特色，哪有我们今天这么成功的中国特色社会主义道路？我们要特别重视挖掘中华五千年文明中的精华，把弘扬优秀传统文化同马克思主义立场观点方法结合起来，坚定不移走中国特色社会主义道路。"悠悠历史长河，淘洗着人类文明的积淀。具有五千年辉煌历史的中华文明，不仅绵延不绝为世人传递着她永恒的精神魅力，而且在新的历史时期，更焕发出勃勃生机，渐成为当今世界文化的智慧源泉。

一

从尧舜到孔子，中国的历史跨越了一千五百多年；孔子数传而至孟子，又历近 200 年。在这漫长的岁月中，我们的先哲终于创树起辉煌的华夏文化。儒学道统，是中国传统文化的核心。

孔子（约前 551—约前 479），名丘，字仲尼，春秋晚期鲁国人，我国古代伟大的思想家、政治家、教育家、儒学的创始人。他毕生发愤治学，博识多能，开创了私人讲学的风气，以"有教无类"的精神广收门徒。据记载，有三千弟子，其中贤者七十二人。他曾周游列国，晚年专心从事古代文献整理与传播工作，删定《易》《书》《诗》《礼》《乐》等古籍，修撰《春秋》。门人弟子及后学将思想言行记载在《论语》中。

孔子一生倡导"仁政礼治"的儒家思想，使中国儒学发展成为中华传统文化的主流，深入影响中国人的思想逾两千余年。孔子编定的《六经》，是当年授徒传道的教科书。后世学者又渐次增加了经典的内容，由《礼》派生出《三礼》、

《春秋》派出生《三传》，并补入《论语》《孟子》《孝经》《尔雅》。这些都成为历朝官方颁定、学人必读的经典作品。于是，我们拥有了13部儒家的经典著作：《周易》《尚书》《诗经》《周礼》《仪礼》《礼记》《春秋左氏传》《春秋公羊传》《春秋谷梁传》《孝经》《论语》《尔雅》《孟子》，合称《十三经》。我们的文化沐浴着古代圣哲的诸多精辟教诲，那些耳熟能详的优美语言，把我们带进了经典的思想殿堂，让我们与古代圣哲对话。孟子说："孔子之谓集大成。集大成也者，金声而玉振之也"，终于化成天下、垂教万世。

两千年前的春秋、战国时期，在礼崩乐坏、诸侯纷争的烟尘中，古代学人的思想不断面对变幻莫测的现实，各持见解的思想、学派相继问世，挥斥风云，纵横捭阖，极辞锋思辩之能事，形成后世称为"百家争鸣"的时代。当此之时，儒家者，有孔子、孟子、荀子；墨家者，有墨子；道家者，有老子、庄子；名家者，有邓析、惠子；纵横家者，有苏秦、张仪；法家者，有商鞅、韩非子；此外，农家、兵家、杂家、小说家者纷纷抒论立说，共同创造了那特定时期诸子百家争相鸣放的历史。历史又在百家中筛选出孔子创立的儒家学说，作为中华人文之核心思想。从春秋战国以至西汉，经过三百年的"百家争鸣"，终于使"独尊儒术"的理念成为定制。自斯以降，儒学在中国文化历史上的核心地位从未更移过。东汉班固《汉书》中，曾针对先秦诸子中九家作过精彩的评述，并引用《周易》"天下同归而殊途，一致而百虑"之语作了归结，指出以儒学为核心，兼取各家之所长，融合贯通，相辅相成，则文化学术的发展必具美好前景。中国文化从汉代发展至两宋，正是在儒学主流与各种支流学说的相互作用下，促成了宋代新儒学——程朱理学的诞生。

二

儒学发展到宋代发生了巨大变化，从汉唐时重视训诂章句，变为宋儒着力于人类心性义理的探索，是为理学，也称新儒学。

北宋，理学的开创者，当推周敦颐、邵雍、张载、程颢和程颐五人。

周敦颐（1017—1073），字茂叔，居湖南道州濂溪，世人称濂溪先生。文学作品以《爱莲说》闻名于世，学术著述有《太极图说》《通书》等。其学称"濂学"。

邵雍（1012—1077），字尧夫，世人称百源先生。对《易经》极有研究，开拓了象数学领域，继承并发扬了陈抟的"《周易》先天图说"。著有《皇极经世》《观物内外篇》《先天图》等。其学称"象数学"。

张载（1020—1077），字子厚，居陕西凤翔横渠镇，世人称横渠先生。著《正蒙》《西铭》等。其学称"关学"。

二程兄弟，河南洛阳人。程颢（1032—1085），字伯淳，世人称明道先生。程颐（1033—1107），字正叔，世人称伊川先生。二程的著述有《二程集》《二程语录》等。其学称"洛学"。

此五子，其思想境界之高，盖皆以天理为本、以任道为用。张载数语括之："为天地立心，为生民立命，为往圣继绝学，为万世开太平。"这是很有代表性的学术表白——宋代理学问世了。更为重要的是，集理学之大成者的朱子学（闽学）创立了。这是影响此后千年中国文化历史的重大事件。

朱子（1130—1200），名熹，字元晦，改字仲晦；号晦庵，晚年又号晦翁、紫阳先生。谥"文"，后世尊称朱子、朱文公。

朱子祖籍江南乐路徽州府婺源县（今江西省婺源县）。父亲朱松入闽始任政和县尉，后任尤溪县尉、南安县石井镇监税，故朱氏一家定居福建。建炎四年（1130）九月十五，朱子出生在南剑州尤溪县（今福建省三明市尤溪县）；庆元六年（1200）三月初九，卒于建阳县（今福建省南平市建阳区）。朱子一生70岁，有62年时间在福建度过，主要居住在尤溪、政和、浦城、建瓯、武夷山、建阳，晚年定居建阳，大部分时间立馆讲学、著书立说。在外为官9年，先后担任泉州同安县主簿、江西南康知军、浙东常平茶盐公事、湖南安抚使兼潭州知州、福建漳州知州、焕章阁待制兼侍讲，立朝帝师46天。逝后，安葬建阳黄坑大林谷。朱子自立为户，入籍建阳，自述"居闽五世，遂为建人"。因此，朱子是福建建州建阳县人。

朱子是我国思想文化史上继孔子之后又一座高峰。孔子创立儒学，朱子集儒学之大成，创立朱子理学，也称新儒学。朱子在当世及后世，都获得极高的褒奖。辛弃疾诗曰："历数唐尧千载下，如公仅有两三人。""所不朽者，垂万世名。孰谓公死，凛凛犹生！"康熙皇帝联赞："集大成而绪千百年绝传之学，开愚蒙而立亿万世一定之规。"近现代著名历史学家钱穆先生评价："在中国历史上，前古有孔子，近古有朱子。此两人，皆在中国学术思想史及中国文化史上发出莫大声光，留下莫大影响。旷观全史，恐无第三人堪与伦比。"著名历史学家蔡尚思题诗："东周出孔丘，南宋有朱熹。中国古文化，泰山与武夷。"在学界，有的学者称："北方有孔子，南方有朱子。"有的学者称："曲阜有孔子，南平有朱子。"有的学者称："北孔南朱，双峰并峙。"还有的学者称："一部中国思想文化史，无非是'从孔子到朱子，从五经到四书，从儒学到理学的历史'。"更有学者称："天不生仲尼，万古如长夜。天不生朱子，孔子如长夜。"这些评价和总结，语言十分朴实，但内涵极其深刻，道出了国人对孔子、朱子两位历史文化伟人、两座思想文化高峰顶礼膜拜、虔诚崇敬的由衷心声。

朱子是道统的确立者。他在战国孟子、唐代韩愈有关道统论述的基础上，第一次提出"道统"一词，构建了中国思想文化的道统体系。道，即儒家思想；统，即授受系统。朱子赓续先秦尧、舜、禹、汤、文王、武王、周公、孔子的儒家思想，发展北宋周敦颐、邵雍、张载、程颢、程颐的理学思想，汲取佛老精义，使儒家文化传承不断。在世界四大文明古国中，唯有中国儒家文化从来没有断代，一直传承至今。这是朱子对中华思想文化作出的巨大贡献。

朱子是伟大的理学家。北宋出现了周敦颐、邵雍、张载、程颢、程颐，史称"北宋五子"。他们对经学注解，对儒学阐发，形成了理学的萌芽。朱子通过著述《近思录》《太极图说解》《西铭解》《仪礼经传通解》《四书章句集注》，以及门生后学整理的浩如烟海的《朱子语类》《朱子大全》等，系统地提出了理气论、宇宙论、心性论、格致论等学说，实现了集儒学之大成，创立了朱子理学。朱子理学，实际包含两个方面：一是理论体系，即理气论、宇宙论、心性论、格致论；二是社会构建，特别是仪礼制度构建。理是礼的指导，礼是理的实践。

朱子是杰出的教育家。他一生倾心教育，建立书院、编撰教材、创新教法、制定教规，培养了一大批经邦济世的人才，在教育思想和教育实践上作出重大建树。他的教育思想博大精深，其中最值得关注的：一是论述"小学"和"大学"教育。朱子认为，8—15岁为小学教育阶段，其任务是培养"圣贤坯璞"，教育内容是"学其事"，主张儿童在日常生活中，通过具体行事，懂得基本的伦理道德规范，养成一定的行为习惯，学习初步的文化知识技能。15岁以后为大学教育阶段，其任务是在"坯璞"的基础上再"加光饰"，教育内容的重点是"教理"，即重在探究"事物之所以然"。二是关于"朱子读书法"。即循序渐进、熟读精思、虚心涵泳、切己体察、着紧用力、居敬持志。这是由朱子的弟子对"朱子读书法"所作的集中概括，比较集中地反映了我国古代对于读书方法的研究成果。其中不乏合理的内容，值得我们借鉴。三是兴办书院教育。朱子及其弟子创立的书院传统和教育精神，将书院教育效用发挥得淋漓尽致。与朱子生平有关的书院有六十余所，其中最为重要的有四所：寒泉书院，是朱子所创第一所书院，在福建建阳；武夷精舍，在福建武夷山，朱子奉祠而归居武夷，乃建此精舍，此后八年，即居此著书授徒；考亭书院，在福建建阳，朱子晚年多居此讲学，从游子弟颇众；白鹿洞书院，在江西庐山五老峰下，朱子知南康军任上寻访遗址，重建书院，并亲任山长，执讲其间。在《白鹿洞书院揭示》中，他写下了著名的五条学规。一曰："父子有亲，君臣有义，夫妇有别，长幼有序，朋友有信。"二曰："博学之，审问之，慎思之，明辨之，笃行之。"三曰："言忠信，行笃敬；惩忿窒欲，迁善改过。"四曰："正其义不谋其利，明其道不计其功。"五曰："己所不欲，勿施于人。行有不得，反求诸己。"这些精辟教诲，成为他传道授业的基本准则。朱子书院教育精神遗产和思想理念，将伴随今天的教育事业而永存。

朱子是著名的史学家。他以哲学家的眼光审视史学，是宋代第一个以理学思想来完整、全面、深刻阐述史学的理论家，在各个层面建立起完整的义理史学理论体系。《资治通鉴纲目》是中世纪又一部《春秋》，对南宋后期及元明清影响极大。

朱子是优秀的政治家。他针对南宋腐败的社会现实，提出了一系列补偏除弊、安邦定国的政治主张，包括正君心、黜邪佞、主抗金、守理法、恤民生诸多方面。特别是"国以民为本，社稷亦为民而立"的民本思想、惠民主张，对于今日之中国来说，很多观点与中国共产党的治国理政思想高度契合。朱子的政治主张是其理学思想在政治领域的贯彻和运用，其理论体系中的核心思想：格物穷理、致知力行、忠孝廉节和继往开来，与当代理论界提倡的世界观、人生观、价值观和发展观高度契合，虽然未能完全有效地付于实施，但是对后世影响巨大。

朱子是多彩的文艺家。他不仅工于诗文、善于绘画，还在文艺理论研究、文艺作品评论等方面颇有建树。朱子开创了"寓理诗"的新境界。朱子的文艺思想既形成体系，又独具特色，许多观点具有明显的创新意义，得到当代学者高度评价。朱子书法苍劲饱满，自成一家，在中国书法史上占有一席之地，是历代争相收藏的艺术珍品。

三

政和朱子文化遗存丰富，现有云根书院、星溪书院、朱森墓、程夫人墓、朱氏祠堂和五代十国闽王延曦永隆元年铜钟等 13 处（件）。2008 年，世界朱氏联合会会长朱祥南先生到政和考察，题写了"朱子孕育地"的题词，认同政和在朱子文化中的重要地位。2020 年 9 月，云根书院被中国朱子学会授予"中国朱子孝文化教育基地"。政和坚持以时代精神激活朱子文化生命力，传承朱子孝道文化，让朱子文化活起来、新起来、用起来。

政和是朱氏入闽首站地、朱子文化孕育地。宋政和八年（1118），朱松上舍登第，授迪功郎，建州政和县尉。朱松携家人入闽，遂奉二亲就养于官舍，仲弟柽、季弟槔俱偕行，寓居政和。宣和二年（1120）五月二十，朱松之父朱森卒于尉舍。时盗寇未息，途梗不能归，遂寓葬于县西二十里凤林村护国寺之西侧。宣和五年（1123）五月，朱松服除，更调南剑州尤溪县尉，七月到任。建炎元年（1127）六月，闻靖康之变。建炎三年（1129）十一月，闻有北骑自江西入邵武，时眷属在尤溪遂弃所摄，携家眷还政和，寓垄寺（护国寺）。建炎四年（1130）六月，自政和乃买舟携家眷下尤溪。九月十五午时，生朱熹于尤溪。绍兴四年（1134），朱子五岁入小学，开始童蒙生活。同年九月二十八，其祖母程太孺人卒于建州，寿五十七，葬政和县武溪（星溪乡富美村）铁炉岭。绍兴五年（1135），朱松携家眷在政和为其母守丧三年。朱子六至八岁随父就读于云根书院、星溪书院。绍兴七年（1137）八月，朱松服除；九月召对，改左宣教郎。赴临安前，送朱子母子寄居浦城。朱松诗作《将还政和》中把政和视为故乡。他任政和县尉期间，兴建了云根、星溪两座书院，开文化教育先河。朱子少时在其父兴建的云根书院、星溪书院读书明理，成年后常回政和祭祀祖父母等至亲，也常去星溪书院、云根书院讲学。政和多次重建这两座书院，立"启贤、韦斋、朱子"三祠，祭祀朱氏祖孙三代，近九百年，传承不绝。朱子理学在政和萌芽发端，政和是"朱子文化孕育地"。

政和是朱子过化地、朱子孝道思想实践地。朱子六岁时，跟随父朱松移居政和，为其祖母守丧，就学于星溪书院，刻苦学习。朱松重题《送五二郎读书诗》，鼓励其努力学习，为朱子设计安身立命之途。从此，朱子开始接受儒学六经蒙训教育。朱子幼年颖悟早慧，经常思量天地四边之外是什么物事，还向其父发问"天之上何物？"。朱松异之。授以《孝经》，朱子一阅封之，题其上曰："不若是，非人也。"就此，圣人观点已经牢固树立起来。朱子成年后遵古礼，到政和谒祖父母之墓。文献记载："朱熹信宿云根书院乃去，或数月，或半年。"秉承父志进行讲学布道，传承理学。他祭扫祖父母墓地，在护国寺曾写下《十月朔旦怀先陇作》诗一首，纪念其先祖。宋绍熙元年（1190）三月，六十一岁朱子启程赴漳州任知州前，带其弟子蔡元定到政和展墓，遇到当地士人李棐忱，建议他删去"棐"字（"棐"与"匪"通用字），保留"忱"，更名为李忱，字存诚。朱子咬文嚼字的用意，目的在于"以文化人"。他在富美延福寺，见壁上有其先父所留三首诗，徘徊其下，流涕仰观，动情留言。他心系民生民瘼之事，看到政和卖盐存在弊病，提出改革思想，写下《与漕司札子》一文，劝辛弃疾和续任的漕官卢彦德罢去鬻盐。辛弃疾一见此剳遂罢。此外，他给福建路漕运司陈弥作的复信《答陈漕论盐法书》及《转运蠲免盐铁记》《奏盐酒课及差役利害状》等，皆涉及盐法改革，诸文无不体现朱子提倡的利民思想。他为谢誉之子谢东卿辑其父所遗文《谢监庙文集》作序，是今存朱子跋手书的真迹。他受政邑黄石之托，为其作《夫人许氏墓志铭》。乾道八年（1172），朱柽夫人丁氏病故，朱熹赴政和主持叔母之丧。他还把护国寺铸于后晋天福四年（939）的闽国永隆元年铜钟移至县学。铜钟现为国家一级文物，至今保存在政和县博物馆。

朱子文化在政和的传承保护。一是重建"两院"。在政和城南状元峰重建云根书院，完成朱子阁、先贤祠、天光云影楼、涵修楼和朱氏入闽展馆、朱子孝道馆、历史名人馆的展陈提升，云根书院成为政和传承朱子文化、弘扬理学思想的重要场所。在国家 AAAA 级旅游景区石圳湾的七星河畔复建星溪书院，完成韦斋祠、明伦堂、仰山楼的建设布展，提升广场、照壁、畔池改造建设，完善"祭祀""讲学""藏书"的书院三大功能，把星溪书院打造成为儒学教育基地和朱子文化教育实践基地。二是提升"两园"。把七星公园改造为朱子公园，改建朱子文化风格牌楼，增建朱子文化景墙、朱子雕塑、朱子讲学雕塑广场等，朱子文化公园已成为集文化、娱乐、健身于一体的公共休闲场所。提升建设"朱子孝道园",以朱森墓、启贤祠和护国寺为核心区域,建设凤林朱子孝道园。三是打造一条朱子文化研学旅游路线。对接海峡两岸学子"重走朱子之路"游学活动,打造"云根书院—星溪书院—朱子孝道园"研学旅游路线。

朱子文化在政和的传承发展。"朱子带你游政和"的文化 IP 植入了政和 5 个旅游景区,朱子成为政和的金牌导游,向游客发出邀请——"政是好风光,和我一起游";政和优秀青年雷希颖创建南平市熹延文化传媒有限公司,推出"大话熹游"卡通朱子 IP 形象,推出 70 多集系列动画短片,线上播放量超 3.2 亿次,朱子文化圈粉无数;朱子文化元素融入政和茶、竹等产业,研发生产朱子文化茶、朱子家训竹茶具,开发朱子文化伴手礼等旅游文化产品……新的形式、新的载体,正让朱子文化融入当代生活,走进寻常百姓家。

朱子文化在政和的活学新用。在传承弘扬的过程中,凸显朱子"孝道"文化建设。结合朱子多次到政和扫墓祭祖的典故,突出朱子文化中的"孝道"思想做文章,积极开展朱子孝道文化的研究与探讨工作,出版朱子文化书籍《韦斋与政和》《朱子孝道文化专辑》《云根书院画册》《云根书院志略》等,组织撰写《朱氏父子与三祠》《政邑书院沿革》《朱熹在政和的后裔源流考》《朱子三代在政和的故事》等大量研究文章,讲好具有地方特色"朱子故事"。每年开展弘扬朱子孝道文化模范个人和模范集体评选表彰,突出朱子文化交流、孝道文化传承、理学文脉传播,让朱子孝道文化浸润政和民众的社会生活。2020 年 10 月,政和举行云根书院创建 900 周年暨朱子诞辰 890 周年纪念活动,缅怀追思朱子三代。2023 年 3 月,政和举办了中国朱子孝道文化弘扬大会,打造朱子理学交流、游学体验、孝文化弘扬、茶业发展于一体的综合性文旅融合的盛会。

朱子曰:"旧学商量加邃密,新知培养转深沉。"前代伟人的教诲犹在耳边,必将激励我们继承先圣先贤的伟业,全面弘扬发展中华传统学术文化,使其在世界民族文化之林中焕发更加绚丽的光芒。

（作者林文志系南平市朱子文化研究会会长,罗小成系政和县朱子文化研究会会长）

第一辑　源远流长

婺源茶院朱氏世家

婺源是茶院朱氏的发源地。朱熹生前认定朱瑰为婺源茶院朱氏始祖，倡导修撰《婺源茶院朱氏世谱》，并撰写了谱序。该世谱向以为亡佚，实保存在民国重修《新安月潭朱氏族谱》中。按该谱注云："一世至十世，熹公编。"从该谱可见，婺源朱氏自茶院公朱瑰为世祖，传二世朱廷隽，再传三世朱昭元、四世朱惟甫、五世朱振、六世朱绚、七世朱森、八世朱松、九世朱熹，朱熹一支最为繁密。八世朱松任福建政和县尉时，携家离开婺源。四世"潋溪府君"、五世"卢村府君"、六世"王桥府君"等支脉皆世居婺源，卒葬婺源。婺源茶院朱氏初分为三派：阙里派、长田派、潋溪派。阙里派世居松岩里，长田派居于长田乡，潋溪派居于松岩里潋溪乡。元至元二年（1336），寓居福建的茶院朱氏十四世朱勋一脉，奉朝命携次子朱域、三子朱境回婺源掌管祠事，其子孙亦自此世居婺源。

一世

朱瑰，小名古僚，字舜臣，行二十一。其父朱师古世居歙州（今安徽歙县）黄墩，生4子：长子古训，名珉，字尧臣；次子古僚，名瑰；三子古祝，名璋，字商臣；四子古佑，名瑋，字鼎臣。朱瑰生于唐僖宗广明元年（880）。唐天祐年间（904—907），朱瑰奉歙州刺史陶雅之命，率兵三千防戍婺源，制置于茶院，巡辖婺源、浮梁、德兴、祁门4县，百姓得以安居乐业。天祐三年（906），朱瑰受封宣、歙、池、平、苏、杭、饶、信八州观察史，于是举家迁婺源。其子孙也居于此，称婺源茶院朱氏，朱瑰为茶院朱氏始祖。朱瑰于后晋天福丁酉年（937）离世，葬婺源县万安乡千秋里三都，地名连同。妻杜氏，卒后与夫合葬连同。子有三人：长子朱廷杰、次子朱廷隽、三子朱廷滔。

二世

朱廷隽,字文智,又字文和,行八。生于后梁乾化二年(912),官南唐补常侍,徽州刺史兼徽善、汉总管,后升任复州节度使,拜谏议大夫。卒于宋淳化甲午年(994),享年83岁。葬婺源来苏乡安丰里汤村下园,地在县城北门关外。妻方氏,卒葬万安乡松岩里一都塘村杜屋之南。子有二人:长子朱昭元、次子朱昭亨(出继秀公)。二世还有朱廷杰,曾任黟县县令,后为休宁朱氏一世祖;朱廷滔迁居安徽宣城。唯朱廷隽一脉世居婺源。

三世

朱昭元,字致尧,又字致鲁,乳名曾老,行十五。出生于后周显德元年(954),荫袭侍卫指挥使,累官至侍中。卒于北宋咸平二年(999),享年46岁。葬于汤村其父之墓西侧。妻德兴县冯氏十三恭人,卒葬婺源万安乡千秋里丁家桥,地在县城东一里。继娶金氏,葬官坑岭下。子有三人:长子朱惟赞、次子朱惟则、三子朱惟甫。

四世

朱惟甫,小名道真,字专美,又字文秀,行二。出生于北宋太平兴国四年(979),历官四门博士,拜谏议大夫。后隐居家乡,卒于北宋至和元年(1054),享年76岁,葬婺源万安乡松岩里一都,地名小漱溪,称"漱溪府君"。原配何氏,生子一。继配程氏,盘山人,卒葬婺源二十七都丹阳乡官坑半岭(即今文公山)。子有三人:长子朱迪、次子朱郢、三子朱振。

四世还有朱惟赞,迁居江西浮梁;朱惟则世称"长田府君",其后为婺源茶院朱氏的另一派,子孙迁居各处,江右、高安、卢州、安庆、常州、三楚、铜川、开化皆有朱惟则之后裔。

五世

朱振,字文举,行二十五。学问渊博,为当时县乡学者师表,但隐居不仕,世称"卢村府君",著有《卢村诗集》。生卒年失考。卒后葬婺源万安乡松岩里卢村。妻汪氏三娘，卒葬城北汤村。继娶汪氏，卒后与朱振合葬。子有四人：长子朱中立、次子朱绚、三子朱发、四子朱举。

五世还有朱纶，行二十六，朱惟则长子，生四子：朱析、朱杭、朱楫、朱杞。朱雍，行二十七，朱惟则次子，生三子：朱昌言、朱应言、朱格言。朱迪，字顺卿，行二十一，朱惟甫长子，生六子：朱允言、朱嘉言、朱简言、朱仲雍、朱唐英、朱汉英。朱郓，字公楚，行二十，朱惟甫次子，生三子：朱悦、朱恬、朱恪。

六世

朱绚，字义之，行三十四。祖上略有田产，家境小康，以读书教子为乐。不仕。卒后葬婺源万安乡松岩里大王桥金花坞，子孙称他为"王桥府君"。妻汪氏，继娶亦姓汪，卒后皆葬大王桥。子有四人：长子朱虬、次子朱蟾、三子朱耆、四子朱森。唯朱森一脉有后裔。朱熹在《婺源茶院朱氏世谱》序中特别指出："熹曾大父王桥府君无他子，其墓在故里者，持有薄田于其下，得以奉守不废，当质诸有司，以为祭田，使后世子孙虽贫毋得鬻云。"

六世还有朱邦直，行三十五，朱纶长子，葬松岩里，生七子：朱刚、朱伯籛、朱弁、朱宏、朱国通、朱彦正、朱申德。朱中立，字藏之，行三十一，朱振长子，生二子：朱耀、朱焕。朱发，行三十七，朱振三子，生三子：朱天任、朱天佐、朱天训。朱举，行四十三，朱振四子，葬婺源县万安乡千秋里四都，土名茶坑，生二子：朱瓒、朱天倪。

七世

朱森，字良材，号退翁，别号退林，行二十二。北宋熙宁八年（1075）出生于婺源。少年时因科举未中，不复进取。年二十，父病逝，家道中落，把希望全部寄托在儿子身上，谆谆教子以忠孝为本、勤奋读书光耀门庭。长子朱松中进士，得授福建政和县尉，朱森将仅有的百亩田产抵押于人，携妻子儿女入闽。赠承事郎，世称"承事府君"。宣和二年（1120），逝于政和官舍，享年46岁。因当时方腊领导农民起义驰骋浙皖边各县，灵柩难以运归婺源，只得葬政和县东瞿乡感化里四都桂林坊（今铁山镇凤林村）护国寺侧西庑外，土名索谷。妻程氏五娘，系歙县程丞相之孙女。子有三人：长子朱松、次子朱柽、三子朱槔。女三人。

七世还有朱虬，行十五，朱绚长子。朱蟾，行十六，朱绚次子。朱耆，行二十一，朱绚三子。朱耀，字光庭，行八，朱中立长子。朱焕，字彦章，行十一，朱中立次子。朱天任，行二十四，朱发长子。朱天佐，行二十五，朱发次子。朱丕训，字应之，行二十六，朱发三子。朱瓒，字彦圭，行十五，临溪府君，朱举长子，自婺源迁休宁二十六都临溪，为始迁临溪之祖。朱天倪，字彦和，行十八，朱举次子。

八世

朱松，字乔年，号韦斋，行百一。北宋绍圣四年（1097）生于婺源县万安乡松岩里（今紫阳镇），未满20岁就从郡学到京师就读太学，21岁举进士第，以同上舍出身得授福建省政和县尉，官至吏部员外郎。因不附和秦桧和议被贬，在建州城南环溪精舍，专以读书教子为事。绍兴十三年（1143）病逝，享年仅46岁。葬崇安县五夫里，后迁白水鹅子峰下，又迁葬崇安县武夷乡上梅里寂历山中峰僧舍之北。卒赠通议大夫，元惠宗至正二十一年（1361）追谥献靖公，二十二年改封齐国公。明嘉靖九年（1530），诏从祀启圣公庙，会天下学宫一体并祀，通称先儒朱氏。妻祝氏五娘，系歙县名士之女。生三子一女，长子、次子皆在贫困中相继夭亡，是祝氏历尽艰辛把三子朱熹养大成人。

八世还有朱柽，字大年，行百三，武举。朱槔，字蓬年，号玉澜，行百四，举建州贡元，有《玉澜集》行于世。朱耟，行十九，朱丕训子。朱师，朱瓒长子。朱奕，行五，朱瓒次子。朱仲任，行六，朱瓒三子。朱透，行七，朱瓒四子。朱璹，行七十二，朱耀长子。朱玧，行七十五，朱耀次子。朱瑾，行百五，朱耀季子。朱珣，行七十三，朱焕长子。朱琳，行七十四，朱焕次子。朱琬，行七十八，朱焕季子。朱相，行百六，朱焕四子。

九世

朱熹，字元晦，一字仲晦，号晦庵，别号紫阳，行五十二。生于高宗建炎四年（1130），19岁时与恩师刘勉之的长女刘清四成婚，同岁中进士，22岁应朝考授左迪功郎、同安县主簿。此后曾先后出任知南康军、江南西路提点刑狱公事、焕章阁侍制兼侍讲等职。师从程颐的再传弟子李侗，全面继承了程颐的客观唯心主义思想，又吸收了张载等各家的观点，建立起集大成的理学体系。庆元六年（1200）卒于考亭，享年71岁。诏赐谥"文"，后赠太师，追封信国公，后改徽国公，从祀孔子庙，又诏升入孔庙大成殿配祀，位列十哲之次。生三子：长子朱塾、次子朱埜、三子朱在；生五女：长女朱巽、次女朱兑、三女朱巳、四女早夭、五女朱小妹。

九世还有朱熏，字仲修，行五十五，朱柽子。朱煮，字仲堪，行三十六，朱粗子。朱中有，朱奕长子。朱德，行九，朱奕次子。朱五，朱仲任子。朱政，朱透长子。朱才，朱透次子。朱时，朱透三子，迁月潭。朱保寿，朱透四子。朱亮，行小大，朱璹子。朱愿，行小二，朱琉子。朱志，行小三，朱瑾长子。朱恩，行小四，朱瑾次子。朱惠，行小七，朱瑾季子。朱容，行小五，朱琬子。小八，朱相子。

十世

朱塾，字受之，行大，朱熹长子，从东莱吕先生学，荫补将仕郎，赠中散大夫。生于绍兴癸酉七月，殁于绍熙辛亥正月。夫人潘氏。长子朱鉴，官知巢县，知漳州、无为军，监进奏院，知兴国军，淮西运使，湖南总领。次子朱浚，字深远，官至运使，生二子：朱林、朱彬。

朱埜，字文之，行二，朱熹次子。生于绍兴甲戌七月，荫补迪功郎，赠朝奉大夫。夫人刘氏。生四子：朱钜、朱铨、朱铎、朱铚。

朱在，字敬之，行三，朱熹季子。生于乾道己丑正月。娶吕氏、赵氏。荫补承务郎，历任舒州山口镇二令，监作丞，簿、承司农，大理寺丞，知南康军，改衡州，宫观，浙西提举，嘉兴守，司农卿，焕章、枢密院承旨，两浙漕，司农大卿，工部侍郎，宝谟阁、知平江府。生四子：朱铉、朱钦、朱镈、朱鈜。

十世还有朱曾一，朱亮长子。朱曾二，朱亮次子。朱公明，行四十九，朱愿子。朱烨，行念七，朱容长子。朱域，行念八，朱容次子。朱炳，行念九，朱容季子。朱均，行五四，朱煮长子。朱坦，行五八，朱煮次子。朱圻，行五九，朱煮三子。朱埙，行六十，朱煮四子。朱吉，行五，朱德长子。朱可，行七，朱德次子。朱宁，行九，朱德三子。朱子进，行十四，朱德四子。朱埛，行十九，朱时三子。

（摘自《朱熹与婺源》，胡兆保整理）

婆源茶院朱氏世系简表（一至十世）

| 一世 | 二世 | 三世 | 四世 | 五世 | 六世 | 七世 | 八世 | 九世 | 十世 |

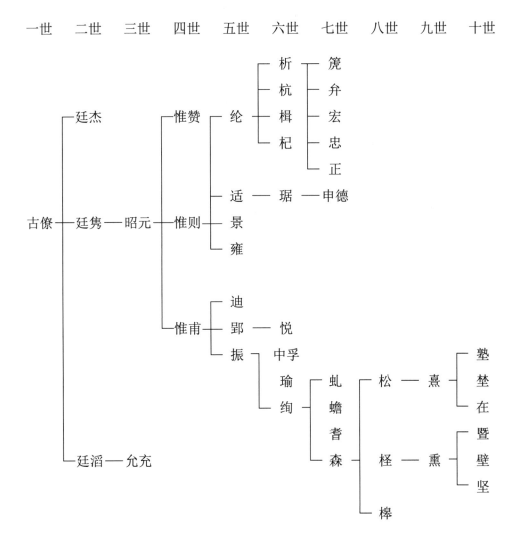

（摘自《朱熹与婆源》，胡兆保整理）

朱子先祖传略

朱子远祖为颛顼帝后,周朝时封于邾,以国为姓。后邾国为楚所并,子孙避邑,遂以朱为姓。婺源茶院一世祖朱瑰(小名古僚,字舜臣)生于唐广明元年(880)歙州(今安徽歙县)黄墩。唐天祐(904—907)初,朱瑰奉歙州刺史陶雅之命,带兵3000人镇守婺源,制置于茶院,巡辖婺源、浮梁、德兴、祁门四县。天祐三年(906),朱瑰受封宣、歙、池、平、苏、杭、饶、信八州观察史,于是举家居婺源,被朱氏后裔尊崇为婺源茶院朱氏始祖。朱瑰于五代后晋天福二年(937)离世。

朱瑰传二世朱廷隽,再传三世朱昭元、四世朱惟甫、五世朱振、六世朱绚、七世朱森、八世朱松、九世朱熹。

朱子祖父朱森传略

　　七世祖朱森（1075—1120），字良材，号退翁，别号退林。朱振之孙，朱绚之子，朱松之父，朱熹之祖父，徽州婺源人。生于宋熙宁八年正月初一子时。少年务学勤勉，但不事进取。开办私塾教授学子，每举先训戒饬诸子，谆谆以忠孝和友为本。常对子孙说："吾家业儒，积德五世矣，后当有显者，当勉励谨饬，以无坠先生之业。"娶徽州歙县程氏五娘，生三子朱松、朱柽、朱槔和二女。宋政和八年，朱松进士及第，授迪功郎、建州政和县尉，举家八人入闽来政和寓居。宣和二年（1120）五月二十日卒于政和官舍。时因战乱道梗不能归，葬于政和县铁山镇凤林村护国寺西莲花峰下。朱松作《先君行状》，朱熹作《跋大父承事府君行状》。朱森卒后追赠为宋承事郎。现其墓为福建省文保单位。

朱子祖母传略

　　程五娘（1079—1134），朱子祖母，徽州歙县华塘程丞相的孙女，生于宋元丰二年。17岁嫁给朱森。生三男朱松、朱柽、朱槔，及二女。随长子朱松入闽，寓居政和。宋绍兴四年（1134）九月，程氏夫人逝世。次年，朱松全家护柩，把其母安葬在政和县星溪乡富美村铁炉岭。少年朱子跟随朱松移居政和为其祖母守丧，就学云根书院、星溪书院，认真刻苦读书。现其墓是政和县文保单位。

朱子之父朱松传略

　　朱松，字乔年，号韦斋，婺源县万安乡松岩里（今紫阳镇）人。南宋著名思想家、教育家朱子之父。生于北宋哲宗绍圣四年（1097）闰二月。自小刻苦攻读儒家经典，而且特喜欢诵读古人文章，每读一本书常常学不知厌。后从郡学到京师就读太学，"明窗万卷饱今古"，"笔端著处皆春容"。他学作举子文，又刻意专治诗文词章，喜爱贾谊、陆贽之学派，文章无当时陈腐卑弱之气，清新典丽，汪洋恣肆，耻于蹈袭。其诗不事雕饰，天然秀发，超然脱俗，远近传诵。

　　徽宗政和八年（1118），朱松考中进士，授迪功郎。任福建政和县尉期间，先后创办了云根书院和星溪书院。公事之余，仍发愤攻读经子史传，"无一息少废"。担心自己性情急躁影响政事，就学古人以物警性，取佩韦可抑急制怒的典故，将尉署书室称为"韦斋"，以自警饬。宣和五年（1123）八月，朱松更调南剑州尤溪尉，榜其斋亦如是。任泉州石井镇监税，郁郁不得志，频频向名公巨卿投书献策，再三陈献抗击金兵恢复中原之计。绍兴四年（1134），应诏入都，任秘书省正字。不久，枢密院知事赵鼎改任川陕荆襄都督，欲招朱松为幕僚，朱松因母亲病故要回政和县守丧而未任。

　　三年后，"尽室饥寒朝不保夕"的朱松再次应召入都。在高宗接见时奏言说："要图谋中兴大业，当申明纪律，崇奖节义，以民心为基本，以忠良为腹心。古时的中兴之君，可效法东汉光武帝，而以东晋元帝、唐肃宗为戒。光武勤劳不怠，身济大业；而元帝东渡赏刑失中，疆臣跋扈，晋室终以不振；肃宗虽复两都，却急于罢兵，不能取河北，功烈不终。"赵构对朱松的议论比较满意，命其任秘书省校书郎。第二年，朱松任著作佐郎，尚书度员外郎兼史馆校勘。入史院参与编修《哲宗皇帝实录》，该书150卷，朱松付出了很大精力，且考证精密，议论直笔无隐。实录编成，升尚书司勋及吏部员外郎。

南宋政权建立以后，朝廷中主战派和求和派的斗争一直没有停止过。绍兴八年（1138），秦桧担任尚书右仆射兼枢密院使，便公然提出要向金国屈辱求和。朱松坚决不肯依附秦桧和议，于十二月二十一日与馆臣胡珵、范如圭、张广、凌景夏、常明联名上书，道："夷狄无义，狼子野心由来已久。他们以'和'字欺骗于我，已十二年了。他们以'和'字掳覆我王室，松弛我边备，搜括我财富，解体我将帅，懈缓我靖康之仇，消灭我恢复中原的希望，我们怎么至今还不醒悟！南渡以后，他们仍不遗余力地妄图进犯江南。如今，梓宫（徽宗的棺木）何在？母后何在？渊圣皇帝何在？中原故地版图何在？陛下怎能不顾祖宗社稷之重托，以万乘之尊侥幸与敌议和？如果让敌人的阴谋得逞，那么江南将不可避免要遭蹂躏，如同伪政权刘豫被废的下场也就为期不远了。"

但宋高宗赵构无视主战派的强烈反对，仍与金国签订了屈辱的和议条约。朱松叹息不已，数日后又上疏论和议善后事宜，要求朝廷恢复武举，储备将帅人才，请建太学等等。然而这时，他这些忧虑于心的谏言连上报都不能了。时隔不久，秦桧指使其党羽弹劾刚任吏部员外郎的朱松，给他裁上"心有情异，傲物自贤"的罪名，贬放到江西饶州任知州。朱松愤怒不已，不愿继续出仕，与同时受贬的范如圭一起南归。在建安城南的紫芝上坊修筑了环溪精舍，开始授徒讲学，同时循序渐进地为朱熹讲授《二程论语说》等理学著作，进行经学教育和诗文启蒙。

朱松的诗文颇有成就。《四库全书》收录《韦斋集》12卷，称其诗高远而幽洁、其文温婉而典裁，"建炎绍兴间，诗声满天下，一时名公巨卿交口称荐，词人墨客传写讽诵"。

罢官归隐之后，朱松过着"我行野田间""雨畦瓜芋肥"的乡村生活。这时的诗作文气更为平缓，内容多表现山水田园的隐居生活，常在写景中抒发内心的抑郁不平。不少诗篇反映了劳动人民的苦难，对他们寄予深切的同情。朱松对故乡不胜怀念，在朱熹出生时曾致信岳丈祝公说："婺源先庐所在，兴寐未曾忘也。当俟国家克复中州，南北大定，归未晚也。"然而山河破碎、仕途坎坷，回乡的愿望一直没有实现。他只能在诗中寄托乡思："客愁随线增，归思与灰动。""欲寻当日故山盟，身世如今海一萍。""故乡空泪满，华发正愁侵。"

绍兴十三年（1143），朱松病逝于建安环溪寓居，年仅 47 岁。临终前，他将家事托付于罢官归家的好友刘子羽，亲书遗嘱命朱熹受学于人称"武夷三先生"的闽北名儒胡宪、刘子翚、刘勉之，期望三位德高学广的好友能把朱熹培养成有用人才。朱松死后，朝廷赠通议大夫，元至正二十一年（1361）追谥献靖公，次年改封齐国公。

（江西婺源县朱子文化研究会会长胡兆保编撰）

朱子之母传略

祝五娘（1100—1169），朱子之母亲，同郡处士祝确之女，徽州歙县人。生于宋元符三年七月初五，18 岁时嫁给朱松为妻，性仁厚端淑，孝谨笃至。生三男一女，建炎四年九月十五生季子朱子。宋绍兴六年，朱松一家在政和丁忧无俸禄，朱子的兄弟在"尽室饥寒"中，伯、仲皆夭。松卒，季子朱子年仅 14，幼女方 5 岁。祝氏夫人则极守妇道，家虽贫苦，但处之泰然，辛勤备至抚养教育，俾知所向。乾道五年（1169）九月初五逝世，享年 70 岁，葬建阳县崇泰里后山天湖之阳寒泉坞。卒后封孺人，赠硕人，后封粤国夫人。朱子作有《寿母生朝》诗。

朱子叔叔朱柽、朱槔传略

朱柽（1099—1147），字大年，朱子二叔，徽州婺源人。随长兄朱松入闽政和寓居，以占籍政和报名参加考试中武举，授承信郎，是一个坚决主战的武士。生有一子朱熏（字仲修），孙墅、壁、坚、垚，其后裔有居江苏镇江一带。朱柽于绍兴十七年（1147）去世，墓葬政和县星溪乡富美村延福寺侧。其墓为政和县文物保护单位。柽之妻丁氏卒于乾道八年（1172），朱熹前来政和主持其叔母丧事。

朱槔（1101—1151），朱子三叔，字逢年，号玉澜，徽州婺源人。随长兄朱松入闽寓居政和，以占籍政和报名参加考试，为建州贡元。有游侠豪勇之气，终身未仕。朱槔精于诗，曾梦为玉澜堂之游，甚异，醒来其诗集故名《玉澜集》。其怀才自负，不肯俯仰于世。高宗绍兴十四年（1144）除夕夜寄长诗与朱熹，抒发报国情怀。朱子于绍兴二十一年（1151）五月往湖州访之。朱槔不久便卒，后葬于政和星溪里山中。朱子作《祭叔父崇仁府君文》。

朱子姑姑传略

　　大姑（1103—？），随兄入闽政和，嫁给徐氏。育子徐大志，字周宾，朱子姑表弟，家住建阳大湖或浦城临江。淳熙三年（1176）重阳节，与朱子、吴楫登高酬唱；淳熙十六年（1189）春，约朱子和蔡元定游。

　　二姑（1105—？），随兄入闽政和，嫁建阳登高丘肃为妻。有子丘义，字道济，号子野。丘义颖敏嗜学，淹贯子史，尤邃于《易》，隐居不仕。著有《易说》《论语纂训》。丘义从朱子游，尝与朱子刊定《周子通书》及论老子"营魂"、扬子"载魄"之义。庆元三年（1197）正月，在建阳考亭送别被编管湖南春陵的蔡元定，独为涕泣流连而不能已。庆元五年（1199）七月，朱子有诗和之，作诗酬唱。

朱子传略

朱子，名熹，字元晦、仲晦，号晦庵、晦翁，是中国封建社会后期最著名的哲学家、思想家、教育家，成就卓著的诗人和文学家。他集北宋以来理学乃至孔子以下学术思想之大成，创建了一个博大精深的哲学思想体系，对南宋之后700多年的中国与东南亚社会产生极为重大的影响。他学识渊博，人格高尚，是继孔子之后，又一位对人类思想史作出过巨大贡献的东方文化圣哲。

南宋建炎四年（1130）五月，浙中龚仪叛兵破隘入建州松溪，朱松携家人从政和到闽中尤溪避乱。建炎四年（1130）农历九月十五日，朱子出生于尤溪县城水南郑义斋馆舍（今南溪书院），乳名沈郎。朱子出生时右眼角长有七颗黑痣，排列如北斗。

朱子自幼受教于父，聪明过人，想象力强。四岁时，其父朱松指日示曰："此日也。"朱子问："日何所附？"朱松回答说："附于天。"朱子又追问道："天何所附？"一席话问得朱松惊讶不已。五岁时，朱子始入小学。朱子与群儿游玩，以指画八卦于环溪精舍前沙洲上。

绍兴四年（1134）九月，朱子的祖母程氏夫人病故。次年，朱松扶柩到政和，择地葬母于星溪乡富美村铁炉岭。六岁的朱子随父朱松返回政和县，在这里为祖母守孝三年，就学于云根书院和星溪书院。一日，朱松授以《孝经》。朱子一阅封之，题其上曰："不若是，非人也。"

绍兴七年（1137），朱松应召入都。赴都之前，他把妻子祝氏和朱子送到建州浦城寓居。

绍兴十三年（1143），朱松病逝于建瓯，临终前把朱子托付给崇安（今武夷山市）五夫好友刘子羽（朱子义父），又写信请五夫的刘子翚（屏山）、刘勉之（白水）、胡宪（籍溪）等三位学养深厚的朋友代为教育朱子。刘子羽视朱子如己出，在其舍傍筑室安置朱子一家，名曰紫阳楼。

绍兴十七年（1147），朱子18岁，在建州乡试中考取贡生。第二年春，刘勉之将自己的女儿刘清四许配给朱子。同年三月，朱子入都科举，中王佐榜第五甲第九十名，准敕赐同进士出身。绍兴二十一年（1151），朱子再次入都铨试中等，授左迪功郎、泉州同安县主簿。

绍兴二十三年（1153）夏，朱子赴同安途中，受学于延平李侗。秋七月，朱子至同安。为了发挥自己济世救民的治国理念，朱子以其"敦礼义、厚风俗、劾吏奸、恤民隐"的治县之法管理县事；为了调和阶级矛盾，竭力推行"正经界"；排解同安、晋江两县械斗；整顿县学，倡建"教思堂"，在文庙大成殿倡建"经史阁"；主张减免经总制钱。

绍兴二十七年（1157），朱子任满罢归。回来途中，再见李侗于延平。绍兴二十八年（1158），朱子已意识到"妄佛求仙之世风，凋敝民气，耗散国力，有碍国家中兴"，打算重新踏上求师之路，决心拜李侗为师。为表诚心，他舍弃舟车，步行三百余里，求学于李侗。朱子师事李侗，是其思想一个大转变时期，经历一次他自称为"尽废所学"的自我否定，认识到自己过去所学佛教禅学思想空言无实，完成了逃禅归儒的思想升华，世界观豁然开朗。因得承袭二程"洛学"的正统，奠定了朱子以后学说的基础。他当时题写的"鸢飞鱼跃"四个大字，就是这种开朗心情的传神写照。

朱子归自同安，不求仕进，主要进行教育和著述活动。绍兴三十二年（1162），宋孝宗即位，诏求臣民意见。朱子应诏上封事，力陈反和主战、反佛崇儒的主张，详陈讲学明理、定计恢复、任贤修政的意见。隆兴元年（1163）十月，朱子应诏入对垂拱殿，向宋孝宗面奏三札：一札论正心诚意、格物致知之学，反对老、佛异端之学；二札论外攘夷狄之复仇大义，反对和议；三札论内修政事之道，反对宠信佞臣。但当时汤思退为相，主张和议，朱子的抗金主张没有被采纳。十一月，朝廷任朱子为国子监武学博士。朱子辞职不就，请祠归崇安。

乾道三年（1167）八月，朱子在林择之、范念德的陪同下，前往潭州（今长沙）访问湖湘学派代表张栻。朱子此时正当壮年时期，著作接连问世，盛名渐播。张栻，字敬夫，师从胡宏，学有专长，自成一派，号称湖湘学派。朱子对他早有敬仰之心。朱子和张栻进行了一次中国学术史、教育史上最著名的会讲——朱张会讲，开创了会讲之先河。两人的讨论由太极之理展开，并最终趋于一致。朱、张会讲于岳麓书院，从各地赶来听者达数千人。在岳麓书院讲堂，朱子手书"忠孝廉节"四个大字，后被书院奉为校训。在经过两个月的岳麓讲学后，朱子在张栻的陪同下游南岳衡山。在一路的游览中，眼前的无边风景不时牵动他们的诗兴，他们一边游览一边唱酬。几天里，他们共得诗149篇，合编为《南岳唱酬集》。下了衡山，从岳宫到楮州180里，朱子和张栻就还有争议的问题进行了临别前的讨论。两人朝夕在船中，讨论《中庸》之义三天三夜未曾合眼。朱子与张栻分手后，携弟子范念德、林择之东归，一路轮流更换唱和。到达崇安后，将东归旅途中所作的200余篇诗文，汇集成《东归乱稿》一书。

乾道四年（1168），崇安发生水灾。朱子力劝豪民发藏粟赈饥，还向官府请贷粮食600斛散发于民，使民不致挨饿。乾道五年，朱子悟到"中和旧说"之非，用"敬"和"双修"思想重读程颢、程颐著作，从全新角度独创"中和新说"。这是在学术史上具有划时代意义、影响十分深远的重大事件，标志朱子哲学思想的成熟。九月，朱子之母去世。朱子建寒泉精舍为母守墓，开始了长达六年之久的寒泉著述时期。

乾道七年（1171）五月，为了根本上解决百姓灾年生计问题，在五夫创建"社仓"。这种做法可以减轻贫民困难，缓和社会矛盾，也可减轻朝廷的施政压力，后为许多地方所仿效。十一月，朱子回尤溪，与知县、好友石子重讲论学问于县学。在石子重的陪同下，游览其父朱松任尤溪县尉时燕居之所"韦斋"旧址，手书"韦斋旧治"四字刻石揭榜。乾道九年，作《重修尤溪庙学记》，亲书"明伦堂"制匾悬挂于尤溪县学宫正堂。从此，天下学宫匾皆模此刻制悬挂。

淳熙二年（1175）正月，浙东学派领袖吕祖谦从浙江东阳来访朱子，在寒泉精舍相聚一个半月，编次《近思录》成，史称"寒泉之会"。五月，送吕祖谦至信州鹅湖寺（今鹅湖书院），陆九龄、陆九渊及刘清之皆来会，史称"鹅湖之会"。鹅湖之会的直接动因是吕祖谦想利用这个机会调和朱、陆学说之间的矛盾。在学术上，朱子认为心与理是两个不同的概念，理是本体，心是认识的主体；二陆主张心与理是一回事，坚持以心来统贯主体与客体。朱子与陆氏兄弟论辩、讲学达十日之久。鹅湖之会并没有达到双方统一思想的目的，但使他们各自对对方的思想及其分歧有了进一步认识，也促使他们自觉地对自己的思想进行反省。

淳熙五年（1178），宋孝宗任朱子知南康军兼管内劝农事。淳熙六年三月，朱子到任。当年适逢大旱，灾害严重。朱子到任后，即着手兴修水利，抗灾救荒，奏乞蠲免星子县税钱，使灾民得以生活。十月，朱子行视陂塘时，在樵夫的指点下找到白鹿洞书院的废址。经朱子的竭力倡导，到淳熙七年三月，白鹿洞书院很快修复。朱子在南康军任上，为白鹿洞书院殚精竭虑，不遗余力。他曾自兼洞主，延请名师，充实图书；请皇帝敕额，赐御书；还置办学田，供养贫穷学子，并亲自订立学规，即著名的《白鹿洞书院教规》。《白鹿洞书院教规》是世界教育史上最早的教育规章制度之一，对教育目的、训练纲目、学习程序及修己治人道理，都一一作了明确的阐述和详细的规定。它不仅成为后续中国封建社会700年书院办学的模式，而且为世界教育界瞩目，成为国内外教育家研究教育制度的重要课题。

淳熙八年（1181）二月，陆九渊来南康访朱子，相与讲学白鹿洞书院。八月，时浙东大饥。因朱子在南康救荒有方，宰相王淮荐朱子赈灾，提举浙东常平茶盐公事。为解救灾民，朱子迅速采取了几项有力措施。但因朱子推行的荒政直接或间接损害了富豪劣吏的利益，上任不到三个月，朱子已经处在他们一片谩骂和诋毁的包围中了。朱子因在浙东劾奏前知台州唐仲友不法，为唐之姻亲王淮所嫉，在浙东任职仅九个月即离任回家。朱子曾先后六次上状奏劾唐仲友不法，直指王淮与唐仲友上下串通勾结的事实。迫于压力，王淮免去唐仲友江西提刑新任，另一方面改除朱子为江西提刑，给不明真相的人造成朱子劾唐仲友是为了夺取他江西提刑新任的假象。朱子只得以"填唐仲友阙不可"为由请祠归家。最终，唐仲友虽被免职，但却逃脱了罪有应得的极刑。在弹劾唐仲友的过程中，朱子表现出崇高的操守和气节。

淳熙九年（1182），朱子53岁时，才将《大学章句》《中庸章句》《论语集注》《孟子集注》四书合刊，经学史上的"四书"之名才第一次出现。之后，朱子仍呕心沥血修改《四书集注》，临终前一天朱子还在修改《大学章句》。朱子将《四书》定为封建士子修身的准则，《四书》构成了朱子的一个完整的理学思想体系。元朝迄至明清，《四书集注》遂长期为历代封建王朝所垂青，作为治国之本，也作为人们思想行为的规范，成为封建科举的标准教科书，对发展中华传统文化作出了杰出的贡献。

淳熙十年（1183），朱子在武夷山九曲溪畔大隐屏峰脚下创建武夷精舍，潜心著书立说，广收门徒，聚众讲学。淳熙十二年，朱子到浙江，与陈亮展开义利王霸辩论，力陈浙学之非。

淳熙十五年（1188）十一月，上《戊申封事》，主张"正心""任选大臣""振举朝纲"等事。淳熙十六年（1189），诏命朱子知漳州。绍熙元年（1190），61岁的朱子到漳州赴任。朱子在漳州的全部施政变革，主要体现在正经界、蠲（免）横赋、敦风俗、播儒教和劾奸吏等方面，而正经界则是他全部变革的灵魂。时值当地土地兼并之风盛行，官僚地主倚势吞并农民耕地，而税额没有随地划归地主，致使"田税不均"，失地农民受到更为沉重的剥削，导致阶级矛盾激化。为此，朱子提出行"经界"，即核实田亩，随地亩纳税。这一建议势必减轻农民负担，但却损害大地主的利益，所以遭到后者的强烈反对，"经界"终于未能推行。绍熙二年（1191）正月，朱子长子朱塾卒。闻噩耗后，朱子无奈以治子丧请祠。五月，朱子迁居建阳。次年，承父志建"竹林精舍"，后更名为"沧洲精舍"，即淳祐四年（1244）诏赐的"考亭书院"。

绍熙五年（1194），湖南瑶民蒲来矢起义，震动了朝野，湖南地方局势骤然紧张起来。朱子临危受命，除知潭州、荆湖南路安抚，赐紫章服。具有道学家傲骨、强烈忧国忧民心态的朱子，不敢推辞朝命，欣然拜命前往赴任。五月，朱子至潭州。此时，瑶民已败退深山，被困溪洞。朱子采取了善后招抚的怀柔政策，遣使招降瑶民起义军首领蒲来矢。因本次镇压瑶民起义是湖北、湖南两地的共同行动，朱子的招抚遭到了湖北帅王蔺的反对。在蒲来矢押解后，王蔺主张斩杀以警众。朱子不得不在入都奏事中，直接向宋宁宗面恳，要求对瑶民"毋失大信"。朱子的这种做法，对平息民愤、安定边陲、缓和同少数民族的关系都具有重大意义。朱子到任后，兴学校，广教化，督吏治，敦民风。朱子改建、扩建了位于湖南长沙岳麓山下的岳麓书院，空余时间亲自到此讲课，使岳麓书院成为南宋全国四大书院之一。最能体现朱子在岳麓书院讲学意义的，是朱子在会讲时提出的事物"相对"的理论。他认为：天下事物都是有对的，一便对二，形而上对形而下，有上便有下，有高便有低等等。对事物内部的矛盾、变化、发展和互相联系、互相制约的辩证过程，有着比较深刻的认识。

　　绍熙五年（1194）八月，朱子除焕章阁待制兼侍讲。九月，朱子于行宫便殿奏事。第一札要宋宁宗正心诚意，第二札要宋宁宗读经穷理，第三、四、五札论潭州善后事宜。十月十四日，朱子奉诏进讲《大学》，反复强调"格物、致知、诚意、正心、修身、齐家、治国、平天下"八目，希望通过匡正君德来限制君权的滥用。朱子敢于在皇帝面前犯颜直谏，忠言直论，既直刺宋宁宗皇帝的独断，又抨击了权贵韩侂胄的专权弄事，引起宋宁宗和执政韩侂胄的不满。因此，朱子在朝仅 46 日，便被宋宁宗内批罢去了待制兼侍讲之职。十一月，朱子还居建阳考亭。

　　庆元二年（1196）十二月，"党禁"正式发生。监察御史沈继祖以捕风捉影、移花接木、颠倒捏造手法奏劾朱子"十大罪状"，朝廷权贵对理学掀起了一场史所罕见的残酷清算，效法北宋元祐党籍的故伎，开列了一份 59 人的伪逆党籍，名列党籍者都受到了不同程度的处罚。朱子被斥之为"伪学魁首"，位列黑名单之中的第五位，有人竟提出"斩朱熹以绝伪学"。朱子以伪学罪首落职罢祠，朱子门人流放的流放、坐牢的坐牢，遭到严重打击。庆元五年（1199），朱子已被各种疾病所困扰，"党禁"中的朱子终于预感到死亡的逼近，使他有大限临头的不祥预感，更加抓紧著述。庆元六年（1200）入春以后，朱子足疾大发，病情恶化。朱子生命垂危，左眼已瞎，右眼也几乎完全失明。朱子却以更旺盛的精力加紧整理残篇，唯一的愿望就是要将自己生平的所有著作全部完稿，使道统后继有人。这个信念支撑他在生命的最后一个月不知疲倦地著述，每日为学生讲授课程，直至口不能言。三月初九，71 岁的朱子在血雨腥风的"庆元党禁"运动中去世。四方道学信徒决定在十一月聚集在信州举行大规模的会葬，这又吓坏了反道学的当权者，竟令守臣约束。十一月，朱子葬于建阳县黄坑大林谷，参加会葬者仍然有近千人之多。而作文哭祭最真挚沉痛的是辛弃疾和陆游。辛弃疾哭道："所不朽者，垂万世名。孰谓公死，凛凛犹生！"陆游哭道："某有捐百身起九原之心，有倾长河注东海之泪。路修齿耄，神往形留。公殁不亡，尚其来享！"

朱子夫人刘清四传略

　　刘清四（1130—1176），为朱子夫人，刘勉之的女儿。高宗绍兴十八年（1148）与朱子结婚，生三男五女。孝宗淳熙三年（1176）病逝，享年 47 岁。次年，朱子将其安葬在建阳唐石里大林谷。并开双穴，决定自己百年之后要与妻子"生不同时死同穴"。宁宗庆元六年（1200），朱子与之合葬。宁宗嘉定元年（1208），妻以夫贵，追封为令人、硕人。绍定三年（1230），赠徽国夫人。元顺帝至正二年（1342），改封齐国夫人。

朱子妹妹传略

　　朱心（1140—？），朱子之妹。生平不详。绍兴十三年（1143），朱子的父亲朱松病卒，时年朱子 14 岁、朱心 4 岁。朱松病逝前，把朱子的学业与家事托付给崇安的刘子羽和刘子翚、胡宪、刘勉之三先生。次年，朱子与母亲祝五娘、妹妹朱心从建州（今福建建瓯）迁居崇安（今武夷山市）五夫里。

朱子三子传略

　　朱塾（1153—1191），字受之，朱子长子。绍兴二十三年（1153）七月，生于崇安五夫。朱塾自幼秀慧，从小受家学，后拜建阳陈焯、欧阳光祖和蔡元定为师。21岁拜浙江金华著名理学家吕祖谦为师，食宿于吕祖谦门人潘景宪之家。淳熙元年（1174），潘景宪将时年13岁的长女嫁与朱塾为妻。朱塾三次应试均落第，以荫补将仕郎。绍熙二年（1191），病逝于金华，赠中散大夫。夫人潘氏。长子朱鉴，官知巢县，知漳州、无为军，监进奏院，知兴国军，淮西运使，湖南总领。次子朱浚，字深远，官至运使，生二子：朱林、朱彬。

　　朱埜（1154—1210），字文之，朱子次子。生于绍兴二十四年（1154）七月，从小受家学，11岁与兄一起受业于陈焯、欧阳光祖和蔡元定等。淳熙七年（1180），与兄同应试，均不第。后以荫补迪功郎，差监湖州德清县新市镇。户部瞻军酒库任职不长，以管理家务长居于五夫，一度帮助父亲从事过印刷业。卒赠朝奉大夫。娶吕氏、赵氏。生五子：朱铉、朱钦、朱铺、朱镈、朱鈜。

　　朱在（1169—1239），字敬之，朱子季子。乾道五年（1169）正月，生于崇安五夫。乾道至淳熙年间，尤溪县学在知县石子重、教谕林用中的管理下，一时名满闽中。朱子曾想让朱在受学于尤溪，然因地远而未成行，引以为恨事。朱子曾对许顺之说："幼儿未有读书处，为挠。地远，不能遣去尤溪，甚可恨也。"朱在自小受学于朱子，13岁时赴金华拜理学家吕祖俭（吕祖谦胞弟）为师。在金华期间，与吕祖谦之女结婚，婚后住在吕家。绍熙五年（1194），朱在以荫补承务郎。历仕籍田令、将作监主簿、大理寺正、知南康军、知信州、提举浙西常平茶盐公事、知嘉兴府、司农少卿、枢密副都、两浙转运副使、工部侍郎、宝谟阁待制、知平江府、焕章阁待制、知袁州等职，封建安郡侯。朱子去世前一日，致书朱在诀别，兼令其早归收拾文字。朱在59岁时，与侄朱鉴承父志迁居建瓯，编辑《朱文公文集》。宝庆二年（1226），朱在重编《新安朱氏宗谱》。嘉熙三年（1239）九月二日，朱在卒于建瓯家中，享年71岁，赠银青光禄大夫。十二世孙朱均（平之公）迁居尤溪，至十七世衡奄公回迁建宁府（今建瓯），今存《衡庵公派七房谱略》（清手抄本）。

朱子女儿传略

朱巽（1160—?），朱子长女，嫁刘学古。刘学古，字尚之，刘评之长子，多年从朱子学。乾道间曾与朱在、林用中帮朱子在建阳崇化里同文书库经营印书业。淳熙间以特奏赐进士出身，补承务郎。绍熙元年自荐，后为光泽县簿。缉盗有功，以儒林郎知静江府临桂县。以爱民为念兴文教，里人感之，为立生祠。

朱兑（1163—1221），字淑真，朱子之仲女。父亲严格要求，施以礼教，即便与黄榦成亲，仍要其注意"妇礼"。婚后相夫教子，对丈夫帮助很大。黄榦（1152—1221），字直卿，号勉斋。淳熙三年执礼受学朱子于五夫，学问精进。淳熙九年底完婚，馆于五夫紫阳书堂。黄榦参助朱子修订《四书集注》，参编《礼书》。在朱门中为最得师传精髓，通过讲学，下传朱子学术思想给何基、王柏、金履祥、许谦四代，影响尤其显著。清雍正二年（1724），神主从祀于孔庙，享受国家祀典。

朱巳（生卒年不详），朱熹的三女，原聘于赵几道，不幸夭折。朱熹为其撰写《女巳埋铭》，铭文很短，但却深深体现了父亲对女儿的爱和思念："朱氏女，生癸巳。因以名，叔其字。父晦翁，母刘氏。生四年，呱失恃。十有五，适笋理。赵聘入，奄然逝。哀汝生，婉而慧。虽未学，得翁意。临绝言，孝友梯。从母葬，亦其志。父汝铭，母汝视。汝有知，尚无畏。宋淳熙岁丁未月终辜壬寅识。"

朱小妹（生卒年不详），朱熹的五女（四女早夭）。嫁朱熹晚年门生、进士范元裕。

朱子字号集录

朱子，名熹，字元晦，后改字仲晦。初名沈郎，小字季延、五二、五二郎。自号晦翁、洞主晦翁、晦庵、促晦、仲晦父、仲晦甫、晦庵通叟、白鹿洞主、云壑老人、仁智堂主、牧斋、拙斋、茶仙、云谷壑吏、云台真逸、云谷老人、紫阳云谷老人、云谷晦庵老人、晦庵病叟、云台外史、云台子、乙巳云台子、云台隐吏、嵩高隐吏、鸿台外史、鸿庆外史、沧洲病叟、沧洲钓叟、遯翁、遯翁云台隐吏、空同道仕邹訢等。

沈郎 据《福建通志》列传卷十二记载："熹以建炎四年九月十五日午时于尤溪之寓舍，故幼名沈郎。"

沈郎 据民国《建瓯县志》卷七《名胜》记载："按文公生于尤溪郑氏义斋，尤溪本名沈溪，为避王审知讳，更名尤溪，故文公小名沈郎。"

季延 朱子小字季延，因南剑又名延平，而尤溪隶属延平。清人毛念恃在《紫阳朱先生年谱》中曰："文公名沈郎，小字季延，皆志其地也。"季延之"季"，为在兄弟辈中排行居三或最幼者的称谓。

五二、五二郎 一说，朱子在同辈中排行五十二，故又乳名五二、五二郎。民国《崇安县志》卷二十二《儒林》记载："江永《朱子世家注》：小名沈郎，字季延，行五二。"民国《尤溪县志》记载："五二郎，文公乳名。"一说，朱子出生时，其祖母52岁，闽地风俗，以孙乳名为祖记岁，故名五二、五二郎。朱子胞妹朱心出生时，其祖母56岁，故小名五六娘。

元晦 朱子原字元晦，是其老师刘屏山所命。朱子在《跋家藏刘病翁遗帖》中曰："熹字元晦，亦先生所命，其祝词具在，以非临终手笔，别附他卷。"

仲晦 明人戴铣在《朱子实纪》卷十《赞述》中说："其后，以元为四德之首，不敢当，遂更名仲晦。"

仲晦父、仲晦甫 朱子在其序跋和论著中数次署称"仲晦父""仲晦甫"。

晦庵 孝宗乾道六年（1170），朱子41岁，在福建建阳芦峰山的云谷筑有寒泉精舍，自题为晦庵。

云谷老人 清康熙《武夷山志》卷十六《名贤》记载："（朱子）尝建庐于建阳芦峰山之云谷，曰'晦庵'，因以自号，遂称云谷老人。"

云谷晦庵老人 朱子在建阳芦峰山谷居住时，亦称云谷晦庵老人。

晦翁 淳熙元年（1174），朱子以抱孙女之故，始署名"晦翁"，时年45岁。后至其去世时，在其序跋和论著中署"晦翁"20余次。

洞主晦翁 朱子在《白鹿洞赋》中自称"洞主晦翁"。

晦庵病叟 朱子在《周深父更名序》中自署"晦庵病叟"。

云壑老人 因云壑与云谷有关，朱子在为宋人沈舜卿所书的陶渊明《归去来辞》上署名"云壑"。明人晏宁在《题晦庵翰墨卷后》中曰："不曰晦庵而曰云壑者，时筑室于建阳芦峰之巅，号曰云谷，盖在紫阳书堂之后，自创草堂而匾曰晦翁，亦曰云壑老人。"

白鹿洞主 朱子在《白鹿洞赋》中自署"白鹿洞主"。

仁智堂主 朱子在《武夷图序》中自署"仁智堂主"。

牧斋 绍兴二十三年（1153），朱子24岁时，主簿同安，自号"牧斋"。

拙斋 淳熙六年（1179），朱子知南康军，自号"拙斋"。

云台子 朱子一生大部分时间闲居治学，先后请祠多次。淳熙十二年（1185）四月，主管华州云台观。是观原在陕西，地陷金人之手，管其虚名。因此，朱子遂自号"云台子"。

乙巳云台子 淳熙十二年（1185）为乙巳年，朱子又号"乙巳云台子"。

云台隐吏 主管云台观时，朱子又自号"云台隐吏"。

云台外史 在主管云台观时，朱子还自号"云台外史"。

云台真逸 在主管云台观时，朱子还自号"云台真逸"。

嵩高隐吏 淳熙十五年（1188），朱子主管西京嵩山崇福宫。宫原在河南，为金人所控，管其虚名。朱子遂自号"嵩高隐吏"。

鸿庆外史 绍熙二年（1191）至庆元元年（1195），朱子两次主管南京鸿庆宫，地陷金人，管其虚名。因此，朱子屡署"鸿庆外史"。

沧洲病叟 朱子晚年定居建阳考亭。绍熙三年（1192），朱子筑竹林精舍于考亭所居之旁。三年后，因舍旁有龙舌洲环绕，改曰沧州，其竹林精舍更名曰沧州精舍，因此自号"沧洲病叟"。

沧洲钓叟 朱子还曾自署"沧洲钓叟"。民国《南平县志》卷十五《寺观》曰："（南平）塘源李子坑，昔有精舍，朱子避地尝居之，号沧洲钓叟。"

茶仙 在"庆元党禁"时期，朱子避难古田，在"引月"榜书中曾署称"茶仙"。

遯翁 在"庆元党禁"时期，朱子卜筮"遇遯之同（家）人"，遂更号为"遯翁"。

空同道士邹訢 朱子在《阴符经注》《书周易参同契考异后》等署名"空同道士邹訢"。朱子之所以署此名，清乾隆《四库全书总目提要》卷一四六有所说明，其曰："盖以邹本为邾国，其后去邑而为朱，故以寓姓。《礼记》郑注谓当作熹……""空同"即倥侗，为童蒙无知之意，乃是朱子自谦之词。空同亦有广大无边之意。朱子平日批评道家最严，然有时不仅与道士往来，还自称道士，这说明朱子思想的复杂性。

朱子历代封谥

南宋庆元六年（1200）朱子去世时，不但生前的思想主张被斥为"伪学"，自身也深陷"庆元党禁"的漩涡之中。朱熹的葬礼是在朝廷的严加防范之下举行的。可是朱子死后不久，当权统治者发现了朱子的著作与学说中的价值，朱子的地位青云直上。

嘉定元年（1208）十月，皇帝下诏赐予朱熹"遗表恩泽"，赐谥朱熹号曰"文"，从此世人尊为"朱文公"。

嘉定三年（1210）五月，赠中散大夫、宝谟阁直学士，以明堂恩加通议大夫。国子司业刘爚（朱熹弟子）奏乞开伪学禁。

宝庆三年（1227），时朱子三子朱在为工部侍郎，在入对时"言人主学问之要"。宋理宗说："先卿《中庸序言》之甚详，朕读之不忍释手，恨不与之同时。"认为《四书集注》起到"发挥圣贤之蕴，羽翼斯文，有补治道"的作用，朱子被加赠太师，追封信国公。

绍定三年（1230）九月，改封朱熹为"徽国公"。

淳祐元年（1241）正月，宋理宗下诏学宫将朱熹从祀孔庙，朱熹取得与周敦颐、张载、二程（程颐、程颢）并列的五大道统圣人的地位。

淳祐四年（1244），诏下改沧洲精舍为"考亭书院"，并赐御书额。

淳祐六年（1246），为徽州"紫阳书院"赐御书额。

咸淳元年（1264）九月，宋度宗命执宰访朱熹后人贤能者录用。

咸淳五年（1269），宋度宗下诏赐婺源朱氏故居名"文公阙里"，同孔子阙里并而为二。

元至元元年（1335），元顺帝下诏兴建"徽国文公之庙"，从此朱熹与孔子一样也受到统治者的奉祀。

元至正二十一年（1361）十二月，元顺帝下诏追谥朱熹父亲朱松为"献靖公"。

元至正二十二年（1362）二月，改封朱熹为"齐国公"，遣京学以上礼少牢（少牢：只有羊、豕，没有牛）致祭。

明太祖洪武三年（1370）五月，定天下以《四书五经》诏从朱熹传注。

明永乐十三年（1415），由明成祖作"御序"的《四书五经大全》颁行天下，有明200年来被尊为取士之制。

正统元年（1436），钦颁先贤朱熹之嫡派子孙免差役，以示对先贤的敬重。正统三年，礼部、户部批复地方府县，先贤朱文公子孙参照孔子子孙全户优免粮银税赋。

景泰六年（1455），明景帝诏建安朱熹后裔世袭翰林院五经博士。此后，自朱熹第七世孙朱梴开始，均享受世袭五经博士衔，奉命祭祀朱子。景泰七年，礼部勘合春秋仲月上戊日（即每季第二个月的第一个戊日）两祭朱子，钦降建安祠祭祝文，朱子门人黄榦、蔡沈、刘鑰、真德秀配祀。

宪宗成化十八年（1482），准歙县紫阳书院有司致祭。

弘治四年（1491），准尤溪县每年九月十五日文公诞辰于南溪书院特祭。

弘治十五年（1502），准婺源县修祠致祭。

嘉靖元年（1522），明世宗又诏婺源朱熹后裔世袭翰林院五经博士，两地世袭一直延续到清末。

崇祯十五年（1643），诏称"先儒朱子"（后改称"先贤"），列于汉唐诸儒之上。

清康熙五十一年（1712），康熙皇帝诏升"先贤朱子于十哲之次"，朱熹的牌位从孔庙东廊进入了大成殿。接着，康熙又命李光地等编《朱子全书》颁行全国，康熙亲自作序，称朱熹"集大成而绪千百年绝传之学，开愚蒙而立亿万世一定之规"，把朱熹奉为无以复加的地步。清康熙知县刘宗枢称尤溪为"南州阙里"。

清乾隆九年（1744）开始，每岁祭祀，皇帝钦颁祭文、祭品。清道光十一年（1831）谒选吏部、掣闽之大田、权尤溪县事章复旦，在《复修尤溪县志·序》称尤溪为"闽中阙里"。

（本章节文章除署名外，其余系魏万能、罗小成整理）

第二辑　千秋吟颂

宋光宗追封韦斋公通议大夫暨
配祝氏追封硕人诰敕

朕方舍爵书劳，有吾从臣以次第极，则推本世系，及其祢庙，皆宠绥之，亦祭泽也。

焕章阁待制，侍讲朱熹故父左承议郎、守尚书吏部员外郎，兼史馆校勘朱松，少而英发，晚益深造，渡江诸老，多其师友。尝历郎闱、秉史笔、力诋和议，绪正谤史。盖官虽薄，而志在于天下后世也。位不称德，识者恨之。属予肇禋，有严美报，则尔有贤子，劝讲路门，可无褒典，以慰罔极之怀？追锡崇阶，用贲泉壤，非以为生，亦德之称，可追封通议大夫。

朕既为卿大夫宏贲祢庙，以侈教忠之报，则母氏与享，可无申锡，使之匹休。焕章阁待制朱熹母硕人祝氏，来字名家，克相夫子，本之纯厚，申以敬恭，其仰而事姑，备极顺适，俯视滕御，又何其不察察也。是宜笃庆，聿生贤子，蔚为儒宗，名满天下，则加以美号，用慰孝思，我有茂恩，宜不汝吝，可追封奥国夫人。绍熙五年十月某日，中书舍人陈傅良行词。

元顺帝追谥朱献靖公诰敕

考德而论时，灼见风标之峻；观子而知父，追闻诗礼之传。久閟幽堂，丕昭公论。故左承议郎、守尚书吏部员外郎、兼吏馆校勘、累赠通议大夫朱松、仕不躁进，德合中行，溯邹鲁之渊源，式开来学；阐图书之蕴奥，妙契玄机。奏对虽忤于权奸，嗣续笃生乎贤喆。化民成俗，著书满车。既继志述事之光前，何节惠易文之孔后。才高弗展，嗟沈滞于下僚，道大莫容，竟昌明于永世。神灵不昧，休命其承，可谥献靖。

至正二十一年十二月某日

明世宗诏

以宋儒朱松从祀启圣公庙，令天下学宫一体并祀，通称"先儒朱氏"。从辅臣张孚敬议。

嘉靖九年六月某日

宋史馆吏部赠通议大夫朱公松神道碑

宋·宰相 周益公

祖宗时，择儒学，为馆职。自馆职，择侍从，择辅相。所谓儒学者，明仁义礼乐，通古今治乱。其议论，可与谋虑大事，决疑定策，文章特一事耳。治平中，欧阳文忠公在政府奏疏如此。寻命宰执各荐士，其效见于元祐之际。高宗方内修外攘，著置必书省以储人才。他有司治事，日不暇给，独馆职涵养从容。要路缺，必由此选，国朝盛举乃复见之。新安朱安，盖其一也。

公讳松，字乔年，世家婺源。曾祖振，妣汪氏。祖绚，妣汪氏。父森常曰："吾家五世积德，业孺当有显者。"后赠承事郎，妣孺人程氏。公生以绍圣四年。儿时，出语惊人。未冠力学，由郡庠贡京师。文体清新，耻于蹈袭。政和八年，上舍登第，经迪功郎调建州政和尉。丁父忧服除，再调南剑州尤溪尉，监泉州石井镇。诗名闻四方，他文溷涵流转，唯意所适。然谓于道为远，益取经子史传，考其与衰治乱。欲应时合变见之事业。又因师友浦城肖顗子庄，剑浦罗从彦仲素，而得龟山杨文靖公河洛学问之要。拳拳服膺，每疑卞急害道，取佩韦之说，名斋自警。在尤溪，闻靖康北狩，太恸几绝。自是，奔走卑冗，假禄养亲，无仕进意。绍兴初，监察御史故（胡）世将抚谕入闽。公袖书告之曰："今不自荆襄赴兴元，结夏人控引五路，东向争中源，则当幸金陵，固守荆准。奈何局促一才，徒费日月，竟将何为？"世将奇其才，归荐于朝。会前执政谢公克家守泉南，亦露章荐公，学问不宜滞管库，遂召试馆职，策问兴难易。公乞顺人心，任贤才，正纲纪，累数千言，辩论精博。高宗嘉赏，除秘书省正字。四年二月，循左从政郎。赵忠简公以元极都督诸路军马，约公入幕，公以亲疾辞。寻丁母忧。七年服阙，上已进都金陵。九月再召对，公劝上抗志高明，垂精延访求经，远持久讦,遂言中兴之君唯充武,身济大业,可以为法。元帝、肃帝志趣卑近,宜以为戒。上明日对辅臣称善,且谓光武无可议,肃宗虽优于元帝,然亏人子之行,于其终为恨也。特改左宣教郎,除校书郎。是时,吕社代主刘光世统军淮西,郦琼拥以叛去。庙论欲敛两淮戍兵卫行都,公率同列疏言不可。亦会虏疑刘豫得叛兵不可制,执而废之。当路不能乘机会,乃亟还临安。八年三月迁著作佐郎。御史中丞同荐公可任大事。四月,复赐对,公言:"国论不过两端取进者,失之疏玩,愒者失之谕,唯有治观釁为上策。愿陛下并进忠贤,修明纪律。革姑息,振国势,虏不足平也。"上悦,擢尚书度支员外郎兼史馆校勘。刊修蔡卞所改哲宗实录,公用力为多。历司勋及吏部员外郎,史职如故。实录成,迁左奉议郎,磨勘转承议郎。赵忠简公罢相,秦忠献公当国,决意讲和。公与史官胡珪、凌景、夏常明、范如圭合奏陛下以梓宫兄母天属未归,不惮屈己和戎,曾不思项羽,置太公俎上,邀高祖。高祖知其诈,日夜思所以蹙羽者。彼兵势穷,太公自归此。今日龟也,秦方恶公异议,参知政事李庄简公又力援公属,虏而再至,许归河南也。公请用汉制,命廷臣杂议。又言:二三大将握重兵,将有尾大之患,请复武举储将帅,选骁勇,补周卫,择守帅,壮藩维,兴太学,明大伦,以倡节义规模。大率类此,秦滋不乐,讽言者论公"怀异自贤",出知饶州,十年春也。未上请,主管台州崇道观。和议俄变,秦苍黄不知所指。有郎官代作自解之,奏曰"伊尹告成汤,德无常师。主善为师。臣前赞如议,今请虏,是皆主善为师。如其不济,则陈力就列不能者,止当遵孔圣之训"。秦大喜,擢郎官为右史,而不暇问所引皆误也。是时,秘书省寓法慧寺,大书于门云:周任为孔圣太甲作成汤。秦大怒,疑出于馆职,相继汰去而引用其党,公遂不可出矣。祠满,再任命下而卒,十三年三月辛亥也,享年四十有七。

公性孝友,于朋友重然诺,不以死生穷达易其志。诱进后学,扬人之善,凡邪佞琐,鄙而远之。没一甲子,秦毙。异时名士抑遏,窜逐者悉起为大官,独公无年,识者惜之。

其将终也,手书与所善胡宪原仲,刘勉之致中,刘子彦冲,属其子熹往受业。其后,遂以奥学高文推重当世。今上闻其名,以待制侍讲禁中,累赠公通议大夫。初,公卒之明年,葬建宁府崇安县五夫里西塔山。势颇卑下,乃卜庆元某年某月某日还葬武夷乡上梅里寂历山中峰僧舍之北。公尝赋诗,有"乡关落日苍茫外，樽酒寒花寂历中"之句，兹其谶乎？待制以某先太师与公为同年进士，故来请铭。公娶同郡祝氏处士确之女，赠硕人。事姑孝谨，待内外姻亲和顺得其欢心。后公二十七年卒，别葬建阳县崇泰里后山铺东寒泉坞。一男熹也。女嫁浏阳丞刘子翔，早逝。孙男三：长塾，已亡；次埜，将仕郎；次在，承务郎。女三，修职郎刘学古，迪功郎黄干，进士范元裕，其婿也。曾孙男五人，钜、钧、鑑、铎、铨。女九人：长适文林郎赵师夏，余未行。公平生所为文有《韦斋集》十二卷行于世，《外集》十卷藏于家。吏部侍郎徐度自言：少多与前辈游，追识公及张戒定夫，始得为文之法。欲为公集序未及成，而文士傅自得实为之。谓公诗高洁幽远，其文温婉典裁，非溢美也。公母弟槔亦负轶才，不肯俯仰于世，有诗数十篇，高远近道，号《玉澜集》云。铭曰：

信道唯人，穷理以书，合而一之，乃曰通儒。表表朱松，迈往于初；师友渊源，名实允孚。兰台史观，卿才是储；有昌有言，有宏厥模；人虽我抑，岂无后图；高皇更化，群贤毕趋。公则逝矣，斋志弗纾；幸哉有子，播获畲畬。追爵黄散，肇营新墟；揭以铭章，永镇龟趺。

（摘自《考亭朱氏总谱》）

皇考左承议郎守尚书吏部员外郎兼史馆校勘累赠通议大夫朱公行状

宋·朱熹

本贯徽州婺源县万年乡松岩里

曾祖振故不仕，妣汪氏

祖绚不仕，妣汪氏

父森故赠承事郎，妣程氏，赠孺人。

公讳松，字乔年，以绍圣四年闰二月戊申生于邑里之居第。未冠，由郡学贡京师。以政和八年同上舍出身授迪功郎、建州政和县尉。丁外艰，服除，更调南剑州尤溪县尉，监泉州石井镇。绍兴四年，召试馆职，除秘书省正字，循左从政郎。丁内艰，服除，召对，改左宣教郎。除秘书省校书郎。迁著作佐郎、尚书度支员外郎兼史馆校勘。历司勋吏部两曹、兼领史职如故。与修哲宗实录书成，转奉议郎，以年劳转承议郎，出知饶州，未上，请闲，得主管台州崇道观。满秩再请，命不而卒，绍兴十二年三月二十四日辛亥也。

公生有俊才，自为儿童时，出语已惊人。少长，游学校，为举子文，即清新洒落，无当时陈腐卑弱之风。及去场屋，始放意为诗文。其诗，初亦不事雕饰，而天然秀发、格力闲暇，超然有出尘之趣。远近传诵，至闻京师。一时，前辈以诗鸣者，往往未识其面而已交口誉之。其文汪洋放肆，不见涯涘，如川之方至而奔腾，蹙沓，浑浩流转，顷刻万变，不可名状，人亦少能及之。然公未尝以是而自喜，一日喟然顾而叹曰："是则昌矣，如去道愈远何？"则又发愤折节，盖取六经诸史、百氏之书伏而读之，以求天下国家兴亡理乱之变，与夫一时君子所以应时合变，先后本末之序，期于有以发为议论，措之事业，如贾长沙、陆宣公之为者。既又得浦城肖公觊子庄，剑浦罗公从彦仲素而与之游，则闻龟山杨氏所传河洛之学，独得古圣贤不传之遗意，于是益自刻厉，病刮浮华，以趋本实。日诵《大学》《中庸》之书，以用力于致知诚之意之地。自谓卜急害道，因取古人佩韦之义以名其斋，早夜其间，以自警饬。由是向之所得于观考者益有以自信而守之愈坚，故尝称曰："士之所志，其分在于义利之间两端而已。然其甚微而其流甚远，譬之射焉，失毫厘于机括之间，则差寻丈于百步之外矣。"又常以谓："父子主恩，君臣主义，足为天下之大戒，无所逃于天地之间。如人食息呼吸于元气之中，一息之不属，理必至于毙。是以自昔圣贤立法垂训，所以维持防范于其间者，未尝一日而少忘，其意岂特为目前之虑而已哉！"

是年，宣和之季，士之于世至是已无可言者矣。旋属靖康之变，中朝荡覆。公在尤溪，方与同僚燕集，忽有以北狩之问来验者。公闻震骇，投袂而起，大恸几绝。既而，建炎再造，王室飘摇，未有所定。寇贼纵横、道路梗塞，固不假于传求幽远，以尽一世人才之用。而公抱负经奇，尤耻自售以求闻达，以是困于尘埃卑辱，锋镝扰攘之中，逃寄假摄，以养其亲十有余年。以至不从算商之役于岭海鱼虾无人之境，则已无复有当世意矣。

会诏出御史胡公世将抚谕东南，召公因谒见而说之曰："古之为天下国家者，必有一定之计，以为子孙万世之业。未有俯仰依违，苟度朝夕，曾不为终岁之备而可以为国者也。今日庙堂之义固必有一定之计矣，然未知其但欲襟凭江汉，控引荆吴以保东南而已乎？抑当克复神州，汛扫陵阙，据中原而抚三河也？盖尝闻之，不取关中，中原不可复；不取荆淮，东南不可保。唐惟不失关中，故更三亡，不失旧物，而吴孙氏东攻新城，西攻襄汉，乃所以保建业。其后，桓温、刘裕虽能以江汉舟舻而入河渭，然既得之而不能守，则亦仅足以保东南而已。然则，天下之大势可知已。今进既不能以六师之重通道荆襄，循汉沔以赴兴元，结连拓跋，控引五路，东向以图中原；退又不能移中跸建康，治兵训武，北争荆淮，以为固守之训，而便蹙处一方，弗日月于道途，前不能有尺寸之利，后又无所保以为安。未知漂漂者竟何如耶？"胡公奇其言，壮其策，归即以闻于朝。而泉守，资政殿学士谢公克家辈亦露章荐公学行之懿，不宜滞笼笥库，于是乃得召试。

而发策者以中兴事业之难易后先为问，公即对言："自古谋国有得失，而成功无难易。盖天下国家有至计，而国势之强弱，兵力之盛衰，土地之开蹙不与焉。唯能顺人心、任贤才、正纲纪，则天下之事将无难之不易。惟上之人惜时爱日而亟图之。"反复驰骋、辩说纵横，出入古今，证验精博，日未昳，奏篇已上，累数千言而文不加点，高宗览而异焉。赵忠简公方以元枢受诏，西督川陕荆襄军事，欲奏取公为属。会太夫人属疾不果。既遂遭丧以归，而赵公卒亦不果行也。

再召入对，时上已用张忠献公之策，进次建康，指授诸将，计将大举以复中原，国势亦小振矣。公始进见，欲坚上意，以遂中兴之业，即奏言说："陛下以圣哲之资，抚艰难之运，侧身焦思，累年于兹。而民困兵弱，敌伪侵凌，戡定之勋久而未集。意者陛下殆当抗圣志于高明，而辅之以睿智日跻之学，垂情延访，早夜汲汲，以求宗庙社稷经远持久之计，申明纪律，崇奖节义，而又以民心为基本，忠良为腹心，则臣有以知敌伪之不足忧而恢复大功指日可冀矣。"因论自古中兴之君唯汉之光武勤劳不怠，自济大业，可以为法。晋之元帝、唐之肃宗志趣卑近，功烈不终，可以为戒。反复切至，而犹虑夫计画之间或未精审，无以服众心而成大功也。则又言曰："人主操大权以御一世，必其所以处此者有以切中于理，然后足以深服天下之心，是以无为而不成。今万机之务决于早朝侍立逡巡之顷，未有以博尽谋谟之益，使其必当事理，以服人心。谓宜略效唐朝延英坐论之制，仰稽仁祖天章给礼之规，延访群臣，博求至计，然后总揽参订，以次施行。则政令之出，上下厌服，天下之事无所为而不成矣。顾又尝病士溺于俗学而不明君臣之大义，是以处于成败之间者，常有苟生自恕之心，而缺于舍生取义之节，将使三纲沦坠，而有国家者无所恃以为安。"则又奏言："宜鉴既往之失，深以明人论、励名节为先务，而又博求魁磊骨髓、沈正不回之士，实之朝廷，使之平居无事正色立朝，则奸萌逆节销伏于冥冥之中。一朝有缓急，则奋不顾身以抗大难，亦足以御危辱凌暴之侮，则庶几乎神器尊严而基祚强固矣。"上悦其言，而于光武、晋、唐之论尤所欢喜。明日，以喻辅臣，且论元帝、肃宗之失，而尤以元帝区区仅保江左，略无规取中原之志为诮。乃诏改公京秩，仍典校中秘书。则当是之时，圣志所存亦可见矣。

不幸适有淮西杀将叛兵之变，中外恟疑，异议峰起，张公至为解相印去，而国论遂变，至欲尽撤两淮之戍，还建康以自卫。公深以为不可，因率同列拜疏言曰："淮泗东南之屏蔽，昔人之所百战而必争者。今皆幸为我有，而无故捐之以资敌，非计之得也。若彼乘吾之郤长驱以来，不信宿而来至江津，人心一摇，则建康虽有甲卒十万，亦将无所施矣。且其新民累岁安集，亦既有绪。今乃一朝而弃之，使其老稚狼狈而南来，丁壮忿懑而北去，其失人心以贻后患，抑又甚焉。即以宿卫单寡，必行今策，则愿毋庸尽撤，而使合肥、盱眙两戍所留各不下三万人，则亦足以固吾围而折敌冲矣。"疏奉不省，而刘豫果数求援于金以乘吾隙，议者方以为忧，而金忌豫强将不可制，一旦执而废之，遂不暇以我为事。不然，则亦殆矣。自是之后，庙算低回，上下解驰，北伐之谋日以益衰，顾望中原，坐失机会。而明年，车驾遂还临安矣。

御史中丞常公同荐公恬尚有守，可任大事，因复召对。公即抗言："当今国论不过两端，喜进取之谋者，既以行险妄动而及于败，为待时之说者又以玩日岁而至于媮。二者不能相通，而常堕于一偏，是以成功不可见而均受其弊。故臣尝谓能自治以观衅，则是二者通为一说而无所偏废。盖能夙夜忧劳，率励众志，则未尝不待时而不至于媮；审知彼已，必顺天道，则未尝不进取而不及于败。谋人之国者诚能如是以求逞于仇敌而犹不得志者，臣不信也。然臣窃迹近事，则夫往年江上之捷，日者伪刘之废，中原之衅可谓大矣。而吾终未肯求所逞，岂非以行险妄动为不可以不戒，而于吾所以自治其国家者将益求其至欤？今日之势虽未至于危机交急，亦可谓迫矣。谓宜断自圣武，深思昔人爱日之义，忧劳庶政，无少怠忽，凡事之故常，非天下所以安危存亡者。归之有司，而日与辅相大臣一心戮力，明礼义，正纲纪，除弊政，振媮俗，抚循凋瘵之民，淬励士大夫而责之职业，凡以求壮吾根本，以成其内治者。无不至斯，以固结人心而徐图恢复之计，虽有志者亦不知为敌谋矣。"

初，刘光世守淮西，御军无法，而寇至辄谋引避。既正其罪而夺之兵矣，寻有叛兵之变，庙议反谓由罢光世使然，更慰藉而宠秩之。张俊守盱眙，方撤戍时，犹命分兵留屯，而俊不受命，悉众以归，朝廷亦不能诘。公于是又言："陛下有为之志未尝少衰，而天下之事每每病于不立，使中兴之烈未有卓然可见之效，臣窃不胜忧愤。而深惟其故，以为陛下诚能并进忠贤。修明纪律，惩陵夷委靡之祸，革姑息苟且之政，深诏大臣，号令所出，必务合天下之正义，而毋恤匹夫徇私之怨，则威令必振，国势安强。虽桀骜之敌，亦将敛衽而退听，尚何病于事之不立哉？"

上亦不以为忤，特命除郎，兼卑史笔，而常公犹以为此非所以为荐论之本意，再论上前，言甚恳至。然事已行，不及改也。

公至史院，会方刊修蔡卞所撰《哲宗宝录》，而宣仁附传实公所分，所以辩明诬谤，分别邪正者，于体为尤重。而公考订精密，直笔无隐论者美之。其后顾亦不免颇为他官窜易，是以读者犹有憾焉。

既而，金人亟遣使来请和。赵公以议小不合，亦罢去。而秦丞相桧始颛政事，遂决屈已和戎之议矣。金使名称既不逊，而所责奉承之礼又有大可骇者。于是，众心共怒，军士至汹汹欲为变，夜或揭通衢，指桧为金谍，都人汹懼，一时忠智之士竞起而争之。公亦亟与史院同舍胡公珵、凌公景夏、常公明、范公如圭五六人者合辞抗疏言曰："金人方据中原，吞噬未厌，何忧何懼而一旦幡然与我和哉？盖其纽于荐食之威，动辄得志，而我甚易恐，故常喜为和之说以侮我。又虑我训兵积粟，畜锐俟时而事有不可知者，故不得已为和之说以挠我耳。盖金人和使即秦之衡人，兵家用之百胜之术也。六国不悟衡人割地之无厌以亡其国。今国家不悟北使请和之得策，期祸亦岂可胜言哉！而执事者顾方以为吾为梓宫毋后渊圣天属之故，遂不复顾祖宗社稷二百年付托之重而轻从之。使彼得济其不逊无稽之谋而藉蹢以逞，将焉避之哉？昔楚汉相持之际，项羽常置太公俎上，而约高祖以降矣。使为高祖者信其诈谋而遂为之屈，则自其一身且无处所，尚何太公之可还哉？唯其不信不屈而日夜思所以图楚者，以故卒能蹙羽鸿沟之上，使其兵疲食尽，势穷力屈而太公自归。此其计之得失，亦足以观矣。"其言之切如此，盖出公与诸公之意，而成于胡公之手。桧虽持其议不少变，然金人狂谋因是亦有不得尽逞者，论者莫不壮之。然自是之后，边备遂弛，士气益衰，而同兴复之讳，上下皆以为讳，正堕公等所忧挠我之计。

桧顾谓自以为得上心，始谋以次尽逐诸异义者，公因是以数自求引去。而参知政事李庄简公又尝欲引以近班，以是桧尤忌之，固留不许。及北使再至，独许归我河南地。公因轮对，又言："陛下践艰难之运，十年于兹，虽有大有为之志，而于天下国家所以经远持久之计多有所未暇者。今者，天启戎心，画地数千里以归我，此虽异时之变未可以豫知，意者天其以礼悔祸，使陛下间于忧虑而大有为之志将有所伸。此万世一时也。然天下之事每病于难立者，正以向一夫独见之言而略众口异同之论，是以谋始太锐而用计有未详也。愿考汉廷杂义之法，自今发政造事，陛下既与大臣谋谟于上，又令卿士大夫有忠虑者亦得以自竭于下，然后总揽群策而裁处其中，将举天下之事惟陛下之所欲为而无不成矣。"此于前日讲和之议犹欲三致意焉。又念国步日艰，人心未服，而天子无自将之兵，诸道无典戎干方之实，二三大将人拥重兵，强不可令，事盖有不可知者，则又数数建言，宜复武举，责实用，必其洞晓韬钤，长于绥御者，以储将帅之才。下州郡选骁勇，悉送行在，以补周卫之短。精择帅守，使蒐卒乘，以壮藩维之势，亦皆当世之急务，久长之至计。反复惓惓，不能自已。其于请建大学，明人伦，以倡节义之风而励苟媮之习，则又平日之所深虑而每言之，所谓如人食息呼吸于元气之中，一息之不属，理必至于毙焉者，非若后来诸人承望风旨，但以课试文墨为粉饰太平之具而已也。

　　然而，国是以定，言无所入，由是公之求去愈力，而桧之怒公愈甚。十年春，遂使言者论公独以怀异自贤，阳为辞逊为罪，而出之外郡。然公去未岁几，而果败盟，复夺我河南地，悉其锐师，数道入，如公所谓未可豫知者。于是，中外大震，桧亦不知所为，周章回惑。至于视师之奏，援引乖错而不自知，闻者莫不窃笑而深忧之。幸而一时将卒犹有前日柬拔蒐练之余，以故关陕、顺昌、橐槖之师连战大捷，敌乃引退，复议讲和，而梓宫毋后始得南归。又如公等所论楚汉强弱之势，然桧遂掩己失而冒以为功，公夺主权，肆然无复有所忌惮矣。

　　公固不能复为之屈，遂自请为祠官，屏居建溪之上，日以讨寻旧学为事，手抄口诵，不懈益虔。盖玩心于义理之微而放意于尘垢之外，有以自乐淡如也。旧喜赋诗著文，至是非有故不徒作，乃其文气则更为平缓，而诗律亦益闲肆，视诸少作，如出两手矣。然公自是不复起，年未至五十而奄至大故，善人之类，莫不伤之。其后十余年间，桧遂颛国柄，大作威福。诸与公同时被逐之人，大者削籍投荒，小亦弃置闲散。迄桧死败，其幸存者乃复起用，或至大官，而公皆已不及见矣。呜呼！熹尚忍言之哉！

　　公性至孝，事太夫人左右无违。友爱诸弟，委曲将就，有人所难能者。与人交，重然诺，不以生死穷达二其心。抚孤甥，教之学，而经理其家事，曲有条理，人无闲言。接引后进，教诱不怠，闻人之善，推借如不及。至于邪佞蒐琐、简贤附势之流，与己异趣，则鄙而远之，或不忍正视其面。至其所以施于吏治者，亦皆果决明辨，抑邪与正，无所顾避。顾熹生晚，不及于闻见之详，故不得而记也。

晚既属疾,自知必不久,而处之泰然,略无忧惧之色。手书告诀所善胡公宪原仲、刘公勉之致中、刘公子翚彦冲,属以其子,而顾谓熹往受学焉。其志道服膺,死而后已,垂裕后人,不使迷于所乡者又如此云。

所为文有《韦斋集》十二卷行于世,外集十卷藏于家。始时吏部侍郎徐公度欲为之序,略言少日多见前辈,而自得从公及正平张定夫游,始得为文之法。会病革,不及脱稿,而今序则直密阁傅公自得之文也。其论以为公诗高洁而幽远,其文温婉而典裁。至于表疏书奏,又皆中无理而切事情,亦为得其趣者。

公娶同郡祝氏,封孺人,曾硕人。其父处士碻,有高行。硕人性慈顺孝谨,佐公事太夫人于穷约中,未尝一日不得其欢心。承接内外姻亲,下逮妾媵僮使,曲有恩意,后公二十七年卒。一男子熹,今以朝奉大夫致仕;一女子嫁故浏阳县丞刘子翔,早卒。孙男三:长塾,亦早卒;次垫,将仕郎;次在,承务郎;女三,其婿修职郎刘学古、迪功郎黄干、进士范元裕。曾孙男五:钜、钧、鑑、铎、鉌;女九,长适文林郎赵师夏,余或许嫁而未行也。

公卒之明年,熹奉其枢葬于建宁府崇安县五夫里之西塔山,而硕人别葬建阳县崇泰里后山铺东寒泉坞。然公所藏地势卑湿,懼非久计,乃卜以庆元某年某月某日奉而迁于武夷乡上梅里寂历山中峰僧舍之北。盖公之诗当有“乡关落日苍茫外,樽酒寒花寂历中”之名。呜呼!此岂其谶耶?不肖子熹追慕攀号,无所逮及。窃唯纳铭幽堂,具著声烈,以告万世,盖自近古以来未之有改。而公赠官通议大夫,正第四品,准格又当立碑,螭首龟趺,其崇九尺,刻辞颂美,以表示神道,用敢追述其平生论议行述之大者如右,以请于当世立言之君子。伏唯幸垂听而择焉。谨状。庆元五年十二月□日,孤朝奉大夫致仕、婺源县开国男、食邑三百户、赐紫金鱼袋熹状。

（摘自《朱文公文集》）

录曾祖父作诗后序

宋·朱松

　　唐人陶雅为歙州，初克婺川，天祐中吾祖以雅之命主婺川输赋，总卒三千人成之，邑屋赖以安，因家焉，是为婺州吴郡朱氏之始祖。

　　盖初来于歙之黄墩，今歙民有朱氏，秋祭或用鱼鳖者皆族也，家婺源者，赀产甚富。有三子事南唐，補承旨常侍之号，其后多有散居他郡者。家父敛溪府君，即其曾孙也，继其居第，二百年不徙。府君有从兄，少孤力学，有时名。咸平中以乡荐试南宫不利，还家隐于卜肆，不求闻达。天圣中老死无嗣，府君为治后事。敛溪府君少俶傥。事继母甚谨，尝从兄学诗，知其大要。大中祥符甲寅岁，宫赞社公为婺源使，居吏籍二十年，明于法律而乡里无怨言。景祐甲戌辞吏事归治生业，虽烦剧中赋诗自如也，尝自集其诗，得三百余篇，自为一序，效王元之为潘阆诗序体，其诗立意教化而不苟作，识者以为自成一家。享年七十有六，三男二女。惜其无以自发于世，因序其后，以贻子孙有起家者为光扬之。嘉祐五年庚午仲春既望男某敬序（此庐村府君所作序也，丁酉政和八月十二日重录）。

　　　　　　　　　　　　　　　　　　　　　　　　（摘自《韦斋集》）

先君行状

宋·朱松

　　公讳森，字良材，姓朱氏，世家歙州之黄墩。七世祖天祐中以陶雅之命，总卒三千戍婺源，邑屋赖以安，因家焉。曾祖甫，祖振，父恂，皆不仕。公少务学科举，既废不复事进取。既冠而孤。他日岁时，子姓为寿，举训戒饬诸子，谆谆以忠孝和友为本，且曰："吾家业儒，积德五世，后当有显者，当勉励谨饬，以无堕先世之业。"已而呜咽流涕，以奉养日短为终身之忧。胸中冲澹，视世之荣利泊然，若不足以干其心者。家人生产未尝挂齿。子松游乡校，时时少得失，无所欣戚。家既素单，久而益急，或劝事生业，曰："外物浮云尔，无庸有为也，使子贤，虽不荣，于我足，不然适重为后日骄纵之资尔。"独见松从贤师友游，则喜见言色，其笃于道义而鄙外浮荣，盖天资云。晚读内典，深解义谛，时时为歌诗，恍然有超世之志。与人交，无贤否，皆得其欢心，然胸中白黑了然，人莫能名其为通与介也。以年月日卒于建州政和之官舍，享年若干。娶程氏，三男。松举进士，迪功郎，初尉政和也。次柽，次槔。二女未适人。将以某年月日，寓葬于政和护国院之侧。谨状。

（摘自《韦斋集》）

谕民戒溺女文

宋·朱松

　　自予来闽中，闻闽人不喜多子，以杀为常，未尝不恻然也。无故杀子孙，官有法甚明，顾牵于习俗之昏，则虽有法而不能胜，夫法有所不能胜，则亦何事于吾言。然吾闻吴道子画酆都之变，都人不敢屠宰者累月。夫人固不可法胜，而可以理动者。庖宰且可罢，况期天性之爱乎？是未可以厚诬斯人，而悬断其必不可告也。故取王氏妇所见次第之，虽然予文之不工，岂能使人读之耸然，如见道子画哉，其亦区区之意有所不能已也。他日将有语其子孙者曰："活汝者，新安人朱乔年也。"或由此也夫。

（摘自《韦斋集》）

送程复亨序

宋·朱松

　　广平程某复亨谓予外兄，从予游于闽者二年，予语以安逸忧患，知之详矣。将归省其母及其祖母，其可以无言？司徒文子问于子思曰："亲丧三年未葬，则何服？"子思曰："三年而未葬则服不除也。"故告之一曰："葬吾舅而后加吉服。"夫子失鲁司寇，将之荆，先之以子夏，申之以冉有曰："丧不欲其速贫。古之君子以失位于诸侯曰丧，丧不欲其速贫，若是其急也。"故告之二曰："葺尔居以宁尔亲。"篷生麻中，不扶自直，植之臻莽，则与靡然。故告之三曰："非尔父之类者勿亲也。"江出岷山，自荆之楚，汪洋千里而至海者，大川三百，小川三千，以为之助也。故告之四曰："广学问以资见闻。"《传》曰："宴安鸩毒，不可怀也。君子非独恶怀安之败名，恶其败性也。"故告之五曰："勿怀安。"《礼》曰："男子生则以桑弧篷矢射天地四方，示志也。"夫不赀之躯，岂其浮沈乡里而名不称？故告之六曰："无忘四方之志。"夫齐之善味者，淄渑之合能辨之，淄渑之合均是水也，子归矣。他日执经而来问予，能入于常流而不变其味乎？尚能为君辨之。宣和辛丑八月某日韦斋朱某序。

（摘自《韦斋集》）

韦 斋 记

宋·罗从彦

宣和五年，岁在癸卯之中秋，朱乔年得尤溪尉，尝治一室，聚群书宴坐寝休其间，后知大学之渊源，异端之学无所入于其心。自知卞急害道，名其室曰"韦斋"，取古人佩韦之义。泛观古人有以物为戒者，有以人为戒者。所谓佩韦，以物为戒者也。人之大患，在于不知过，知过而思自改，于是有戒焉，非贤者孰能之乎！予始以困掩未能遂志，因作舫斋陆海中，且思古人所以进此道者，必有由而然。久之，乃喟然叹曰：自孟轲氏没，更历汉唐，寥寥千载，迄无其人有能自树立者，不过注心于外，崇尚世儒之语而已，与之游孔氏之门，入于尧舜之道，其必不能至矣。夫中庸之书，世之学者尽心而知性，躬行以尽性者也。而其始则有喜怒哀乐之未发，谓之中。其终则曰："夫焉有所倚，肫肫其仁，渊渊其渊，浩浩其天。"此言何谓也？差之毫厘，谬以之千里。故大学之道，在知所止而已。苟知所止，则知学之先后；不知所止，则于学无自而进。漆雕开之学曰："吾斯之未能信。"曾点之学曰："异乎三子者之撰。"颜渊之学曰："回虽不敏，请事斯语矣！"而夫子悦，开与点，称颜回以庶几，盖许其进也，此予之所以尝自勉者也。故以圣贤则莫学而非道，以俗学则莫学以非物。乔年才高而智明，其刚不屈于俗学，其学也方进而未艾。斋成而明年使人来求记于余，余辞以不能则非朋友之义；欲踏袭世儒之语则非吾心，故以其常所自勉者并书之，使人知其在此而不在彼也。或曰："韦斋之作终无益于学也耶？"曰：古之人固有刻诸盘盂，铭诸几杖，置金人以戒多言，置欹器以戒自满，圣人皆有取焉，苟善取之，则韦斋之作不无补也。

宣和六年二月

（摘自《韦斋集》）

韦斋铭

宋·曹伟

　　婺源朱乔年尉尤溪，书来抵伟曰："吾性卞急，殆不容物，惧其不可以入君子之道，以'韦'名斋，盖取古人佩韦之义，子其为我铭之。"铭曰：草性悍坚，维鞮用牛。揉而为韦，和熟以柔。我思古人，盘盂有戒。佩兹绅如，式警循戒。市门仙朱，揭而名斋。宴游寝处，俯仰是怀。起予者谁，曰豹与柳。敢废前修，亦鞭其后。覆羹唾面，不见角圭。怒蝇捣蜂，彼何人斯。吾闻有道君子，薰然仁慈，物不得亲疏。夫孰窥其藩篱耶！宣和甲辰春沙阳曹伟题。

（摘自《韦斋集》）

跋韦斋记后

宋·石𪟝

　　吏部朱公尉尤溪时，命其燕居之斋曰"韦"。郡之儒先罗公仲素记之，吴郡户曹曹君令德铭之，宣和六年也。至宣和五年，公更调尤溪，榜其斋亦如是。中更兵火，栋宇易置。乾道七年，𪟝猥当邑，公子仲晦先生适以事来。𪟝学于先生者，相与访故韦斋，所得小室，虽非其旧，而风景不殊，遐想高纵，叹慕不已。先生也泫然流涕，因出张舍人所作"斋榜"二大字。𪟝请揭之，并刻记以成公志。惟公道学高妙，克之于身，洪纤中节，犹怀卞急之虑，而有佩韦之义。夫子曰："德之不修，学之不讲，闻义不能徒，不善不能改。"是吾忧也，公之谓欤？乾道辛卯孟冬，会稽克斋石𪟝谨跋。

（摘自《韦斋集》）

韦斋记后跋

宋·朱熹

　　先君子每自病其卞急害道，尝取古人佩韦之义，榜其厅事东偏之室曰"韦斋"，以燕处而读书焉。剑浦罗先生仲素为先君子作记，而沙阳曹丈令德又为之铭，家藏遗迹数十年矣。官署中更盗火无复存。乾道辛卯，熹之友石君子重知尤溪县事，始复榜而记之。恭惟先君子名斋之意不惟自警，乃其所以垂裕后人者，盖亦至深至厚而无以加之，则此志不可以不传于家。而熹躁迫滋甚，尤不可以忘先人之戒。奈熹践修不谨，陷身危辱。今病且死，大惧无以奉慈颜于地下，故敢谀收辑遗文，藏之家庙，以示子孙，使永奉承，不至失坠，庶几得以少伸省僭念咎之万一。其横渠西铭，实外舅草堂刘先生所授，首尾有先生手笔二十字，造字祝词，病翁刘先生所作，及秘阁范公手帖，今皆以附于后。三公皆先君子挚友，其所以教熹者，今皆不能有以副也。庆元己未五月丙辰，孤熹敬书。

（摘自《朱文公文集》）

与漕司札子

宋·朱熹

政和县有小路数条，通罗源、宁德海乡，步行不过两三日可到，故私盐每斤不过四十五文。而官盐则必沂流运纲，或半岁而后达，脚费不赀，故官盐立价不得不高，每斤之值遂至不下九十文。所以，民间只吃私盐，而官盐自非科抑，虽铢两无售者。盖县道空乏狼狈，而州府漕司不得此县财赋之入者有年矣。中间知县袁采始为落草私盐之术，其实乃自买私盐，而分置数坊卖之，以给岁计。自此以来，县道稍可支吾，而州府漕司亦获其助。但民间本自不愿买吃官贵盐，而不买者又有申举追呼之扰，故行之未久，即以违法致讼而罢。于是，一岁但起两纲，尽数折还州府贩账，漕司增盐之属本钱，虽不易辨，而官吏免得冒法卖盐致讼，民间免得买吃官坊贵盐以致申举追呼之扰。比之袁采之术，尤为稳便，上下方以为安。而漕司使陈右司政内有司偶失契勘，却将本司积下诸州县增盐用船装载，沂流搬上政和，勒令出卖，每月卖认解钱五百贯文。殊不知若使政和官盐可卖，则本官必须自搬自买，以供公上，而积其馀，以为循环之本，前不至为冒法行险贩私之诡计，后不至为逐纲撰本尽以还州之拙谋矣。正缘盐不可不买，是以不得已而还之。今乃不察而必使之运于外州、外县可卖不卖之增盐，至于移贵就贱，倒置烦扰，则又未论于民有无利害，而善理财者似非筹及如此之为。本县遂复置坊出卖此盐，然实在每斤只卖得四十五文，其余四十五文无所从出，又官盐在仓已久，亦有走卤欠折之数，乃用袁采之余谋，许管坊人潜贩私盐，以足其数。后来趁卖不上，虽或已量减盐价月额，然病根不除，使官吏日惧谴责。百姓虽吃贵盐，而一岁所得不过三四千贯而已，于民有害，于官无利，其理甚明。窃恐高明未详本末，敢采民言以献，望台慈特示下司密行考究，特赐住罢，百里幸甚。

（摘自《朱文公文集》）

跋大父承事府君行状

宋·朱熹

　　右先大父赠承事郎府君行状，先君太史、吏部，赠通议大夫君所撰也。时既以请铭于政和主簿卢君点，未及砻石，而群盗蜂起，文书散逸，于今仅存本稿，不可复核矣。熹窃惟念吾家自歙入闽而府君始葬于此，不可使后之子孙不知其时世岁月，与其所以积德垂庆，开祐后人之深意，敬立石表，刻状下方，树于墓左。先世坟庐在婺源者，及祖妣孺人以下别葬所在，亦具刻于碑阴，使来者有考焉。卢君字师予，老儒博学，清谨有训行。定宅者，弋阳金生、字确然，亦廉节士，颇通方外之学，姓字皆见先集云。庆元五年二月甲子孝孙具位，熹谨记。

（摘自《朱文公文集》）

与外公父祝公书

宋·朱熹

　　松奉嬢父幸安。小五娘九月十五日午时免娠，生男子，幸皆安乐。自去年十一月初在泉州权职官，闻有虏骑自江西入邵武者，遂弃所摄，携家上政和，寓垄寺。五月初闻龚仪叛兵烧处州入龙泉，买舟仓皇携家下南剑，入尤溪，而松自以单车下福唐见程帅。在福唐闻贼兵破松溪隘，骎骎东下，已入建州，攻南剑甚急，又匆匆自间道还尤溪。六月十四日早到县，而贼兵已在十数里外矣。幸二舍弟已搬家深遁，是日即刻与县官同走至家间所遁处。贼在延平为官军所破，仓皇自山路欲遁下漳泉。至此非其本心也，过县更不驻、不甚害人，亦不纵火。家中上下幸皆无恙，而随行及流寓舍中衣服文字之类，皆无所损失。比他人为尤幸也。七月间方还县，而瓯宁土寇范如为又出没建剑之间，其众数千，官军遇之辄溃，诸司不免请官招安，以还状受犒设，将散其众。无何，大兵自会稽来，必欲进讨。昨日方报，大兵冒昧入贼巢，丧失数千人，贼势又震，大路自今夏以来，未尝有一枕之安……婺源先庐所在，梦寐未尝忘也。来书相劝以归，俟国家克复中州，南北大定，归未晚也。

　　文公全集内跋吏部府君与祝公书即此篇也，可见当时家无藏藁。至文公六十四岁方得见之。跋云：“内弟祝康国出示先君子与外大父书，熹之不肖，于是始生，故书中及其之。今六十有四年，捧玩手泽，涕血交零，敬书其后而归之。绍兴癸丑十二月七日孤朝散郎、秘阁修撰，主管南京鸿庆宫熹谨书。”

（摘自《朱文公文集》）

谢监庙文集序

宋·朱熹

　　故监西岳庙谢君绰中者，建之政和人也。熹先君子太史公尉政和时，以公事行乡落间，闻田舍中有诵书声属耳，颇异。亟下车，入其舍，则一少年书生方对案危坐，吟讽自若。先君子前揖问读何书，生起，对曰："仪礼也。"是时士方尊治王氏学，非三经、字说，曰录老、庄之书不读，而生之业乃如此，先君子固已奇之。引坐与语，酬应敏给，使出其文，词气亦不凡。近问其姓名，则曰谢姓，誉名，绰中字也。先君子大喜，即与俱归，日授以经史百家之言，而勉其业之所未至。未几，记诵益广，文字益工，先君子益叹重之。遂中绍兴二年进士第，调主邵武之泰宁簿。归领祠官。年四十六以卒。先君子盖深惜之。君性耿介，与世俗多不合，而居家极孝友。既得官，即尽以先畴奉其兄，娶妻，得田自随，一旦亦举而归之，还自泰宁，自以不能随俗俯仰，慨然愿就闲秩，以便亲养。然君之所以自许，与先君子所以期君者，盖未尝不以经纶之业为言也，则其志岂自以为止于此而已哉！

　　君没之年，先君子亦弃诸孤。后四十三年，而君之子东卿乃以君之遗文一编，过熹于武夷精舍。熹读其书，得其志，既叹君子不幸，又念先君子之门人宾客如君者盖无几人，今亦无复存者。而熹与东卿又皆伉拙不偶，不能有以成其先人之志，相与太息流涕久之。既而东卿请序其文，遂书其本末如此。君平生为文甚多，东卿未能读父书而孤，故其所得止于此。其间又多舛缪脱落，不敢辄改，惧失其真，览者详焉可也。

淳熙乙巳四月既望新安朱熹序

（摘自《朱文公文集》）

朱子家训

宋·朱熹

　　君之所贵者，仁也。臣之所贵者，忠也。父之所贵者，慈也。子之所贵者，孝也。兄之所贵者，友也。弟之所贵者，恭也。夫之所贵也，和也。妇之所贵也，柔也。事师长贵乎礼也，交朋友贵乎信也。见老者，敬之；见幼者，爱之。有德者，年虽下于我，我必尊之；不肖者，年虽高于我，我必远之。慎勿谈人之短，切莫矜己之长。仇者以义解之，怨者以直报之，随所遇而安之。人有小过，含容而忍之；人有大过，以理而谕之。勿以善小而不为，勿以恶小而为之。人有恶，则掩之；人有善，则扬之。外世无私仇，治家无私法。勿损人而利己，勿妒贤而嫉能。勿称忿而报横逆，勿非礼而害物命。见不义之财勿取，遇合理之事则从。诗书不可不读，礼义不可不知。子孙不可不教，僮仆不可不恤，斯文不可不敬，患难不可不扶。守我之分者，礼也；听我之命者，天也。人能如是，天必相之。此乃日用常行之道，若衣服之于身体、饮食之于口腹，不可一日无也，可不慎哉！

（摘自《朱文公文集》）

晦庵先生行状（节摘）

宋·黄榦

朝奉大夫文华阁待制赠宝谟阁直学士通议大夫谥文朱先生行状

曾祖绚，故不仕，妣汪氏。祖森，故赠承事郎，妣程氏，赠孺人。

父松，故前任承议郎，守尚书吏部员外郎兼史馆校勘，累赠通议大夫。妣孺人祝氏，赠硕人。本贯徽州婺源县永平乡松岩里。

先生姓朱氏，讳熹，字仲晦甫。朱氏为婺源著姓，以儒名家，世有伟人。吏部公甫冠，擢进士第，入馆为尚书郎，兼史事，以不附和议去国。文章行义为学者师，号韦斋先生，有文集行于世。吏部公因仕入闽，至先生始寓建之崇安五夫里，今居建阳之考亭。

先生以建炎四年九月十五日午时生南剑尤溪之寓舍。幼颖悟庄重。能言，韦斋指示曰："此天也。"问曰："天之上何物？"韦斋异之。就传，授以《孝经》。一阅封之，题其上曰："不若是，非人也。"尝从群儿戏沙上，独端坐以指画沙。视之八卦也。少长，历志圣贤之学，于举子业初不经意。年十八贡于乡，登绍兴十八年进士第，以左迪功郎主泉州同安簿。莅职勤敏，纤悉必亲，郡县长吏事倚以决。苟利于民，虽劳无惮。职兼学事，选邑之秀民充弟子员，访求名士，以为表率，日与讲说圣贤修己治人之道。年方踰冠，闻其风者，已知学之有师而尊慕之。历四考罢归，以奉亲讲学为急。二十八年，请奉祠，监潭州南岳庙。明年，召赴行在，言路有托抑奔竞以阻之者，遂以疾辞。三十二年，祠秩满，再请。孝宗即位，复因其任。

会有诏求直言，因上封事言：圣躬虽未有缺失，而帝王之学不可以熟讲；朝政虽未缺失，而修攘之计不可以不早定；利害休戚虽不可偏以疏举，然本原之地不可以不加意。陛下毓德之初，亲御简策，不过讽诵文辞，吟咏情性。比年以来，欲求大道之要，又颇留意于老子、释氏之书。记诵词藻，非所以探渊源而出治道；虚无寂灭，非所以贯本末而立大中。帝王之学，必先格物致知，以极夫事物之变，使义理所存，纤悉毕照，则自然意诚心正而可以应天下之务。次言："修攘之计不时定者，讲和之说疑之也。愿断以义理之公，闭关绝约，任贤使能，立纪纲，厉风俗。数年之后，国富兵强，视吾力之强弱，观彼衅之浅深，徐起而图之。"次言："四海利病，系斯民之休戚，斯民休戚系守令之贤否。监司者守令之纲，朝廷者监司之本也。顾陛下无自而知之耳。"

明年，改元隆兴。复召，入对。其一言：大学之道在乎格物以致其知。陛下虽有生知之性，高世之行，而未尝随事以观理，未尝即理以应事，是以举措之间动涉疑贰，听纳之际未免蔽欺。平治之效所以未著。其二言：君父之仇不与共戴天，今日之所当为者，非战无以复仇，非守无以制胜。是皆天理之同然，非人欲之私忿也。未言：凡古先圣王制御夷狄之道，其本不在乎威强，而在乎德业；其任不在乎边境，而在乎朝廷；其具不在乎兵食，而在乎纪纲。

乾道政元，促就职。既至，以时相方主和议，请监南岳庙以归。三年，差充枢密院偏修官待次。五年，三促就职。会魏掞之以布衣召为国子禄，因论曾觌而去，遂力辞。先生尝两进绝和议，仰佞幸之戒，言既不行，虽擢用狎至不敢就。出处之义，凛然有不可易者。寻不内艰。六年，复召，以未终丧辞。七年，既免丧，复召，以禄不及养辞。九年，有旨："安贫守道，廉退可嘉。"特改合入官，主管台州崇道观。先生以求退得进。于议未安，再辞。淳熙元年，始拜命，改宣教郎奉祠。二年除秘书郎。会有言虚名之士不可用者，以故再辞，即从其请，主管武夷山冲佑观。五年，差权发遣南康军事，辞者四，始之任。至郡，兴利除害，岁值不雨，讲求荒政，凡请于朝，言无不尽。奏乞依格推赏纳粟人者凡数四。数诣郡学，引进士子，与之讲论。访白鹿洞书院遗址，奏复其旧。明年诏监司、郡守条具民间利病，遂上疏言：天下之大务莫大于恤民，恤民之本，又在人君正心术以立纪纲。盖天下之纪纲不能以自立，必人主之心术公平正大，无偏党反侧之私，然后纪纲有所系而立。君心不能以自正，必亲贤臣，远小人，讲明义理之归，闭塞私邪之路，然后乃可得而正。

会浙东大饥，易提举浙东常平茶盐事，即日单车就道，复以南康纳粟人未推赏，辞职名，纳粟赏行，遂受职名。入对，先生所奏答几七事，其一二事皆自书以防宣泄。

先生初拜命，即移书他郡，募米商，蠲其征。及至，客舟之米已辐凑。每出钩访民隐，按行所部，乘单车，屏徒从，而人不知。郡县官吏惮其风采，仓皇惊惧。所部肃然。凡丁钱、和买、役法、榷酤之政，有不便于民者，悉厘而革之。蝗旱相仍，不胜忧愤，复奏言："为今之计，独有断自圣心，沛然发号，责躬求言，然后君臣相戒，痛自省政。其次，惟有尽出内库之钱，以供大礼之费，为收罗之本，诏户部无得催理旧欠，诏漕臣遵依条限，检放租税。"

先生以为口陈之说有所未尽，乞具封事以闻，遂并具封事投匦以进其略曰："今天下大势，如人有重病，内自心腹，外达四肢，无一毛一发不受病者。且以天下之大本与今日之急务为陛下言之。大本者陛下之心，急务则辅翼太子，选任大臣，振举纲纪，变化风俗，爱养民力，修明年政，六者是也。古先圣王兢兢业业，持守此心，以精之一之，克之复之，陛下所以精一克复而持守其心，果有如此之功乎？所以修身齐家而正其左右，果有如此之效乎？宫省事禁，臣固不得而知，然爵赏之滥、货赂之流、闾巷窃言，盖久已不胜其籍籍，则陛下所以修之家者，恐其未肥及古之圣王也。"

至于辅翼太子，则自五十明、陈良翰之后，宫寮之选号为得人，而能称其职者盖已鲜矣。今则师傅、宾客既不复置，而詹事、庶子有名无实，其左右春坊遂直以使臣掌之。既无以发其隆师亲友、尊德乐义之心，又无以防其戏慢媟狎、奇邪杂进之害。宜讨论前典、置师傅、宾客之官，罢去春坊使臣，而使詹事、庶子各复其职。

至于选任大臣，则以陛下之聪明，岂不知天下之事必得刚明公正之人而后可任哉？其所以常不得如此之人，而反容鄙夫之窃位者，直以一念间，未能撤其私邪之蔽，而燕私之好、便嬖之流，不能尽由于法度。若用刚正公正之人为辅相，则恐其有以妨吾之事，害吾之人，而不得肆。是以选择之际，常先排摈此等，而后取凡疲懦软熟，平日晃敢直言正色之人而揣摩之，又于其中得其至唐极陋，决可保其不至于有所妨者，然而举而加之于位。是以除书未出，而物色先定，姓名未显，而中外已逆知其决非天下第一流矣。

至于振肃纪纲，变化风俗，则今宫省之间，禁秘之地，而天下不公之道，不正之人顾乃得以窟穴盘据于其间。纪纲不正于上，风俗颓弊于下，盖其为患之日久矣。一有刚毅正直、守道循理之士出乎其间，则群讥众排，指为道学，而加以矫激之罪。十数年来，以此二字禁锢天下之贤人君子，复如昔时所谓元祐学术者，排摈诋辱，必使无所容其身而后已，此岂治世之事哉？

至于爱养民力，修明军政，则自虞允文之为相也，尽取版曹岁入窠名之必可指拟者，号为岁终羡余之数，而输之内帑。然自是以来二十余年，内帑岁入不知几何，而认为私贮、典以私人，宰相不得以式贡均节其出入，版曹不得以簿书句考其有无，其日销月耗，以奉燕私之费者，盖不知其几何矣。于是中外承风，竞为苛急，此民力之所以重困也。

诸将之求进也，必先掊克士卒，以殖私利，然后以此自结于陛下之私人，而祈以性名达于陛下之贵将。陛下但见等级推先，案牍具备，则诚以为公荐而可以得人矣。而岂知其谐价输钱，已若晚唐之债帅哉？夫将者，三军之司命，而其选置之方乖刺如此，则彼智勇材略之人，孰肯抑心下首于宦官、宫妾之门，而陛下之所以得以为将帅者，皆庸夫走卒，而犹望其修明军政，激劝士卒，以强国势，岂不误哉！

凡此六事，皆不可缓，而本在陛下之一心。一心正则六事无不正。一有人心私欲介乎其间，则虽欲备精劳力，以求正乎六事者，亦将徒为文具，而天下之事愈至而不可为矣。

光宗即位，再辞职名，仍旧直宝文阁，降诏奖谕，除江东转运副使，以疾辞者再，改知漳州。奏除属县无名之赋七百万，减经总制钱四百万。以习俗未知礼，采古丧葬嫁娶之仪，揭以示之。先生初仕同安，已知经界不行之害。至是，访事宜，择人物，以至方量之法，息争止讼，大为民利，而占田隐税，侵渔贫弱者所不便。明年属有嗣子之丧，再请奉祠，除秘阁修撰，主管南京鸿庆宫。诏"论撰之职，以宠名儒"。乃拜命，除荆湖南路转运副使，辞。未几，差知潭州，有旨"长沙巨屏，得贤为重"。会洞獠扰属郡，先生遣人谕以祸福，皆降之。申教令，严戒备、戢奸吏，抑豪民。先生所至必兴学校、明教化，四方之学者毕至。

宁宗即位，有旨赴行在奏事，先生行且辞，除焕章阁待制、侍讲。入对，首言："乃者天运艰难，国有大咎，所谓天下之大变，而不可以常理处者。"次言："为学莫先于穷理，穷理必在于读书；读书之法，莫贵于循序致精；致精之本，则又在于居敬而持志。"

庆元元年，先生独惕然以侂胄用事为虑。先生始以庙议不合，乞收还职名，又以疾，乞休致，不许。诏依旧秘阁修撰。二年沈继祖为监察御使，上章诬诋，落职罢祠。四年十二月，以来岁年及七十，申乞致仕。五年，依所请。六年，三月甲子，终于正寝。十一月壬申，葬建阳县唐石里之大林谷。

自先生去国，侂胄势益张，鄙夫憸人迎合其意，以学为伪，谓贪黩放肆，乃人真情，洁廉好礼者皆伪也。科举取士，稍涉经训者悉见排黜；文章议论，根于理义者，并行除毁。六经、语、孟悉为世之大禁。群小之势已成，侂胄志气骄溢，几危宗社，而生灵涂炭矣。开禧三年，侂胄伏诛，凶徒憸党根株斥戳。嘉定元年，诏赐谥与遗表恩泽。明年，赐谥曰"文"。又明年，赠中大夫，特赠宝谟阁直学士。后以明堂恩，累赠通议大夫。先生登五十年，历事四朝，仕外者仅九考，立于朝者四十日，道之难行也如此。然绍道统、立人极，为万世宗师，则不以用舍为加损也。

自韦斋先生得中原文献之传，闻河洛之学，推明圣贤遗意，日诵《大学》《中庸》，以用力于致知诚意也，先生早岁已知其说，而心好之。韦斋病且亟，属曰："籍溪胡原仲、白水刘致中、屏山刘彦冲三人，吾友也。学有渊源，吾所敬畏。吾即死，汝往事之，而惟其言之为听，则吾死不恨矣。"先生既孤，则奉以告三君子，而禀学焉。时年十有四，慨然有求道之志。博求之经传，遍交当世有识之士。延平李先生学于豫章罗先生，罗先生学于龟山杨先生。延平于韦斋为同门友。先生归自同安，不远数百里，徒步往从之。

其为学也，穷理以致其知，反躬以践其实。居敬者，所以成始成终也。谓致知不以敬，则昏惑纷扰，无以察理义之归；躬行不以敬，则怠惰放肆，无以致义理之实。持敬之方莫先生一，既为之箴以自警，又笔之书，以为小学、大学皆本于此。

其为道也，有太极而阴阳分，有阴阳而五行具。禀阴阳五行之气以生，则太极之理各具其中。天所赋为命，人所受为性，感于物为情，统性情为心。根于性则为仁义礼智之德，发于情则为恻隐羞恶辞逊是非之端，形于身则为手足耳目口鼻之用，见于事则为君臣父子夫妇兄弟朋友之常。

其可见之行，则修诸身者，其色庄、其言厉，其行舒而恭、其坐端而直。

其闲居也，未明而起，深衣幅巾方履，拜于家庙以及先圣。退坐书室，几案必正，书籍器用必整。其饮食也，羹食行列有定位，匕箸举措有定所。倦而休也，瞑目端坐；休而起也，整步徐行。中夜而寝，既寝而寤，则拥衣而坐，或至达旦。威仪容止之则，自少至老，祁寒盛暑，造次颠沛，未尝有须臾之离也。行于家者，奉亲极其孝，抚下极其慈。闺庭之间，内外斩斩；恩义之笃，怡怡如是。其祭祀也，事无纤钜，必诚必敬。宾客往来，无不延遇，称家有无，常尽其欢。于亲故虽疏远，必致其爱；于乡闾虽微贱必致其恭，吉凶庆吊，礼无所遗，调恤问遗，恩无所缺。其自奉则衣取蔽体，食取充腹，居止取足以障风雨，人不能堪而处之裕加也。

若其措诸事业，则州县之施设，立朝之言论，经纶规划，正大宏伟，亦可概见。虽达而行道，不能施之一时；然退而明道，足以传之万代。谓圣贤道统之传，散在方册，圣经之旨不明，则道统之传始晦。于是，竭其精力，以研究圣贤之经训，于《大学》《中庸》，则补其缺遗，别其次第，纲领条目，烁然复明；于《论语》《孟子》，则深原当时答问之意，使读而味之者，如亲见圣贤而面命之；于《易》与《诗》，则求其本义，攻其末失，深得古人遗意于数千载之上。凡数经者见之传注，其关于天命之微、人心之兴、入德之门、造道之域者，既已极深研几，探赜索隐，发其旨趣而无遗矣。

若历代史记，则又考论西周以来至于五代，取司马公编年之书，绝以春秋纪事之法，纲举而不繁，目张而不紊，国家之理乱，君臣之得失，如指诸掌。周程张邵之书，所以继孔孟道统之传，历时未久，微言大义艳而不章。为之裒集发明，而后得以盛行于世。太极、先天二图，精微广博，不可涯涘，为之解剥条画，而后天地本原，圣贤蕴奥不至于泯没。

先生教人，以《大学》《语》《孟》《中庸》为入道之序，而后及诸经。以为不先乎《大学》，则无以提纲挈领，而尽《论》《孟》之精微；不参之以《论》《孟》，则无以融会贯通，而极《中庸》之旨趣。然不会其极于《中庸》，则又何以建立大本，经论大经，而读天下之书，论天下之事哉！

至若天文地志，律历兵机，亦皆洞究渊微。文词字画，骚人才士疲精竭神，常病其虽至，先生未尝用意，而亦皆动中规绳，可为世法。是非姿禀之异、学行之笃，安能事事物物各当其理，各造其极哉！学修而道立，德成而行尊，见之事业又如此。呜呼！是殆天所以相斯文，笃生哲人，以大斯道之传也。

先生疾且革，手为书，嘱其子在与门人范念德、黄榦、尤拳拳以勉学及修正遗书为言。翌旦，门人侍疾者请教，先生曰：坚苦。问温公丧礼，曰疏略。问仪礼，颔之。已而正坐，整冠衣，就枕而逝。门人治丧者既一以仪礼从事。而讣告所至，从游之士，与夫闻风慕义者，莫不相与为位而聚哭焉。禁锢虽严，有所不避也。呜呼！天又胡不慭遗，以永斯道之传，而遽使后学失所依归哉！先生所著书有《易本义》《启蒙》《蓍卦考误》《诗集传》《大学》《中庸章句》《或问》《论语》《孟子集注》《太极图》《通书》《西铭解》《楚辞集注》《辩证》《韩文考异》，所编次有《语》《孟集议》《孟子指要》《中庸集略》《孝经刊误》《小学书》《通鉴纲目》《本朝名臣言行录》《古今家祭礼》《近思录》《河南程氏遗书》《伊洛渊源录》，皆行于世。先生著述虽多，于《论语》《孟子》《中庸》《大学》尤所加意。若《大学》《论语》则更定数四，以至垂没。《大学》《诚意》一章乃其绝笔也。其明道垂教拳拳深切如此。《楚辞集注》亦晚年所作。其爱国忧君，虽老不忘。

娶刘氏，追封硕人，白水草堂先生之女。草堂即韦斋所属以从学者也。其卒也以淳熙丙申，其葬以祔穴。子三人，长塾，先十年卒；次埜，迪功郎，监湖州德清县户部新市镇赏酒库，后十年亦卒；季在，承议郎，提举两浙西路常平茶盐公事。女五人，婚儒林郎，静江府临桂县令刘学古，奉议郎，主管亳州明道宫黄榦、进士范元裕。仲季二人亦早卒。孙男七人：钜、铨、鑑、铎、铤、铉、铸。钜，从政郎，新差监行在杂买务杂卖场门。铨，从事郎，融州司法参军。鑑，迪功郎，新辟差充广西经略安抚司准备差遣。余业进士。孙女九人，婿承议郎，主管华州云台观赵师夏，进士叶韬甫，周巽享、郑宗亮、黄辂，从政郎，绍兴府会稽县丞赵师若，黄庆臣、李公玉。曾孙男六人：渊、洽、潜、济、潚、澄。曾孙女七人。

窃闻道之正统，待人而后传。自周以来，任传道之责，得统之正者，不过数人，而能使斯道章较著者，一二人而止耳。由孔子而后，周程张子继其绝，至先生而始著。先生出，而自周以来，圣贤相传之道一旦豁然如大明中天，昭晰呈露，则撮其言行，又可略与？辄采同志之议，敬述世系爵里，出处言论与夫学问道德行业人之所共知者，而又私窃以道统之著者终之，以俟知德者考焉。谨状。嘉定十四年正月□日，门人奉议郎，主管亳州明道宫黄榦状。

（摘自《建阳县志》）

书院谨按

明·郭斯垕

儒家者流，其学正大光明。虽曰始于司徒之官，而大道本原出于昊天，而上古圣人继之。孔子作而集其大成焉，故先民称孔子为"继天开教，万世绝尊"，"古今帝王大宗师"。《皇极经世书》曰："诸侯以一国为土，天子以四海为土，孔子以万世为土。"又曰："昊天有四府，春夏秋冬是也，阳升降乎其间矣。"圣人亦有四府，《易》《书》《诗》《春秋》是也，礼乐污隆乎其间矣。春为生物之府，夏为长物之府，秋为收物之府，冬为藏物之府。《易》为生民之府，《书》为长民之府，《诗》为收民之府，《春秋》为藏民之府。昊天以时授人，圣人以经法天。《易经》二万二千九百一十六字，《上经》七千一百二十一字，《下经》七千一百七十二字，《系辞》至《杂卦》六千五百五十七字，《略例卦例》凡二千九百二十六字。《书经》一万五千七百六十三字，经二万四千六百七十字，序一千九十三字。《三礼经》二十万一千六百二十九字。《周礼》四万九千三百七十字，《天官》至《秋官》四万二千三百八十五字。《考工记》七千八十五字。《仪礼》五万六千七百六十四字，本经五万六千六百六十八字，篇目九十六字。《礼记》九万五千四百九十五字。《诗经》三万七千三百五十三字，本经二万九千六百四十七字，序七千七百单六字。《春秋经》一十九万五千五百一十六字，本经一万六千五百八十二字，续经二百一十三字。《左氏传》一十七万八千七百二十一字。《孝经》一千七百九十九字。《论语》一万五千九百一十七字。《孟子》三万五千三百七十六字。共五十三万七千二百六十五字。

由两汉至于唐，说《易》者七十六家，八十八部，六百六十五卷；说

《书》者二十五家，三十三部，三百六十卷；说《礼》者六十九家，九十六部，一千八百二十七卷；说《乐》者三十一家，五十八部，二百五十七卷；说《诗》者二十五家，三十一部，二百二十二卷；说《春秋》者六十六家，一百部，一千一百六十三卷：五经通解一十九家，二十六部，三百八十一卷；易纬九卷，书纬三卷，礼纬三卷，乐纬三卷，诗纬十三卷，春秋纬三千八百卷；说《孝经》者二十七家，三十六部，八十二卷；说《论语》者三十家，三十七部，三百二十七卷，孝经纬五卷，论语纬十卷；《小学》六十九家，一百三十部，七百二十一卷。曾子、子思子、孟子、宓子、景子、漆雕子、荀卿子等书六十九家，九十二部，七百九十一卷。开元所录共六千九百二十七卷。

然自孟子没，圣人之道不传。至于宋兴，五星聚奎，而濂溪先生周元公出焉，建太极图、著《通书》以阐发幽秘。明道先生程纯公、伊川先生程正公，遂扩大而推明之。天理、人伦、事物、鬼神毕贯于一，而孟氏之传焕然复明于世。二程传之龟山杨先生，龟山传之豫章罗先生，豫章传之延平李先生，延平传之朱子。朱子教人以《大学》《论》《孟》《中庸》为人道之序，而后及诸《易》《书》《诗》《礼》《乐》《春秋》。凡终始本末之详，内外精粗之辨，条分缕析，昭晰明著学者，始得脱于汉唐诸儒之陋，有若皎日丽天，而星月熻火之光一皆息矣。

宋元诸儒祖述程、朱之说，而著书发其余蕴者，卷以千万计，于是《易》有图一百二十有二、《书》有图七十有四、《礼》有图一百一十有二、《记》有图九十有八、《诗》有图七十有六、《春秋》有图一百二十有二。四书总图一百二十有三。《大学》有图二十有三，《中庸》有图四十有四，《论语》有图三百九十有五，《孟子》有图一百一十有一，共一千三百三十图。杨仲弘曰："朱子学者远自川蜀而至万有余人，升堂入室者四十四人，其嫡派则黄文肃公传之何文定公，文定传之王文宪公，文宪传之仁山金先生，仁山传之白云许先生。朱子之书流出于八极之表，虽言语不通，文字不同，译之以象，人无间中国。故鲁斋先生许文正公称之为再世夫子云。"

（摘自《政和县志》）

治家格言

清·朱柏庐

　　黎明即起，洒扫庭院，要内外整洁。既昏便息，关锁门户，必亲自检点。一粥一饭，当思来之不易；半丝半缕，恒念物力维艰。宜未雨而绸缪，毋临渴而掘井。自奉必须俭约，宴客切勿流连。器具质而洁，瓦缶胜金玉；饮食约而精，园蔬愈珍馐。勿营华屋，勿谋良田。三姑六婆，实淫盗之媒；婢美妾娇，非闺房之福。童仆勿用俊美，妻妾切勿艳妆。祖宗虽远，祭祀不可不诚；子孙虽愚，经书不可不读。居身务期质朴，教子要有义方。勿贪意外之财，勿饮过量之酒。与肩挑贸易，毋占便宜；见贫苦亲邻，须加温恤。刻薄成家，理无久享；伦常乖舛，立见消亡。兄弟叔侄，须分多润寡；长幼内外，宜法肃辞严。听妇言，乖骨肉，岂是丈夫？重资财，薄父母，不成人子。嫁女择佳婿，毋索重聘；娶媳求淑女，勿计厚奁。见富贵而生谄容者，最可耻；遇贫穷而作骄态者，贱莫甚。居家戒争讼，讼则终凶；处世戒多言，言多必失。勿恃势力而凌逼孤寡，毋贪口腹而恣杀生禽。乖僻自是，悔误必多；颓惰自甘，家道难成。狎昵恶少，久必受其累；屈志老成，急则可相依。轻听发言，安知非人之谮诉，当忍耐三思；因事相争，安知非我之不是，须平心暗想。施惠勿念，受恩莫忘。凡事当留余地，得意不宜再往。人有喜庆，不可生妒忌心；人有祸患，不可生喜幸心。善欲人见，不是真善；恶恐人知，便是大恶。见色而起淫心，报在妻女；匿怨而用暗箭，祸延子孙。家门和顺，虽饔飧不济，亦有余欢；国课早完，即囊橐无余，自得至乐。读书志在圣贤，非徒科第；为官心存君国，岂计身家。守分安命，顺时听天；为人若此，庶乎近焉。

先贤祠记

清·王孙恭

先生以上舍尉政和，民之父母也。其率邑人讲学于星溪，又民之师保也。师道立，故善人多，以政之僻隘，宗其道者犹有谢绰中、蒋粹翁，诸儒彬彬蔚起，而龙马之祥肇焉。然则星溪其考亭之嚆矢欤，学莫近于因所宗，以父母兼师保，使民耳濡而目染之，其所得力于尊所闻，行所知者，尤亲切而可循也。凡名贤诞毓之乡，宦游之土，士生其间讵不有厚幸哉！

（摘自《政和县志》）

（本章节文章系魏万能、罗小成整理）

第三辑　朱子三代
与两院两园三祠

一、云根书院

云根书院简介

政和云根书院是由一代大儒朱子的父亲、时任政和县尉的朱松于宋政和八年（1118）秋创办的第一座书院。旧址位于县尉厅东五十步黄熊山麓。朱森、朱松父子亲自讲学授课，首开政和文化教育先河。历经沧桑，从宋、元、明、清历朝以来进行 6 次重建、扩建，经多次修葺，最后毁于清朝末年。

2004 年到 2006 年，云根书院进行第七次易址重建于城南青龙山峰。书院占地面积 120 亩，建筑面积 2570 平方米，仿照宋朝建筑风格，主体建筑包括天光云影阁、先贤祠、朱子阁等七部分。2018 年，建设云根书院涵修楼。2020 年，建设云根书院朱氏入闽展馆、朱子孝道馆、云根书院停车场。目前，云根书院已成为政和县传承朱子文化、弘扬理学思想的重要文化旅游景点。

门 楼

正面为"云根书院"四个朱体大字，背面为"继往开来"四个朱体大字。沿着石阶往上走就来到了书院的正门，两侧的立柱题写书法条幅。正对写道："任中两院开教育先河，山城留典范；身后三祠念韦斋政绩，百姓树丰碑。"对联书法苍劲有力、

牌楼

神采飞扬。牌坊底座有两只石雕狮子，昂首挺胸，威武大气。2020年，云根书院被中国朱子学会授予朱子孝道文化教育基地。同时，也是县级文物保护单位、青少年爱国主义教育基地。

先贤祠

先贤祠

先贤祠是云根书院的核心建筑之一，分成三个部分。主殿中央"大儒世泽"的牌匾之下供奉着朱森、朱松、朱熹三人的铜像，为书院祭祀的殿堂。内有韦斋与政和的壁画和文字，以及朱松撰写的《先君行状》、朱子撰写的《皇考左承议郎守尚书吏部员外郎兼史馆校勘累赠通议大夫朱公行状》和朱子门人黄榦撰写的《晦庵先生行状》（摘录）。朱子对政和有着深厚的感情，每次回政和扫墓，祭祀祖父朱森和祖母程夫人，都要到云根书院讲学布道，传授理学思想，一时之间八方学子云集政和。从此，政和文风蔚然、英才辈出，有"先贤过化之乡"的美誉。可以说，朱氏三代对政和的影响，特别是对政和文化教育事业的影响，是极其深远的。

朱氏入闽展馆

朱松入闽展馆

展馆以朱松到政和任职为主线，生动形象地展示了朱氏入闽的轨迹，以及朱松入闽的点点滴滴。政和是朱子家族入闽首站，朱子一家三代人与政和有很深的渊源。宋政和八年（1118），朱子之父朱松出任政和县尉，一家八口举家迁居政和。宋代之前，政和由于地域偏僻，教育文化水平落后。朱松在任及寓居政和期间，非常注重教育事业发展，先后创办云根书院、星溪书院，教化子弟，培养人才，首开政和文化教育之先河。南宋建炎四年（1130）五月，朱松带着身怀六甲的妻子从政和到闽中尤溪避祸战乱。仅过三个多月，朱子就出生了。因此，政和也被称为"朱子文化孕育地"。

政和历史名人馆

政和县自古人杰地灵，被誉为"琅嬛福地"，是全国首个因茶而得名的县，有叶延一、许延二、范公辅、张世豪、颜虬松、陈律、陈朝老、邵知柔、吴球、吴廷用等唐末至清末历史名人 27 位，以及近代杨则仕、陈贵芳等革命人物。政和还是中央苏区县，叶飞、黄立贵等老一辈革命家在此留下足迹。

政和历史名人馆

朱子阁

朱子阁在先贤祠的后方，沿着台阶而上，是一幢二层的建筑。进入朱子阁一楼，我们可以看到正中悬挂着"万世师表"的牌匾，牌匾下刻画着"大至圣先师"孔子的壁画像，案桌上供奉着鲜花、烛台等物。大殿内，还有颜渊、曾子、子思、孟子四配的壁画像，为书院为学之所。朱子阁的二楼主要悬挂着朱子三代的画像，以及收藏着中华优秀传统文化经典的各类书籍。此处

朱子阁

是云根书院的最高处，可以俯瞰整个云根书院，眺望政和城区。每当傍晚夕阳西下，红晕的光芒会镀在红墙碧瓦之上，格外美丽。

走出朱子阁，两边花坛有孔子、朱子、朱松、祝夫人石雕像。朱子是宋朝历史上学术上造诣最深、影响最大之人。他总结了以往的思想，尤其是宋代理学思想，建立了庞大的理学体系，成为宋代理学之大成，推动儒学又一次高潮，其功绩为后世所称道，其思想被尊奉为官学，而其本身则与孔子圣人并提，称为"朱子"。

涵修楼

涵修楼建于 2018 年，是一幢建立在半亩方塘边上的三楼建筑。一楼为朱子孝道馆，三楼为书院讲学之所。进入朱子孝道馆，首先看到的是朱子的雕像，身后是"百善孝为先"五个大字，突出朱子"孝"文化。"孝"思想是中国传统伦理观念中的核心内容，博大精深，有着深远的影响。孝道是中国传统文化伦理道德体系中一个最基本要素。朱子一生饱读儒家著作，集孔孟以来儒家思

涵修楼

想之大成,弘扬古代圣明君王以孝治天下的思想,为后世留下了宝贵的精神财富。其《朱子家训》《朱子家礼》对后世影响极其深远。此展馆共分为前言、溯源尧舜、道绪孔孟、铭记父训、奉敬母亲、尊师敬祖、志高存远、弘扬孝道、构建家礼、孝行天下、孝道传承、历代褒封等 12 个部分,系统全面阐明了朱子"孝"文化的内涵。

半亩方塘

朱子的《观书有感二首·其一》写道:"半亩方塘一鉴开,天光云影共徘徊。问渠那得清如许?为有源头活水来。"暗喻人要心灵澄明,就得认真读书,时时补充新知识,不断学习新知识,才能达到新境界。方塘边的复廊,至今还是政和学子感受天光云影、感悟理学真谛的

半亩方塘

好地方。方塘中的鲤鱼石像期盼莘莘学子学有所成,有朝一日鲤鱼跃龙门,金榜题名。

（罗小成、魏万能整理）

增建云根书院学舍记

清·谭垣

古之贤者，视其邑如视其家，视其邑之子弟如亲子弟。饮食教诲，既嚘咻之，复利导之，躬率之，而又多为之所惟恐弗及。此非为后之人，体其意而鼓舞振兴之勿倦；亦非为后之人，师其意而踵事增修之加勤。何也？分之所安出于中之诚也，出于中之诚而后人顾恝置焉，因循焉。遂谓古今人若是之不相及，则又大不然。云根书院创自政和间，韦斋先生所建，以教邑之子弟。地本邑西，至明嘉靖二十年，知县俞君时歆移建于福庆堂之右。乾隆二十一年，余奉命来宰是邑，岁为邑士延师督课其中，而苦于席舍之无给。越三年，乃度地院门之左，增置学舍二栋，厅一，席舍九，大门一。计捐奉若干，鸠工庀材，逾月而成，较前规略扩，以处来学者。因念莅政以来，早兴夜思顾拊循化导之，未能而甚。幸政民相安于余之拙也，乃得以时接见都人士，以讲求内外合一之旨，间以暇，亲临督课，而政之人文亦蒸蒸日上，则庶几鼓舞振兴踵事增修之意，所以仰承贤泽者，必将更有进焉。是安可以不记也，时襄厥事者，则有刘生文煃天信等，例得备书焉。

〔谭垣，江西龙南人，清乾隆二十一年（1756）任政和县知县，主持撰修第三版《政和县志》〕

重建云根书院碑记

清·丁日恭

盖闻求名而名亡，不求名而名彰，碑何为者也况乎公共之所，不费之力而假此以为名哉！然而，先贤遗迹，所关甚巨，不志诸石，日久月长，必致芜殁。则云根书院之勒碑，以志固事之宜然者矣！溯厥初构，实自韦斋先生尉政和县时，率邑人讲学于斯，盖朱子亦尝诵读于其间。是以星溪书院为韦斋祠堂，而朱子之牌于是乎在。自宋而元而明以逮我朝，时废时修，邑乘略有可考。迨嘉庆十有一年而芜废极矣。朱子牌位之所，敧倾漏湿，急宜补葺。而学舍之处，颓坏无馀，于是肄业诸生及邑人慨然修整。议以朱子牌位之所，让刘庭元之族葺之；学舍之处，则诸生及邑人捐膏伙助资而共为之。至十有二年九月而落成，而云根书院焕然一新，维时列筵而会诸生及邑之人。而定议者赵铭室一人；其始任其事者，魏崇德、魏锦松、赵芹芳三人；其终成事者，魏锦松、赵芹芳二人而已。其馀诸生，邑人捐膏伙助资财者，碑不能容，悉登于版。夫学校之设，所以造就人才，成德业，继前哲也，诸生而不发奋笃志于此，而浮慕先贤之迹作为闲院，以冀垂之于后，曰某年某月我辈之构成也，后之人将有指其名而议之者，则此碑之立，亦可惧也夫！

〔丁日恭，奉天宁海人，清嘉庆十五年（1810）任政和县知县，倡议重建云根书院〕

重修云根书院赋

清·秦韫

考古籍，阅遗篇；怀往哲，溯前贤；寻丘壑，避市廛。仰瞻远岫，俯瞰平川。得斯址焉，号曰中天。因开一沼，爰架数椽。峰接黄熊，秀毓山川之表；洞开白鹿，道衍濂洛之先。原夫云根书院者，始于宋，继于元、明，而莫盛于清。溯韦斋先生之尉斯土也，而紫阳夫子生焉，乃建书院二所，一以云根名，一以星溪名。星溪在南城，而云根在北城。叠嶂松杉，脱得倪迂画本；千家山郭，拈来杜老诗情。拾级以登，放眼觉乾坤之小；摄衣而上，举头疑云汉之平。半亩方塘，共徘徊于天光云影；数间矮屋，相徜恍于琴韵书声。尔其哲人虽去，斯文在兹。后之学者，奉为我师。五隐五君，乃筹度其故址；八厨八俊爰宏，廊其旧规。少长随行，认王家之羲献；弟兄并第，忆宋氏之郊祈。观乎止矣，顾而乐之。无何，盛时不再，四节如驰。门巷尘封，燕分泥于旧垒。波塘水涸，鸥通梦于邻池。未闻欧阳子半夜读书，囊萤枉照；不见苏长公半日静坐，带草空披。恨昔人之不见，悲来者之为谁。能无瞻学舍之荒凉，同伤麦秀；望讲堂之寂阒，共叹黍离也哉！乃有人焉，除来北阙，产自关东，赐宴琼林，羹湘带锦，看花上苑，饼裹绫红。花满河阳，共戴群黎父母；桐阴亭畔，群推一代宗工。只因痛抱蓼莪，宦情转淡；是以情殷桃李，师道弥崇。文章起八代之衰，士沾化雨；篇什追三唐之上，人坐春风。于是循竹径，入松关，岭分云外，境越人寰，土室蝇床，蜗黄蛊碧，残碑断碣，薜驳苔斑。乃征梗楠，爰召输般。集僧虔僧辨僧孺之流，规模重肃；征孝威孝绰孝仪之裔，气象初还。爰僧眼之澄清，掘沼引一痕秋水；喜佛头之葱翠，开窗看数点春山。尔乃女墙缭绕，雉堞周遭。山则似屏似嶂，水则如带如绦。古木槎枒而僵裂，奇石放诞而粗豪。拂拭摩娑埋碑碣也，芟夷蕴崇剔蓬蒿也；广亩疏渠引石髓也，设床添灶听松涛也。编竹为篱，栽彭泽菊也。拾瓷砌坞种武陵桃也。四面房拢，因岚光为疏密；两厢栏道，视阶级以卑高。宁夸石尉园亭，珊瑚作树；不羡王根邸第，翡翠为毛。从此太学碑前，肩摩俊彦；积书岩下，津逮英髦。伫看桂子生香，芬惹书生之袂；行见柳条缥碧，色沾学士之袍。爰为之赋，赋曰："千秋开此院，形胜据云乡。道统传洙泗，儒风振紫阳。奇岩增百笏，古木极千章。先贤不可见，花月为谁长？"终而为之乱，乱曰："云根荒芜山之屺，俎豆阙兮堂庑毁。关西夫子杨伯起，倡议重修精且美。廉顽立懦有如此，邦之人兮悲转喜。公之德兮在星水，永无极兮配终祀。"

〔秦韫，政和城邑人，清乾隆乙酉年（1765）拔贡〕

重建云根书院记

黄健平　陈宗荣

　　书院是古代社会学习知识、交流学术及传播文明的重要场所，体现了一个地方的文化氛围和文化底蕴。

　　政和自古山明水秀，风光如画，但地域偏僻、教学荒疏，宋代之前，人才寥落，文化滞后。宋政和八年（1118），朱松进士及第，授迪功郎，后出任政和县尉，并举家迁居政和。朱松在任及寓居政和期间，兴利除弊，制治有方，政绩显著。尤其注重发展教育、培育人才，先后创办云根书院、星溪书院，延师讲学，施教于民，开政和文化教育之先河。其子朱熹秉承父志，致力经学，传播文化，终成理学集大成者。他常到云根书院讲学布道，传授理学思想，一时八方学子云集政和，探究理学真谛。自此，政和文风振兴、书香四溢、英才辈出，有"先贤过化之乡"美誉。

　　朱松三代兴办教育、传播文化，其功德永载史册。自宋代开始，政和人民世代不忘朱松三代的历史功绩，曾先后建启贤祠以祀朱森、建韦斋祠以祀朱松、建朱子祠以祀朱熹。云根书院历经沧桑，经多次修葺、扩建、重建，规模渐大，影响远播，成为政和子弟求学晋升和名流贤士传道授业的平台。由于时代更迭，书院功能日渐式微，于清末圮毁。重建云根书院，旨在纪念朱松三代功德，弘扬理学思想，打造文化品牌，开启文明新风，激励后人奋发有为，是一项功在当代、利于千秋的民心工程。

　　新建的云根书院矗立在城南青龙山上，视野开阔，环境清幽，规模恢宏，蔚为壮观；整体采取仿宋建筑风格，体现理学文化，格调高雅，风貌独特，古色古香；布局以朱子阁为中心，院内亭阁游廊、小桥流水和院外蓝天白云、青山绿水相互交融，气宇轩昂，景象万千，既是文化教育基地，又是旅游、休闲、健身的最佳场所。

　　云根书院重建历时两年，各界人士出力出资，其情可嘉，其行可表。在此谨致谢意，并铭以记之。

2005 年 8 月

　　（作者黄健平系时任中共政和县委书记，陈宗荣系时任政和县人民政府县长）

重建云根书院碑记

魏万能

政和云根书院肇于宋，继于元、明、清，系朱松所创，朱熹也曾多次在此信宿诵读。云根书院历经沧桑，经多次修葺，至清末圮毁。

水源木本，数典勿忘。倘言尤溪是朱子的诞生之地，武夷山、建阳是其学教及寓居之地，政和则是其祖居地和孕育地。故推孔子之道必本于正考，而推朱子之道必本于良材翁，其义一也。公元 2004 年 3 月，中共政和县委、县人民政府决定重建云根书院；同时，成立云根书院筹建委员会，聘请吴邦才、朱土申、张建光、黄健平、陈宗荣、黄昌明为名誉主任，何马焕、许正荣、范强为顾问，由魏万能任主任，谢秀端、范代兴、葛灼瑞任副主任，刘斌任常务副主任。书院于 2004 年 8 月动工兴建，至 2006 年 10 月竣工，历时两年多。

书院矗立于城南青龙山峰，汲天地之灵气，聚日月之精华，取星水之柔情，承古城之神韵。书院占地面积 120 亩，主体有朱子阁、先贤祠、天光云影楼、涵修楼、文昌阁、餐厅、碑廊、牌坊等部分；总建筑面积 2570 平方米，其中朱子阁 440 平方米、先贤祠 520 平方米、天光云影楼 200 平方米、涵修楼 860 平方米、餐厅 330 平方米、附属建筑 220 平方米。整体建筑以朱子阁为中心，错落有致，古香古色，清泉流水，园林绿化，院景相融，蔚为壮观。

登临书院，仰瞻熊峰，俯瞰熊城，群山起伏，千家城郭，全城美景，尽收眼底。徜徉于斯，聆琴韵书声，忆千载往事，先贤勋业，历历在目。朱子三代与政邑渊源，其迹斑斑，何其幸也。云根书院已成为纪念朱子三代和传播与弘扬朱子文化的重要基地。

朱子是中国一代圣人。朱子理学是中国文化之瑰宝，也是世界文化遗产之一。

重建书院乃是一项传承理学的千秋功业，自始至终得到各级领导和各界人士的热情赞赏和支持。原福建省省长胡平，国家林业局副局长赵学敏，原福建省人大常委会副主任黄文麟，南平市人大常委会主任徐肖剑，武夷文化研究院名誉院长、原武夷学院党委书记吴邦才，福建省文史研究馆馆员、原南平市政协主席张建光，原南平市政协副主席、南平市朱子文化研究会长林文志，政和县委、县政府及有关部门领导高度重视和热忱帮助，以及有关名士为云根书院题词、撰联、书写。书院重建图纸由南平市园林管理处工程师魏世民设计、莆田市林春火工程队施工。书院筹建委员会全体同仁以一颗赤诚之心，无私奉献，集思广益，凝聚各方能工巧匠和社会贤达的智慧，把好事办好。在筹措建设资金过程中，还得到诸多企业家、慈善家以及各界有识之士的慷慨资助，充分体现了民办公助的特点。为了彰显乐善好施的精神，特将捐款的单位和个人的芳名刻碑记念，借以褒扬，昭示功德，启迪后人。值此向所有关心、支持书院建设的各级各部门领导和各界人士致以谢意。

2007 年 4 月

（作者系政和县人大常委会原主任、云根书院筹建委员会主任、云根书院文化研究会顾问、南平市朱子文化研究会首届文脉奖获得者）

重建云根书院碑廊记

徐肖剑

凡国强民安，景若三春之际，昭德扬道，修文重教，不待觜陬，不以神示，泽治黎庶，惠及万方。普天之卜，众诚竭力，建院兴学，其志如鹏之寥廓忽荒，与道其翱翔，举善铭千载。政和云根，岿然重矗，是以为证。

予立崇阁，谒贤祠，读伦堂，至碑廊而思：历代王者宫阙，纡郁屹山崝，千云隆屈山苏，楼台歌舞连夜旦，箫笙音韵彻云霓。曾几何时，或怜焦士，或泣西风，碎玉安在，片瓦何全！万民所崇，以德治国，传承文明，以扬华粹，天光云影，根在文渊！是时复院，虽覆压三百余里骊山华构，而何能比之？

遐缅苍昊，有叹理由畴测？继先哲而载道南来，集大成而炳耀四海，宏著涂无远不弥，理无微费纶，朱门留根，功博万世，白驹逾迈，更见飞光。睹高廊而眙，钦邑人之情！友人卓三曾有联曰："万象乾坤碑石里，千秋日月黑林中。"可为之颂。碑廊虽小，丰殷纯熙，斑斓四溢，煌煌者哉。时属乙酉，感而记之。

2005 年 7 月

（作者系南平市人大常委会原主任）

云根书院赋

萧宜美　魏万能

　　熊山如磐，星溪如歌；风光绮丽，锦绣山河。沧桑亘古迭变，时空日月如梭。然地域僻隘，桑梓滞后开拓；教学沉于荒疏，人文为之寥落。关隶立县，珠联璧合；敕赐年号，更名政和。莲花灵山孕育旷代贤儒，笔架秀水布道千秋学说。灿烂史空，星光闪烁；自此永承，政通人和。

　　天开慧眼，前哲匆匆；朱松尉政，廉明兼绰。佩韦自警，勤政为民有奇韬；秉承父嘱，情殷桃李播理学。是故，废旧俗，除恶习，办书院，育新苗，乃建书院两座，一曰云根，一曰星溪，云根踞熊山之麓，星溪盘河畔而坐。敞开学门，纳邑人之子弟；开愚启蒙，延良师而授课。于是乎，毓贤摇篮，百年树人，本固根深，根深叶茂，叶茂花盛，花盛果硕。善士儒人彬蔚起，文风雅俗掀蓬勃。

　　山麓云深，精舍点缀；朗朗书声，此起彼落。几净窗明观美景，竹翠松青道仙鹤。乔林拥翠，叠嶂围青；雉堞枕岗，泉涧流莺；方塘漾月，曲槛停云；江城图画，星桥夕照；古寺晓钟，书声诵雒。涵濡教泽，莲花峰下朱森论道；躬身力行，云根讲坛朱松演说。正理修身，齐家治国；文旆舒展，熊山色濯；泥金报笺，吁俊弹铎。北面执经皆弟子，南来传道是先生。文风鹊起，师道弥崇；智慧泉涌，茅塞开窍。庶几先贤过化，陵起护国径坡；继而文公临世，征应七星留额。朱子幼年，此院启蒙，慧颖道乐；朱子少年，祭奠先陇，宿院数月；朱子成年，常顾留踪，讲授理学。朱公与邑，源流远洛；德高望重，熊山仰止；泽惠千秋，星水咏歌；水源木本，数典拜膜。故而，建启贤祠以祀朱森，建韦斋祠以拜朱松，建朱子祠以敬朱熹。昔建两院，先贤开教育先河；身后三祠，百姓树丰碑追溯。

光阴荏苒，岁月蹉跎；战乱兵纷，风雨漂泊。云根创于宋，继于元明清，曾几度辉煌，方塘中徘徊天光云影，经阁内徜徉琴韵书声；又几经灾祸，学舍焚灭于废墟瓦砾，书屋欹圮在乱草荒坡，六葺六毁，志书记载，史册留名，残迹尽殁。

俱往矣，还看今朝；逢盛世，正身履道。民吁请重建书院，县政府欣然定夺。筹建班子聚人才，选址设计共斟酌；民办公助广集资，集腋成裘汇成河。育人为本，兴教助教众力合；毕功三载，青龙山巅起楼阁。书院雄姿，辉煌巍峨；金瓦红墙，殿檐飞梭；诗廊柱楹，金雕玉琢；登临至此，心旷神乐。朱公再现，雕像如斯；乡音回荡，凭吊放歌。重建书院，并非薄今厚古；怀念先贤，乃饮水思源。此谓之：孔子朱子，人间两圣堪师表；云根星溪，古之两院势磅礴。

（萧宜美，祖籍周宁，政和出生，曾任苏州市计委副主任、苏州工业园区管理委员会副主任，中华诗词学会会员，著有《绝句选集》二卷）

云根书院诗词

云根书院作

谢安时

结屋傍云根，溪山似陆浑。

钓舟藏获渚，吟径入花村。

竹月画满壁，松风瑟款门。

静中原有物，浩气塞乾坤。

注：谢安时，字尚可，号桂堂居士，政和人。北宋崇宁、大观年间优贡生，调告归，携家隐居铁山西坑村。

赋龙马

蒋粹翁

千载圣人闽海出，喜看龙马亦腾骧。

首悬鱼目星光灿，脊散虎文金线长。

道统再传天有意，素王重见世应康。

惜哉灵物山中失，漠漠烟村使我伤。

注：蒋粹翁曾言其先世家在九蓬山下，有牝马入浴潭中，龙与马媾而生驹，龙首马身，状如负河图者。有父老说，昔仲尼笔削六经而麒麟出，今晦翁表章四书而龙马生，圣人之瑞也。致养尤谨，后失。蒋粹翁，生卒失考，南宋太学生，政和星溪乡九蓬村人。

观云根书院遗址作

郭斯垕

太极一以开，阴阳互推迁。

万化何纷纷，不复知本源。

大道即茫昧，遂有元与禅。

捷径生荆棘，行者始多颠。

像教由兹起，乃复增尘缘。

我思鲁中叟，上继勋华传。

精一允执中，昭如日丽天。

遗经细披阅，篇篇皆实言。

夫何三代下，举世相弃捐。

注：明时云根书院遗址在政和县城北黄熊山麓。郭斯垕，1368 年生，字伯载，浙江会稽县人。明建文四年（1402）任政和典史。学识渊博，尤工诗词。永乐年初，主持编纂出版第一部《政和县志》。

咏韦斋藏修

冯　浩

水绕山围隐故墟，昔贤曾此结精庐。

天光不改人虽往，云影长留迹已虚。

石上漫闲新滴露，窗前无复旧藏书。

流芳只有传家业，庙祀绵绵百代余。

注：冯浩，浙江钱塘人，明正统年间任政和训导。

云根书院八咏

谭 垣

方塘漾月

光含东壁映三台，朗月当空一鉴开。

细浪吟风春潋滟，金波流影静徘徊。

有源水自云中出，不夜珠临沼上来。

满院清辉游月爽，披襟直觉远尘埃。

曲槛停云

凭栏时觉气氤氲，一坞濛濛乍出云。

风满楼头山欲雨，霞明林外日初曛。

灵湫隐奥藏深泽，丹壑微芒布锦文。

浮彩飞烟今喜见，动根移石昔曾闻。

叠嶂围青

连云碧嶂秀亭亭，四面围环并作屏。

白鹿他年寻旧约，黄熊宿处蚤传经。

风流遗迹垂今泽，俎豆名山自古灵。

步入讲堂齐下拜，檐前高仰数峯青。

乔林拥翠

葱茏一片倚高岭，古木苍藤积翠深。

碧涧云归难辨色，幽峦日转易成阴。

廻蟠元气无冬夏，点缀山容历古今。

绕阁青松还似盖，鸣嘤声好出重林。

江城图画

文旆山前二水趋，高低雉堞枕岗崛。
泉流石罅归濠堑，树带峰阴入市衢。
几处楼台晴旭丽，无多巷陌晓云铺。
春来民力皆勤作，傍廓还添耕织图。

山阁书声

旁连精舍阁峥嵘，晨夕欣闻雏诵声。
北面执经皆弟子，南来传道是先生。
晴窗发箧春风满，兀坐焚膏晓月横。
我爱群贤齐努力，为储桢干有光荣。

古寺晓钟

方丈何年辟一峰，晓风残月起疏钟。
曙分林外丹崖邃，响透云间碧树重。
绀室声闻余考击，绛帷鸣叩尽春容。
泠泠觉后还深省，得助清思兴转浓。

星桥夕照

七星石畔水迢迢，罨画溪光占半桥。
一望迷离烟景合，四围缥缈暮山遥。
参差古树连虹影，曲折文澜应斗杓。
讲院深深残照里，前贤化泽尚歌谣。

　　注：垣既增修云根学舍，延师督课，生童负笈来从者益众。诵习余暇，有书院八景之咏，唱和盈帙。垣乐取而观之，因和其韵。

云根精舍怀古

钟孚吉

半壁云根旧讲堂，登临凭吊两苍茫。

东和龙马负图出，南渡豺狼当道强。

一代儒臣沧海峤，百年王气歇钱塘。

至今祠宇空秋草，蘋藻溪毛荐瓣香。

注：钟孚吉，武平拔贡，清乾隆五十八年（1793）任政和训导。

重建云根书院抒怀（古风）

范　强

昔贤朱松尉政和，勤政为民有奇韬。

佩韦自勉悟秉性，清正廉明德望高。

开化邑风除旧习，涵濡教泽育新苗。

情殷桃李播理学，师道弥崇效舜尧。

云根星溪始创立，雏诵书声透九霄。

文风雅俗彬蔚起，儒士善人涌春潮。

育贤摇篮功无量，青史垂名放光毫。

邑人百代常祭祀，高山仰止尚歌谣。

风尘荏苒迄千载，岁月蹉跎雨飘摇。

登临凭吊谒故址，六建六毁空寂寥。

物阜年丰新世纪，政通人和民富饶。

饮水思源怀往哲，重建书院继前朝。

县委政府决策定，筹建班子集群豪。

选址设计筹经费，四方求援心恒操。

能工巧匠齐竭力，骚人名士运策谋。

毕功两载楼阁竣，飞凤山巅彩虹飘。

虎踞龙蟠势形好，玲珑娇姿宜远眺。

拾阶千层绿茵里，漫步九曲烟峰峤。

嶂峦叠翠山景秀，星桥朦胧水迢迢。

承传理学溯踪迹，朱公塑像肃清高。

步入院堂齐参拜，浩然正气溶大涛。

前贤有灵当含笑，宏图遗愿展今朝。

注：范强，福建松溪人，曾任政和县政协副主席，南平市诗词楹联学会会员，政和县诗词楹联协会顾问。

题朱子阁（外一首）

吴邦才

南迁入闽国，孔理广传播。

竹茂须涵养，剑锋出砺磨。

躬耕书院盛，哺育贤达多。

重教兴学业，三朱树楷模。

七星溪记

北斗下天庭，融源百里行。

飞瀑随风舞，涓流伴鸟鸣。

田园润稻谷，院舍烹肴羹。

地灵出人杰，熹额留七里。

注：吴邦才，福建政和人，曾任南平市人民政府副市长、中共武夷学院党委书记、南平市诗词楹联学会名誉会长。

云根书院三咏

张建光

一

白云有根斯人载，无边光景一时开。
书声随雨出院去，墨香伴花入心来。

二

一门三代过化此，理学林荫庇政和。
问院哪得清凉界？为有源头风水活。

三

天高云淡万里风，满山落叶黄透红。
不问斗米问文章，天地立心在道统。

注：张建光，祖籍浙江永康，政和出生，曾任南平市政协主席，福建省文史研究馆馆员。

书院颂（外一首）

萧宜美

熊山笑对状云峰，朱子余音韵味浓。
日夜星溪千曲唱，草庐佳境再恢弘。

题朱子像

鲜花遍野敞山门，朱子荣归念故恩。
物换星移寻草舍，龙腾鸳舞赞云根。
清溪众曲千秋唱，理气双元百代尊。
岁月沧桑天地久，熊峰相望永青春。

重建云根书院感赋

熊源泉

佩韦常警卞急性，扫斋长共书为邻。济世鸿才施教化，正学名家育俊贤。
云根一阙书香梦，星溪十纪陌上尘。世间万物云复雨，惟留清名光画屏。
千秋祠貌忆前贤，古迹重光经岁新。彤云北来常在眼，明月东升总随人。
功业不与流水去，勋名犹并数峰妍。琅玕百尺宜努力，扶杖更作白头吟。
行瞻双阙入云涯，雾失楼台隐碧纱。轩傍龙岗纳朝霭，人倚玉树染暮霞。
汉赋唐诗诵古韵，几琴室兰标清雅。秋燕欲去还恋栈，香雨潇潇入簇花。
学海漫漫任徜徉，燕台琴瑟奏宫商。骚雅并诵昌文运，德才兼修出栋樑。
教化由来铸基业，彤管更擅写华章。料得山灵他日待，龙门一跃看桂黄。

朱子三代咏

张则钦

祖籍婺源
八世婺源故事长，向来辛苦梦家乡。
先人恩泽知多少，历历追寻上紫阳。

入闽始祖
尉政朱松民晏安，救婴戒溺治昏顽。
涵濡教泽催风化，二院书香古今传。

朱森在政和
走过山深与水域，随儿携眷宦为家。
莲花开出文星果，夫妇双茔映落霞。

朱子孕于政和

昔闻紫藤合东垄，今见文光映北辰。

东和龙马负图出，钟灵结秀育贤人。

朱子生于尤溪

松公避难买轻舟，只恨龚仪乱二洲。

应喜难中生贵子，文公出世在深秋。

朱松请祠回建瓯

昏君奸贼乐偏安，主战翻招反劾弹。

无奈请祠归旧舍，课儿问友岂心甘。

朱子在武夷

病革将儿托故知，艰难岁月上潭溪。

二程初定终生学，一代儒宗始奠基。

朱子在建阳

孰把程朱当伪学，奸邪蔽主乱朝纲。

风生浪起侵赢体，一代文星殒建阳。

情结政和

境内耳孙居错落，城东八墓列繁星。

三年勤政六年寓，留得千秋不了情。

注：张则钦，福建政和县人，中华诗词学会会员，中华诗词文化研究所研究员。

朱子书院始云根（外三首）

魏万能

五世鸿儒继道存，文公书院始云根。
沧州水接环溪舍，白鹿云牵岳麓轩。
运决治平穷至理，变移气质竟专纯。
百年教育鸿才业，世上学人半孔门。

颂文公

五岁能知上问天，堆沙作卦颖无前。
紧承孔孟为追圣，漫括周程岂慕贤。
能越汉唐凌峻立，可兼道释尽微玄。
纵观今古名山业，孰与文公比博全。

咏朱松

文旆黉宫肇半山，千年道脉结因缘。
一生忠孝存方寸，名著韦斋萃大全。
抗御金人陈对策，潜心治学尽儒传。
乔年归去遗篇在，不负朝廷未愧天。

先贤祠

恢宏神圣三朱殿，道统光辉气势雄。
龙脉逶迤迎彩凤，元峰荟翠接青龙。
金身镇院黎民仰，理学名篇国粹荣。
百代从游过化地，四方贤哲拜儒宗。

寄情书院

魏敦贵

烟雨小过云根楼，薄雾轻锁露峥嵘。

教泽一方桑梓地，状元峰下播中庸。

一任飞凤当空舞，装点青龙尽嬉珠。

七星水流成一曲，十里阳和绿荫浓。

注：魏敦贵，福建政和人，曾任政和、浦城检察院检察长、中华诗词学会会员。

云根书院楹联

牌　坊

任中两院开教育先河山城留典范；
身后三祠念韦斋政绩百姓树丰碑。（萧宜美）

升阶仰玉阙万里海天传钧乐；
趋庭揖高贤九州柏府颂清名。（熊源泉）

贤哲传薪八百岁月添雅韵；
志士继统万千俊彦竞风流。（熊源泉）

云入天心聚星辰浩气；
根连地脉汲河海精魂。（熊源泉）

根植熊山城星溪河畔美家院；
云镶状元峰朱子阁楼好读书。（林大明）

先贤祠

溯千年古邑长留俊彩；
开万世新局再振雄风。（吴邦才）

龙山藏龙脉龙脉迤逦；

古邑遗古迹古迹重光。（熊源泉）

礼乐宣崇德千秋共仰道范；

诗书集大成万世同尊儒宗。（熊源泉）

水为奠基七星曜曜绕玉带；

山因落成八级瞳瞳列翠屏。（熊源泉）

八府五州良士于于来日下；

五音八律新声嫋嫋入云来。（熊源泉）

瞻丰碑邀七彩云任飞凤当空舞；

仰先贤集三洋水凭青龙尽戏珠。（魏敦贵）

山秀可藏书培育英才宜此地；

泉清堪洗砚振兴伟业在群贤。（徐肖剑）

故运重辉定教云根承化雨；

前徽足式首从熊色沐春风。（官民生）

云驻峰巅听贤不肯离山去；

根延文脉护院只为毓秀祉。（卓三）

朱门三代传儒教创新昭后世；

理学千秋耀云根立意缅先贤。（余祥州）

传大道订礼删书不愧儒家至圣；

育人才有教无类堪为后世楷模。（魏万能）

融千古沧桑乃铸成深沉气度；
汇百川支流方赢得博大襟怀。

礼乐诗书崇百代法度；
仁义忠信设万世纲纪。

学成君子如麟凤之祥而龙虎之为变；
德在生民如雨露之泽而雷霆之为威。

几百年人家无非积善；
第一等好事只是读书。

注倾赤胆心怀，重修书院，不顾寒天酷暑；
传承儒风朱理，再现云根，唯诚事必躬亲。（范永亮）

朱子阁

阅遗篇怀念朱松尉政功绩；
考古迹追溯云根育贤摇篮。（范强）

韦斋播理学源深而流长；
晦翁续道脉培根乃荫芳。（范强）

佩韦自警谨慎从政利国民；
涵濡教泽开化邑风著史册。（范强）

孝友为行莘莘学子遵师训；
中和以德翩翩儒士仰清名。（熊源泉）

秀水布道千秋学说；

灵山孕育旷代贤儒。（熊源泉）

朱子诗书辉日月；

晦翁翰墨历春秋。（熊源泉）

立地云根入眼烟雨皆成画；

履行仁壤盈耳书声尽是诗。（熊源泉）

儒风过化地；

德雨滋润天。（张建光）

朱门风范垂熊山载道兴书院；

理学云根建濂水扬光绍典章。（林镜清）

志衍行思重释山川兴理学；

心归社稷还将日月映文章。（陈学樑）

三代儒师光俎豆；

四方贤哲共烝赏。（程金华）

理学名邦肇熊山儒道滥觞处；

云根书院昭朱门黉门过化时。（吕桂叨）

学承濂洛百代理学传四海；

道继洙泗千秋儒道映五洲。（张则钦）

仲尼笔削六经而麒麟出；

晦翁表章四书而龙马生。（《政和县志》）

岁月莫蹉跎乐其道且明其礼；

伦常要敦睦尊所闻而行所知。（白福臻）

天光云影楼

名山名园名楼半亩方塘堪润墨；

好景好书好画云根文翰可留香。（魏万能）

情钟地灵九皋飞下云中鹤；

曲出天籁千里吹来风入松。（张则钦）

博学之审问之谨思之明辨之笃行之成为大道；

修身也齐家也守义也施仁也治国也务取中庸。（潘国璋）

掀开雅苑一帘幕；

再续星溪十友诗。（南平市诗词楹联学会）

涵修楼

儒家教化流泽远；

国粹弘扬史页新。（魏万能）

六卷经书即定中华道统。

千秋俎豆重开吾邑斯文；

哲思邃密通今博古；

理念更新继往开来。（魏万能）

义仁忠恕只字千金；

礼乐诗书片言九鼎。（张则钦）

阅尽五经自高洁；

学遍六艺足风流。（熊源泉）

文昌阁

德参天地泗水文章同日月；

道沛乾坤武夷理学似江河。（张则钦）

天运健不息为民富而国强；

大道行循序自小康进大同。（张则钦）

高山南北齐仰止；

人间两圣世同尊。（张则钦）

笔指青云点向头颅荣及第；

星联紫极光生奎璧文运昌。

三朱阁

雅苑屏镶四季景；

清泉韵和三朱诗。（吴邦才）

弘扬理学承先哲；

淳化儒风启后思。（吴邦才）

当是奎星九天降；

比肩孔孟三峰齐。（周继勇）

正宗理学昭三代；

过化政和炳千秋。（周永红）

琅琅书声长天诵；

斑斑履迹小路寻。（熊源泉）

长赴翠阁仰紫阳；

宏开书院培新秀。（朱海清）

曲径蜿蜒通胜境；

儒风浩荡贯长廊。（薛启发）

一脉源通洙泗水；

星溪润泽天地人。（魏万能）

理学真源今未坠；

云根精舍此重开。（魏万能）

松枫槐荟蔚云根岭；

儒道释齐聚文旆山。（魏万能）

熊踞山城三龙舞；

政通人和万物昌。（郑长裕）

注：三朱阁坐落在熊山半天堂西侧云根书院旧址。

（魏万能、罗小成整理）

二、星溪书院

星溪书院简介

　　政和星溪书院是由一代大儒朱子的父亲朱松于宋宣和二年（1120）秋创办的第二座书院，位于政和县治之南七星溪河畔正拜山（今飞凤山）下。朱松兄弟亲自授课，幼时朱子在星溪书院就读。宋、元、明、清历朝以来，进行5次重建、扩建和经多次修葺。清光绪二十二年（1896）改为星溪学校，1952年毁于洪灾。

　　为了传承弘扬传统文化，增强文化自信，主动融入大武夷朱子文化研学游路线，促进文化和旅游的融合发展，政和县人民政府在政和母亲河七星溪河畔石圳湾景区内恢复建设了星溪书院。书院于2017年2月2日奠基开工，2022年10月全面竣工。书院占地18亩，建筑面积1660平方米，分为照壁、泮池、牌楼、山门、韦斋祠、明伦堂、仰山楼等主体建筑。书院建筑群设计为中国传统儒家文化影响之下的对称形制，表现不偏不倚——不偏之谓中，不倚之谓庸，是为中庸之道；主体建筑依山势而建，逐递升高，寓意为中正平和，步步登高。

泮池

韦斋广场

广场内有照壁、登云桥、泮池。书院照壁是目前南平市最为宏伟的照壁，高 3 米，宽 24 米。正面为"星溪书院"四个朱体大字；背面是朱子为父亲撰写的朱公行状，全文 6000 余字。

韦斋广场

牌 楼

登上登云桥，走过泮池，大家看到的是书院牌楼。牌楼规模宏伟、壮观，高 13.36 米，宽 18.53 米，展开宽度 22.22 米。采用庑殿顶，黏土筒瓦屋面，三层半拱结构，石柱为础，大开三门，系六柱七楼八字牌楼，其体量为世界之最。牌楼通体使用 3.3 万块宋、元、明、清历代珍稀古砖砌筑。砖雕的雕刻面积达 99 平方米，共计雕刻 57 种 118 件图案、纹饰，镌刻 224 字，展现朱子

牌楼

理学与中华传统文化内涵，是世界上使用古砖雕数量最多的牌楼，被誉为"最美古砖雕牌楼"。

门　楼

上方悬挂"星溪书院"牌匾，是朱子的集字。进入门楼，照壁正方悬挂的是"天地宾鸿"，取自朱松作的《将还政和》诗词中的"归去来兮岁欲穷，此身天地一宾鸿"。门楼两旁分别为明清时期政和县疆域全图、四境图、城域图和县治图，从中可见当时政和的一些基本概貌。

星溪书院门楼

韦斋祠

韦斋祠为清代木结构建筑，多用穿半式构架，夯土山墙，坐东南向西北，四个悬山屋顶围合成方形的抱盒式建筑，也叫"一颗印"建筑。整个建筑用料硕大、结构科学、富丽堂皇，是 200 年前不可多得的官式建筑。外观单层，实为两层，山面做夯土墙。韦斋祠正门厅堂上方排列五层云状形栱。韦斋祠为书院的祭祀场所，主要是祭祀书院创办人朱松。韦斋祠内有 4 个展厅，分别为韦斋室、敬斋室、墨韵轩和书香轩。

1. **韦斋室**。展室从朱松入闽、任政和县尉始，分 16 个板块展示朱松的事迹。朱松，字乔年，号韦斋，宋绍圣四年（1097）闰二月二十三日出生，祖籍徽

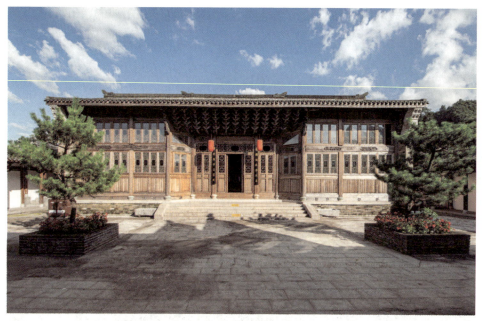

韦斋祠

州婺源县。宋政和八年（1118），朱松上舍登第，授迪功郎，任建州政和县尉；遂举家入闽赴任，迎养父母、胞弟于官舍。因担心自己性急而贻误政事，故学古人佩韦戒性之义，将所居尉署侧室，取名韦斋，旦夕休寝其间以自警，世人称韦斋先生。朱松有俊才，下笔语辄惊人，为官清正廉洁，制治有方，民赖以安，曾作劝邑民消除"溺女"等恶俗。为开化邑风，他到政和上任不久就创建星溪书院和云根书院，延师以训邑人子弟。自此，政和文风始盛，儒士善人彬彬蔚起，故政和有"先贤过化之乡"之美誉。邑民称他"既民之父母，又民之师保也"。

2. 敬斋室。陈列的是宋光宗、元顺帝、明世宗三位对朱松的追谥，以及宋朝周益公撰写的朱公松神道碑。韦斋记、韦斋铭、韦斋记后跋、朱松撰写的《先君行状》《谕民戒溺女文》《送程复亨序》等，以及韦斋公年谱。

3. 墨韵轩。陈列的是朱松的诗词。朱松是著名的理学家，又是诗人。少年时期的朱松就才华出众、语出惊人。朱松诗文以不事雕饰为美，讲求超然秀发，有出尘之趣，到处传诵，直达京师。朱松一生写过几百首诗，其中写政和的诗就有四十多首，最著名有《将还政和》和《题星溪书院》等。政和是朱氏入闽第一站,朱松将百年后的父母安葬在政和,视政和为自己的家乡。他的诗写得悠然自得,表达对美好生活的向往。更深的寓意是希望南宋朝廷早日收复中原,结束烽火连绵的战乱,让人们过上稳定的生活。该室还陈列了四幅朱子的诗联(影印),并设有书法桌和文房四宝,供嘉宾和书法爱好者挥毫洒墨。

4. 书香轩。政和是闽北边陲山区县,古时交通闭塞,地广人稀,山谷阻险,民罕十连之聚。然而,就是这个僻居山的"下邑",却夙称文献之地,自古就有"先贤过化之乡"美誉。政和县自唐咸通初,许延二在澄源上洋村创办首座家私塾书院——梧桐书院。宋政和八年(1118),朱松任政和县尉。为教化邑人子弟,先后创办云根书院和星溪书院,开政和书院教育之先河。宋绍兴五年(1135)至咸淳七年(1271)的136年间,全县出过9名进士、23名举人和65名贡生,科名连属成为佳话。此后,明、清两代书院之风大盛。至光绪末,政和境内共有学官、书院、义学、学舍等29所,其中以书院冠名者16所。

韦斋祠居中坐落的是朱松铜像,供后人缅怀祭祀。

明伦堂

星溪书院讲学之所,正中居中上方是"万世师表",悬挂孔子画像,后

明伦堂

方两旁悬挂的是孔子四配：颜回、曾子、子思和孟子。整个讲堂可容纳112人上课。

仰山楼

仰山楼

楼下为办公场地及休息品茗场所；楼上为藏书阁，目前收集有《朱文公全集》《闽台方志》《福建省志》《八闽通志》等地方正书及各类书籍近千余册。同时，中间设有小型研学场所。

朱子像

朱子像

朱子幼年曾在政和读书学理，成年后经常回政和祭祖和到书院讲学，为此政和又被誉为"先贤过化之乡"。朱子像为汉白玉材质，通体皎白，如云之洁，象征朱子文化与天光同脉，光洁如新。

（罗小成、周元火整理）

星溪书院记

明·林雍

　　成化十五年（1479）乙亥，提学佥事庐陵周公时可，考课至政和，邑人致仕教谕吴宪，进县志言。宋政和七年，韦斋先生由郡庠贡京师，同上舍出身，授迪功郎，尉是县，建书院于星溪之南正拜山下，以供职事之余读书观理，而养其高大之趣，于以风化县人子弟，使知向学。其院岁久荒芜废坏，谋厥址重修建，以成仰止之心，以待夫学古有志之士。分巡建南道佥事，河南高公钟秀实赞襄之勤，乃命知县沈伦请文以记其事。雍顾不文，将辞不敢，乃惟是举，吾党分内事，焉可不尽其愚而已于言哉。先生有俊才，下笔语辄惊人，肆历经史，期为有用。复游龟山杨氏之门，闻河洛之学，益自折节以趋本实，日用力于致知诚意之地，辨义利，察伦理，孝于亲而忠于君，高志大节，确乎不可尚矣。故其子晦翁先生得道学之传，承先圣之统，实家庭之训有以启之也。周公时可自少有大志，尝以圣贤之学，自期待于先生父子之道，固以信之笃而契之深矣。则夫藏修之地而为爱惜，宜乎其然也。高公鉴此为风化攸系，非托诸文字无以昭示永远，其向善乐义之意，则所谓协恭和衷者也。沈君克体周公之志，于院之北，建天光云影阁，奉祀晦翁先生，而勉斋刘云庄、蔡九峰、真西山为配，阁后开拓建光风霁月亭以临其上，则其中之所存，亦岂俗吏所能仿佛哉！抑学校之宫，汉唐以来，固所不废，惟所习者世俗之书，所攻者进取之业，竟不知圣贤大学之教为可重，此白鹿、石鼓、星溪之庐，所以又别有作以高其为世之志，而自不混于时俗。洪惟太高祖皇帝，建学造士，以五经，《孟》《论》《学》《庸》之典，即二帝、三王、周公、孔子以及程、朱之道之所在也，涵濡成就，超越前古。学者正宜尽心以求其至，亦不待于学宫之外有他求焉。惟或思之不审，是以多忽其所重而趋其所轻。其能卓然以圣贤修己治人,经国济世之道自期许者,盖亦间见而特出也。周公之为是,则不能不为此虑,有望于来学者深矣。若谓静处于斯,不夺外诱为可尔。若徒务博洽纂组之学,以为折桂之资,则已误矣。凡我八闽之士,宜亦有闻风而兴起者,以副周公之至意。

〔林雍,漳州龙溪人,明景泰五年(1454)进士,官至兵部郎中〕

修星溪书院序

清·王孙恭

　　古今有不变之道，无不敝之器。然器与道俱者，器在即道在，爱其道不忍忘其器，相与尸而祝之，馨香而俎豆之，几筵、槟角，肝蚕而明烟之。是故望其宇俨乎若有思，登其堂俨乎若有见，瞻其遗像肃乎若有所仪型。此星溪书院所为祀韦斋先生也。先生以宋政和八年尉斯邑，筑室于桥之东，面俯星溪，背依正拜，岚影波光，毕会斯阁。开窗四顾则熊岫苍翠，若挂檐端，滃然云气起片涯。雉堞忱山腰，一抹楼台，稠叠如画。先生鸣琴余暇，率邑人讲学于兹。后人即其处祠而祀之。非犹夫来阳之竹，笭池之柳，仅以寄棠思也。先生之德言，紫阳实绍闻之，祭川之义，固必先河。又阙考退林先生就养斯署，以睦寇道梗，遂葬凤林，宜先生之神，依依此土而不去也。顾自宋迄今六百余载，数经兵燹，址仍旧而祠屡新。自内翰张公茸修后又六十余载，溪涨浸台根，岌岌欲圮。墙壁倾颓浸溃不可收拾。栋挠槟折，鼷鼠乘而窜之，加以农畦豪右肆意侵蹂，守香火者勿能禁。每春秋从事，犹豚栅鸡栖，纵横塞道，蓑笠锄耒，充斥祠庭。小子瞻拜之下，辄恻胆旁惶，汗流浃背。思所以整饬之，顾力绵勿能支。戊戌冬，傅璧峰来署谕篆，邀至与语，辄慨然任之，遂相与白邑侯曹公松园，禁斥侵蹂荡涤祠宇，乃召石匠鸠工庀材，颓者垫之，朽者张之，欹者正之，漫者新之。缺者完之，阅己亥四月工竣，与璧峰告成事而已，乃周视匾额，摹读古碑。庐陵周公孟中以成化己亥建修，内翰张公寿岣以康熙丁亥重修，今亦己亥，若符节焉，相与惊愕曰："修举之事，果有数存耶！"先贤遗迹，道不泯，器自不敝，有莫之为而为者耶！余与璧峰安敢尸厥功，矧余滥竽数载，待璧峰始集事焉，余视璧峰滋愧耳。监斯役也，则孝廉范如璋，明经魏邦基，廪生范芳、赵堂明，生员范朝选，均与有力焉。

　　〔王孙恭，福建福鼎人，进士，清乾隆三十八年（1173）任政和训导〕

公置香灯田及文运昌苗租记

清·王孙恭

　　星溪书院祀宋朱韦斋先生，岁久倾圮。戊戌冬傅公廷琪来署，教谕与恭同捐清俸葺治之，然春秋二祭外，香火寂，如恭与诸绅筹所，以供香灯者。于是，邑孝廉范公如璋等二十有九人，咸请曰：护国右启贤祠，以韦斋先生尉，斯邑始有此祠。今启贤田之外，尚有寺租，而兹祠阙如盍衰彼之多以益，此之寡，且分有余，以惠应科甲者商诸寺僧清晓亦慨然，顾减寺租之什一以益贤祠。于是鸠白金百二两顶买寺租。在凤林、夏山者一千四百九十五把地，诸绅相与白，邑李公启宇推收立户，命名文运昌，意深远矣。恭为斯举也，以崇先贤典至重也，以惠后进泽至长也，以多益寡有两美，而无两伤事之称也，为国家鼓舞人才、俾风会蒸然日上化，又至普也，不举四善备焉，宜泐贞珉，以垂永久，是为记。

重建星溪书院记

吴邦才

　　星溪书院是朱子之父朱松任政和县尉时创建，距今已逾九百年。

　　朱松，字乔年，号韦斋，宋绍兴四年出生于徽州婺源。宋政和八年同上舍出身，授迪功郎，政和县尉。后历任尤溪县尉、晋江石井镇监、秘书省正字、左从政郎、左宣教郎，著作佐郎、奉议郎等职。宋绍兴十三年，卒于建州环溪书院。赠通议大夫，封粤国公，谥献靖祀入圣庙。

　　朱松首仕政和时，奉老携幼，举家迁入闽地。其生有俊才，志存高远，节义道学，鼎重人寰。在政和县尉任上，勤政爱民、政绩斐然。同时，重教兴文，敦化民风。其建书院于星溪南岸，职事之余常在书院读书观理，以诗文会友，开堂讲学，施教化育人。其离任后，每回政和时，总喜居书院，以此为家。其父朱森，一介儒生，终身以教书为业，生前常到书院帮助打理。其子朱熹，幼年时曾随父母寓居书院，接受启蒙教育。成年出仕后，不忘父训，毕生结缘书院，曾多次到星溪书院奉孝讲学。故而，星溪书院凝聚着朱氏三代大儒的心血，也令政和成为"先贤过化之地"。

　　星溪书院于宋末因战乱而荒废。尔后，元、明、清历代都几经复修或重建。民国初年，星溪书院改作星溪学校。后毁于特大洪灾，致使旧址无存，成为历史遗憾。进入中华民族伟大复兴的新时代，为了传承朱子理学，弘扬中华优秀传统文化，中共政和县委、政和县人民政府于公元 2017 年春，正值朱松诞辰 920 年之际，正式启动了星溪书院重建工程。在各级党委、政府的高度重视和社会各界的积极支持下，建设者们历经 5 年的精心劳作，新星溪书院于中国共产党第二十次全国代表大会开幕前夕全面建成开放。

新星溪书院虽无法在原址重建，却仍是居于星溪之南，原有的依山傍水之格局未变。新星溪书院占地18亩，门前泮池天光云影，院后文山竹翠松青，韦斋祠庄严肃穆，仁智堂宽敞明亮，砖牌坊高耸入云，仰山楼幽静典雅。其规模之大、功能之齐、品位之高，远超历代所修建的星溪书院，彰显新时代、新作为、新气象。新星溪书院无疑是政和山城一道亮丽的风景线，更是朱子祖居地激活传统文化的一大品牌，实为可喜可贺可赞！

2022年秋

（吴邦才，福建政和县人，曾任南平市人民政府副市长、武夷学院党委书记、武夷文化研究院院长）

星溪书院诗词

星溪书院作

吴　球

茅斋雨过竹鸡啼，溪水涵空树影低。
爱煞夜阑风色静，澄潭冷侵碧玻璃。

注：吴球，约 1100 年生，字元璞，政和城邑人，南宋绍兴二年进士。任泰州、福州、明州等教授，官至承议郎。

星水朝霞

郭斯垕

秋水泓然一镜开，静观时坐钓鱼台。
彩霞沉影潭中见，红日腾光海底迴。
性镜虚明含万象，道心流动绝纤埃。
韦斋旧整裳衣处，几树残桃映碧苔。

题星溪书院

王孙恭

溪流澹不极，澄静无惊湍。
历历倒榆影，潭空碧落宽。

晴波时激宕，廻光闪危栏。

古贤鉴于水，分阴惜馀竿。

澡雪蕲明洁，始不愧儒冠。

遗址怀芰葸，盥荐颐若观。

云霞生古壁，烟霭浮林端。

活泼心源契，光风泛微澜。

夜来禽鸟寂，雒颂孤灯寒。

明月隐高树，清飔散层峦。

向往情靡极，雕虫讵敢安。

仰止莫能企，恧焉滋永欢。

重建星溪书院二赋

熊源泉

面水傍山绿岫葱，黉宫煌煌肇自宋。

教泽源远承河洛，理学遍传冠闽中。

朱氏相承三代继，笃义中庸两折衷。

千载文脉泱泱水，琅琅书声诵古风。

一泓清流缘自东，涓涓不歇日夜踪。

如画楼台曾稠意，挂檐翠岫尝思空。

经世道存器不敝，承先圣训意犹浓。

廊宇新构儒思远，岚影波光旧时风。

星溪书院（二首）

魏万能

一

星溪一脉通洙泗，正拜千寻溯泰山。

岚岫苍叠挂檐翠，仰山楼阁立文坛。

熊城书烛亮明月，梦笔生辉活水源。

解惑释疑明大志，星溪十友醉诗篇。

二

高擎道统千秋柱，并峙黉宫两座峰。

四壁诗书开慧眼，百家哲理悟人生。

韦斋济世鸿才业，学子交流正义经。

道统真源从未坠，星溪精舍翰林名。

咏星溪书院

袁飞鸿

先贤雨露化平民，春笋成林气象新。

霁月亭台依正拜，仰山楼阁立河滨。

草庐学道濡明士，岚境儒风育圣人。

书院重修根脉续，韦斋遗迹似星辰。

注：袁飞鸿，福建政和县人，中华诗词学会会员。

星溪书院怀古

李家宁

踯躅星溪大讲堂，登临凭吊贮光茫。

楼头云变山初雨，林外霞明日乍黄。

一代儒宗沉集注，百年文气照高塘。

满襟祥瑞游人爽，浩荡清风映紫阳。

注：李家宁，福建政和人，中华诗词学会会员。

（魏万能、罗小成整理）

星溪书院楹联

牌　楼

半亩方塘天光开鉴朱子院前书声朗；
七星活水问渠觅源先祖身后溪流长。

学萃朱程，馥馥书香凝闽北；
儒承孔孟，堂堂名气贯中华。

理撰四书，出孔孟且精深，远超洙泗三千士；
学承五子，集二程以博大，独领风骚一万年。

脉接星溪，气摄云根，朱子千秋传绝学；
文昌闽地，风淳石圳，白茶一碗待来人。

入此门即入儒门，为跳龙门，须立程门，以至登堂奥；
从斯学便从理学，想成德学，当传洛学，进而阖天人。

溪誉七星，一脉源通洙泗水；
图说太极，千秋道起圣贤风。

由孔孟而来，理开新境；
自东南以起，学壮神州。

门　楼

星溪诗韵流淌；
书院斯文在兹。（吴邦才）

溯理学渊源从斯发轫；
念绪宗卷帙由此开篇。（张秉才）

韦斋祠

忧国恤民持政道；
孝亲教子立家风。（吴邦才）

世誉昆仑硕木萌儒士；
自谦天地宾鸿寓政和。（张秉才）

道德为师仁义为友；
礼乐是悦诗书是敦。（肖云骏）

翰墨文光冲斗去；
清风明月拜尊来。（缪旭东）

绛帐解惑释疑明大智；
星溪崇文尚德焕嘉风。（魏万能）

山色溪声曾伴晦庵游此地；
天光云影还登高阁忆斯人。（苏俊）

掀开雅苑一帘幕；
再续星溪十友诗。（范永亮）

明伦堂

仁厚修身身刚正；
智高处事事理清。（吴邦才）

立地星溪，入眼烟雨皆入画；
履行仁壤，盈耳书声尽是诗。（熊源泉）

文脉盛千年庠序昌荣书馨诗雅；
清风舒四境山川秀美物阜政和。（张秉才）

享崇誉儒门肃肃甚问道；
献智机学海泱泱可探珍。（熊源泉）

师师庶僚居安宅立正位；
济济多士由义路入礼门。（朱熹）

仰山楼

百代交融三万卷；
一楼荟萃五千年。（魏万能）

书灯点亮熊城月；
梦笔濡匀石训春。（魏万能）

四壁诗书开慧眼；
千秋义理点春光。（雷银喜）

（范永亮整理）

三、朱子孝道园

朱子孝道园，占地面积约 40 亩，由千年古寺护国寺、启贤祠、韦斋草庐、省级文物保护单位朱森墓以及孝道馆组成。朱森（1075—1120），字良材，号退翁，朱松之父，朱子之祖父，系江西省婺源县吴郡朱氏第七世孙。他毕生以读书自娱、教子为乐，常谆谆戒饬诸子"以忠孝和友为本"，常对子孙说"吾家业儒，积德五世矣，后当有显者，当勉励谨饬，以无坠先生之业。"八世孙朱松（1097—1143），宋政和八年进士及第，任福建建州政和县尉。朱松携家与父母朱森、程氏夫人及胞弟朱柽、朱槔、两个妹妹，共八人入闽政和寓居。朱森为入闽始祖，政和成为朱子祖居地。

朱森周游政和名山胜景，选定在苍松翠竹、峰峦叠嶂的凤林村护国寺，常邀当地儒生在此谈经论道、传授理学。朱松秉承父嘱，先后在县城之北黄熊山麓创办云根书院，延师以训邑子弟；在县城南正拜山下星溪河畔创建星溪书院，为藏书讲学之所。宋宣和二年（1120），朱森病故，时因睦寇战乱道梗，不能还籍，遂葬于护国寺西莲花峰下。朱森后被追赠为宋承事郎。故凤林村为先贤过化之地，取名启贤乡。

2020 年，朱松创办政和县云根书院 900 周年纪念活动之际，政和朱子后裔重建启贤祠，并于铁山镇兴建韦斋草庐。2022 年，铁山镇党委、政府为进一步保护、传承和弘扬朱子文化，对朱森墓、护国寺等遗迹进行提升改造，并建设有半亩方塘、生态停车场、游览步道及绿化提升工程。朱子孝道馆将于 2023 年年底建成。

朱森墓

凤林朱氏墓——朱森墓，是省级重点文物保护单位，位于铁山镇凤林村护国寺西侧。朱森（1075—1120），字良材，号退翁、退林，宋理学家朱熹之祖父。宋政和八年（1118），其子尉政和时迎养官舍。病卒葬于凤林村护国寺西

朱森墓

侧。朱森墓表用鹅卵石依山势砌筑，坐西北朝东南；墓体砖石结构，平面呈"凤"字形，占地面积130平方米。墓碑为明成化年间重修时福建按察司佥事周孟中所立，长1.4米，宽0.6米，碑文阴刻楷书"宋承事郎朱公墓"，1993年重修。1984年，朱森墓被政和县人民政府列为县级文物保护单位。2013年，朱森墓被福建省人民政府列为第八批省级文物保护单位。1996年，世界朱氏联合会会长、朱文公第二十五代孙朱祥南先生捐资重修朱森墓。

启贤祠

启贤祠位于铁山镇凤林村莲花峰下护国寺旁，护国寺由五代晋天福四年（939）僧掌轩始建，清康熙五十年僧心镜募捐重建。寺庙西侧有宋代理学家朱熹祖父朱森之墓，北侧有明朝广东市舶提举升两淮都盐使司卢亮之墓。明成化十四年（1478），

启贤祠

福建按察司佥事周孟中及邑人吴宪言、王窗重修朱森墓，同时在寺左建有启贤祠，后圮。2000年，乡人在原址建朱子祠，为两重翘檐殿堂。2020年，朱松创办政和县云根书院900周年纪念活动之际，政和朱子后裔重建启贤祠。启贤祠分为前后两殿，内供朱森塑像。殿内刻有朱熹、朱松、朱棹等人诗作及朱熹名言，亦有古今赞扬朱子之诗和《朱子家训》《治家格言》等。两殿之间有朱松的《谢人寄茶》《社日游南台》诗画。

韦斋草庐

韦斋草庐

宋代理学家朱熹父亲朱松，字乔年，号韦斋。宋政和八年（1118），朱松中进士，官授迪功郎，被任命为政和县尉，举家入闽。朱松一生写过几百首诗，其著名的《韦斋集》中写政和的就有60多首。他的《将还政和》《题星溪书院》等诗，都视政和为自己的故乡。朱松之父朱森病故后，遂将其葬于护国寺西侧莲花峰上，朱松在此守孝三年。2020年，朱松创办政和县云根书院900周年纪念活动之际，铁山镇兴建韦斋草庐。草庐内一楼为待客厅、卧室、书房，墙上悬挂朱松所作的诗；二楼为讲堂，布置选用的是古家具，墙上除悬挂朱松的诗外，还有朱子祭祖图、朱子讲学图。

朱子孝道馆

朱子孝道馆占地面积约15亩，建筑面积约1000平方米，投资550万元。该馆采用闽北常见的院落式设计，共设置前座和后座两栋建筑，中间由厢房连接。馆内主要分为三大功能区——展示区、体验区和影像区，融会朱子文化、家训文化、孝文化等文化元素，展示朱子文化品牌，进一步保护、传承和弘扬

朱子孝道馆

朱子文化。该馆后方结合现在的生态茶园,设游览步道、景观亭及其他绿化景观,打造朱子文化与白茶文化融合一体的旅游景点和教育基地。

护国寺

护国寺始建于五代晋天福四年(939),由僧掌轩建。其正门外墙漆书"南无阿弥陀佛",禅寺匾额两侧柱联为"三有九生同登觉岸,四道天途共进玄门",禅意深远。过天王殿,绕天井,步回廊即入宏伟庄严的大雄宝殿。该殿为清康熙五十年僧心镜

护国寺

募捐重建。再登九步台梯,即为观音殿。右梁书写住山僧通澈监院僧心镜师弟子等字样,左梁下悬一牌匾,正中书写苍劲有力四个字"浩月澄空",匾右抬头为"乾隆乙酉年清和月政和县知县良友许庭耀",匾左落款为"护国住持恒修立"。护国寺西侧为宋代理学家朱子祖父朱森之墓,寺北侧葬为明朝广东市舶提举升两淮都转盐运使司卢亮之墓。

卢亮墓

卢亮墓

卢亮墓位于铁山镇凤林村护国寺北侧，1983年被政和县人民政府列为县级文物保护单位。墓碑高大，正面碑上清晰可见"大明朝列大夫两淮都转运盐使司同知卢公之墓"，背面墓志铭载"卢亮，字孔胎，世家政和县坊车隅。由太学生任广东市舶提举，满，考升授两淮盐运。生于明洪武三年八月十四日，卒于正统三年，享年六十有九。原配谢氏先卒墓葬桐岭后山"。2022年，参照朱森墓对卢亮墓进行修缮，由鹅卵石砌成主体。

半亩方塘

半亩方塘

朱子的《观书有感二首·其一》写道："半亩方塘一鉴开，天光云影共徘徊。问渠那得清如许？为有源头活水来。"该诗借景喻理，比喻不断学习新知识，才能达到新境界。半亩方塘于2022年建于护国寺前，用以增添朱子孝道园的灵气流动，同时也寓意着广泛包容，方能才思不断、新水长流。

朱子孝道园内根据气候、土质等要求，种植了银杏、金桂、迎春花、北海道黄杨、樱花、塔柏等近30余种绿植，为朱子孝道园增添了一抹绿意。

（刘丽整理）

四、朱子文化公园

朱子文化公园位于正拜山（飞凤山）下的七星溪河畔，占地26亩。宋政和八年（1118），朱松上舍登第，授迪功郎，任建州政和县尉；遂举家入闽赴任，迎养父母、胞弟于官舍。为开化邑风，他到政和上任后就在县治之南正拜山下创办星溪书院，延师以训邑子弟。朱子童年时就读于星溪书院，成年后常到书院讲学布道，传授理学。朱子文化公园就是朱子当年就读星溪书院时，学子课余活动的重要场所。2021年3月，改建朱子文化公园。正门悬挂"朱子祖居地，

朱子文化公园

朱子讲学石雕像

理学发祥乡"和"儒风过化地，德雨滋润天"两副楹联。园中绿树成荫，小道幽静，主要有朱子石雕像、朱子讲学石雕像一组、朱子箴言长廊、朱子家训、治家格言、劝谕文和公共服务设施，是集文化、娱乐、健身于一体的公共休闲场所。

（罗小成整理）

五、启贤祠

朱森与启贤祠

魏万能

朱森，字良材，号退林，朱松之父、朱子之祖父，系江西省婺源县吴郡朱氏第七世孙，出生于北宋熙宁八年（1075）正月初一。他毕生以读书自娱，教子为乐。他尝谆谆戒饬诸子"以忠孝和友为本"，常对子孙说"吾家业孺，积德五世矣，后当有显者，当勉励谨饬，以无坠先生之业"。宋政和八年，朱松任政和县尉时，这位满腹经纶的老儒士周游政和名山胜景，在苍松翠竹、峰峦叠嶂的铁山凤林村护国寺（五代晋天福四年，僧掌轩始建），常邀当地儒生在此谈经论道，传授理学。他屡屡告诫朱松兄弟说："政邑山明水秀，风光如画，只可惜地域僻隘，教学荒芜，尔等要涵濡教泽，以开化邑人子弟，使之成为名贤诞毓之乡。"宣和二年（1120）五月二十日，朱森病逝于政和官舍。朱松解官守孝，没有俸禄。时因睦寇战乱道梗，朱松兄弟不能抚柩还籍，权厝护国寺西，筑一草庐，奉孝守墓。一夜，朱松梦见紫藤联合。术者曰："此玄武神披发断剑形也。左七星旗足龟蛇，而笔架山为横案，当生圣贤。后韦斋尉尤溪生朱文公，其面有痣如北斗，是为征应云。"朱松于宣和五年（1123）十二月初一葬父于护国寺莲花峰下，墓地前有三台文笔诸峰，还请同僚县主簿卢点为其父作墓志铭。后朱文公曾手植树木，拱映秀茂。卒后，朱森被追赠宋承事郎。朱松兄弟葬父于政和，已把政和视为第二个故乡。而朱松胞弟朱柽、朱槔上报户口，入籍定居政和。政和人民感其倡导涵濡教泽，以使邑民屡有致仕升迁，故称凤林为先贤过化之地，取名为启贤乡。

明成化十四年（1478），在福建按察司佥事周孟中的倡议下，由邑民王窗捐资在护国寺旁重修朱森墓，同时建启贤祠三楹以祀朱森。周孟中作《启贤祠祀》，题诗赞颂王窗义举。巡抚御史高明公亲笔题写墓碑和祠匾，并檄传政和县令，每年在启贤祠为朱森举行春秋祀典，责令护国寺僧永远看坟守祠。清训导王孙恭作《公置香灯田及文运昌苗租记》。历代名人留下了许多谒朱森墓的诗篇。朱森墓至今尚保存，墓碑上方文字为"明成化乙亥正月，宋承事郎朱公墓"。其墓地于1983年被列为县级文物保护单位。2013年，被福建省人民政府列为省级文物保护单位。朱森墓地山势峻峭，紫翠稠叠，在其墓地莲花峰下，元末有隐士张以仁、魏伯坚卜筑讲学于此，国子助教谢坤、云龙知州孙蕴、训导余应皆往从游，传承朱子理学，二十年如一日，时有"山中五凤"之誉。1996年，世界朱氏联合会会长朱祥南先生捐款重修朱森墓，墓地由鹅卵石铺就，四周合抱形如扇子。2008年8月4日，朱祥南先生再次到重建的政和县云根书院，撰写"朱子孕育地"的题词，并深入政和县星溪乡富美村铁炉岭程氏夫人墓地，捐款重修程氏夫人墓。1992年3月，程氏夫人墓被列为政和县文物保护单位。随着云根书院的重建，2020年，政和县朱子后裔捐资重建启贤祠。铁山镇人民政府重建韦斋草庐，在铁山启贤公园兴建韦斋讲堂。2022年，铁山镇人民政府在凤林村兴建朱子孝道园，拓宽道路、整治环境、园林绿化，园内兴建朱子孝道馆。

启贤祠记

明·周孟中

　　成化十有四年，予奉命督闽学事，巡视至政和，其邑致仕教谕吴宪言，新安朱文公父韦斋先生尝尉是邑，大父良材翁实在养，卒于官舍。时方腊乱，道梗，权厝护国寺后，以山水明秀因葬焉。今其坟岁久芜秽不治，殊非所以崇尚先贤，扶世立教之意。凡有人道者不可忘，忍忘其所本耶。邑民王窗慨然趋令出资建祠三楹于墓下，以严奠扫。立石墓上以昭示久远。墓石祠额，俱都御史贵溪高公题，仍檄布政司下郡邑，著令护国寺僧人永永看守，邑人欢传以为盛事，而其秀者咸知奋焉！于乎佛老虚无寂灭之教，实吾道之贼，而为之徒者，犹知推其本也。吾儒之道其大功于万世，圣者曰孔子，贤者曰朱子。尧舜禹汤文武之道，得孔子而益明；周程张邵之学，得朱子而益明。是孔子有功于群圣，而朱子有功于群贤。矧孔子之道高深，譬之宫墙数仞，非赖朱子折衷群言，指捷开明，宗庙之美，百官之富，抑何以得其门而入，以窥万一乎。故推孔子之道必本于正考，而推朱子之道必本于良材翁，其义一也。夫人之饮水者尚思其源，荫本者尚爱其根，况千万世有功于吾道，忍忘其所本耶？然知其功而不知其所以有功，视彼佛老之推其本者，所向虽有邪正之异，如道何哉？苟知所以有功，求不背其教，以尽吾所为人之道，如文中子所谓通于夫子，受冈极之恩推斯义也，吾人之于文公追慕之情，其容已乎。由是推其所尊，相与图于无穷，后之来者当一心矣，爰命邑令沈伦刻诸碑以为记。

　　〔周孟中（1437—1502），字时可，江西吉安府庐陵县人。明成化五年进士，历福建按察司佥事，提督学政。其订《朱子冠、婚、丧、祭四礼》。〕

重建启贤祠碑记

熊源泉

启贤祠、韦斋祠、朱子祠，政邑史上著名朱氏三祠也。韦斋、朱子二祠分祀朱松、朱熹父子，启贤祠则祀朱子大父森公。"启贤"者，盖因集群贤之大成者朱子实乃其祖森公启迪之故也。

启贤祠位于凤林村著名古刹护国寺侧，初创于明成化十四年（1478），乃福建按察司金事周孟中依邑致仕教谕吴宪之言，由邑民王窗捐资所建，旨在续道脉、扶纲常、培芳根、垂辉光。诚如先哲所言，该祠之设意在崇尚先贤，扬周程之学，扶世立教，荫木培根。况朱松尉政之时，常陪其父朱森公流连莲花峰下，寄迹护国寺中，吟唱于绿水青峰间。父丧，则择龟蛇之地而眠，朱子更常拜先陇于彼山。是故莲花峰下，无异于婺山源水，为先贤立祠正当其地。

启贤自立祠始，即依《祀典》行春秋二祭，历明、清不废。奈时有过、境常迁，至清末，启贤祠改为丹桂书院。光绪二十九年（1903），废科举，兴新学。光绪三十二年，政和城乡相继成立学校，启贤祠改设丹桂书院。民国初，又改设蒙养小学。然均为庠序，与"启贤"之初衷不悖！

启贤祠原系木构，历经风雨侵袭，到20世纪60年代初塌毁。后于20世纪80年代由护国寺僧人草草重建，然与规制不符，世人多不认可。

为弘扬祖德，传承朱子文化，2000年初，朱氏后裔合议，集资鸠工重建启贤祠。同时，成立以朱成贵为理事长、朱树兴为副理事长的启贤祠筹建理事会，成员有朱雪梅、朱金养、朱仕有、朱日恒、朱盛强、朱智荣、朱祥辉、朱小花、朱日远、朱库焕、朱仕伟、朱仕群、朱盛永、朱其鑫、朱长华等15人，并聘政和县人大原主任魏万能、县文化体育和旅游局局长罗小成为顾问，谋划重建事宜。

工程于2020年6月动工,同年12月竣工,逾时半载。该祠在原基重建,砖木结构,二进三楹,建筑面积190平方米,耗资近100万元,多由各地朱氏后裔捐资共谋,足见朱氏后人敬宗厥成之心,也先贤遗泽之惠也。新祠落成,芹藻重新。莘莘俎豆,超越前古,诚一处文物胜迹,因以记之。

2021年3月

启贤祠诗词

谒先祖森公墓（二首）

朱　坻

郁郁佳城二百年，一回瞻拜一潸然。
扫松来借僧家路，荐藻犹收县尉田。
春水池塘添骤雨，夕阳岩树抹横烟。
芒鞋竹杖无由识，深愧弦歌失旧传。

山路迢迢曲折平，白云飞处谒佳城。
龟蛇七斗岩前见，龙马九蓬山下鸣。
叠嶂静看新黛色，长林忽送翠涛声。
吼鲸楼上高回首，唯见文光绕太清。

注：朱坻，元代人，朱熹八世孙。

赠义民王窗

周孟中

晦翁续道脉，千古扶常纲。
孰知本厥祖，源深而流长。
饮水必思源，培根乃荫芳。
吾徒食其利，而忍恝然忘。

莽莽护国寺，孤坟荒草乡。

慷慨王氏子，仗义立祠堂。

庶几晦翁心，泉下亦孔康。

作诗播厥美，永远垂辉光。

注：邑民王窗出资建启贤祠三楹于朱森墓旁。

谒退林翁墓

冯　浩

斯文千载一丝悬，继统由来属大贤。

藤蔓合时天有意，兰芽出处古无前。

山藏龙虎钟灵秀，地逼龟蛇绕瑞烟。

快我登临更延赏，半空晴翠拥青莲。

冬日谒退林翁墓

魏敬中

雨洗寒山泼眼青，名贤先泽景芳型。

龟蛇肖状藏真蜕，龙马储祥孕秀灵。

红烛修书征旧乘，紫藤垂荫护幽扃。

我来瞻拜情何极，草树馀芳尽德馨。

注：魏敬中，福建周宁人，清翰林院修编。

咏启贤祠重建

熊源泉

巍巍祠宇存旧迹，启迪教化数百年。
讲堂犹传翰林墨，韦斋仍闻学子吟。
青山有幸存儒骸，雅堂无华嗣高贤。
极目苍山秋半老，郁郁莲峰艳阳明。

咏韦斋草庐（外一首）

魏万能

昔日退林翁，结庐对笔峰。
韦斋营草舍，卜第继先咛。
授业明鸿志，修身养有成。
人文孕一脉，千载又扬名。

六、韦斋祠

朱松与韦斋祠

魏万能

朱松，字乔年，号韦斋，朱子之父，出生于宋绍圣四年（1097）丁丑闰二月二十三日。宋宣和年间，朱松尉政。因担心自己性急而贻误政事，故学古人佩韦戒性之义，在县署建一室，取名"韦斋"，旦夕休寝其间以自警，故世人称为韦斋先生。宋石塾《跋韦斋记后》称："至宣和五年，公更调尤溪，榜其斋亦如是。"宣和六年，沙县罗从彦为之作《韦斋记》，吴郡曹曹伟为之作《韦斋铭》。朱子为之作《韦斋记后跋》。石塾为之作《跋韦斋记后》。《政和县志》载："韦斋书室，县尉朱乔年建。明洪武间，尉裁，署改建龟岩寺，斋址犹存，后圯。"朱松为官清正廉洁，制治有方，民赖以安。他曾亲自作《谕民戒溺女文》，劝邑民消除溺女等恶俗。为了开化邑风，朱松秉承父嘱，先后在县尉西侧城北的黄熊山麓创建云根书院。明嘉靖《建宁府志》载："云根书院在政和县治西五十余步，宋宣和年间县尉朱松建。"其延师以训邑人子弟，期望在书院求学的学子云洁如雪明大志、根深有祗修高德。在城南的星溪河畔正拜山下创建星溪书院，为藏书讲学之所。《政和县志·星溪书院记》载："……建书院于星溪之南正拜山下，以供职事之余读书观理，而养高大之趣，于以风化县人子弟，使知向学……"朱松与常来政和的俞靖、程鼎、朱柽、朱槔、卓民表、卢点，本地儒生谢誉、吴球、兼简、德粲、德茂、美中等，结社酬唱，著有许多诗词。

政和因此有了"星溪十友"的文苑美名。朱松知识渊博，有俊才，下笔语辄惊人。其诗文到处传诵，直达京师。人们虽未谋其面，却已闻其诗。这位大诗人一生写过几百首诗，其著名的《韦斋集》中写政和的诗就有60多首。他的《将还政和》《题星溪书院》等诗篇中，把云根书院、星溪书院、护国寺三处院落作为政和的家。朱松任政和县尉时，慧眼识才，在乡间发现正襟危坐读书的谢誉，感到很有培养前途，即与俱归署，授其经史，使其学业大进。宋绍兴二年，谢誉进士及第，成为朱松的门下弟子，从游朱松20余年，与朱松诗词酬答甚多。自朱松建云根、星溪书院以后，谢誉、吴球二人首登同榜进士，政和文风始盛，相继在政和境内建立东皋、兴贤、丹桂、集义、西垣、连萼、元峰、熊山等书院。儒士善人，彬彬蔚起。从宋绍兴至咸淳七年的百年余中，政和出了9名进士，元明清又出8名进士、45名举人和381名贡生等。

宋宣和五年（1123）八月，朱松服除，调任南剑州尤溪县尉。宋建炎三年（1129）十一月初，因金人南下，朱松携全家往政和避乱，寓居垄寺（铁山凤林村的护国寺）。宋建炎四年（1130）五月，又因建州兵乱，朱松又携眷带着已怀身孕的祝氏夫人重返尤溪寓居郑氏馆舍。当年九月十五日，其子朱熹诞生，距离政和仅以月计，故有朱熹"孕于政和、生于尤溪"之说。朱松给岳父的家书中报告了此事："松奉嬢父幸安。小五娘九月十五日午时免娠，生男子，幸皆安乐。自去年十一月初在泉州权职官，闻有虏骑自江西入邵武者，遂弃所摄，携家上政和，寓垄寺。五月初，闻龚仪叛兵烧处州入龙泉，买舟仓皇携家下南剑，入尤溪，而松自以单车下福唐见程帅……"（《韦斋记·与祝公书》）

宋绍兴四年（1134）九月，朱松之母程氏夫人在建州环溪精舍去世。次年，全家护柩，把其母安葬在政和星溪乡富美村铁炉岭。现墓重修尚存。朱松全家在政和寓居，庐墓守丧三年。宋绍兴六年，因朱松再次丁忧无俸禄，朱子的两个兄弟在"尽室饥寒，朝不谋夕"，"伯仲皆夭"。6岁的朱熹在严父督导下苦读经书。绍兴七年（1137）春，服除，朝廷再召朱松入都。绍兴十年（1140）三月，因忤秦桧，被贬谪去职，愤离临安归闽。朱松出知饶州，辞，请祠，得主管台州崇道观。

朱松历任召试馆职，除秘书省正字，左从政郎，尚书度支员兼史馆校勘，历司吏部两曹转奉议郎，又转承议郎。宋绍兴十三年（1143）三月，朱松病逝在建安环溪精舍。卒后葬于崇安武夷山的寂历山中。宋绍熙五年（1194）十月，宋光宗追封通议大夫暨祝氏追封奥国夫人。元至正十一年（1351）十二月，元顺帝追谥为献靖公。嘉靖九年（1530），明世宗诏："以宋儒朱松从祀启圣公庙，令天下学宫一体并祀，通称'先儒朱氏'。"

元至正年间，政和人民在星溪书院为朱松立碑，建韦斋祠，主祀朱松，配黄榦、蔡元定、刘爚、真德秀，春秋两祀，岁以为常。明成化十四年（1478），吴宪言于福建按察司佥事周孟中在星溪书院旧址复建。知县沈伦于院北建天光云影阁，阁后拓地建风光霁月亭。林雍（字万容，号蒙庵，明进士及第，漳州龙溪人）作了《星溪书院记》。王孙恭（清政和训导）作了《修星溪书院序》和《先贤祠记》。星溪书院经历清康熙四十六年（1707），内翰知县张寿峒重建。乾隆四十四年（1779），知县曹承祖、教喻傅廷珙、训导王孙恭重修。同治四年（1865），知县魏应芳暨博尔欢泰会同邑绅魏维茂、倪端、徐希业、罗山、杨芬、魏建土、孙材良等募捐重建，并建祠内正厅，在祠外建楼曰"仰山"。光绪二十一年（1895），火灾。光绪二十二年（1896），邑绅赵瑞征、魏乃煊、赵晋、杨之钰、孙萃文、倪泽周等重建。光绪三十二年（1906），该院改为星溪学校。1952年大洪灾，院祠荡然无存。2016年，在石屯镇石圳村星溪河畔重建星溪书院。书院占地18亩，建筑面积1660平方米，兴建有书院照壁、砖雕牌楼、半亩方塘、韦斋祠、明伦堂以及仰山楼等。

七、朱子祠

朱熹与朱子祠

魏万能

朱子，名熹，字元晦，号晦庵。宋建炎四年（1130）九月十五日诞生，卒于庆元六年（1200）三月初九。朱子19岁就荣登进士榜。在他71年的生涯中，有9年从政，历任泉州同安主簿、漳州知州等职；其余岁月都从事理学研究，讲学和著作。他有博大精深的学问，一生著作宏富，有60多部400余卷。尤其是他的《四书章句集注》，被列为历朝科举取士的必读之书。他是我国理学之集大成者，是继孔孟之后又一位具有世界影响的杰出思想家、哲学家、理学家和教育家。

朱子6岁时，跟随父朱松移居政和，为其祖母守丧，就学于云根、星溪书院，刻苦学习。朱松重题《送五二郎读书诗》，鼓励其努力学习，为朱子设计安身立命之途。从此，朱子开始接受儒学六经蒙训教育。朱子幼年颖悟早慧，经常思量天地四边之外是什么物事，还向其父发问"天之上何物？"。朱松异之。授以《孝经》，朱子一阅封之，题其上曰："不若是，非人也。"就此，圣人观点已经牢固树立起来。朱子成年后尊古礼，到政和谒祖父母之墓。文献记载："朱子信宿云根书院乃去，或数月，或半年。"秉承父志进行讲学布道，传承理学。他祭扫祖父母墓地，在护国寺曾写下《十月朔旦怀先陇作》诗一首，纪念其祖父。宋绍熙元年三月，61岁朱子启程赴漳州任知州前，还带其弟子至政和展墓。他在富美延福寺，见壁上有其先父所留三首诗，徘徊其下，流涕仰观，动情留言。他心系民生民瘼之事，看到政和卖盐存在弊病，提出改革思想，写下《与漕司札子》一文，劝辛弃疾和续任的漕官卢彦德罢去鬻盐。辛弃疾一见此剳遂罢。此外，他给福建路漕运司陈弥作的复信《答陈漕论盐法书》及《转运蠲免盐铁记》《奏盐酒课及差役利害状》等，皆涉及盐法更革，诸文无不体现朱子提倡的利民思想。他为谢誉之子谢东卿辑其父所遗文《谢监庙文集》作序，是今存朱子跋手书的真迹。他受政邑黄石之托，为其作《夫人许氏墓志铭》。乾道八年，朱柽夫人病故，朱子赴政和主持叔母之丧。他还把护国寺铸于后晋天福四年（939）的铜钟移县于学。清康熙年间，其铜钟报遭毁坏。解府验看，念名贤改移，不忍毁异，仍批发回，得以保存。自铸迄今已一千多年，现列为国家一级文物。

政和人民为了纪念朱子在政和的功绩，把云根书院作为祭祀朱文公的场所，每年春秋两祀。宋时朱松始建云根书院在县署西五十余步的黄熊山麓，后坋。明嘉靖二十年（1541），知县俞时歆移建云根书院于黄熊山中天堂之右，建朱子祠，安设朱子牌位。每逢朱子诞生之日，邑人举行隆重的庆祝朱子致祭活动。明隆庆间火灾毁。云根书院经历明万历十九年（1591），义民赵桁等重建大厅一，两傍书房五、堂下长池一，上设小桥，前亭一、门楼一、六角振衣亭一所。清雍正三年（1725），知县刘庭翰捐俸倡修，邑绅刘玺友独庀材，重建一新，祠右增筑灶房二。清乾隆二十四年（1759），知县谭垣增建，学舍二、厅一、书房九、大门一，并作《增建云根书院学舍记》。清嘉庆十二年（1807），知县丁日恭倡议停膏伙一年，刘庭元族募捐重建书院，并作《重修云根书院碑记》。云根书院历经沧桑，至"文革"中连同中天堂一起被毁。

由于当时熊山交通不便，受地形的影响。2004年，政和县决定在城南状元峰青龙山重建云根书院，并组建筹建委，采取民办公助筹集建设资金。书院于2004年8月动工兴建，2006年10月主体竣工，建筑面积2570平方米，周围绿化山地120亩，主体有朱子阁，先贤祠，道原堂、天光云影楼、涵修楼，院内还设有历史名人室、文昌阁、碑廊、牌坊、餐厅等。书院错落有致，古香古色，园林绿化、院景相融，蔚为壮观，已成为纪念朱子三代和传播与弘扬朱子文化的重要基地。为了进一步传播与弘扬朱子文化，2016年，政和县又在黄熊山中天堂右的云根书院遗址重建三朱阁和云根长廊，安设朱子三代牌位，恢复祭祀朱文公。2020年10月，政和县举行云根书院创建900周年暨朱熹诞辰890周年纪念活动，中国朱子学会为云根书院授予"朱子孝道文化教育基地"牌匾。

八、朱子文化遗存

政和县共有朱子文化遗存 13 处（件）。其中，2018 年，南平市人民政府公布的第一批朱子文化遗存 6 处（件）；此后补查、发现，尚未公布的朱子文化遗存 7 处（件）。

朱森墓

列入南平市第一批朱子文化遗存名录。位于政和县铁山镇凤林村，省级文物保护单位。朱森，朱子之祖父。宋政和八年（1118），随子朱松尉政和时，迎养官舍。病卒葬于凤林护国寺西侧。1996年重修，采用鹅卵石依山势而建，凤字形双层墓护围，馒头形墓堆，护围与墓堆间为鹅卵石台阶走道。墓坪地面亦采用鹅卵石铺设，墓坪护墙均用鹅卵石包贴。现存墓碑是成化十四年（1478）福建按察司佥事周孟中等重修时所立。碑长 1.4 米，宽 0.6 米，阳刻楷书"宋承事郎朱公墓"。

朱森墓碑

程夫人墓

程夫人墓

列入南平市第一批朱子文化遗存名录。位于政和县星溪乡富美村,县级文物保护单位。程夫人,朱子之祖母。墓坐北朝南,依山势而建,早期似有墓堆,今已成斜坡状。占地面积230平方米。墓碑为清同治六年（1867）重立。碑文阴刻"同治丁卯冬日朱母程夫人墓文公建安派孙振铎、玉泮立石"。碑高110厘米、宽40厘米、厚10厘米。2008年8月,世界朱氏联合会会长朱祥南再次到政和考察云根书院,并捐款续修程氏夫人墓地。

朱氏祠堂

朱氏祠堂

列入南平市第一批朱子文化遗存名录。位于政和县杨源乡茶岭村进坑自然村,县级文物保护单位。建于道光丁未年间,2013年重修,一进厅,抬梁穿斗,单檐歇山顶,中轴线由外到内依次为大门、戏台、天井、大厅、神龛。神龛内供清代木质灵牌,分别有朱森及程夫人、朱松及祝夫人、朱子及刘夫人、朱子长子朱塾、三子朱在和朱塾次子朱铸等灵位。存清道光丁未年石质"建祠碑记"碑一副。

云根书院

列入南平市第一批朱子文化遗存名录。位于政和县熊山街道状元峰山中,县级文物保护单位。2004年8月动工,2006年10月竣工,总建筑面积2570

平方米。主要建筑有明伦堂、先贤祠、朱子阁、涵修楼、天光云影楼、碑廊等。整体建筑采取仿宋建筑，亭阁游廊、小桥流水和园林绿化，风格独特，古色古香。

云根书院

云根书院旧址

列入南平市第一批朱子文化遗存名录。位于政和县熊山街道北大路熊山弄 22 号。明嘉靖二十年（1541），知县俞时歆移建云根书院于黄熊山福庆堂（今半天堂）之右，建朱子祠，安设朱子牌位，为祭祀朱文公的场所。2016 年 12月，在云根书院原旧址，建设三朱阁和云根长廊，占地 380 平方米，为祭祀朱子三代的场所。

云根书院旧址

五代闽王延曦永隆元年铜钟

列入南平市第一批朱子文化遗存名录。此钟记载朱子事迹。1981 年 7 月，存政和县博物馆，一级文物。铜钟为弧梅花口，深腔圆桶形钟钵。腹腰部起渐向钟顶微弧收，顶呈弧形，上附双龙联体拱形钮。钟体对腰处饰一周半圆浮纹，上、下部各饰五组双线框边浮纹。框内分别镌刻有伪闽永隆元年（939），北宋建隆二年（961），咸平三年（1000），明隆庆三年（1569），清康熙十四年（1675）的铭文。重 132.5 千克，通高 93 厘米，口径 53.5 厘米，钮高 13.5 厘米，腹围 165.5 厘米。腹壁一条裂痕长 98 厘米，钮

五代闽王延曦永隆元年铜钟

上一龙头之龙角残一。铭文记载："建州州司准咸丰三年三月……护国院僧智承钟匠人篮进黄……知录朱口……"是钟朱文公（朱熹）移悬于学，自铸迄今计 1084 年。

启贤祠

史料有记载，但尚未确认公布。位于政和县铁山镇凤林村东北侧。据民国《政和县志》记载，主祀朱文公祖父朱森。于明成化十四年（1478）建，紧邻护国寺右侧，后毁。2020 年，重建启贤祠，内祀朱森塑铜像一尊。

延福寺旧址

史料有记载，但尚未确认公布。位于政和县星溪乡富美村（古称将溪）林屯自然村。唐文德元年（888），僧无我始建延福院。宋时，朱松寓学此地，朱柽定居于此村。延福寺今已毁。

朱柽墓

朱柽墓

史料有记载，但尚未确认公布。位于政和县星溪乡富美村林屯自然村 55 号民宅后山，县级文物保护单位。据新建的云根书院朱氏源流简介记载，朱子的大叔朱柽丧葬于延福寺侧。2016 年，政和朱子后裔重修朱柽墓，碑刻"宋承信郎朱柽公墓"。

星溪书院

2016 年 2 月，星溪书院重建于政和七星溪河畔国家级 AAAA 景区石圳湾景区内。书院占地 18 亩，建筑占地面积 6850 平方米，建筑面积 1660 平方米。书院有照壁、泮池、登云桥、牌楼、山门、韦斋祠、明伦堂、仰山楼等主体建筑。

书院建筑设计单位为大有水木建筑设计（北京）有限公司扬州分公司。主体建筑依山势而建，逐递升高，寓意为中正平和，步步登高。

星溪书院旧址

位于政和县治之南七星溪河畔正拜山下（今飞凤山），原旧址在今南门桥新皇家酒楼处。宋宣和二年（1120），县尉朱松创建。历经沧桑，从宋、元、明、清历朝以来进行5次重建、扩建和经多次修葺。清光绪二十二年（1896）

星溪书院旧址

改为星溪学校，1952年毁于洪灾。

启贤廊桥

铁山镇启贤廊桥历史悠久，始建于唐代末年，后历代时有修建。朱子的祖

启贤廊桥

父朱森与铁山护国寺方丈交往甚厚，时常经此桥往返，逝世后葬于护国寺旁。朱松在墓旁结庐守孝，无数次经过此桥。朱子也多次过往此桥去为祖父扫墓。乡民感念朱子三代在此桥留下的足迹，将此桥命名为"启贤廊桥"。启贤廊桥耸立于铁山镇村口，毁于特大洪灾。2022年10月，铁山村公益理事会牵头募捐在铁山村尾处重建廊桥。廊桥现为通长58.88米、通面阔6.96米、拱跨36.66米、顶高17.28米的三五节苗木拱廊桥。

启贤公园

朱子祖孙三代在铁山教化乡民，在启贤公园的亭中讲学布道和休憩。民国时期，感化乡更名为"启贤乡"。启贤公园为铁山镇党委、政府顺应民心、汇聚民力，对原有楠木林古道实施保护性修整，护林补绿，修路建亭，并于2020年兴建韦斋讲堂。乡贤、

启贤公园

武夷文化研究院原院长、中国朱子学会常务理事吴邦才先生题名"启贤公园"。

（罗小成整理）

第四辑　朱松诗文

将还政和

归去来兮岁欲穷，此身天地一宾鸿。

明朝等是天涯客，家在大江东复东。

注：宋绍兴四年（1134）九月，朱松之母程氏夫人去世。次年，全家护柩，把其母安葬在政和县星溪乡富美村铁炉岭，并移居政和庐墓守丧。《将还政和》诗句称政和有家，视政和为自己家乡。

题星溪书院

正拜山前结草庐，春来问子意何如。

邻家借得宽闲地，整顿蓑衣剩种蔬。

注：朱松任政和县尉，先后在城北黄熊山麓创建云根书院，延师以训邑人子弟。在城南正拜山下创建星溪书院，为藏书讲学之所，并与谢誉、朱柽、朱槔、程鼎、俞靖、吴球、卓民表、卢点、金确然等结社唱和。

董邦则求茶轩诗次韵

一轩新筑敞柴荆，北苑尘飞客思清。

更买樵青娱晚景，便应卢老是前生。

千门北阙梦不到，一卷玉杯心自明。

冷看田侯堂上客，醉中谈笑起相烹。

注：卢老，指卢仝，唐代诗人，著有《七碗茶歌》。田侯，战国时期的齐威王。

元声许茶绝句督之

凤山一震卷春回，想见香芽几焙开。

未办倩君持券买，故应须我着诗催。

注：凤山，指北苑御茶园中心凤凰山，建瓯东峰一带。

谢人寄茶

寄我新诗锦绣端，解包更得凤山团。

分无心赏陪颠陆，只有家风似懒残。

注：颠陆，指唐代茶圣陆羽。懒残，唐代著名禅师。

次韵尧端试茶

龙文新夸荐缃罗，园吏分尝苦未多。

自瀹云腴斟露井，坐知雪粒采阳坡。

撑肠君要浇黄卷，嗳酒渠方卷白波。

我亦个中殊不浅，断无踪迹到无何。

陈德瑞馈新茶

空山冥冥云雾窗，春风好梦欹残缸。

朝来果得故人信，微凸而么犀铧双。

贵人争买百璎珞，此心儿女久已降。

坐观市井起攘袂，念之使我心纷庞。

领君此意九鼎重，虽有笔力安能扛。

何时来施三昧手，慰我渴梦思长江。

南溪道中

千峰踏遍一筇随，草软沙平步却宜。

细径忽攀飞鸟外，故知腰脚未应衰。

注：南溪，今属寿宁县，宋时为政和县管辖。

午憩龙山上方

税鞅云扉屦响廊，困眠拾得小窗凉。

逢人莫说梦魂好，厌见客尘吹上方。

注：唐会昌二年（842），僧静翁在政和东平里始建大龙山寺。宋时朱松尉政曾到此寺。

社日游南台

作社无人唤拾遗，不妨步屦趁儿嬉。

一壶春色千峰顶，回首他年忆此时。

注：宋时政和县城南称南台。

延福寺观酴醿

幽栖一壑无来辙，睡起忽惊春已深。

踏青不趁溱洧女，曳杖来寻薝卜林。

长条挽处云笼袖，幽佩归时月满襟。

武溪回首醉眠地，香力一熏愁到今。

注：唐文德元年（888），僧无我在政和星溪乡富美村（古时称武溪）始建延福院。宋时朱松寓学此地，时酴醿极盛。

三月十日游报国寺小轩

千峰收宿雨，坐见空翠滴。

携筇出城隅，试此腰脚力。

竹阴穿窈窕，僧户扣岑寂。

小轩清樾底，盘礴聊自适。

闯然见幽禽，百啭深拔隙。

即此与晤歌，绝胜眼前客。

幽怀层冰结，厉厉不可释。

忽如散春风，回首无处觅。

天游失六凿，贞观了千息。

乾坤鼎鼎中，指马坐可一。

不知双清老，何者为心迹。

持问跏趺人，首肯复面壁。

山烟明欲合，归舸兀深碧。

此心除溪月，冏冏谁复识。

注：古时报国院在政和县城北坊，宋绍兴三十一年县令刘季裴请额。宋时朱松尉政时与谢绰中多次到报国院。

书护国上方

久知喧寂两空华，分别应缘一念邪。

为问脱靴吟芍药，何如煮茗对梅花。

注：五代后晋天福四年（939），僧轩掌在政和县铁山镇凤林村始建护国寺。宋时朱熹祖父朱森墓安葬在护国寺西侧莲花峰。

报恩寺

道人足迹扫尘寰，坐看箁枝上藓斑。

凿得篔龙千尺就，却教行水绕空山。

注：宋庆历四年（1044），僧宗性在政和县东衢里（今政和县星溪乡林屯村）始建报恩寺。宋时朱松曾到此寺。

石门寺四首

橘剌藤梢胃客衣，直缘微禄得奔驰。
悬知投老归田味，只似登山困睡时。

行穿苍麓瞰平冈，踏破青鞋到上方。
城市纷纷足机阱，却从山路得康庄。

林栖相唤出幽谷，我亦欲起天未明。
枕中泱泱响山溜，一似荒城长短更。

真功那复叹蒸沙，静笑饥肠日夜哗。
老褐不须供茗粥，朝餐吾已办丹霞。

注：宋绍兴元年（1131），僧铭庵在政和南里（今政和外屯乡外屯村）始建石门寺。
宋时朱松曾到此寺。

宿石龙寺（二绝）

一

风传万籁有喧寂，月入千波无浅深。
应信此身非我有，窗间谁伴夜虫吟。

二

触处为家底是归，浮生南北未忘机。
道人身似南枝鹊，更尽秋霄一再飞。

注：五代十国后唐天福三年（938），僧洪庵在东衢里（今政和县星溪乡九蓬村）
始建石龙院。宋时朱松尉政曾宿石龙寺。

游报国院用壁间韵示同游（二首）

一

招提一叶弄新晴，却信朝檐鹊有灵。

犹有幽花堪系缆，为言轻手惜飘零。

二

老僧弥勒久同龛，应笑幽人世味甘。

小数何曾工九九，深禅聊欲问三三。

种竹报恩院示僧（二首）

一

两翁来往亦风流，还拥红炉说旧游。

夜半南枝三转鹊，相看更觉此生浮。

二

绕屋风篁梦寐清，住山活计几时成。

云根试手聊亲劚，安否他年数寄声。

和谢绰中观澜亭

方塘潋宿涨，曲涧来飞湍。

光涵郁兰天，倾洞碧玉宽。

小亭尘土外，瓦影浮朱栏。

霜渚写秋色，烟林养鱼竿。

佳人秋霞衣，皎皎明月冠。

欲濯且无尘，隐几得妙观。

海若眩河伯，等在蜗角端。

那知坳堂上，杯水生涛浪。

云间谢公子，五字冰雪寒。

展读胜图画，经行记林峦。

九垓未暇游，据壳谅匪安。

一到定何日，眷焉抱长叹。

注：观澜亭，宋时政邑人谢绰中建。朱松尉政发现其是人才，授其学业。宋绍兴二年，谢绰中（又名谢誉）进士及第，为朱松的门下弟子，从游二十多年。其著有《谢监庙文集》，朱熹为其遗集作序。

次韵谢绰中游报国寺

掩关味诗书，青简亦已稿。

相携出东城，及此风日好。

僧檐覆溪绿，共取一尊倒。

眷此松桂阴，不接车马道。

殷勤玩流光，齿发行且老。

诸公奠九鼎，帝室欣再造。

优游容我辈，放浪事幽讨。

念君东山姿，文字富天藻。

风期在经纶，弹冠苦不早。

宁知如子云，白首太玄草。

注：古时报国寺在政和县城北坊，宋时朱松与谢绰中多次到此寺。

洗儿（二首）

一

行年已合识头颅，旧学屠龙意转疏。

有子添丁助征戍，肯令辛苦更冠儒。

二

举子三朝寿一壶，百年歌好笑掀须。

厌兵已识天公意，不忍回头更指渠。

卧病初起示逢年、兼简、绰中、德粲（五首）

一

观身已作水溶溶，投瓦云何觉病攻。

造物小儿真一戏，未妨居士却谈空。

二

病余都作鹤联拳，谁识臞儒是列仙。

如我角犀将底用，藜羹相对却超然。

三

清风白雨洒炎荒，林下听时恰对床。

一洗微疴何足道，请观何处不清凉。

四

早岁功名不自量，近从颜禹识行藏。

万钱本是忧时饵，除却箪瓢莫谩尝。

五

一溪风月浩无边，病起吟觞总未便。

欲作二豪知未办，恐君爱我沐猴禅。

十一月十九日与仲猷、大年、绰中、美中饮于南台（三首）

一

空山欲雪云冥冥，玉梅半开吾眼青。

此身垂欲走尘土，聊复举酒看峥嵘。

二

折腰向人不知耻，故园可锄在千里。

金昆石友一开眉，珍重道人相料理。

三

楚江东岸先人庐，竹君安否久无书。

归欤何时应白首，我食吾言如此酒。

注：古时政和县城南称南台。朱柽，字大年，朱松之胞弟，其寓居政和，卒后葬于政和星溪乡富美村延福寺侧。

上丁余膰置酒招绰中、德粲、德茂、逢年

我生无几求，毕愿老葭葵。

谁令事斗禄，饭粝羹不糁。

书生亦可怜，微物有先感。

朝来食指动，膰肉丰咀唅。

恭惟鲁司寇，道大长坎壈。

空余祠千载，不救陈蔡惨。

永言百世师，愿学吾岂敢。

当饥不忘歌，既饱复何憾。

安能如王孙，长物贮颐颔。

急呼讲肆人，一醉捨铅椠。

相携桃李径，历乱蹴红毯。

言强三尺喙，气溢一身胆。

平生超然处，独嗜逾昌歜。

诗成持似君，莫遣儿辈览。

注：宋时朱松在政和尉政时所写。

用绰中韵送正臣正臣欲归隐而无资故广其意以告识者云尔

华裾锦领乌纱帻，气盖当年五陵侠。

胸中磈磊不可平，拂衣归来抱长铗。

轩然寄傲揪枰间，长恨坐隐非云山。

相逢笑我眷微粟，我归未可君何难。

世人钱作牛吼音，谁能立谈寿千金。

空令拥鼻诵招隐，知君心在仙峰阴。

故山自欲无归期，作诗但拟渊明词。

却愁他日林下信，千里寄我唯当归。

内弟程十四复亨归省用绰中韵作二章送之

一

舅家今三世，笔耕未逢秋。

后生抱奇志，肯为齑盐留。

先庐江绕城，归路柳暗洲。

勉哉倘有立，离阔何足忧。

二

读书学经纶，及壮吾已晚。

譬如抱宿春，求适万里远。

留君商略比，归袖不可挽。

流光莫控搏，力学副深恳。

示金确然

牢落天涯身百忧，故人千里肯相投。

知君强记当年事，莫说家山恐泪流。

寄金确然

金子卧空谷，何人赋白驹。

僧斟三味酒，客荐一囊书。

归梦寒应短，诗肠饥自呼。

强穿东郭履，来煮雪畦蔬。

送金确然归弋阳

昔我云溪居，送子云溪濆。

重来问何时，笑指溪上云。

一别四周星，坐此世故纷。

衰颜两非昔，华发粲可耘。

我缠风树悲，终日无一欣。

子乃水菽忧，尚此奔走勤。

对床语未终，悬知便离分。

霜风吹客袂，别意如丝梦。

子归葛陂上，去路接乡枌。

归梦尚随子，何当叹离群。

注：金确然，江西弋阳人，廉节之士，通方外学，为承事公定宅者。

招卓民表来白云寺

剥啄浑无去客嗔，丁宁招唤只怀人。

南风殿角凉如水，来洗眼前朱墨尘。

留别卓民表

末俗纷纷事不情，天涯怀抱向谁倾。

漂流空度三秋日，邂逅来逢四海兄。

剪烛西窗惊睡梦，对床夜语话平生。

滔滔世路方同骛，何日相期问耦耕。

答卓民表送茶

搅云飞雪一番新，谁念幽人尚食陈。

仿佛三生玉川子，破除千饼建溪春。

唤回窈窈清都梦，洗尽蓬蓬渴肺尘。

便欲乘风度芹水，却悲狡狯得君嗔。

注：幽人，指隐士。玉川子，唐诗人卢仝，自号玉川子。

宣和乙巳题野人陈氏之馆

长安调鼎黑头公，一旦复铼腰领红。

饭稻羹蔬三万日，争如且作多田翁。

以月团为十二郎生日之寿戏为数小诗（四首）

一

凤山团饼月朣朦，老桂横枝出旧丛。

小友他年春入手，始知蟾窟本来空。

二

梦觉床头无复酒，语终甑底但馀糜。
已堪北海呼为友，犹恐西真唤作儿。

三

骎骎惊子笔生风，开卷犹须一尺穷。
年长那知虫鼠等，眼明已见角犀丰。

四

生朝乐事记当年，汤饼何须半臂钱。
吾算自知樽有酒，汝翁莫叹坐无毡。

丁未春怀舍弟时在京师

狂虏送死河南北，王事遥怜弟行役。
胡命须臾鱼在鼎，官军低回鸷将击。
渴闻天语十行札，尤觉家书万金直。
何时同秉江上犁，万里农桑吾愿毕。

次韵罗源谢成章作不烹鸣鸡诗

彼美司晨族，胶胶职效鸣。
为怜君子操，宁乏小人羹。
恩重栖时稳，心危失旦惊。
未甘乌转夜，聊学雁全生。
结客观酣斗，要君事割烹。
那知竞辰子，力学务时成。

至节日建州会詹士元

嗟予身百忧，佳节过侘傺。

客愁随线增，归思与灰动。

当年从子日，未觉百虑重。

高堂绕床呼，一掷有余勇。

那知客天涯，相对寒骨耸。

岁月曾几何，鬓丝今种种。

忍饥山药煮，附煖地炉拥。

深藏断还往，衰病脱拜拱。

兴言望乡关，云物方郁瀛。

空余相属意，杯酒久不捧。

送祝仲容归新安

历乱百忧心，漂零一涯天。

读礼不盈尺，眼萎坐自怜。

君来访安否，春风柳吹绵。

篝灯语平生，惝恍夜不眠。

那知岁月度，但怪冰雪坚。

感君怀亲意，使我泪贯泉。

高堂急荣养，躬耕恨无田。

笔端日五色，气压诸生前。

圣门要钻仰，至味研简编。

经纶出绪馀，文字忘蹄筌。

他年閒击竹，妙契琴无弦。

此时一瓣香，竟为何人然。

江湖多北风，怀哉归袖翩。

刮目看奋飞，此道更著鞭。

次韵团练君侯新居二首

江村结屋老垂垂，诗乞栌栽手自移。
他日南楼看鸥集，莫忘烟雨狎鸥时。

一钱未办买云山，突兀何时屋万间。
岁晚投簪来卜筑，柴门分占碧屏颜。

酬冯退翁见示之什

我家大江左，江水日夜东。
遥瞻发源处，乃在西南穷。
相望邈异境，正北一水通。
故令我与子，迹远心自同。
我生寡所谐，强颜红尘中。
倦飞矫归翮，饥吟咽寒蛩。
独欣得吾子，万虑一笑空。
时时出秀句，醒我如风松。
当知山泽臞，不鄙犀角丰。
弹冠实伊始，此生各飞蓬。
卜怜固未必，即事聊从容。

甲辰七月二日宿永和寺用旧诗韵

湛湛天宇清，宛宛穹脊白。
投深得僧窗，千嶂倚苍壁。
开卷与晤言，炷香伴岑寂。
了无魔娆梦，皎皎知道力。
鸣珂绿槐影，想见下朝客。
笑我守吴门，心形等相役。

赠永和西堂道人，宣和癸卯十有二月中休

苍山抱岑寂，丈室掩虚白。

道人尘机断，宇宙一西壁。

是心如焦谷，浩劫永枯寂。

一句从谁闻，投老承此力。

相逢不相问，未省谁主客。

咄去真俗人，胡为来役役。

次雪峰二小诗韵（二首）

一

丽日疏烟破小春，双峰秀色一番新。

要衔天上金鸡粟，莫问人间白眼人。

二

同参卷衈卧云根，倒屣相迎月下门。

大耳识君游戏处，不应觅酒向前村。

送山老住三峰寺

未办同穿莘确行，西风挥手最关情。

只应勃窣喧卑裹，认得风头啸月声。

钵中忽见三峰影，便觉市廛尘浣人。

寄语阶前石池水，老夫衰发已盈巾。

注：三峰寺坐落于寿宁县城西，四面环山，寺面正对三座峰峦，如三足鼎立。宋时寿宁大部分地区隶政和管辖，朱松曾到此寺。

送仲猷北归（二首）

一

一丘胸次有余师，空此淹留岁月迟。

黄墨工夫怜我倦，箪瓢风味要君知。

新诗落笔惊翻水，俗学回头笑画脂。

伊洛参同得力句，还家欲举定从谁。

二

欲寻当日故山盟，身世今如海一萍。

归路上心真了了，愁根入鬓已星星。

挽衣共酹东西酒，折柳送行长短亭。

念我知君回首处，萱丛菖叶一时青。

注：俞靖，字宋祐，一名仲猷，江西婺源韩村人，号西郊老人。朱松尉政，好友仲猷常来政和居住，与朱松等结为"星溪十友"。

以研墨送卢师予

明窗子石滟松腴，万卷卢郎正要渠。

何似黄梅碓下客，夜翻半偈倩人书。

注：卢点，字师予，宋宣和年间任政和主簿，与县尉朱松同僚而友善。他为朱松之父朱森作墓志铭，朱松作诗致意。

求道人自尤溪来还冷斋有诗次其韵

五年沈水照衰颜，溪上今谁独往还。

身扦乱峰随一锡，梦回萧寺绕千间。

西风潮落拏音急，斜日尊空醉袖斑。

更觉难追诗力健，大弨久废若为弯。

注：宋建炎三年（1129）十一月至次年五月，朱松在政和凤林村护国寺（古时亦称垄寺）避难时写。

夜 坐

九秋风露浩难平，伍子祠南鹤唳清。
坐听儿曹谈往事，世间更觉总忘情。

溪 上

攀缘云水试青鞋，待得轻阴漠漠开。
与在海山孤绝处，溪边更复几回来。

溪桥纳凉晚归小景

谁与溪边沉瀣杯，惊鱼不睡棹歌来。
风生蘋末无多子，更待水轮作伴回。

寒 食

粥冷春饧冻，泥开腊酒斟。
故乡空泪满，华发正愁侵。
山暝雨还住，烟孤村更深。
谁知江海客，浩荡济时心。

绝 句

一笑相从欠我曹，日疲浮礼只徒劳。
纷纷阅世真难记，莫是先生眼太高。

立春日雷

陌上冬乾泣老农，天留甘雨付春工。
阿香急试雷霆手，莫放人间有卧龙。

夏夜梦中作

万顷银河太极舟，卧吹横笛漾中流。
琼楼玉宇生寒骨，不信人间有喘牛。

九日送僧归龙山

九日相携积翠中，胜游兼有道林同。
枯颅一任君披拂，寄语龙山落帽风。

二诗以广子美之意庚戌六月二十八日（二首）

一

午鸠呼梦觉徐徐，细读床头种树书。
自教儿童事农圃，更寻何处欲归愚。

二

莫叹天涯流落身，只今同是耦耕人。
江村无物相迎送，一味柴门月色新。

注：建炎四年，朱松举家避乱时写。

送五二郎读书诗

尔去事斋居，操持好在初。

故乡无厚业，旧箧有残书。

夜寝灯迟灭，晨兴发早梳。

诗囊应令满，酒盏固宜疏。

洞洞春天发，悠悠白日除。

成家全赖汝，逝此莫踌躇。

月桂花

窗前小桂丛，著花无旷月。

月行晦朔周，一再开复歇。

初如醉肌红，忽作绛裙色。

谁人相料理，耿耿自开落。

有如贫家女，信美乏风格。

春风木芍药，浓艳倾一国。

芳根维无恙，岁晚但枯枿。

紫　竹

新移紫玉干，罗列才十馀。

枝叶一何病，意色惨不舒。

旱久土膏燥，抱瓮愁仆夫。

虽无樵苏厄，苦欠雨露濡。

我来侣鱼虾，沧溟在阶除。

月窗泻水墨，天风韵虚徐。

谁言居无友，此君良不疏。

三年为主人，箨孙定纷如。

他时报安否，谁寄青泥书。

梅花五首

霜溪咽绝照水姿，谁见无人弄影时。
香逐晓风穿暗户，梦随落月挂寒枝。

春归幽谷转微和，已觉粘枝玉蕊多。
天女净香焚月下，相逢依约到无何。

怕见繁枝不忍攀，风厄绿浪雪斓斑。
多情一醉年年事，须及疏英的皪间。

江梅凌历千花上，一笑春风我有诗。
白鹤老仙三叠曲，何人得法是横枝。

孤山居士玉梅句，醉客强呼桃杏诗。
刻画无盐浼西子，法当试我古藤枝。

桃　花

核裹黄泥洒石崖，今年繁蕊便争开。
游人要识春多处，但觅红云逐水来。

蓼　花

长年心事只悠悠，衰鬓难禁岁月流。
红蓼垂垂烟雨里，不应摇落始知秋。

牡丹花二首

馀芳卷地还春去，谁送洛花供眼青。
沉香亭北真一梦，今见宗支亦典刑。

鹤林阆苑两萧瑟，付与大千沙劫灰。
尺五城南花溅泪，诗成看镜觉摧颓。

梨

一霜木叶纷纷妥，园夫献梨红颊椭。
亦知胸次本清凉，且欲与君充飣坐。

新　笋

春风吹起箨龙儿，戢戢满山人未知。
急唤苍头斸烟雨，明朝吹作碧参差。

篁竹笋

梅雨冥冥稻已齐，连云篁竹暗蛮溪。
短萌解箨登雕俎，错落黄金腰袅蹄。

竹　斋

谁云山僧贫，而有千椽玉。
幽眠岂无处，爱此晴窗绿。

（本章诗词由魏万能、罗小成整理）

—• 第五辑　朱子格言

为政篇

天下事须论一个是不是后，却又论其中节与不中节。

（《朱子语类》卷一百三十二）

【注】节：法度、分寸。

【精义】为人处世，除了是非分明外，还要符合法度、掌握分寸。

会做事底人，必先度事势，有必可做之理，方去做。

（《朱子语类》卷一百〇八）

【精义】顺应形势，应势而动，不操之过急，不揠苗助长，事情才能成功。

有信，则相守而死。无信，则相欺相诈，臣弃其君，子弃其父，各自求生路去。

（《朱子语类》卷四十二）

【注】信：诚实不欺。

【精义】仁、义、礼、智、信，乃儒家五常，是日常行为规范的准则。而信则为五常之基础，信之不存，则仁、义、礼、智亦不复存在了。

天下事有大根本，有小根本。正君心是大本。其余万事各有一根本，如理财以养民为本，治兵以择将为本。

（《朱子语类》卷一百〇八）

【注】君：指君主、皇帝。

【精义】君心正，则天下治。这是大根本，其余则为小根本。而各小根本中又自有一大根本，如养民之于理财、择将之于治兵。

官无大小，凡事只是一个公。若公时，做得来也精彩。便若小官，人也望风畏服。若不公，便是宰相，做来做去，也只得个没下梢。

（《朱子语类》卷一百一十二）

【注】下梢：结局、下场。没下梢，即没有好下场。

【精义】朱子所谓"公"，一为无私，二为公正。谋私利而徇私情，不是贪官必为污吏，不会有好下场。

将天下正大底道理去处置事，便公；以自家私意去处之，便私。

（《朱子语类》卷十三）

【精义】公私之别，只在于为"天下"，还是为"自家"。

己厚而民德亦归趣之。 （《朱子大全》卷五十二《答汪长孺别纸》）

【注】归趣：归附、趋向。

【精义】为政者之德，可以影响民风之走向。

公明正大之人用于世，则天下蒙其福；私暗邪辟之人得其志，则天下受其祸。

（《朱子大全》卷七十六《金华潘公文集序》）

【精义】为政治国在得人与用人，得贤人用正人则政通，得小人用奸人则国败。

当官勿避事，亦勿侵事。 （《朱子语类》卷十三）

【精义】不管分内事分外事，该管的都要管；不管多么艰难危险的事，都要勇于管，但也要宽松，而不要管得太多。

立心处己，则以刚介质直为贤；当官立事，则以强毅果断为得。

（《朱子大全》卷八十三《跋余岩起集》）

【注】刚介：刚毅耿直。质直：正直。

【精义】立心处己，谓自我修养；当官立事，谓处世待人。前者当刚毅、正直，后者应坚持原则而有决断。

学以为己，仕以为人。廉直不挠，有志必伸。

（《朱子大全》卷九十二《通判恭州江君墓志铭》）

【精义】为自身修养而学习，为人民效力而做官。廉洁正直，坚持原则，为实现自己的理想而奋斗。

邦有道之时，不能有为，只小廉曲谨，济得甚事？

（《朱子语类》卷四十四）

【注】小廉曲谨：小小的廉洁，委曲求全，谨慎小心。

【精义】国家政治清明之际，正是有志者大展宏图之时，若仅仅以廉洁自求，以平庸度日但求无过自任，则不免猥琐。

宁过于予民，不可过于取民。且如居乡，若屑屑与民争利，便是伤廉。若饶润人些子，不害其为厚。 （《朱子语类》卷十六）

【注】屑屑：琐细。此谓与民争小利。伤廉：伤害廉洁。饶润：丰富润泽。

【精义】轻徭役，宽赋敛，不与民争利，这也是一种廉洁。

为上者，辅其德而不阿其意之所欲；为下者，利于民而不徇己之所安。

（《朱子大全》卷六十《答潘子善》）

【注】为：对。为上：对待上司。

【精义】对上不阿谀逢迎，对下不徇私利己。

大抵守官且以廉勤爱民为先。 （《朱子大全》卷四十九《答滕德粹》）

【精义】廉洁、勤政、爱民，这是官吏必须首先具备的品质。

平易近民，为政之本。 （《朱子语类》卷一百〇八）

【注】平易：平和简易。

【精义】民为为政之本。政策平和简易，官吏亲近民众，便能得到人民的拥护。

　　大抵做官，须是令自家常闲，吏胥常忙，方得。

（《朱子语类》卷一百〇六）

　　【注】吏胥：下级官吏，指那些具体办事人员。

　　【精义】领导者从繁琐的事务中解脱出来，故能"闲"，得闲才能抓大政方略。事必躬亲，还要吏胥干什么？

　　若是大事，系国家安危生灵休戚，岂容缄默？

（《朱子大全》卷四十二《答石子重》）

　　【注】生灵：指人民、老百姓。

　　【精义】敢言，敢直言，敢讲真话，这才是对人民、国家负责。

　　人各举其所知，则天下之事无不举矣，不患无以知天下之贤才也。

（《朱子大全》卷五十六《答方宾王书》）

　　【注】举：前一"举"，谓推荐、提拔人才；后一"举"谓提举、起动。

　　【精义】天下人才不可能我一人尽知。只要人人有重视人才、提拔人才的观念，则家就能得其才，而人才也能尽其用。

　　今日人才，须是得个有见识，又有度量人，便容受得今日人才，将来截长补短使。

（《朱子语类》卷一百〇八）

　　【注】度量：器量、胸襟。

　　【精义】人才本身应有度量，能容得下其他人才。

（摘自朱杰人主编《朱子格言》）

治学篇

大抵学者用志不分，必有进益。　　　（《朱子大全》卷四十《答何叔京》）

【精义】治学要专心致志，才能有所长进。

为学在立志，不干气禀强弱事。　　　　　　　　（《朱子语类》卷八）

【注】气禀：人先天所禀受的气质。

【精义】先天气质的强弱并不能决定学习的好坏，关键在立志。

凡人谓以多事废读书，或曰气质不如人者，皆是不责志而已。若有志时，那问他事多？那问他气质不美？

（《朱子语类》卷一百一十八）

【注】责：要求。责志，即要求自己树立某种志向。

【精义】有志于学者，不会因繁忙影响学习，更不会借口气质不如人而放弃学习。

义理无穷，心力有限，奈何奈何！唯需毕力钻研，死而后已耳。

（《朱子大全》卷五十九《答余正叔》）

【精义】知识如浩瀚的大海无穷无尽，而人的生命与认识能力却是有限的。以有限而求无穷，除了不懈努力以外，别无他法。

看文字，须是如猛将用兵，直是鏖战一阵；如酷吏治狱，直是推勘到底，决是不恕他，方得。　　　　　　　　　　　　　（《朱子语类》卷十）

【注】治狱：审理案件。推勘：推求、查究。恕：原谅、宽恕。

【精义】读书如打仗，穷追猛打才能取胜；又如治狱，穷查到底方得成功。

为学不进，只是不勇。　　　　　　　　　　（《朱子语类》卷八）

【精义】学习要有勇于进取的精神。

知耻，则进学安得不勇。　　　　　　　　（《朱子语类》卷五十七）

【精义】勇于进取的学习精神，源于懂得无知是一种耻辱。

读书，须是遍布周满。某尝以为宁详毋略，宁下毋高，宁拙毋巧，宁近毋远。
　　　　　　　　　　　　　　　　　　　　（《朱子语类》卷十）

【注】遍布周满：全面、不遗漏。

【精义】遍布周满就是宁详毋略，就是不好高骛远，就是下苦功而不取巧，这是读书之要。

大抵为学，虽有聪明之资，必须做迟钝工夫，始得。既是迟钝之资，却做聪明底样工夫，如何得？　　　　　　　（《朱子语类》卷八）

【注】资：资质。

【精义】聪明离成功很远，其中的距离要靠踏踏实实的苦功夫来缩短。这，就是迟钝功夫。

学问亦无个一超直入之理，直是铢积寸累做将去。
　　　　　　　　　　　　　　　　（《朱子语类》卷一百一十五）

【注】铢积寸累：一点一滴地积累起来。铢：重量单位，形容很微细。

【精义】学问要靠积累，一口吃出个胖子的事是没有的。

学者读书，须要敛身正坐，缓视微吟，虚心涵泳，切己省察。
　　　　　　　　　　　　　　　　　　（《朱子语类》卷十一）

【注】敛身正坐：收敛身心，正襟危坐，以示敬肃。涵泳：沉浸其中，反复诵读，仔细品味。省察：审辨考察。

【精义】敛身正坐，示敬肃以正态度；缓视微吟，从容不退以适性情；虚心涵泳，不自以为是而沉浸汲取；切己省察，不清谈空说而联系实际。

未有心不定而能进学者。　　　　　　　　　　（《朱子语类》卷十二）

【精义】浮躁，心猿意马，三心二意，都是"心不定"，乃为学之大敌。

大凡读书，须且虚心参验，久当自见，切忌便作见解主张也。
　　　　　　　　　　　　　　　（《朱子大全》卷五十九《答陈才卿》）

【注】参验：比较验证。便：随便。

【精义】不轻易下结论，不随便立己见，多方比较，反复验证，才能得真知灼见。

大抵学问之道不敢自是，虚以受人乃能有益。
　　　　　　　　　　　　　　　（《朱子大全》卷四十六《答方耕道》）

【精义】不自以为是，虚心向人学习，才能有益于学。

泛观博取，不若熟读而精思。　　　　　　　　（《朱子语类》卷十）

【精义】泛观博取为浅，熟读精思乃深。

学者理会道理，当深沉潜思。　　　　　　　　（《朱子语类》卷十）

【注】潜思：专心致志，深入思考。

【精义】深入其中与专心思考，是获取真知的关键。

书不记，熟读可记；义不精，细思可精。
　　　　　　　　　　　　　　　（《朱子大全》卷七十四《又论学者》）

【精义】熟读可帮助记忆，细思能加深理解。

读书之法无他，惟是笃志虚心，反复详玩，为有功耳。
　　　　　　　　　　　　　　　（《朱子大全》卷五十五《答李守约》）

【注】笃志：志向专一不动摇。

【精义】笃志，乃能持之以恒，不为困难所屈；虚心，乃能容纳汲取，孜孜以求；反复，乃能全面周详，不遗不忘；详玩，乃能理解透彻，得其真义。

读书无甚巧妙，只是熟读。字字句句，对注解仔细辨认语意。解得一遍是一遍工夫。工夫熟时，义理自然通贯，不用问人。

（《朱子语类》卷一百二十）

【精义】读书百遍，其义自见，熟是关键。

读书之法，须识得大义，得他滋味。没要紧处，纵理会得也无益。

（《朱子语类》卷一百〇四）

【注】滋味：味道。

【精义】读书要抓主旨、得精髓。

为学读书，宁详毋略，宁近毋远，宁下毋高，宁拙毋巧。

（《朱子语类》卷一百一十六）

【注】拙：笨拙。此指朴实、踏实。巧：指投机取巧。

【精义】循序渐进、由浅入深、踏实而不取巧，这是正确的读书之道。

（摘自朱杰人主编《朱子格言》）

处世篇

表端而影直，源浊而流污。　　　（《朱子大全》卷十二《己酉拟上封事》）

【注】表：用以测量日影以记时的标杆。端：正。

【精义】其身正，则影不斜；水源不清，其流必浊。

时难得而易失，事易毁而难成。

（《朱子大全》卷二十四《与陈侍郎书》）

【注】时：时机。

【精义】把握时机很重要，稍纵即逝；办成事情很困难，毁坏却容易。

欲图大者，当谨于微。　　　（《朱子大全》卷二十五《答张敬夫》）

【注】图：谋取。谨：谨慎、小心。

【精义】干大事，要从小事做起；目标越大，越要重视细节。

巧言令色，此虽未是大段奸恶底人，然心已务外，只求人悦，便到恶处亦不难。

（《朱子语类》卷二十）

【注】务外：追逐外物。意谓不要求自身的品格修养，却追逐名利。

【精义】巧言令色之徒，以追逐名利取悦于人为务，很容易滑向罪恶。

为人孝弟，则和逊温柔，必能齐家，则推之可以仁民。

（《朱子语类》卷二十）

【注】孝弟：孝，孝顺父母；弟，同"悌"，敬爱兄长。和逊：谦和恭顺。齐家：整治、治理家政。

【精义】在家不讲孝悌的人，怎么会以一颗仁爱之心对待人民群众呢？

仁是爱之理，爱是仁之用。未发时，只唤做仁，仁却无形影。既发后，方唤做爱，爱却有形影。　　　　　　　　　　　　（《朱子语类》卷二十）

【注】发：表现。

【精义】仁是一种理念，爱是一种行动。前者无形，是后者的指导与基础；后者有形，是前者的表现与应用。

若为人谋而不忠，既受人之托，若不尽心与他理会，则不惟欺人，乃是自欺。　　　　　　　　　　　　　　　　　　（《朱子语类》卷二十一）

【注】为人谋而不忠：为人办事却不尽心竭力。理会：料理、办理。

【精义】为人谋而不忠，就是自欺欺人。

凡事当尽力为之，不可挨推，只做七八分，留三分。

（《朱子语类》卷二十一）

【注】挨推：拖延、推托。

【精义】不论做什么事，不干则已，既然做了就当尽心竭力。拖拉、推诿，暗中留一手，不是君子应有的风度。

凡人取友，须是求胜己者，始有益。　　（《朱子语类》卷二十一）

【精义】孔子说："无友不如己者。"就是说，不跟不如自己的人交朋友。朱子解释说："人交朋友，须求有益。若不如我者，岂能有益？""不如己，则无益而有损。"

事难行，故要敏；言易出，故要谨。　　（《朱子语类》卷二十二）

【注】敏：勤劳敏捷。

【精义】事要实干才能成功，故须勤劳敏捷。言多则陷于空谈，故应谨慎。

君子之于人，非是全无恶人处，但好善恶恶，皆出于公。

（《朱子语类》卷二十四）

【注】恶人：讨厌、憎恨别人。恶恶：憎恨坏人。

【精义】处世待人，喜怒哀乐，都出于公心，这才是君子。

遇事而发，合道理处，便与果决行去，勿顾虑。

（《朱子语类》卷一百一十三）

【注】果决：果断坚决。

【精义】符合道理的事，就要果断坚决地去做。

古之君子，施而不望其报，祀而不祈其福，盖以为善为当然。

（《朱子大全》卷八十二《跋程宰登瀛阁记》）

【注】施：施予、给予。祀：祭祀神灵。祈：求。

【精义】把帮助别人、施予别人看作是理所当然的好事，自然就不会期待着回报。

朋友相处，要得更相规戒，有过则告。　（《朱子语类》卷一百一十四）

【注】更相：互相。过：过失、错误。

【精义】朋友之间能一团和气，应相互勉励、规谏，有了过错则直言警告。

内则孝友著于家庭，外则仁义信于朋友。

（《朱子大全》卷八十七《祭潘叔度文》）

【注】孝友：善待父母为孝，善待兄弟为友。仁义：仁爱与道义。

【精义】孝顺父母，友爱兄弟，就是待亲人之道。以仁爱之情对人，以道义之心处事，这是取信于朋友之道。

处家庭则孝弟达闻，交朋友则信义昭著。

（《朱子大全》卷八十七《祭刘子澄文》）

【注】信义：诚实，不虚伪。

【精义】孝悌是维系家庭和睦的法宝，信义是保护朋友情谊的护符。

人心苟正，表里洞达无纤毫私意，可以对越上帝，则鬼神焉得不服？

(《朱子语类》卷八十七)

【注】洞达：透彻。对越：面对和超越。

【精义】人间正气可以泣鬼神而动天地。

天下事无不可为，但在人自强如何耳。

(《朱子大全》卷三十九《答许顺之》)

【精义】自强，是人生进取的法宝。

凡事从今更宜审细，见得是，当便立定脚跟，断不移易，如此方立得事。

(《朱子大全》卷四十九《答陈肤仲》)

【注】审细：慎重仔细。

【精义】坚持操守，不轻易改变，才能最终成事。

泛交而不择，取祸之道。　　　　　　(《朱子语类》卷四十九)

【注】泛交：滥交朋友。

【精义】交友当谨慎，有选择。

(摘自朱杰人主编《朱子格言》)

修养篇

学者须以立志为本。　　　　　　　　　　（《朱子语类》卷一百一十八）

【精义】志，乃人生奋斗之目标、立身之准则、心意之所向。立志而后立人。故立志为人生之本、修养之本。

德行，得之于心而见于行事者也。　　　　　　（《朱子语类》卷三十九）

【注】德行：道德、品行。

【精义】德行是内在的，它的外现就是人的行为。

无时不存养，无事不省察。　　　　　　　　　（《朱子语类》卷六十二）

【注】存养：保持和培养纯正的品性，即自我修养。省察：审视考察。

【精义】自我修养要时时注意，观察考辨要事事留心。

德而不才，德匪其德；才而不德，乃才之贼。

　　　　　　　　（《朱子大全》卷九十四《承务郎李公墓志铭》）

【精义】德才兼备，才是真正完美的德。

心才不正，其终必至于败国亡家。　　　　　　　（《朱子语类》卷十五）

【注】心：朱子曰"心者，身之所立也"，这是指人的思想、观念与道德、品性。

【精义】心不正，这是始；败国亡家，这是终。

人而不公，则害夫仁。　　　　　　　　　　　（《朱子语类》卷九十五）

【注】公：指公理、真理。仁：一种崇高、美好的道德境界。

【精义】人有公心，乃有仁德。

故人无私欲，则心之体用广大流行，而无时不仁，所以能爱能恕。

（《朱子语类》卷九十五）

【注】体用：本体与作用。广大：推广、扩大。流行：盛行。

【精义】人心之美，只有在克服了私欲的情况下，才能得到充分的体现。

大抵不顾义理，只计较利害，皆奴婢之态，殊可鄙厌。

（《朱子语类》卷三十五）

【注】义：正确的、合理的。义理，即正确的道理。

【精义】利害可以计较，义理不可不顾，否则就是小人。

若见得道理分晓，生固好，死亦不妨。不然，生也不济事，死也枉死。

（《朱子语类》卷二十六）

【注】济事：成事。

【精义】人生一世，道理分明，则虽死亦安，无复遗恨。

若人见得道理分明，便不为利禄动。 （《朱子语类》卷二十四）

【注】利禄：名利和官位。

【精义】当道理与利禄发生矛盾的时候，道理分明的人才能坚持原则。

当良心与私欲交战时，须是在我大段着力与他战，不可输与他。只是杀贼一般，一次杀不退，只管杀，杀数次时，须被杀退了。

（《朱子语类》卷二十四）

【精义】良心要经过反复交战才能战胜私欲。

仁是本有之理，公是克己工夫极至处。故惟仁然后能公，理甚分明。

（《朱子大全》卷五十六《答郑子上》）

【注】克己：克制自己的私欲。

【精义】仁，是人类之美德，但这种美德只有克服了私欲才能表现出来。

人只是慊快充足，仰不愧，俯不怍，则其气自直，便自日长，以至于充塞天地。虽是刀锯在前，鼎镬在后，也不怕。

（《朱子语类》卷十八）

【注】慊快：惬意快活。怍：惭愧。气：指孟子所说"浩然之气"，即正大刚直之气。

【精义】内心充实，则身心愉快；德行纯正，则心无愧怍。如此，则理直气壮，无所畏惧。

人之得失，即己之得失；身之邪正，即心之邪正。

（《朱子语类》卷六十四）

【注】人：别人。得失：指人的长处与短处、成绩与过失。

【精义】以人为鉴，可以明得失。内心世界，必形之于外。

盖身如一屋子，心如一家主。有此家主，然后能洒扫门户，整顿事务。若是无主，则此屋不过一荒屋尔，实何用焉？

（《朱子语类》卷五十九）

【精义】思想、精神是人的灵魂，肉体不过是一具躯壳。此其一。有了正确的思想和高尚的情操，才能明是非去邪恶。此其二。

见善必为，闻恶必去。　　（《朱子大全》卷四十九《答林伯和》）

【精义】善，要去做；恶，要去除。

圣人千言万语，只是要教人做人。　　（《朱子语类》卷一百二十一）

【精义】真正的人，不仅是肉体的人、物质的人，更是有崇高精神的人、有美好品行的人。

穷尽物理，然后好善如好色，恶恶如恶臭。

（《朱子大全》卷四十《答何叔京》）

【注】穷尽物理：探究并掌握了事物发展的规律。恶恶：憎恶丑恶的事物。

【精义】善恶之心，当从穷尽物理中来。

以小恶为无伤，是诚不可。 （《朱子语类》卷一百一十七）

【注】无伤：无妨。

【精义】小恶也是恶，积小恶乃变大恶。

士人先要识个廉退之节。礼、义、廉、耻，是谓四维。若寡廉鲜耻，虽能文要何用？ （《朱子语类》卷一百〇六）

【注】廉退：廉洁谦让。礼：指伦理道德规范与社会制度准则。义：指正确、正义之事。耻：知耻。维：纲维，维系国家的重要法纪。四维，即治国的四条纲纪。寡廉鲜耻：没有操守，不知羞耻。

【精义】祝礼义，知廉耻，这是德；能文，这是才。德为要，德占先。

度量无私本至公，寸心贪得意何穷？

（《朱子大全》别集卷七《题米仓壁》）

【注】寸心：指区区不足道之心。

【精义】无私则公，故度量无限；贪得无厌，故寸心何穷。

人有知不善之不当为，及临事又为之，只是知之未至。

（《朱子语类》卷四十六）

【精义】知有深浅。只知其表不知其里，只知其然不知其所以然，则只是浅知，不是真知。未及真知，所以虽知之而不能行之。

（摘自朱杰人主编《朱子格言》）

教育篇

衣食不足，则不暇治礼义；而饱暖无教，则又近于禽兽，故既富而教之。

（《朱子语类》卷四十三）

【精义】管子的名言"仓廪实则知礼节"，失之片面。朱子认为，教育才是提高精神文明的有效手段。

圣人之教学者，不过博文约礼两事尔。博文，是"道问学"之事，于天下事物之理，皆欲知之；约礼，是"尊德性"之事，于吾心固有之理，无一息而不存。

（《朱子语类》卷二十四）

【注】博文约礼：语出《论语·雍也》"君子博学于文，约之以礼"，意谓广博地学习知识，再用礼节来加以约束。

【精义】教育的目的有二：学习各种知识，提高人的道德修养。

君子于学，只欲得于己；小人于学，只欲见知于人。

（《朱子语类》卷三十二）

【注】见知于人：被人所知。

【精义】学习的目的是为自己还是为别人，这是君子与小人的分界线。

学者须以笃信为先。　　　　　　　　（《朱子语类》卷三十五）

【注】笃：真诚、纯一。

【精义】诚实无欺、真实无妄，是一种态度、一种心理准备，是学习的前提。

看来百事只在熟。且如百工技艺，也只要熟，熟则精，精则巧。

（《朱子语类》卷一百〇四）

【精义】俗话说"熟能生巧"。但朱子说，巧的原因在于精。熟而精，精而巧。

知识贵乎高明，践履贵乎著实。知既高明，须放低著实做去。

（《朱子语类》卷七十四）

【注】践履：指实践。

【精义】再高明的理论，也得从最基础的地方做起。

自学者，学也，而教人者亦学。盖初学得者是半，既学而推以教人，与之讲说，己小因此温得此段文义，是效之功亦半也。　（《朱子语类》卷七十九）

【注】敩：教。

【精义】学和教都是学习。教学的过程可以温故知新。

大凡说书，只就眼前说出底便好，崎岖寻出底便不好。

（《朱子语类》卷七十）

【注】说书：指解说儒家经典。

【精义】"眼前说出底"，是了然于胸，故深入浅出；"崎岖寻出底"，是似懂非懂，必词不达意。

讲学切忌一事未得，又且放过别求一事。如此，则有甚了期？须是逐件打结，久久通贯。　（《朱子语类》卷一百一十八）

【注】了期：了结的时候。打结：指总结、结束。

【精义】事要一件一件地做，东抓一把、西抓一把，最终一事无成。

讲论固不可阙，若只管讲，不去体究，济得甚事？

（《朱子语类》卷一百一十三）

【注】阙：同"缺"。体究：体察研究。

【精义】学问只停留在口头上终究是浅，只有认真体究才能深化。

今人论道，只论理，不论事；只说心，不说身。其说至高，而荡然无守，流于空虚异端之说。 （《朱子语类》卷一百二十）

【注】心：指思想、精神。身：指身体、行为。守：操守。空虚异端之说：指佛、道。

【精义】论理也要论事，说心也得说身，否则再好的理论也是空的。

学者当自博而约，自易而难，自近而远，乃得其序。

（《朱子大全》卷四十《答程允夫》）

【注】约：简约。

【精义】循序渐进，是学习的基本原则。

诵说虽精而不践其实，君子盖深耻之。

（《朱子大全》卷四十三《答林充之》）

【注】诵说：指诵读与解说。

【精义】只停留在书本与口头上的知识，不是真知。

初学入道之门，未须大段说得玄妙也。

（《朱子大全》卷四十八《论语》）

【精义】初学入道，忌大段说，忌说得玄妙。

大抵学问只有两途，致知、力行而已。

（《朱子大全》卷四十八《答吕子约》）

【精义】致知、力行，缺一不可。

凡事自有恰好处。 （《朱子语类》卷一百〇七）

【精义】朱子爱说“恰好”二字。所谓恰好，即无过无不及，即中和，即不偏不倚，即恰如其分。

心官至灵，藏往知来。 （《朱子语类》卷五）

【精义】心之官则思，心实际上指脑。脑可以贮存，还可以推断。

格物只是就一物上穷尽一物之理，致知便只是穷得物理尽后，我之知识亦无不尽处，若推此知识而致之也。

（《朱子大全》卷五十《答黄子耕》）

【精义】格物—穷理—致知，这是认识的三个环节。

共言而不行者，固失之。又有一种只说践履而不务穷理，亦非小痛。

（《朱子大全》卷三十八《答詹体仁》）

【精义】理论一定要和实践相结合。只讲理论的实践，也不行。

饥食渴饮，人心也；如是而饮食，如是而不饮食，道心也。

（《朱子语类》卷七十八）

【注】人心：指人的本能、本源之心。道心：指人的伦理纲常之心。

【精义】饥食渴饮是人的本能，而如何饮食则受制于人后天所受到的教育。

人固有病，然不害其为可用；其材固可用，然不掩其为有病。

（《朱子语类》卷三十一）

【注】病：缺点。

【精义】寸有所长，尺有所短。人有长处必有所短。善用人者，当扬其长而避其短。

（摘自朱杰人主编《朱子格言》）

哲理篇

天之运转不穷，所以为天行健。　　　　　　　　（《朱子语类》卷六十八）

【注】天行健：语出《周易》，意谓天体运行，周而复始，刚健有力。

【精义】运动是永恒的、没有穷尽的。

天下万事万变，无不有感通往来之理。　　　　　（《朱子语类》卷七十六）

【注】感通：交相感应而变通。

【精义】事物不仅是变化的，而且不是孤立的，它们相互影响、变通来往。

治久必乱，乱久必治，天下无久而不变之理。　　（《朱子语类》卷七十）

【精义】治与乱永远在转化交替之中。

尺蠖不屈，则不可以伸；龙蛇不蛰，则不可以藏身。

　　　　　　　　　　　　　　　　　　　　　　（《朱子语类》卷七十二）

【注】尺蠖：一种软件昆虫，虫体细长，行动时先屈后伸。蛰：动物冬眠。

【精义】屈与伸的统一是前进，蛰与醒的统一是生存。

人心无形，出入不定。　　　　　　（《朱子大全》别集卷四《何叔京》）

【精义】精神的王国没有边界，思想的骏马自由驰聘。

专去计较利害，定未必有利，未必有功。　　　　（《朱子语类》卷三十七）

【精义】利害要计较，但斤斤计较、孜孜以求，则利、功必远你而去。

审微于未形，御变于将来，非知道者孰能！

（《朱子语类》卷一百〇八）

【精义】见微而知著，防患于未然，这就是知"道"。

经是已定之权，权是未定之经。　　　（《朱子语类》卷三十七）

【注】经：常道、常规。权：权宜、权变。

【精义】经是常，权是变。变趋向常，就是经。

本强，则精神折冲；不强，则招殃致凶。　　（《朱子语类》卷一百一十）

【注】折冲：抵御、击退敌人。

【精义】万事皆有本，强本则立，乃处不败之地。

阴阳之气，相胜而不能相无。　　（《朱子大全》卷四十九《答王子合》）

【注】相胜：指相互斗争、转化。

【精义】相胜，阴阳乃得互相依序；相无，则失却凭依，无所谓阴阳。

天地之间，无往而非阴阳，一动一静，一语一默，皆是阴阳之理。

（《朱子语类》卷六十五）

【精义】有阴阳，乃有天地万物。

日月，阴阳之精，终古不易。然非以今日已昳之光复为来日将升之光也，故常见而常新。　　　　　（《朱子大全》卷四十七《答吕子约》）

【注】精：指日月之光、阴阳之气。昳：日落。

【精义】"来日"不是"今日"的重复，而是一种再生、一种新陈代谢，故能常见常新。

出邪则入正，出正则入邪，两者之间盖不容发也。

（《朱子大全》卷四十二《答石子重》）

【精义】邪正之间判然分明，绝无调和余地。

视不为恶色所蔽为明，听不为奸人所欺为聪。

（《朱子语类》卷七十九）

【精义】恶色岂无美色？奸人善为巧言！故世之视明听聪为难为贵也。

岁月易失，歧路易差。　　　（《朱子大全》卷五十《答郑仲礼》）

【注】差：错失。

【精义】时间要争分夺秒，行路要明辨方向。

担子轻重，他人不觉，惟担不起者自知之耳。

（《朱子大全》续集卷二《答蔡季通》）

【精义】亲身体验，才知轻重。

事事物物，皆有其理；事物可见，而其理难知。

（《朱子语类》卷七十五）

【精义】理是事物的内在规律，见物未必能知理。

天下事当本理会，不可从事上理会。　　（《朱子语类》卷一百〇八）

【注】本：指事物的根本、本原、本质。

【精义】事是表象，本为实质。

平淡中有味，所以其味无穷。　　（《朱子大全》续集卷六《答江隐君》）

【精义】浓重之味短，平淡之味长。

持敬以存其体，穷理以致其用。　　（《朱子大全》卷五十九《答吴斗南》）

【注】体：指人的精神。用：指对物质世界的作用。

【精义】人的精神，要靠持敬来修养与保存；对物质世界的改造，要靠穷理来认识与把握。

闻南方风俗淳朴，不汲汲于进取，正当劝以读书讲学，开发其聪明，不当

启以趋时干禄之技也。　　　　　　　　（《朱子大全》别集卷五《余景思》）

【注】进取：指往上爬。趋时：赶时髦。干禄：追逐高官厚禄。

【精义】读书讲学，可以使人聪明；趋时干禄，可以使人庸俗。

场屋之文固知贤者不能免俗，然先有以立乎其大者，然后出而应之，则得失荣枯不能为吾累矣。　　　　　　　（《朱子大全》续集卷八《答毛朋寿》）

【注】场屋之文：指科举考试的诗文。出而应之：指参加科举考试。

【精义】学习场屋之文是为了谋生，故贤者亦不能免俗。但如果胸中没有一个"大者"——为科举而科举——则必为考试的成败得失所累。

吾人之学，要当以明理治身为本，世间得失正不足深计也。

（《朱子大全》续集卷五《答郭邦逸》）

【精义】不计较世间得失，换得个自由洒脱；致力于明理治身，方不失为学之本。

出门从师，则不计生之先后而唯善是主；闭户积学，则不顾世之毁誉而唯道是求。　　　　　　　　　（《朱子大全》卷八十七《祭潘叔度文》）

【精义】善即是师，故不计长幼先后；积学为求道，故不顾毁誉。

身不行道，无以率砺其人。（《朱子大全》卷八十六《屏弟子员告先圣文》）

【注】率砺：率，率领。砺，磨砺。率砺，意为教导别人，为人师表。

【精义】为人师表者当以身作则。

工夫要趱，期限要宽。　　　　　　　　　　　　　（《朱子语类》卷八）

【注】趱：赶，加快。

【精义】趱，是为了多下功夫。宽，是为了下足功夫。

（摘自朱杰人主编《朱子格言》）

第六辑　朱子三代故事

朱森的故事

早而聪颖　勤勉好学

杨世玮

朱森祖辈出自"吴郡朱氏"一支，该支于后汉灵帝时由青州徙居丹阳。唐末，丹阳朱氏的后人朱环（古寮）仕为婺源镇将，遂定居婺源，成为婺源朱氏的始祖。江永编著的《近思录集注·考订朱子世家》记载："唐末，有朱古寮者仕为婺源镇将，因家焉。"从朱森的家世来看，其祖辈世代做官，为"婺源著姓，以儒传家"。朱古寮资产殷富，但他的后人五世从事儒业，朱家逐渐由中等官僚沦落到小地主的境地；到第六世朱绚（朱熹的曾祖父）时，家业已一蹶不振。朱绚共生四子，朱森为次子，生于宋熙宁八年（1075）正月初一。朱森的兄长和两个弟弟早逝，婺源朱氏此支脉唯是朱森（清光绪《续修紫阳堂朱氏家乘·朱氏系图》）一人。

朱森自幼天资聪颖，从小生活朴素，不事华饰，勤奋功读。其嗜学如命，简直到了如癫似狂的地步。寒冬腊月，朱森经常身着单衣，出入书馆，遨游学海。十二三岁时，就能诵读和讲述《诗》《书》《易》《礼记》《春秋》这儒家"五经"，显出一派儒风气概，与塾师谈话，应对如流。

他的父亲朱绚没有出仕，只在乡间务农，家中生活也比较贫寒。宋哲宗绍圣二年（1095），正当朱森才华焕发之时，却因家庭变故，父亲去世，朱氏家族开始败落，已经处于自耕务农的境地。朱森不得不停学，白天务农，夜间杜门独学，确立了学习儒学的志向，终日沉湎于书卷中，孜孜以求。每读一卷，又都认真"审其条贯，钩其膺谬"，最后根据该书的旨意，发自己之论著。对学术上的是非曲直，他都要辨明清楚；而且一经形成自己的见解，就不轻易改变自己的观点。

朱森爱好广泛，尤酷爱书法，始终笔不离身。他经常利用空暇之余，于囹圄斗室中以方砖为纸、清水为墨，苦练蝇头小楷，从不停辍。寒来暑往，从不停止，积累了较为深厚的书法功底。他的书法方笔为主，方圆并用，锋藏力透，气格雄健。而笔画遒劲厚重，雄浑飘逸，挺拔之气跃然于纸。其结构严正精卓，如贤者正襟端拱于庙堂，深得其神髓，令人钦佩。他写的楷书主张"上不让下""左不让右"。他曾言："尤其是学章草，故其章草特点，没有一笔不具古人面目，却没有一笔不显示自己的精神，入而出之，出而入之，掉鞅驰骋，变化多端。"有论者云："朱森先生临池，大笔高悬，凡'撇'必须挫而后出锋，凡'直'必直末稍停，而后下注，故书雍容而又挺拔。"可以看出，朱森能巧妙地从前人书中吸收营养，从而形成了自己宽博温厚、含蕴性灵、雄健开阔的韵致。此谓百学不能至也。他的许多门生还经常去揣摩朱森那宽博飘逸、风神洒荡、精细相生，圆劲且富有立体感的手迹。到十六岁时，朱森不但精通儒家经典，详熟古代典制，而且通晓谶纬方术之学，又能写得一手好文章，特别是形神兼备的书法，得古人书艺之真谛，在当地声名远播。

（作者系福建省作家协会会员、政和县民间文艺家协会副主席）

开馆课学　根柢经史

杨世玮

　　朱森虽然立志于潜心钻研儒学，并已具有了一定的儒学造诣，但由于家境贫寒、生活困苦，已没有条件继续专门攻读了。父亲朱绚迫于生计问题，也不允许他再不事产业而长年读书。

　　北宋元祐八年（1093），十八岁的朱森不得不由召募途径进入县级官衙出仕文书"吏员"，主要承办催驱公事、传递文书、迎送搬担、处理文字、抄录知县的判语、编排架阁文字（档案）等事项。朱森在任上勤勤恳恳，十分认真，抚恤孤苦，甚得好评。

　　朱森家境贫困，二十岁尚未娶妻，宦途深感艰难，不安于"吏员"的工作，不愿为吏以谋生，一心向往研究学术。因此，他在做"吏员"工作的同时，还利用一切可以利用的机会刻苦学习，每逢休假日也不回家，仍坚持不懈地努力学习。

　　北宋哲宗绍圣三年（1096），朱森娶同郡歙县程五娘（1079—1134）为妻。北宋哲宗绍圣四年（1097），生朱松。后又生朱柽、朱槔两男以及二女。朱森已经博览群书，具有了深厚的儒学功底，就辞去"吏员"之职在家开馆课学。他"晚读佛典，深解义谛，时时为歌诗，恍然有超世之志"。且视外物如浮云，天性"胸中冲澹，笃于道义，守道自持，清静淡泊。而鄙外浮荣"。（朱松《韦斋集》卷十二《先君行状》）朱森特别喜欢同学生们侃侃交谈，无所不论，天文地理、经史百家、古今佚秘，他都能滔滔引经据典，思如泉涌。学生们听了如饥似渴，如雷灌顶，顿开茅塞，不解之处纷纷向朱森求教问询。朱森对好学的学生历来喜欢得很，有教无类，每天都有数十位学生拥进他的馆斋求教。

朱森一心追求儒学真谛，沉溺于佛典道书。朱森在对人事的看法上，认为"善不善各有其类，而好与恶即从此分"。并以清楚、沉着、冷静的态度，提出"既为同类之所归，自必为异类之所忌"。本着这种思想观念，他直撼血性，好学勤修。"根柢经史，不务艰深。尝手录先儒理解，择其与笺注相发明者辑成帙，寻绎弗倦。"且不论"居家居官，以扶植名教为己任。所修贤祠、试馆、义茔，皆斥橐金，不责同事襄助"。同时，还经常扶助孤寡，救济困乏而好学的士子，体现了儒家立德立功立言的弘道济世的生命观。

朱森平居质朴无华，一生粗饭量腹，革鞜纳足。但是，由于朱森偏好儒业，不问家庭生计，家口日增，而财力不足，就把家业复兴的希望寄托给后辈子弟。他"举先训戒饬诸子，谆谆以忠孝和友为本"，经常谆谆诫饬朱松兄弟说："吾家业儒，积德五世矣，后必有贤者，当勉励谨饬，以无坠先生之业。"（朱松《承事府君行状》；《紫阳朱氏建安谱·退林公像赞》）还常告诫士子儒生及自己的儿孙们，在生活中要力行勤俭——"衣勿求华，食勿求美"；在修身中要做到"尺步寸心，自我约束，严慎防骄防闲"；在工作中，要肯下功夫，"勤苦读作，务求有立"；在治学中要"矻矻终日，笃行不倦。沉毅刻苦、搦管兀坐，焚膏继晷。一字未安，追逐累夜，传闻倡异，别考他书"。可见，朱森把希望寄托在儿女身上，要求儿辈努力读书，成为贤人，光耀门庭。

清居凤林　谈儒论道

杨世玮

　　宋政和八年（1118），高中进士的朱松授迪功郎。朱森"以先田百亩质同邑张敦颐先生"，遂挈家从婺源随朱松入迁政和。朱森学识渊博，精通地理舆志，年轻的时候就是远近闻名的风水专家。他遵照父亲临终前的意愿，一定要给自己找一个好的归宿地，持家立业，繁衍子孙，以享荣华富贵。

　　他开始周游闽北的名山圣地。一天，天色已晚，夜幕降临，远眺波光十色的七星河水面，一边是渔舟唱晚，一边是归鸟翻飞。由于游历奔波，劳累疲惫，吃罢晚饭，找了个歇息的地方，晚上一躺下便呼噜大睡。熟睡中做了一个梦，梦中有一仙翁对他说："凤凰林中翩翩舞，仙人下棋莲花山。有人遇此风水地，星宿投胎着朝衣。"

　　第二天一大早，睡眼惺忪的朱森赶紧起床用凉水洗把脸，就叫上时任政和县尉的长子朱松，身着朴素衣装，没有任何人跟随，步行几里许，前往政和感化里桂林坊（今凤林村），去游莲花山，要饱尝大自然山水之美。他顺七星河盘源而上，看到有七块岩石卧在一泓深潭中，形状就像天上的北斗七星，心生疑问。朱松就向父亲讲述了玉蝉血化七星岩的传说故事。他听了兴奋不已，觉得蕴藏着三千年的历史文化积淀的政和一定是一块古老而又神奇的土地。父子俩一路上对诗歌赋。朱松抛砖引玉观景即句："莲花石清雅如玉，七星河细水长流。"朱森听罢触景生情，脱口而出曰："莲花山山中无藕，七星水水里有玑。"朱松的诗句虽切情贴意、字句流畅，可朱森的诗句更艺高一筹，脱俗幽默风趣。二人互相切磋词句，高兴万分。

　　他俩边说边笑，不一会儿，就登上了莲花山。此日正是政和县感化里四都桂林坊（今凤林村）莲花山护国寺庙会期间，殿堂香烟极盛，游人颇多。朱森一眼就看见了两只凤凰在对面那座笔架山的森林里嬉戏蹦跳，不久又看见两个头上扎着丫髻的放牛娃坐在莲花山的地上下石棋玩耍。朱森心想："这不正是与梦境相应验吗？莫非这里就是我要找的那个归宿地？真是踏破铁鞋无觅处，得来全不费工夫。"

朱森喜出望外，赶紧拿出随身携带的罗盘左勘察右测量。测来测去，发现护国寺就是这块风水宝地的中心点。朱森再仔细地察看这护国寺，更惊奇地发现：护国寺前面有一口水塘，还有两个低洼的蓄水池，水塘、蓄水池正好和七星河相通。护国寺的前面四五里远正好有三座山峰与护国寺相对峙。这不正应验了东晋风水专家郭璞所说的"前有笔架峰，后有莲花座。秀水入明塘，后代出卿相"吗？"此乃风水宝地，天赐我也！"

于是，这位满腹经纶的老儒士周游政和名山胜景后，发现政和县感化里四都桂林坊（今凤林村）土地肥沃，气候宜人，岁岁五谷丰登，财主钱财万贯，骡马成群，房舍别致清雅，楼亭姿秀林立，池水清澈见底，笛声婉转悠扬，七星河缓缓流淌，垂柳两岸，帆移影动。村旁，五、六月里茉莉花开，七、八月里桂花金黄，九、十月里菊花清香，整个凤林村沉浸在郁腹芳香之中，令人陶醉，确是才子佳人久居之地。于是，就清居在苍松翠竹掩映、背屏峰嶂峦叠的护国寺内，敬香侍佛，诵经写字。

朱森在凤林常邀当地士子儒生、骚人墨客、羽士释子谈经论道，传授理学。天文地理、经史百家、古今佚秘，他都能滔滔引经据典，思如泉涌。朱森兴趣所至之时，与农夫野叟叙风俗旧故，桑麻节候为乐，发为诗歌。在政和安居期间，他的生活充满了无限乐趣。

精选福址　安葬朱森

杨世玮

　　每至清明节，就有许多人纷至沓来，前往政和县铁山镇凤林村，拜谒朱子先祖朱森墓。说起朱森墓，还有一个传奇故事。

　　北宋宣和二年（1120）五月二十，朱森不幸病故。朱松兄弟为失去父亲这样一位长辈而痛哭流涕，时因睦寇战乱道梗，不能抚柩还籍，遂葬于政和县感化里四都桂林坊（今凤林村）护国寺西。朱森临终的时候，把大儿子朱松叫到跟前，说："我快不行了。如今睦寇战乱，交通堵塞，你们就把我葬在我睡的床底下，挖到青石板就不要再挖了，一定要看到有'头戴铁帽，鱼上树，马骑人'的人经过此地，才可以下葬。不出三代，我们朱家就会有星宿投胎着朝衣。"朱森叮嘱再三，安然闭目仙逝。

　　破土挖穴安葬的那天，挖穴的土工师傅果然在护国寺西侧朱森睡的床底下挖到了一块青石板，按照嘱咐不再挖了，要等的就是棺木下葬。时间快到午时，大家左顾右盼，怎么还不见"头戴铁帽，鱼上树，马骑人"的人来呢？请来安葬的八仙等了很久，已经等得不耐烦了。出于好奇，八仙偷着撬起那块青石板。怪！当青石板被撬起时，莲花山和笔架山的山头同时冒起一束火光。大家惊恐万分，吓得连忙把青石板盖好。还差点时间就要到午时了，如果再这样等下去，恐怕就会错过下葬的时辰。谁知，就在八仙准备将朱森下葬的刹那间，恰好，有个买锅的汉子，头上顶着一口铁锅；接着，又一个卖鱼的小伙子，手撑着挂着干鱼的树丫；紧接着，又一个木匠师傅，肩上扛着一只木马，由远而近走了过来。就在正午的这个时刻，天上突然雷声巨响，朱森的墓不知不觉就填土合上了。

据《政和县志·祥异篇》载："朱森停柩于护国寺时，一夜，韦斋梦见紫藤联合。术者曰：'此地玄武神披发断剑形也。左七星旗足龟蛇，而笔架山横案，当生元圣素王。'后韦斋尉尤溪遂生文公，其面有痣如北斗，是为征应云。故有'孕于政和，生于尤溪'之说耳。"

按照这个方士的说法，从高处看，整个护国寺的山形像一朵美丽的莲花，故取名为莲花峰。莲花峰层峦叠嶂，一层比一层高，巍峨雄伟。尤其是莲花峰东北方突起一座圆顶山峰，像是一个正在打坐的高僧的头部，而整个山谷的山形正是高僧盘腿所形成的山形。山的左面形似是七星旗，酷似高僧打坐时盘在外的左脚；右方山形是高僧盘在内的右脚。在墓地正前方，即东南方，八卦之卦位属巽，而巽主文昌，巽方突起一座山峰，形似两个笔架山相连（也称"三台山"），预示着其后裔会有人成大义豪或大贤者并出仕。像一只收翅并想飞进护国寺门的蝙蝠，而蝙蝠是一种吉祥象征，因为"蝠"和"福"谐音，代表吉祥幸福。于是，朱松就选择了莲花的正中心安葬其父。

朱森墓坐西北朝东南，为洞室墓，占地面积约132平方米。春、夏、秋季，墓地松柏森森，芳草萋萋，花木扶疏；冬季，杏叶金黄，银装素裹，环境十分清幽肃穆。时任福建按察司金事周孟中立石刻墓碑，碑高140厘米，碑宽65厘米，由巡抚都御史高明公亲笔题写墓碑"宋承事郎朱公墓"和祠匾。"宋承事郎朱公墓"墓碑坐乾向巽，处于正位，坐317度，朝136度。该墓艮龙入首，墓园在坤方。这样一来，艮坤都属土，同属性，比和为旺。墓地不见出水口，藏风聚水；又冬暖夏凉，山谷幽静，鸟语花香，青松翠竹，风光秀丽。

朱松的故事

寒窗苦读　登第皇榜

罗小成

　　宋绍圣四年（1097），朱松出生于徽州婺源（今江西婺源）。父亲朱森是个儒生，偏好儒业，不怎么过问家庭生计，"举先训戒饬诸子，谆谆以忠孝和友为本"，要求儿子努力读书，"以无坠先世之业"。这种重视谋任之学、不重谋生的思想，直接影响朱松奋力仕进。

　　朱松"束发入乡校，从乡先生游，学为世俗所谓科举之文者，薿然儿童尔"，在家乡婺源县学接受乡先生教育。朱松挟书操笔，读经、子、史，喜诵古人文章，学习作举子之文，模拟科举考试以策、论之文，写诗作文，文采灿然，讲话有条理。他勤奋读书，不辍缀文，考试成绩位列前茅，由婺源县学顺利升入歙州州学。朱松有高志大节，不甘人后，从县学到州学，经过考试选拔，于政和五年（1115）18岁贡入京师太学。

　　朱松在太学潜心攻读，进步很大，把考进士作为其首要任务。随着年岁的增长、知识的积累，朱松"弱岁，知慕古人"，交游日益广泛，见识日益广博。政和六年（1116），朱松持监牒从京都南来回家过年，路过江南东路歙州府治，有幸被太守热情接待。朱松以太学生的身份回到婺源老家，准备参加"三年大比"的科举考试。太学生回原籍，先参加乡试，这有两方的考量：其一是"解额"问题，京城达官贵人子弟云集，竞争激烈；其二是"回原籍"可以缓解大量生员久寄京都生活不便，可以降低办学成本与生活开支，官私两利。朱松的家庭经济不宽裕，回原籍考试，情理之中。

政和七年（1117）初秋，20岁的朱松"寓学云溪之上"，不久参加在郡城贡院里举行的解试，取得"乡贡"举人资格。政和八年（1118）春，朱松到汴京参加由礼部主持的会试，又顺利通关。礼部上奏状，将春闱所得贡士的身份材料及成绩一起呈宋徽宗。三月十六，宋徽宗沿用宋太祖创立的殿试制度，在集英殿策士，亲自出题。朱松认真对待，顺利通过殿试，登王昂进士第，成为"礼部奏名进士及第，出身七百八十三人"之一，以同上舍出身得授迪功郎，建州政和县尉。"同上舍出身"是宋徽宗听从蔡京建议推行"三舍法"，以太学上舍考试优等者直接授官，科举取士则以此为例。朱松10多年寒窗苦读，从乡间秀才到太学生，从举人到贡生，由进士到授官，人生一步一步发生改变。

宋代及第举子在殿试唱名、释褐、授职之后，是命官，意味着已齐身官员人选的序列，可以开始享受来自皇帝的恩例，以及朝廷和地方官府的许多优渥待遇。朱松得以"释褐"，脱下"布衣"，成为"绿衣郎"，由平民进入士族，虽为初级文官，却由此改变了命运。宋政和八年（1118）四月，朱松参加闻喜宴后"衣锦还乡"，特地从开封去新郑拜见堂叔朱弁（1085—1144）。朱弁与朱森是从兄弟关系，与朱松年龄相差不大，叔侄感情颇深，论说甚多。临别时，朱弁写诗相送："诏诏建业水，高台下凤凰。鼻祖有故序，于今草树荒。"诗里讲的是朱环"由姑苏迁往歙州黄墩"，但往前还可以追溯到生活在"建业"的鼻祖。朱弁要侄儿记住寻根问祖，还寄托堂侄重振朱家门声的愿望，即"公送以诗，意寄甚远"。

注：本文参考陈国代《朱子诸师考释》。

（作者系政和县文联主席、政和县朱子文化研究会会长、南平市作家协会副主席）

出仕入闽　云根设学

罗小成

　　朱松赴闽首仕，意味着短时间内很难回到故乡侍候父母，于是与父亲商量举家入闽的相关事宜。朱松要忠于王事，孝敬父母，夫唱妇随，友爱弟妹，尽可能照顾全家老小，就是为了兼顾所言的"忠孝和友"多个方面。由于家道衰落，家无余资，朱松与父亲朱森商定质押自家仅有的百亩田产，以筹集盘缠，然后举家南下入闽，得与父母昆弟早晚相亲。

　　朱松夫妻与父母、胞弟妹全家八口从歙州婺源出发,过衢州开化、常山、江山,度仙霞关岭,千里迢迢而来,过建州浦城、松溪,到达政和。宋政和八年（1118）八月，朱松一家人顺利到达福建路建州政和县城。政和是在宋咸平三年（1000）升格为关隶县；政和五年（1115），以宋徽宗年号改关隶县名为政和县。政和县境内多为崇山峻岭，全县不足万户，为紧县，县治在黄熊山麓，前临七星溪，面对正拜山（今飞凤山）。而政和县尉厅在县治西五十余步，朱松一家人入住县尉厅后官舍。政和成为朱松一家离开故乡婺源入闽落脚的第一站。

　　朱松担任政和县尉，与县令、主簿共事。宋代诸州县令为从八品，主簿、县尉为从九品职事官。建隆三年（962）十二月，诏置县尉，每县配一员，在主簿之下，俸禄与主簿同。宋代实行俸禄制，是从"周室班爵禄"的制度发展而来，诸路州军万户已上县令，二十千；簿、尉，十二千。当时与朱松共事的县令为陈正敏，主簿为卢点，担任县尉的朱松主要负责盗贼、斗讼、逮捕，配弓手若干员。弓手是从当地百姓中按一定男丁基数比例抽调出来的民兵，教习武艺，保卫乡井。境内如有盗贼，"仰县尉躬亲部领收捉，送本县"，断案则交由县令依法执行。朱松平时领弓手分乡巡查，因制治有方，社会秩序稳定，民众赖之以安。

政和虽有县学，但规模不大，只有明伦堂和两斋，收教县里优秀子弟，每年招收名额有限。为了给更多有志读书者创造条件，特别是为想参加科举考试的人提供补习机会，朱松与县令陈正敏、主簿卢点商议后，由朱松负责筹办书院工作。宋政和八年（1118）秋，在县尉署西外五十步建云根书院（今政和县宾馆），延师以训迪。前后入书院接受教育者，既有当地士子谢誉等，也有朱松胞弟朱柽、朱槔，和追随而来的亲戚朋友、俞靖等人。朱松沿用大学教程，讲"经史百家之言"，亦见"宋儒之学不专在经，文史百家之业与经学并盛"，呈现了百学昌明的气象。

宋代文化学术多元，教习也具有多样性，不同时期各有特色。"宋学兴起，既重在教育与师道，于是连带重要的则为书院和学校。书院在晚唐五代时已有，而大盛亦在宋代。"宋代士大夫的师道复兴，推动了新时期的思想解放和学术重建，导致一种具有士大夫精神气质的学术形态——宋学的兴起。朱松的祖地，从南唐以来属于文教兴盛区，私人办学讲学就比较风行。而政和属于新开设之县，文教有待兴起，在教育上则大有可为。朱森在政和居家，也是朱松延聘师资对象之一，故参与书院讲学活动。

政和士人谢誉从学潜修12年，遂在宋绍兴二年（1132）中进士第。谢誉是云根书院创建后走出的第一位进士，也是政和立县以来考中皇榜的第三位进士。

注：本文参考陈国代《朱子诸师考释》。

孝制三载　星溪授学

罗小成

宋宣和二年（1120）初，朱松夫妻喜得子。到了五月二十日，不幸的事却突然降临，朱森病逝于"建州政和官舍"。早在雍熙二年（985）十二月，宋太宗就下诏："三年之制，谓之通丧，乃圣人之垂教，贯百代而不易。"宋太宗提倡以孝治国，凡官员遇到父母和祖父母去世，须向上级报请解官，守孝三年。有司备案在册，服满后方可申请起复，或请差遣职事。朱松依礼行事，当即请求解官守孝。

对朱松来说，突如其来的家庭变故，实在是沉重打击，解官便没有俸禄，全家陷入经济困境。朱松岳父家的丰厚产业在方腊起义后焚荡殆尽，自顾不暇。朱松三兄弟无法筹足资金与安全运送亡父灵柩回婺源，只好停殡于政和县感化里（今铁山镇凤林村）的护国寺。朱松辞官，退出官舍，在政和城南星溪边的正拜山（今飞凤山）麓赁屋而居。为了解决经济问题，养活全家大小，朱松于宣和二年（1120）秋在政和桥南正拜山下建书院收徒讲学，以收取束脩贴补家用。朱松新的讲学之所，在县衙对岸的正拜山麓，前临七星溪，便起名星溪书院。由于云根书院为朱松在职所建，带有官修色彩，且离官衙太近，戴孝之人不便出入，故而朱松多在私立的星溪书院为诸生讲学。朱松这样做，显然是要分清公与私的不同，公私分明，人无闲话。星溪书院"乃藏书之所"，因书院规模较大，场所齐全，既可以教学，又可以藏书，解决了县学和云根书院藏书没有场所的问题。

宋代读书人，在职则尽心效力办事，去任则可讲学授徒。这是西周文化之遗风，因为西周国学、乡学教师皆由士以上现职官员和退休官员担任，体现了政教合一的特点，且形成一种良好的社会风气。朱松在政和亲手创建云根书院和星溪书院，着力培养人才，对政和教育来说，可以弥补官学的不足。实际上，官办学校、私立学校，各自都在培养人才上发挥重要作用，尤其是承担着创造社会价值的重任，起到教化作用。

朱松"中更忧患，端居无事"，以读书讲学为主。朱松在星溪书院讲学，收授对象以普通百姓子弟居多，因此受教育者众多。其中，程鼎（1107—1165，字复亨）于宣和元年（1119）远来追随姑表兄学习，前后两年时间。因听报父亲去世噩耗，要马上回老家看望母亲和祖母。临别前，朱松写一篇序文送之："广平程某复亨，谓予外兄。从予游于闽者而语以安逸忧患，知之详矣。"朱松要求表弟回去做好几件事："葬吾舅而后加吉服"、"茸尔居以宁尔亲"、"勿忘四方之志"，"子归矣，他日执经而米问予，能入于常流而不变其味乎？尚能为君辩之"。序文的落款时间是宣和辛丑八月某日，即宣和三年（1121）八月某一天。朱松从尽孝、事亲、交友、享乐、学问、志向六个方面要求十五岁的表弟，寓意深远。"茸尔居以宁尔亲"，讲的是程家房屋在战乱中受到破坏，需要修复以便亲人居住。朱松所言"勿怀安"，令人想起"齐姜劝重耳勿怀安"的历史故事。从这里看出，儒家无不借重要历史事件、重要历史人物来讨论为人处事的深刻哲理，实质就是教化。吴球，政和南庄人，家庭贫困，但从小聪慧，喜读书。星溪书院创建后，朱松惜其才，纳院而读。经过十年的勤奋苦读，宋绍兴二年（1132），吴球与政和同乡谢誉同榜考中进士。他是星溪书院创办以来走出的第一位进士，也是政和立县以来考中皇榜的第四位进士。

宋宣和五年（1123）八月，朱松守孝三年期满，正式脱下孝服，换穿吉服。朱松兄弟谨遵曾子所言"生，事之以礼；死，葬之以礼"的孝道精神来对待先人，花钱买下政和城外莲花峰下护国寺侧的一块山地，于十二月初一安葬先人。朱松兄弟按传统葬法让先人入土为安，谨遵儒家孝道行事。

兄弟入籍　定居政和

罗小成

宋宣和二年（1120）五月二十日，朱松父亲朱森病逝于"建州政和官舍"。朱松当即请求解官守孝。对朱松来说，突如其来的家庭变故，实在是沉重的打击，解官便没有俸禄，全家陷入经济困境。朱松三兄弟不仅无法筹足资金，加上方腊起义未平定，无法保证安全运送亡父灵柩回婺源安葬，只好停殡于政和县感化里（今铁山镇）的护国寺。

朱松请好友金确然帮助其父朱森挑选墓地，最后选中县城外感化里凤林村莲花峰下护国寺侧的一块山地，朱松、朱柽、朱槔兄弟花钱将其买下。朱松又请好友政和县主簿卢点作墓志铭。为感谢卢点，朱松作诗《以研墨送卢师予》赠之。宋宣和五年（1123）八月，朱松守孝三年期满，复官得到批准，任南剑州尤溪县尉。同年十二月初一，朱松兄弟按传统葬法让先人入土为安，安葬了父亲。

朱松兄弟将其父朱森安葬在政和，意味着以政和为第二故乡。而朱松也思虑，两个胞弟年纪也不轻，大弟朱柽已二十五岁，小弟朱槔已二十三岁，将来要谋求发展，要有一个落脚的地方。最重要的是两胞弟"皆以读书与科举为务"，就是要参加科举考试获取功名。按北宋嘉祐科举制度规定，朱柽、朱槔二人已经具备"房舍"和"父坟"均在政和县，才符合科举考试的条件要求。于是，朱松将胞弟朱柽、朱槔上报户口，入籍定居政和。

朱柽占籍政和，在星溪书院讲学兼读书，后中武举，为承信郎，平生坚决主战抗金。绍兴十七年（1147），朱柽去世，葬政和县延福寺后将溪（今星溪乡富美村）。绍兴十八年（1148）秋，朱子给表叔写了一封信，信中提道："熹去岁遭三叔之祸,今甫练祭,旦夕一至延平护丧,归葬政和,迎侍三姊,以来同居。"信中讲到三叔朱槔过世一年,当时他将叔叔朱槔的灵柩从延平护丧,归葬政和,并迎请三姊到五夫与祝夫人同居。乾道八年(1172),朱柽之妻去世,朱子扶送叔母之丧还政和。朱子于当年九月写信告诉好友方士繇说:"来月之初,须且送叔母之丧走政和,归来月余,方得为去计也。"次年冬至,朱子告诉吕祖谦:"熹昨以叔母之葬走政和,往返月余,今适返舍,汩没无好况,它无足言者。"从这些来信中,可以知道,朱子在政和帮助堂弟朱熹料理叔母丧事。朱柽之子朱熹,孙塈、壁、坚、垚,多定居政和。其孙后有散居江浙等地,其中江苏镇江一支朱氏后裔尊称朱柽为其始祖。

朱槔占籍政和,在云根书院讲学兼读书,后报名参加考试,考取建州贡元,参加省试没有考中,却怀才自负,不肯俯仰于世。生平未仕,贫困潦倒,寓居政和,在闽浙皖各地漂泊多年,晚年寓居浙江湖州。朱槔于绍兴十二年(1142)的风雨除夕,夜寄一首长诗给朱子,抒发一腔抗金报国之志。朱子于绍兴二十一年(1151)春赴临安(今杭州)铨试,中等,授官。于五月往湖州拜访三叔朱槔。七月南归,转会稽(今绍兴)见三叔母丁氏及堂兄。此后不久,朱槔便去世。朱槔去世后,归葬政和星溪里;其子居湖州等地,后入仕。朱子有《祭叔父崇仁府君文》。朱槔著有《玉澜集》,淳熙八年尤袤作跋。

明志悟性　师从豫章

罗小平

古代读书是为己之学，即为自己修身进德而学。因为德本艺末，况且修身进德是终生之事。朱松在取得同上舍出身后，入闽担任政和县尉的同时，仍然不忘拜师求学。

朱松选择的老师是杨时的弟子罗从彦。

罗从彦是南剑州剑浦县罗源里（今福建省南平市延平区水南街道罗源村）人，字仲素。世人称为豫章先生。13岁就在藏春峡吴仪、吴熙那里读书求学。后来，听杨时讲《易·乾》"九四"爻时说，河南"程颐说得好"。于是，卖田产作为路费，徒步千里到洛阳求学。归闽后又师事杨时20多年。距罗源10余里的李侗得知罗从彦是杨时的弟子，投书向其求学。《宋史》《闽中理学渊源考》等志书说：李侗24岁，听说同郡人罗从彦得河南洛阳二程的学说，于是投书请求纳为弟子。李侗24岁求学于罗从彦，时间在政和六年（1116）。而且有史料说，朱松、李侗和沙县的邓迪为同门友也在这一年。沙县罗从彦纪念馆重刊《豫章文集》即此主张。

事实上，朱松、李侗、邓迪为同门友时间在宣和六年（1124）。因为朱松入闽时间是政和八年（1118）。朱松在政和任上的宣和二年（1120）丧父，待制三年，于宣和五年（1123）调尤溪县尉。《南溪书院志》说："宣和五年，韦斋先生来尉尤溪。"宣和五年即1123年，设好书室的第二年即宣和六年（1124）。也就是说，朱松是叫人到剑浦请罗从彦写《韦斋记》后，得知其在罗源讲学才投入师门的。不过，三人择师的原因不同：李侗是24岁之前心有旁骛，到婚龄时吴氏提出择婿条件必须是道学正传的学子，于是投入罗从彦门下；朱松、邓迪起初以诗闻名，后来转入古人之学。特别是邓迪更痴迷写诗，陈渊劝他学圣人之学。于是，三人始有受学罗从彦之门的经历。

罗从彦有不少弟子，有姓名可考的就有浦城的萧顗和罗从彦的堂弟罗革。其中，朱松、李侗、邓迪是南剑人交口称赞的三位。《宋史》说："沙县邓迪尝谓朱松曰：'愿中如冰壶秋月，莹彻无瑕，非吾曹所及。'松以谓知言。"意思是说，李侗的品格像冰壶秋月、莹洁无瑕，我们都不能跟他相比。朱松认为邓迪的话很有见识。

朱松受学罗从彦之门所学主要内容有五：一是儒家经典。如《春秋》《中庸》《论语》《孟子》，但不是汉代的训诂，而是以理释经、以理释性。二是心法。心法即"人心惟危，道心惟微，惟精惟一，允执厥中"十六字心法。之后，儒家道统经历了孔子倡道洙泗、二程倡道伊洛、杨时倡道东南三个阶段。杨时载道南归，"道南"一脉的学者承前启后，递相授受。《豫章罗先生年谱》说：杨时教罗从彦"心传之秘"。明人黄仲昭"道脉承伊洛，心传在考亭"、苏章"若非载道来伊洛，安得传心到考亭"、徐即"南来吾道传心印，虚过一生愧汗流"，证实宋明所传理学的实质是心法。三是以静坐为修身之法。静坐是佛家修身的重要方法，儒家援佛入儒，推崇静坐修身。李侗初见罗从彦时，终日相对静坐；罗从彦很喜欢静坐，李侗也常常退入室中静坐。四是传授中和思想。中和思想源自《中庸》：中，是天下的大根本；和，是彻悟天理的境界。罗从彦教育弟子要在静中观察喜怒哀乐未发前气象而求所谓中，从而知天下之事都是这个大根本衍生出来的。这是"道南"学派理学家递相授受的要诀。五是明辨公私义利。"默坐澄心，体验天理"是"道南"学派格物致知的法门。天理是至公至善之理，但若人心私曲，就有恶人之理、恶人之事。所以，他们理解的公私义利是：哪怕心里萌发一毫私欲，都要退让听从、听命于义理。六是明"理一分殊"。杨时与程颐书信交往讨论张载的《西铭》，认为此文言体而不及用，恐怕流于墨子的兼爱。程颐回信说："《西铭》明理一而分殊，墨氏二本不分。"也就是说，墨氏知理一，但不知爱有差等。经程颐点拨，杨时释然无疑，并说《西铭》理一分殊，明白理一，所以是仁；明白分殊，所以是义。所谓分殊，好像孟子说的"亲亲而仁民，仁民而爱物"。也就是说，爱的差等是先事亲敬长，而后由近及远仁民、爱物。朱松、李侗、邓迪学有所得。李侗曾对弟子说：不担心天下一个理，难的是道德实践的分殊之用。

史料记载，李侗在罗从彦门下求学多年，说明朱松与李侗、邓迪受学不止一次，他们所学的道德性命之学为日后人生德业打下了良好的基础。同时，因同出师门，彼此结下深厚情谊。比如，朱松、李侗就把对方的孩子看成是自家的孩子而有所关照：朱松为教儿子朱熹读书，曾托李侗帮助寻找儒家经典。李侗将此事转告给在遂安军（治在严州）节度推官任上的内兄吴方庆。买到书后，李侗给朱松写信说：过去委托寻找的大字本《论语》《孟子》，听说吴方庆在严州印回来了。找这种书很困难，推想其他途径不是容易获得的。

朱松与李侗、邓迪同学罗从彦之门，"道南"学派继继不已，道统得以绍绪不绝。

（作者系南平市台办调研室助理研究员、南平李侗文化研究会副会长）

佩韦自缓　变化气质

罗小成

　　朱松在政和期间，结识了建州浦城仙阳人萧顗并从学。萧顗（1067—1145，字子庄）天资朴实，少孤，事母以孝闻。萧顗受业于杨时，学问大有长进，在故乡讲学授徒，讲究"仁熟""义精"，认为"士之所志，舍仁义所为哉！惟仁必欲熟，义必欲精。仁熟，则造次颠沛有所不违；义精，则利安身而德安矣"。其中"仁义"代表是道德原则；而"仁熟"之说，即源自孟子"五谷者，种之美者也"。儒家以不熟的仁比喻个人的道德不完善，故而推其极致，则仁熟就意谓人格完美。朱松从游萧顗，在求学向道上迈出一大步，有明确的道德追求。

　　宋宣和五年（1123）八月，朱松在政和守孝三年期满，复官得到批准，复本等差遣，任南剑州尤溪县尉，乃间隔三年多再仕。朱松走马上任，两个月里"遍拜邑中之士"，求贤若渴，寻代明师良友。朱松交游有尺度，要"友其士之仁者"，要结交贤能，既鼓励别人，也要鞭策自己，以仁为友。朱松与尤溪县令郑德舆成为知交，又从师豫章先生罗从彦，以明"修道之谓教也"。

　　朱松才高智明，致力于读书明理，"其刚不屈于俗"，自觉性子急害道，于是佩韦约束。"性子卞急"与告子讲的"生之谓性"和横渠先生所称的"气质之性"一样，都是后天之性。宋政和八年（1118）八月，朱松尉政，在尉署开设"韦斋室"，学古人佩韦戒性，世人称"韦斋先生"。朱松能知过思自改，狠下"克己工夫"，纠正气质之偏，以求变化气质。宋宣和五年（1123），朱松更调尤溪，榜其斋亦如是，将尤溪县尉侧的燕居读书之室命名韦斋。次年，请导师罗从彦先生作记，请吴郡户曹君令德作铭。曹令德即南剑州沙县人曹辅（字载德）之弟曹轼，与李似祖于崇宁五年（1106）夏四月至六月在京师问学于杨时，问"仁"之学。曹辑师从龟山先生，登第后官吴郡户曹，宣和六年（1124）作《韦斋铭》。

　　佩韦制性之说，源自战国时期政治家西门豹："西门豹之性急，故佩韦以自缓。"汉代王充《论衡》亦举"西门豹急，佩韦以自宽"为说。朱松以佩韦的方式来警醒自己，意在加强修身养性。而从个性偏激处克制消磨，就是下"克己复礼之工夫"，以仁义要求自己，检束自己以就规矩，目的在于不断追求完善的道德境界。用理性克制感性，便是朱松伦理思想的基调，合乎孔子的"克己"和孟子的"取义"的思想原则。宋儒大都主张人性本善，多能循理而行，行仁义礼智信五德于家庭、社会。但人的才具则有自暴自弃的情形，是需要改变则可以改变的内容。朱松采取佩韦约束自我，以善自治，严格要求自己，克制不良行为，目的是要向善发展。

　　注：本文参考陈国代《朱子诸师考释》。

恪尽职守　门人登第

罗小成

宋宣和元年（1119）的某一天，朱松到全县巡查社会治安。傍晚时分，到一乡间，听到有一农家有读书声，感到非常惊异。下车走进这户农家，见到一位青年正对案危坐，吟风自若。朱松前揖，问读何书。书生起立回答：读《礼仪》。

《礼仪》是儒家经典著作之一，乃春秋战国时代的礼制汇编，所讲述的内容非常丰富，既有各种仪式的礼仪，也有人们的生活礼节，还有人与人之间的礼数，林林总总，或以为繁缛，以致较少人用心去读它。而在宋神宗熙宁八年（1075）颁王安石《三经新义》于学官，一时学者不敢不传习。多年来，读书人专治王氏之学，非《三经》《字说》《熙宁目录》《老》《庄》之书不读。"主司纯用以取士，士莫得自名一说，先儒专注，一切废不用。"这位农村青年乃能读《礼仪》之书，朱松固已奇之。

朱松进一步了解此生，"引坐与语，酬应敏给，使出其文，词气亦不凡。近问其姓名，则曰谢姓，名誉，字绰中也"。朱松觉得比自己小一岁的谢誉（1098—1043）有进取之心，愿意收为门下生而教之。征得对方父母同意后，便一同归尉署。此后，谢誉不仅能在云根书院读书，而且朱松在闲暇之余，"日授以经史百家之言，而勉其业之所未至"。朱松有针对性地对他进行补缺补漏教育，谢誉学业日益长进。

在朱松的用心教导下，谢誉经过12年的潜心修学，于宋绍兴二年（1132）进士及第。第二年，谢誉调任邵武府泰宁县职主簿。谢誉是政和立县130多年来考中皇榜的第三位进士，也是云根书院走出的第一位进士。

将溪葬母 政和受学

罗小成

朱子出生后，随父母到过古田、长溪（今霞浦）、尤溪和泉州石井。宋绍兴三年（1133）二月，资政殿学士、提举临安府洞霄宫的谢克家正好再知泉州，兼福建路兵马钤辖。他很欣赏朱松的学行才识，于是加以举荐。绍兴四年（1134）三月十三日，朱松接到任命书，单身北上入都试馆职。朱松亲历政朝换代而命运沉浮，对国家前途有深刻思考，对人们所关切的社会问题，在应对"天下有常势，非人之所能为也"的策问时，对有志"恢复大业之君"，提出中兴事业的独到看法，行文说理透彻。由此，朱松被知枢密院事赵鼎（1085—1147，字元镇）所赏识，循左从政郎，除秘书省正字。

朱松在秘书省才半年左右，母亲程夫人于绍兴四年（1134）九月去世，便办理申请回乡守制手续，离开京城，风尘仆仆地赶回建州环溪精舍。次年，朱松与胞弟一起扶柩往政和，且择岁末吉日安葬。朱松兄弟将先妣安葬在将溪（今星溪乡富美村）铁炉岭下。没有与先考合葬在一处，与古代习俗有关："古者不祔（合葬），为不忍先死者之复见也。"两座墓地不在同一处，相离又不算远，皆是经过认真选择的风水宝地。朱松兄弟让先考、先妣安息在秀美的政和山水之中，恭敬慎重地处理先妣的丧事，可谓孝子也。

宋室南渡初期，官员俸禄减半支给，加上农业、手工业破坏，粮谷贵而铁钱贬值，下层官吏生活比较困难。而朱松买地营葬等开销不小，导致尽室饥寒，由此一连失去两个儿子。朱松遭受丧母，加上儿子伯仲皆夭，悲痛欲绝。后来，朱松致书赵鼎："甲寅之秋，身患大难，荼毒流离，自分必死，而又尽室饥寒之忧，朝不保夕。事之可以分其思虑者，未易以一言尽也。"朱松身处逆境，积极进取,尽力而为,不再让家人忍饥受冻。其向赵鼎诉苦,表明自己要改变窘境,要居上位者援手帮助。

宋绍兴五年(1135)春,朱松和夫人带着朱熹离开尤溪,在政和县星溪畔住下,开始守丧生活。朱松与知县张民彝往来交流,张知县已于绍兴四年(1134)重建毁于兵燹的县衙。朱松旧地重游,感慨时过境迁,也谈及对政和教育的设想。

宋绍兴五年(1135)四月,以龙图阁直学士致仕的名儒杨时去世。不久,郑德舆将此噩耗转告朱松,并请朱松代写一篇祭文,追述龟山先生求学继道、为世楷模的一生。朱松在政和省墓之外,较多时间是在星溪书院藏修之所教徒讲学。六岁的朱熹由此有更多时间接受庭训,在严父督导下苦读经书。

朱松守丧期满,于绍兴七年(1137)四月得到左相张浚荐举,只身前往建康(今南京)奏对。朱松因忤权相秦桧,于绍兴十年(1140)罢官回闽,居住在建州城南环溪精舍。之后,他每年都要带上朱熹前往政和省墓,传授孝道思想。

注:本文参考陈国代《朱子文化孕育地——政和》。

晓谕世人　戒溺除恶

陈明贵

古时政和，地僻人穷，被认为是"南蛮"之地。平民好讼勇斗、溺女弃婴严重。有一天，朱松去感化里四都桂林坊（今凤林村）看望在护国寺讲学的父亲朱森，在村口遇到一个瘦骨嶙峋的老妪正在哀伤凄婉地哭泣。朱松一问，才知是其孙女昨日刚被溺死了。

一天清晨，朱松经过星溪桥访察南片民情时，一阵声嘶力竭的婴儿哭啼声从远处传来。他环顾四周，屏息静听，确认是从星溪桥头河边摇摇晃晃的谷筐里传出的。前有听凤林村溺女民情，今有闻星溪河婴儿啼声，身为主管政和治安和法纪的官员，朱松对此固不能放任不管。他深知"明人伦、励名节"为先务，对溺女和杀子这种违背人伦天性的恶行，在恻然的同时，自然要严加惩戒。他立马嘱人弄个明白。一经禀报，正巧，与祭扫时遇见的现象同出一辙。

从此，朱松将此事放在心上，凡公务所到的村庄，都注意了解弃婴情况。经过一段时间的民访调查，发现政和非常重男轻女，民间遗弃女婴、溺死初生女婴现象普遍，而且还出现"不喜多子"而溺子的现象。朱松认为这是一种典型的重男轻女思想，是一个极其残忍、令人发指的恶俗，此风实为糟粕。"男女诚人伦之首、成福之源也"，人口应遵循自然平衡法则。

为了禁止这种恶习，朱松深思熟虑后，亲自展纸挥毫，用通俗易懂的白话文写下了一篇语重心长、操作性很强的《谕民戒溺女文》。写毕，命书吏抄写数十份，盖上大红印，派县役张贴到人流较多的街头巷尾和妇女虔诚烧香拜佛的中天寺等寺庙宫观，公之于众。

　　《谕民戒溺女文》在《韦斋集》卷十收有全文，在《政和县志》录有后半部。前半部所云，是朱松通过一个离奇的妇人死而复生故事，戒谕世人，溺女杀子，即便逃过法律惩治，到了阴曹地府也将得到报应。后半部所写，官法甚明在于行，人伦天下更不轻。通观全文不难看出，朱松正是通过冥冥中之传闻，阐述人伦之关乎天性；警戒杀子之恶行，宣扬珍惜女婴生命之理念，倡行积善种德之风气，体现以理补法的人文思想。

　　此文一出，奏效明显，有如设拯婴局、育婴堂和立禁碑之类存活甚多等般，挽救了无数婴儿生命，政和溺女之风一时息。清道光《政和县志》载："朱松以闽俗多溺子为文戒之，俗稍变。"

　　朱松以通达道理开启顽愚，提倡男女平等，移风易俗，无疑是敢于同世俗恶习作斗争的好官员，为政和百姓做了一件功德无量的大善事，世人称赞不已。

　　　　　　　　（作者系福建省作协会员、政和县民间文艺家协会主席）

南轩结社 十友唱和

罗小成

朱松是理学家，又是诗人，一生勤勉善学，知识渊博，其思想集儒、释、道内涵。少年时的朱松就才华出众、语出惊人，诗文以不事雕饰为美，讲求超然秀发，有出尘之趣，到处传诵，直达京师。

朱松公事之余，喜欢结社交游唱和；但他交游有尺度，要"友其士之仁者"，所结交贤能，既要鼓励别人，也要鞭策自己，以仁者为友。在求学向善上，朱松从游浦城的萧顗，师从延平的罗从彦；受二程（程颢、程颐）学说的影响，与著名五夫"三先生"胡宪、刘勉之、刘子翚等相友善。

在政和的十余年里，朱松结交众多的文人雅士，既有同僚同事同学，也有亲戚门人和本地的儒生乡贤。他们在南轩结社，在文友之间吟诗唱和。宋代国家和社会发生了结构性变化，民间社团随之而生。民间结社不仅解决了宋代民众生活中遇到的必要问题，还为书院、宗教精神等大众文化源泉提供了重要的土壤基础。唱和与宋代特殊的社会和政治环境所形成的文人的特定心态及高度发展的文化是分不开的，这一现象贯穿着整个宋代，不仅唱和诗人数量空前，且出现了一定数量规模的唱和群体。如富弼、文彦博居洛阳时与司马光等13人闲暇时聚会唱和所形成的"洛阳耆英会"，堪称是这一现象的代表。

朱松在政和闲暇期间，与常来政和的俞靖、程鼎、卢点、金确然、卓特立和本地儒生谢安时、谢誉、吴球、兼简、德粲、德茂、美中及胞弟朱柽、朱槔等结社酬唱，著有许多诗词。其中，朱松、朱柽、朱槔、卢点、金确然、卓特立、俞靖、程鼎、谢誉和吴球十人，因交情深厚，文苑美名，时人称之为"星溪十友"。

卢点，字师予，老儒博学，清谨有驯行。朱松任县尉，卢点任主簿，二人为同僚。他为朱松之父亲朱森作墓志铭，朱松作诗《以研墨送卢师予》赠之："明窗子石潋松腴，万卷卢郎正要渠。何似黄梅碓下客，夜翻半偈倩人书。"金确然，江西弋阳人，廉节之士，为朱松之父朱森定宅者。朱松作《示金确然》诗赠曰："牢落天涯身百忧，故人千里肯相投。知君强记当年事，莫说家山恐泪流。"

俞靖，字仲猷，婺源韩村人；程鼎，字复亨，徽州歙县人。宋宣和元年（1119），两人追随朱松来政和云根书院学习。前后两年时间里，学问大有长进，收获颇丰。宣和三年（1121）八月，程鼎父亲去世，要马上回老家尽孝。临别时，朱松写一篇《送程复亨序》送之，从尽孝、事亲、交友、享乐、学问、志向等六方面要求程鼎，寓意深远。

卓特立，字民表，建阳考亭人。与朱松一样，宋政和八年同上舍出身，他们既是同学，又是同榜。加上朱松妹妹嫁到建阳，两人喜欢喝茶，都是分茶高手，他们之间交往密切频繁，在唱和时写诗多首，如《留别卓民表》《答卓民表送茶》等。在熊山白云寺游玩时，朱松即席写一首《招卓民表来云白寺》："剥啄浑无去客嗔，丁宁招唤只怀人。南风殿角凉如水，来洗眼前朱墨尘。"

朱柽，字大年，行百三；朱槔，字逢年，号玉澜，行百四，均为朱松胞弟。父亲朱森病故安葬护国寺侧莲花山后，兄弟二人入籍定居政和，在星溪书院讲学授课。朱柽中武举人，为承信郎，平生反对求和，主张抗金。朱槔中建州贡元，精于诗文，喜欢以诗文会友，结社唱和，人称其"心胸雍容广大，有经世之志"，著有《玉澜集》一卷。朱槔写的诗，多数是抒发感情，如《寓居南轩》写道："云气披猖月意孤，冬青倒影上庭隅。灯横老荠娥方去，书掩新芸蠹已无。一世尽知关鲁酒，十年不拟叹齐竽。支颐坐觉疏星没，独扣龙头泻酩奴。""南轩"指的是政和，宋时政和亦称南轩。晚年朱槔寓居浙江湖州，去世后归葬政和星溪里。

谢誉，字绰中，政和人，朱松的门下弟子。朱松任政和县尉时，慧眼识才，在乡间发现正襟危坐读书的谢誉，感到有培养前途，即与俱归署，授其经史之书，使其学业大进。宋绍兴二年（1132），谢誉进士及第，他是云根书院创办13年后走出的第一位进士。为感老师朱松，谢誉在星溪河畔建"观澜亭"，以便在休暇时供"星溪十友"结社酬唱。为此，朱松作《和谢绰中观澜亭》一首赠谢誉。诗中曰："云间谢公子，五字冰雪寒。展读胜图画，经行记林峦。九垓未暇游，据壳谅匪安。一到定何日，眷焉抱长叹。"谢誉与朱松从游 20 余年，与朱松诗词酬答甚多。

吴球，字元璞，政和南庄人，朱松的门下弟子。从小聪慧，喜读书。朱松创办星溪书院后在其书院就读。经过十年的寒窗苦读，于宋绍兴二年（1132）与政和同乡谢誉中同榜进士，他是星溪书院创办后走出的第一位进士。吴球有感而发，写了《星溪书院作》："茅斋雨过竹鸡啼，溪水涵空树影低。爱煞夜澜风色静，澄潭冷浸碧玻璃。"吴球先后授任泰州、福州、明州等地教授，官至承议郎。常州推官吴瑾、礼部侍郎吴廷用、澄迈知县吴如圭皆其后裔。

朱松是政和的父母官，创办了云根书院和星溪书院，教化邑民子弟。朱松是个大诗人，一生写下几百首诗，其著名的《韦斋集》中写政和的诗就有 60 多首。朱松在政和期间，以他为首的"星溪十友"唱和诗风充溢于政和诗坛的各个角落。这一重要文学现象，在政和的文化史上是不可抹灭的，其在构成政和灿烂文化中的作用更是不容小觑。

结庐服丧　二度"丁忧"

陈明贵

宋宣和二年（1120）五月二十日，噩耗降临，朱松父亲朱森病逝于政和官舍。朱松谨遵曾子所言"生，事之以礼；死，葬之以礼，祭之以礼"的儒家孝道观，悲痛中匆匆向上报请解官，依礼"丁忧"。

古代遭父母之丧，通称为"丁忧"。凡子遭逢父丧或承重孙遭祖父丧，称"丁外忧"；遭逢母丧或祖母丧，称"丁内忧"。"丁忧"服丧最后演化为历代王朝"孝治天下"的强制性法律措施。朝廷官员在位期间，如遭父母之丧，都得辞官回家为父母守制27个月，此乃中国封建社会时代士子必须遵从的孝道礼制。

可是这年夏，时逢方腊之义，江南多地睦寇战乱，局势动荡，道路梗阻。再者，自己解官无俸禄，妻家后头原本丰厚的产业又遭战乱焚荡殆尽，全家经济陷入了极度的困境，根本无力抚柩还籍。朱松兄弟悲痛至极，不得不停殡于政和感化下里四都桂林坊（今凤林村）护国寺侧莲花峰下。

辞尉的朱松，与兄弟3人开始"丁忧"生活。在行事服丧中，朱松常常似睡非睡。一个晚上，迷迷糊糊的脑海勾画着一个草庐。次日起，朱松就组织全家边守孝边搭庐。一家人起早摸黑苦作，偶请木石匠。过了一段，倚在护国寺侧的简陋屋舍告成，后曰"韦斋草庐"。

朱松一家人认真做好履孝杂务，如身着麻衣、头戴孝帽、脚穿孝鞋、腰束生麻、发蓄"百日"、手持哀杖、焚香叩拜；恪守禁忌，如不宴饮、不娱乐、不生子、不嫁娶、不外游、不剃头等。宋宣和五年（1123）五月，朱松"丁忧"期满，正式脱下孝服，换穿吉服，买下了护国寺侧一块山地，于同年十二月初一，按传统葬法让先父入土为安。时任主簿卢点作墓志铭，朱松作诗致以。

朱松虽千日戴孝，形容枯瘦，却很好地报答了养育之恩，尽心尽孝以达心安。

绍兴四年（1134）三月十三日，朱松入都秘书省馆职，正值仕途通达光景，九月家里又传来母亲程夫人病故。朱松迅即告假并办理解官守制手续，赶回尤溪，与胞弟恭敬地处理丧事，扶母亲灵柩于政和，并作《将还政和》一诗，称政和为自己家乡。自己在政和星溪畔住下，又过起"守内忧"生活，再次失去升迁机会。次年清明前，将先母葬于风水宝地——政和将溪山铁炉岭（今星溪乡富美村龙宫洋顶的山脚）。先母与先父虽未合葬，但都在相隔较近的秀美山水间。

朱松"丁忧"承传统"做七"习俗，即从先人去世那日算起，49天内每隔7天为一个祭日烧一次纸，单七较重要则加孝子哭灵。头七、七七，以朱松等男子为主，称有头有尾；三七，以朱松妻子为主；五七，以朱小妹为主；末七最隆重，儿孙整体上坟祭拜，绕坟撒把土，以示亡父母安息。在百日、周年、三周年祭奠之后，每逢清明于此为森公举祀典。

朱松在"丁忧"中后期闲暇中，不忘秉持儒家理念，穷困也不忘世道人心的向善教化。在草庐或在城南飞凤山麓租屋寓所，收徒讲学，授生儒家经典，培养人才，后称星溪书院，既为解决家人生计，又教化邑人。亦此，县邑文声扬起。

绍兴七年（1137）四月，朱松"丁忧"期满，又换上吉服，踏上了为政之路。

煮壶论道　吟诗品茗

罗小成

　　朱松到政和尉政前，早就知道政和白毫茶名播京都。政和生产的白毫茶被拼入官焙茶的历史是在宋太祖建隆三年（962）前，当时政和坑塘焙生产的白毫茶已通过建州漕运贡入京都。也正是这种原因的影响，宋徽宗喝了政和的白毫茶之后非常高兴，在宋政和五年（1115）把自己的年号赐给关隶县作县名。

　　宋徽宗赵佶特别钟爱白茶，在《大观茶论》中专门设立"白茶"之目，云："白茶，自为一种，与常茶不同。其条敷阐，其叶莹薄，林崖之间，偶然生出，虽非人力所可致。有者，不过四五家；生者，不过一二株；所造止于二三銙而已。"宋代政和所产茶多数这种"林崖之间，偶然生出"的野枞培育而成的白毫茶。这种白毫茶通过建州北苑供御到朝廷，故当年蔡襄在任福建漕运使时，才有咏白毫茶之作："北苑灵芽天下精，要须寒过入春生。故人偏爱云腴白，佳句遥传玉津清。"

　　朱松在政和期间，在公事之余，时常陪父亲流连铁山凤林护国寺，读书吟咏。他曾作《书护国上方》诗："久知喧寂两空华，分别应缘一念邪。为问脱靴吟芍药，何如煮茗对梅花。"煮石烹茶，对梅细酌，这正是古代寺庙接待文人墨客的常态，更是佛教寺庙与茶缘的实况。"护国上方"即护国寺，此诗原题于护国寺壁。

　　朱松好茶，且对茶有深入的研究。他经常利用下乡巡视和休暇的机会，到将溪延福寺、东平龙山寺、外屯的石门寺及城关白云寺等著名古刹，品茗论道，吟咏会友，留下不少与茶有关的诗作。如《董邦则求茶轩诗次韵》："一轩新筑敝柴荆，北苑尘飞客思清。更买樵青娱晚景，便应卢老是前生。千门北阙梦不到，一卷玉杯心自明。冷看田侯堂上客，醉中谈笑起相烹。"卢老是唐代诗人卢仝,作《七碗茶歌》。朱松一喝茶便想到卢老,可见朱松有多么好茶。《谢人寄茶》:"寄我新诗锦绣端,解包更得凤山团。分无心尝陪颠陆,只有家风似懒残。"这里写友人寄龙团凤饼给他,朱松高兴之余就想起茶仙陆羽和唐代懒残禅师。《元声许茶绝句督之》:"凤山一震卷春回,想见香芽几焙开。未办倩君持券买,故应须我着诗催。"朋友许诺给朱松的北苑茶还未收到,他写诗催朋友快寄茶。此外,他还写了《次韵尧端试茶》《次韵张漕茶山喜雨》等多首茶诗。

宋朝的士大夫几乎都掌握了细腻而雅致的分茶技术,朱松也是分茶高手。朱松从临安(今杭州)归来,到建阳妹夫家,好友卓特立(字民表,建阳人,同榜进士)带茶饼来,与朱松一起分茶。宋代用茶瓶煮水,必须用耳朵判断水的沸腾:水初沸时,如"砌虫卿卿万蝉催";水二沸时,如"忽有千车稇载来";水三沸时,如"听得松风并涧水"。水煮太久,沸腾的时间太长,就会变老,冲出来的茶就会变苦。沸腾一会儿,就要移出茶瓶。等沸腾的状态一平息,马上左手执茶瓶、右手执茶筅,高举并瓶,往茶盏有节奏地点水——不能直接把水冲向茶末,而是绕着盏注水。卓特立落水点精准,落水线飘逸,茶汤稳定而平和。朱松品了卓特立的茶后,作了《答卓民表送茶》诗:"搅云飞雪一番新,谁念幽人尚食陈。仿佛三生玉川子,破除千饼建溪春。唤回窈窈清都梦,洗尽蓬蓬渴肺尘。便欲乘风度芹水,却悲狡狯得君嗔。"

先贤之地　过化之乡

罗小成

政和县古为福州宁德县关隶镇之地。后晋天福六年（941），关隶镇为闽王王审知长兄福建观察使王潮所立。宋咸平三年（1000），关隶镇升为关隶县，改隶属建州。宋政和五年（1115），宋徽宗赐关隶县名改为政和县，时李敏求为知县。先民以县在州东，故政和亦称东和。宋时一万户以上为望县，七千户以上为紧县，五千户以上为上县，政和为紧县。

朱森，字良材，号退林，朱松之父，朱子之祖父，系徽州婺源县（今江西）吴郡朱氏第七世。他毕生以读书自娱、教学为乐。其子朱松赴政和任县尉时，他变卖田产，随子举家八口入闽。朱森是位满腹经纶的老儒士，他周游政和名山胜景，选定在苍松翠竹、峰峦叠嶂的感化里凤林村护国寺清居，常邀请当地儒生在此谈经论道，传授儒学。他屡屡告诫朱松兄弟：政邑山明水秀、风光如画，只可惜地域偏隘、教学荒疏，尔等要涵儒教泽，以开化邑人子弟，使之成为名贤诞毓之乡。宋宣和二年（1120）五月，朱森病故，时睦寇战乱道梗，朱松兄弟不能抚柩还籍，遂葬父朱森于护国寺西，后被追赠为宋承事郎。朱松兄弟葬父于政和，把政和视为第二个故乡。朱松胞弟朱柽、朱槔上报户口，入籍定居政和。明成化十四年（1478），在福建按察司金事周孟中的倡议下，由邑民王窗捐资重修朱森墓，在护国寺旁建启贤祠三楹以祀朱森。巡抚御史高明公亲笔题写墓碑和祠匾，并檄传政和县令每年在启贤祠为朱森举行春秋祀典，责令护国寺寺僧永守墓、祠。政和人民感念朱森倡导涵濡教泽，感化邑民子弟，故把凤林乡改名为启贤乡。

朱松，字乔年，号韦斋，朱子之父。宋政和八年（1118），朱松中进士，到政和担任县尉。因担心自己性急而贻误政事，故学古人佩韦戒性之义，在尉署建一室，取名韦斋，旦夕休寝其间以自警，故世人称之韦斋先生。朱松有俊才，下笔语辄惊人，为官清正廉洁，制治有方，民赖以安，作《谕民戒溺女文》，劝邑民消除"溺女"等恶俗。为开化邑风，秉承父嘱，朱松到政和后不久，就创建了云根书院和星溪书院，延师以训邑人子弟。他慧眼识才，在乡间发现刻苦读书的谢誉和政和城邑从小聪慧的吴球，让他们分别在云根书院和星溪书院就读。宋绍兴二年（1132），谢誉和吴球两人同时考中进士。在闲暇之余，朱松喜欢结社交游唱和，以仁者为友，以他为首的"星溪十友"唱和诗风充溢于政和诗坛的各个角落。自朱松建书院后，政和文风始盛，儒士善人彬彬蔚起，邑人称他"既民之父母，又民之师保也"。从宋宣和元年（1119）至咸淳七年（1271）的百余年中，政和出了9名进士、23举人和65名贡生。宋绍熙五年（1194）十月，宋光宗追封朱松通议大夫。元至正十一年（1151）十二月，元顺帝追谥朱松献靖公。元至正年间，政和人民在星溪书院为朱松立碑，建韦斋祠，主祀朱松，配黄榦、蔡元定、刘爚，真德秀，春秋两祀，岁以为常。

宋建炎三年（1129）十一月初，朱松一家到政和垄寺以避锋镝。建炎四年（1130）五月，浙中龚仪叛兵破隘入建州松溪，朱松携家人到闽中尤溪避乱。仅过三个多月，九月十五日中午，朱子降生于尤溪郑氏义馆寓舍。绍兴四年（1134），朱子的祖母程氏夫人病故。次年，朱松扶柩到政和，择地葬母于星溪乡富美村铁炉岭。六岁的朱子随父朱松返回政和县，在这里为祖母守孝三年，就学于云根书院和星溪书院。一日，朱松授以《孝经》。朱子一阅封之，题其上曰："不若是，非人也。"朱松在拜祭扫墓时，常携朱子在身边，以身体力行的方式带他体悟孝道。朱子成年后，多次往来政和展墓或讲学，住云根书院或数月或半年。他祭扫祖父母墓地时，在护国寺写下《十月朔旦怀先陇作》诗一首，纪念其先祖。宋乾道八年（1172），朱柽夫人病故，朱子赴政和主持叔母之丧。宋绍熙六年（1190）三月，61岁的朱子启程赴漳州任知州前，还带其弟子蔡元定等到政和展墓。他在富美延福寺见寺壁上有其先父朱松题留三首诗，徘徊其下，流涕仰视，动情留言。每次到政和，朱子都要到云根书院和星溪书院讲授理学，弘扬孝道，一时四方学子云集政和。从此，政和文风振兴，英才辈出。政和人民为了纪念朱子在政和的功绩，把云根书院作为祭祀朱文公的场所，每年春秋两祀。明嘉靖二十年（1541），知县俞时歆移建云根书院于黄熊山中天堂右，并建朱子祠，安设朱子牌位。每逢朱子诞辰之日，邑人举行隆重的朱子祭祀活动。

政和是朱子的祖父朱森倡导的涵濡教泽之地，是其父朱松创办书院、首开文化教育先河之地，是朱子一生对孝道认识、践行、研究及弘扬的原点之地。因此，政和被人们誉为"先贤过化之乡"。

徽宗赐名　韦斋考证

魏万能

政和建县逾千年，从最初五代后晋天福六年（941）设立的关隶镇，经历60年升格为关隶县，又经过100余年，到宋政和五年（1115）更名为政和县至今，期间充满了许多传奇色彩，故事里大都与政和茶有密切的关系，为人们津津乐道。

宋氏古谱《杂事记》中记载：后周世宗显德六年（959），关隶镇留源（今镇前湘源村）的宋炎、宋灼兄弟精通制茶，于北宋建隆三年（962）在下庄坑塘村开办龙焙，取名"坑塘焙"。坑塘焙位于道教名山洞宫山中，茶叶质量好，深得北苑贡茶制茶师的好评，遂将坑塘焙定为"外焙"。此后，每年制出白茶悉数送到建州，作为北苑贡茶，经漕运而进御。从此，宋炎、宋灼后人"以茶积富"。　明永乐《政和县志》中记述："关隶之地野枞遍布，其叶银毫隐伏，其汤乳花殊白，山民目为珍物。"生产的白茶银针备受推崇，被文人誉为"北苑灵芽天下精"。北宋淳熙年间政和县令袁采作《龙焙试茶》："龙焙春回紫瓯动，濯足坑塘初试茶。袅袅茗香笼凤阁，竹笛频吹颂物华。"坑塘一处制茶而凿出的"龙涎泉"，元朝政和县尉叶景仁作《龙涎泉》："岩间石溜发寒泉，水映闲云断复连。涌出玉花并石髓，遥看点滴尽龙涎。"

宋徽宗在治理国家上不见得有多大建树，但极具艺术天赋，"六艺"样样精通，不仅爱茶，还善于品茶，尤其对关隶贡茶情有独钟。

关隶县的"龙焙贡茶"与一皇帝从"闽隶""关隶"到"政和"的县名联系在一起，这位皇帝就是宋徽宗。

关隶县大部分区域是建溪流域，也为北苑贡茶的主产区。在北苑，宋朝设立皇家焙茶局，负责御茶的生产。官焙的茶已经不足以供应朝廷，于是茶官就在民间制茶中选取品质良好的茶进贡朝廷。为了选出上等好茶，茶官所用的办法就是举办斗茶赛，从每年举办的斗茶赛中选取良好的私焙并入官焙茶之中。

关隶县坑塘焙制作的一款白茶极品——白毫银针，参加斗茶赛拔得头筹。宋徽宗当即品尝了白毫银针，龙颜大悦，赞赏有加，便问典史官极品白茶产自何处。典史官奏曰："此茶产自关隶县。"关隶县前身是关隶镇，是宁德县闽隶里，因为"关"字与"闽"字十分相似而误。宋徽宗听后若有所思，解释道："关隶县名不符，关隶也让人联想关押奴役之地，有强制劳作之意。就算'闽隶'，也很通俗，配不上白茶之高雅。既然这地方茶做得好，那么就按所订的'政和茶法'，将我的'政和'年号赐作县名吧！"关隶县从此更名为政和县。可见宋徽宗对政和白茶的喜爱。宋代熊蕃有诗赞誉："修贡年年采万株，于今胜雪与初姝。宣和殿里春风暖，喜动天颜是玉腴。"

宋政和八年（1118），朱松任政和县尉，凡事爱追根溯源、探究道理。他对关隶县更名政和县作了一次考证，得到证实。他说：关隶镇原称闽隶里，是因为这个里有人在周朝担任闽隶职掌畜牧业的官职，周朝就用这官名作为这个地方的命名，因而名其里为闽隶。他又进一步引论：周朝职掌治安与刑法的官员叫大司寇，司寇之下分设四翟之隶，一曰蛮隶、二曰闽隶、三曰夷隶、四曰貉隶。闽隶掌役畜鸟，而阜藩放拢之。《三山志》载："宁德县有闽隶里，闽与关相似而讹也。王潮（王审知的哥哥）不知书，遂以关隶名。"王潮对内容不了解，将闽隶误读关隶，下属不敢更正。五代后晋天福六年（941），王延政立镇时也将错就错定名为"关隶镇"。

相比"关隶"，"政和"二字高下立判：政和政和，政通人和，万象更新，流芳百世。政和因茶得名，因茶兴盛。

朱松访石门寺纪事

黄成思

政和外屯乡洋屯村，唐代称"东湖"，宋时属南里八都。唐宋以来，中原腹地通往福州、泉州的一条"海上丝绸之路"正好路经此地。据政和《叶氏族谱》与《许氏族谱》记载，其始祖叶延一、许延二携家眷辞官入闽，暂居"东湖"，而后分迁镇前际头与澄源上洋拓基发派。叶、许族人将北方先进的农耕技术传授给当地居民，且乐善好施，深得乡绅民意，成为一方望族。为报答佛祖护佑之恩，叶延一、许延二捐资并发动乡民创建石门寺。从此，寺院里的金钟暮鼓、佛光福音净化着十里八乡村民善良的心田，引导人们行善向善。

朱松任政和县尉时，高僧铭庵正在主持扩建石门寺。由于公务繁忙，没有按时参加新建石门寺竣工开光大典，朱松心里一直挂记着要寻个机会造访石门寺。

终于在六月的一天，朱松得空起了个大早，只身前往石门寺。他翻过鹤都岭，迎着丛林密布的林间小道东行。道路两边新长出的藤蔓，还有横叉到路上橘红色的山刺，时不时地勾住他的衣服。可是为了赶路，也顾不得这些了。他行走在狭小的山间坡路上，走着走着腿酸力乏。或许是因为今天要去造访石门寺的缘由吧，心底一股禅意袭来，心想：我受皇上委派，到政和这个穷山僻壤小县，维持一方平安。虽然只拿朝廷的一点点俸禄，可身为朝廷命官，就得竭心尽力为朝分忧，工作真是辛苦劳累！要是哪一天能告老还乡，种上一两亩地，过上悠闲自在的生活，那该多好啊！他边想边走，爬山上一段山坡，又困又累，坐下来休息一会再走。或许是因为平时工作过于紧张繁忙的缘故，在这人稀幽静的山间小道上，朱松居然睡着了。不一会儿工夫，朱松醒来，浑身上下爽朗无比，顿悟：告老还乡的田间生活，不就是像刚才静心坐下，轻松自如地睡觉一样吗？于是吟道："橘刺藤梢胃客衣，直缘微禄得奔驰。悬知投老归田味，只似登山困睡时。"

朱松顺着一片满目苍翠、郁郁葱葱的山麓继续向山岗行走。登临山岗时，鞋子已被磨破了几个小洞，可是鸟瞰四方，远山绵绵，连天接地，明净通灵，顿感心旷神怡、超凡脱俗，又不禁吟咏："穿行苍麓瞰平冈，踏破青鞋到上方。城市纷纷足机阱，却从山路得康庄。"

朱松在山间行走一整天，傍晚时分抵达石门寺，得到住持铭庵热情接待。斋饭后，朱松详细了解了寺院及周边乡村民情民意等情况，并留宿石门寺。隐居于丛林蔽日山坳里的石门寺夜间更加清静，栖息于林间的什么鸟，偶尔发出几声幽幽的鸣叫。朱松心里感到特别不安，生怕县城里会发生什么意外。职业敏感促使他几次想起床，立马回到县衙，无奈静夜慢慢，老天不亮。朱松辗转反侧无法入眠，心里一直牵挂着城区夜里的治安，在似睡非睡中，甚至把石门寺山涧里的淙淙流水声当作城里夜巡的长短打更声了。因之慨然咏道："林栖相唤出幽谷，我亦欲起天未明。枕中泱泱响山溜，一似荒城长短更。"

次日一早，朱松拜别铭庵住持，便匆匆回城。

由于多年从事维护政和社会治安的缘故，朱松养成了昼寝夜伏的工作习惯。

（作者系政和县图书馆馆长、副研究员）

朱松与政和义茶

黄成思

政和白茶自古名闻朝野，1115 年因贡茶御赐政和县名。千百年来，在政和这片土地上，因茶而衍生的典事佳话比比皆是，政和义茶便是其中之一。

话说 1118 年，朱松进士及第，被派往政和任县尉，维护朝廷贡茶产地的社会治安。朱松携其父母及胞弟妹等一家老小，离开江西老家婺源，一路南下，经过无数关隘、廊桥、凉亭，饿了就啃食携带的口粮，渴了就效仿沿途的茶商盐夫，喝口凉亭或廊桥附近的凉水解解渴。因水土不服或年纪大等原因，朱松父亲和叔叔婶婶常因饮水不当，要么闹肚子，要么不适难耐。朱松看在眼里，急在心里，却又十分无奈自责。朱松一家人一路迁徙，沿途经江西上饶进入闽地浦城、松溪茶坪高阳，抵达政和感化下里铁山凤林暂居。

朱松接任政和县尉，有一天他到感化下里资福院一带，巡查浦赛茶盐古道路段情况，正好有六七个挑盐的盐夫也到资福桥廊桥歇脚，他们各自选准位子，将盐担往廊桥柱子靠稳。其中一位面目清瘦、岁数稍大一点的盐夫随手从担架上取下一个竹筒，拔掉孔塞，双手举起褐黑色的竹筒，咕嘟咕嘟地喝着什么，那神态十分享受自得。朱松甚是好奇，移步上前询问："敢问客官，您这里面装的是什么吃的？"盐夫上下打量一眼朱松，答道："县官大人，这是我家内人担心我体质不好，路上喝凉水容易生病，特意为我泡一桶茶水，带到路上喝的。大人您瞧，别人都是挑 100 斤，我为了喝茶，只能挑 80 斤，大老远地跑一趟货，比人家少挣两成工钱呢！"朱松谢过盐夫，心想：要是茶盐官道上的廊桥凉亭都有茶水供应点，那该多好啊！朱松是个喜爱喝茶的人，到政和上任不久，就结识一批茶商茶友，且为君子之交。有一位名叫元声的茶友，因承诺送一点茶叶给朱松品尝，朱松左等右等不见茶叶，于是乎干脆写一首诗去催换茶叶："凤山一震卷春回，想见香芽几焙开。未办倩君持券买，故应须我着诗催。"有一次，一个叫董邦则的茶友，他为人耿直大方，约请朱松去喝茶。朱松故意试探着问道："今天，就你我两人对饮吗？"朋友笑着答："茶是做给人喝的，喝的人越多，茶品就越好。"朱松听后大喜，于是将泡茶送到廊桥、凉亭供过往路人免费享用的想法一五一十地讲给朋友。两人一拍即合，越谈越投缘。董邦则是急性子，说："我明天就去花光桥和资福桥泡茶送给路人喝。"朱松端坐一下身子，说："政和到闽东宁德的茶盐古道官道就三四条，沿途廊桥凉亭数百，单靠你一人恐怕干不了，须得发动各村乡贤一起参与才行。"董邦则听后，对朱松更是敬佩有加，于是双手举起茶杯，毕恭毕敬给朱松敬一杯茶说："大人仁心宅厚，推己及人，此乃仁爱之举，政和乡民一定会支持的。"朱松摆摆手，谦逊地说："此乃政和乡民行善道义之举，就把这茶叫做'义茶'吧！"

朱松和政和茶友们说干就干，发动各村乡绅贤达到交通隘口、廊桥凉亭等设立"义茶"供应点。此后，政和义茶成为茶盐古道沿途乡村居民行善乐施的良好习俗，传扬千年不衰。如今铁山、外屯的廊桥楼阁，洞宫茶厂的义茶坊，政和城区志愿者奉献的解暑凉茶等，为无数过往行人消除徒步劳苦、解渴避暑提供便利，也把政和茶香带向远方。

朱松与东平小胳

范永光　张义建

在千年古镇政和县东平镇有个传统习俗，那就是好客的东平人，无论是欢迎远道的客人到来，还是逢年过节，或是红白喜事，酒桌上必不可少的第一道菜，就是风味独特、爽口香甜的东平小胳。可吃着小胳，大家虽然都清楚小胳是东平镇最具特色的小吃，却很少有人知道东平小胳的制作历史起源于哪个朝代、其叫法缘自何地何人。

政和县是朱子祖居地。东平乃闽北历史悠久古镇，早在三国吴景帝永安三年（260）建置东平县，东平镇属东平县一部分。宋咸平三年（1000），东平划关隶县（今政和县）管辖。至今这里还保存有完好的明、清古建民居，保留有传统墟市、畲族节、茶灯戏、跑龙赛等地方民俗文化活动。东平自古还是闽北特产小吃名镇，饮食业较为发达，香脆松软的酥丸、清香扑鼻的扁肉、滑脆可口的肉胰子、爽口香甜的小胳由来已久，远近闻名。尤其是独特风味小吃"东平小胳"，距今已有近千年历史。

政和民间对"小胳"一词的来源，流传着这样一个故事。相传宋朝宣和年间（1121），大理学家朱熹之父朱松时任政和县县尉（1118 年，21 岁的朱松中进士，朝廷授迪功郎、建州政和县尉）。某一秋日，朱松深入民间明察暗访，途经凸平（今东平，下同）时，偶感身体不适，身子困乏、头晕目眩、胃口欠佳，随即落榻于庄上一张姓屠夫家中歇息。这张姓屠夫内人擅长厨艺，心想年轻的县尉大人光临寒舍，真乃机会难得，便想露几招拿手厨艺，以招待县官。

于是，张氏夫人迅速切下一大块新鲜的猪膘肉（厚肉白）平铺在砧板上，然后用菜刀将其剁成肉酱，再盛入盆中，添加少许蔗糖后，又掺进适量细粉（地瓜粉）拌匀成馅，放置一旁腌制待用。之后，她又挑选几个鸡蛋敲碎，取出蛋汁倒入碗盆中，加入可食用的草木灰碱，用筷子搅拌均匀。等锅热时，用猪油润好锅，再将打匀的鸡蛋倾入锅中，把蛋汁烙成金黄的薄皮。起锅后的圆蛋皮一张张地叠放在菜板上摊平。然后就把已拌匀腌制好的肉馅放入蛋皮中间，将其裹成状似人体骨骼的小方块条形，包好蛋皮，最后小心翼翼地放入木制蒸笼中，用猛火蒸上两个多小时。其间要用筷子在每条蛋皮包着的小方块肉馅上插几个小孔（便于蒸得更加熟透），随后打开蒸笼取出已熟食物，将其整齐摆放在瓷盘上。于是，张氏夫人即端上蒸好的食物，上前施礼恭请县尉大人品尝。

眼前这刚刚出锅，热气腾腾、香气逼人，一条条油光发亮、色泽金黄，又十分惹眼的食物到底是啥名堂？朱松深感好奇，仅就外观品相倒也煞是好看，令人垂涎不已。这屠夫夫妇一番美意盛情难却，此时一觉醒来的朱松也早已饥肠辘辘，于是坐下细细品尝起来。谁知几口落肚，便觉得其味道爽滑、甘甜、清香，且油而不腻。此时，年轻的县尉大人食欲大振，竟然一连吃下了数条，边吃边惬意地喝上几口张氏夫人泡好的自制绿茶，全然一副心满意足的表情。

品尝之后，朱松顿时觉得眼前一亮，神清气爽，齿间留香，赞不绝口。张氏夫人见状，觉得自己的手艺能得到县尉大人的点赞，深感荣幸，惊喜万分。于是她灵机一动，赶忙上前打躬作揖说道："此物尚无称呼，县尉大人可否赐名？"面对眼前这模样怪异，类似人体胳膊的长条形状的食物，朱松计上心头，脱口而出吟诗一首："小胳乃佳肴，微恙去无踪。问君何处觅，却在凸平中。"

此后，朱松凡经过凸平都会捎回些小胳，以供县衙宴请之用和家人亲友品尝。渐渐地，凸平小胳名声不胫而走，成为四乡八邻宴席上必不可少的一道风味小吃。而凸平因制作出独特风味小吃"小胳"，也吸引八方食客慕名而来。机缘巧合，朱松与凸平小胳的这一奇遇，一时成为人们口口相传的美谈佳话，小胳的叫法便在政和民间流传至今。

（范永光系福建省民间文艺家协会会员；张义建系南平市非遗传承人）

朱松与"四两肉"

杨世玮

　　朱松到政和上任后不久,有一年,洪水发得厉害,百姓尽皆被洪水所害,有的被淹死,有的住所被冲跑,有的无家可归。解决洪水问题,如何有效地抗洪救灾,摆在了朱松的日程。底下官员建议,出动征服官兵一同抵抗洪水。于是,朱松派士兵,再引领有能力的百姓壮劳力,经过几百天的努力奋战,筑了一道堤,终于使杨源乡脱离了洪水的魔爪。

　　百姓一时欢欣鼓舞,都送上自家的猪肉以感谢朱松的救命之恩。朱松也没有拒绝,而是吩咐府上的家人家厨将这些猪肉都切成"四两重"的方块肉,以葱、姜、蒜、糖、盐、酱油、陈醋和农家陈年老红酒火红釉酒糟为佐料,经过洗肉、氽水、切块、佐料、装罐等工序进行调制。调制好的红烧肉用瓦罐在文火上炖足五个时辰,文火慢煨,充分入味。一掀开盖子,色泽鲜亮的"四两肉"顿时飘香四溢,引人垂涎欲滴。迫不及待地咬上一口,舌尖上瞬间感到滋味醇厚、肥而不腻、爽滑可口。朱松然后按村里壮劳力的花名册,挨家挨户把色泽鲜亮的"四两肉"分送给他们过年。

　　由于朱松府上的家人家厨做的"四两肉"极为讲究和美味,不仅深得父亲朱森的夸奖,而且一下子使得政和杨源这道晶莹剔透、鲜咸可口的"四两肉"菜名大噪,瞬间在百姓中间传开。食客们笑称它是"米饭敌人",因为有它佐饭,非得连吃三大碗米饭才会大呼过瘾。

　　绍熙五年(1194)八月六日,宁宗皇帝登基。朱子应诏任焕章阁待制兼侍讲,为帝王讲学。由于受父亲朱松的影响,朱子之为师,秉"正心诚意,正心克己"之论,殚精竭虑,力图匡正君心。朱子在仅仅数年的短暂从政生涯中,不遗余力地恤民隐、行荒政，其抗灾救灾活动足迹遍及崇安、南康、浙东等地，抗灾救灾治理经验被朝廷誉为"朱熹政事却有可观"，并一度被下令予以全面总结推广；同时，也在民间广为传颂，"大江分左右，万口说朱钱"（宋·赵蕃《春雪四首·其一》）。

朱子牢记父亲朱松与"四两肉"的故事，更是把推崇水利建设作为赈灾治防并举的根本方略。在朱子看来，"赈济无奇策，不如讲水利"，把兴修水利视为"农事之本，尤当协力兴修"。他身体力行，在地方官任上动员修筑了"文公堤""千古紫阳堤"等水利工程，确保一方百姓免受洪涝灾害之苦。

"四两肉"以"红"寓意"鸿运"，是政和喜宴的一道硬菜。每一次只要看到馋人的"四两肉"上桌，大家都直愣愣地盯着棕红色的"四两肉"，可一般出于相互礼让，没人主动下箸。只有同席的年长长辈发了话："动筷子！"这时候大家才都开始去衔自己的那一片"四两肉"。那颤悠悠的肉片在入口的瞬间里，虽然柔柔地颤动，却不易掉落；放入嘴里，只需轻轻一嚼，肉片便即刻融化了。那蒸得粑烂的"四两肉"，酸甜适口，酒味浓香，滑溜醇厚，肥而不腻。醪糟芳香，加之香糟和五花肉的搭配，真可以说是浑然天成、恰到好处！肉烂味香，诱人食欲，吃起来甜中略带咸味，实属一款备受人们喜爱而又不可多得的美味。

朱松与金樱酒

熊源泉

朱松在政和任县尉期间，不仅忠于职守，维护地方治安，纠治溺女陋习，而且兴教倡学，创办云根和星溪两书院，从而使政和文风大盛，人才脱颖而出，成为远近闻名的"先贤教化之乡"。朱松不但是一名地方官员，更是一位理学儒士、一位诗人。他钟情于政和的山川地理，对于历史悠久的寺观庙堂也极为关注。莅任之始，他便按照父亲的心意，让他寄住在凤林护国寺，并在其百年之后安葬于寺侧的莲花峰下。

富美村古称武溪，是距政和城关十华里的一个水美林茂的村子，自古就盛产茶叶。富美村后有一座古刹延福寺，规模虽不大，但环境悠静，周边茂林修竹、鸟语花香。作为一名山区小县的县尉，朱松公事并不很忙。因此，他经常利用暇日陪父亲朱森在延福寺小住，静心读书，写作诗文，著名的《谕民戒溺女文》就写作于延福寺。

延福寺创建于唐僖宗文德元年（888），创立者无我禅师是一位佛法渊源颇深的高僧，故尽管延福寺并不宏敞，但声名却不小。最为有趣的是，延福寺周边生长着一种当地人称作"鸡肋瓮"的藤蔓植物金樱子。这是一种蔷薇科植物，其果实黄赤色，有刺，形似小石榴，秋日成熟，有蜜香，当地百姓采之泡酒或熬之和米酿酒，即金樱子酒。据《蜀本草》《普济方》《奇效良方》等古代医书记载，金樱子具有补血益精、止冷热痢、生发黑发、消痈肿、固崩止带等多种功效。沈存中在《梦溪笔谈》中也说："金樱子止遗泄，取其温且涩也。"早在清代编纂的《政和县志》中，就对金樱子有所记载。

朱松到政和任职时虽正年富力壮，但因致力政务及研修学问，故睡眠欠佳，其父朱森则年老体弱。在延福寺小住时，当地百姓常以家酿的金樱子酒馈送朱松父子。朱松饮用后感到该酒对改善睡眠和健体确有裨益，故对这一民间"药酒"印象极为深刻。他验证于医书，知金樱子即酴也。对其功效，《蜀本草》中早有记载："蜀人中，熬作煎酒服，补治有殊效。"由是，朱松便经常携父亲往武溪延福寺，既可静心读书作文，又可品饮对健体有奇效的金樱子酒。为此，他写下了著名的七言律诗《延福寺观酴》醾："幽栖一壑无来辙，睡起忽惊春已深。踏青不趁溱洧女，曳杖来寻蒼卜林。长条挽处云笼袖，幽佩归时月满襟。武溪回首醉眠地，香力一熏愁到今。"可见朱松对金樱子酒赞许有加。

朱松在诗后还特地注明说："武溪，昔寓学之地，有酴极盛。"从中不难看出，一代名士朱松对政和特产金樱子酒的赞许和怀念之情。

朱松《新笋》诗赏鉴

李家宁

新　笋

宋·朱松

春风吹起箨龙儿，戢戢满山人未知。①

急唤苍头斸烟雨，明朝吹作碧参差。②

【注释】①箨（tuò）龙：笋名。箨，俗称"笋壳。"戢（jí）戢：聚集貌。②苍头：指奴仆。斸（zhú）：大锄，引申为掘。

【译文】春风把竹笋都吹出了地面，满山遍野聚在一起，人们都还未知。急忙唤起奴仆上山挖掘，在那烟雨之中。不然的话，明天就会被春风吹得变成高高低低的绿色竿子。

笋是春天的产物，俗话说"雨后春笋"，形容其长得快。诗人抓住了笋的这个特点，写他在春风春雨之中迅速采掘。全诗四句，围绕着"多——戢戢满山""急——急唤苍头""快——明朝吹作碧参差"几个字写来，给人一种欣欣向荣的感觉，显示了蓬勃的生命力。

古往今来不少名家对"笋"情有独钟。

李慈铭嗜笋成癖，有"我生嗜笋百倍肉"之语。他曾经"十年庭下屡栽植"，而以"地逼土薄常苦萎"引为遗憾。因此，每逢新笋上市，便趋之若鹜，亲朋欢聚，饮宴之间。"肴核两三清且腴"，却总是少不了"橙黄笋绿间野蔬"。

金代王若虚："'且食莫踟蹰，南风吹作竹'，此乐天《食笋》诗也。"

元人郭居敬所辑的《二十四孝》中，有孟宗哭竹一目，叙三国江夏孟恭武母亲酷嗜吃笋，冬日无笋，母思食甚苦，恭武因此入林哀叹，孝感动天，笋忽迸出。

李贺也写了《昌谷北园新笋四首》。其中第一首："箨落长竿削玉开，君看母笋是龙材。更容一夜抽千尺，别却池园数寸泥。"

宋朝曾几的《食笋》："丁宁下番须留取， 障日遮风却要渠。"

英国著名小品文作家史密斯在《小品文作法论》中曾经说过："读某处作家之文，如食某处之土产。读法国蒙田的小品文，可以闻到加斯科尼的一种康健的美味；读查尔斯·兰姆的小品文，则可以闻到修道院花园樱草的香味。"

今天，我们再读朱松的绝句《新笋》，仿佛也闻到南方新笋的鲜味。作者怀思家乡山居的野趣，对新笋的采摘是那样的心情急切，对儿时往事的追忆是那么美好动人，使你读后，也深深进入到那种"无数春笋满林生，柴门密掩断行人""南山老竹引鞭长，采掇新萌绿玉香"的意境中去了。

（作者系福建省作协会员、中国诗词楹联学会会员）

朱子的故事

源头活水　孕育朱子

杨世玮

政和是朱子的孕育地，那是源自一个有趣的传说。

宋宣和五年（1123），朱松除服，且在政和任县尉五年期满，调任尤溪县尉，随监泉州石井镇。建炎三年（1129）十一月初，刚要调建州（今建瓯）赴任的朱松，耳闻金兵自江西突入邵武的消息后放弃新职，携带在尤溪的家眷，沿闽江溯流而上回到政和，避乱寓居在政和护国寺旁的韦斋草庐。文曲星神和土地公公早就听说朱松为了造福政和一方百姓，倡导教育，先后创办了云根书院和星溪书院，从此政和的读书向学之风兴起、研经致史之气勃发，教育的成效促成了政和人才脱颖而出；而且孝顺又贤惠的祝氏夫人为了辅佐朱松，默默无闻地做着力所能及的事情，决定去探个究竟。正月初三的那天早上，祝氏夫人早早起来为家里人做了色香味俱全的早饭，还打上洗脸水，侍候着长辈和丈夫洗漱了。大家正要吃饭时，就听到门外有人敲门。祝氏夫人赶紧放下筷子，打开门一看，原来是两个要饭的老大爷：一位衣衫褴褛、胡须杂乱，另一位蓬头垢面、右眼角有七个黑色的小痣，两人在早晨的寒风中冻得簌簌发抖。祝氏夫人心软，看不得人受苦，就立马回身盛了一碗热气腾腾的早饭，并夹了许多新鲜的菜给他们吃，还从干粮筐里拿了几个饼子交给了他们。其实，这两位老大爷正是文曲星神和土地公公的化身。文曲星神看到祝氏夫人的确很善良孝顺，就对土地公公说：

"世间有如此贤德的媳妇，做阿公的人也该知足啊！"土地公公说："她的公公朱森为人诚实，常做功德，并且很有家教，这是有账可查的。大兄应上奏天庭，再赐一儿给朱森做孙子。"

文曲星神点头称是，就将此事上奏天庭。玉皇大帝听了很受感动，他说："下界百姓做功德，朱森有如此孝顺的媳妇，真是可喜可贺！"文曲星神就再奏道："现请至尊再赐一儿给朱森为孙，一则传宗接代，二则光宗耀祖！"玉皇大帝摸了一下胡须，就下了玉旨："准你去如何呢？"文曲星神"遵旨"，就答应到朱森的儿子朱松家去投胎出世。

一天夜间，祝氏夫人在睡意蒙眬中，梦见有两个女子跟随一只神兽麒麟，麒麟的背上坐一白胖小儿，小儿面部右眼角至右耳边长了七颗细小的黑痣。进入家中，两个女子言道："奉玉皇大帝之命，将此小儿送你，日后定能显赫，我们去也。"言毕不见。时隔不久，她即怀孕。

建炎四年（1130）五月，在护国寺住了一年的朱松又买舟携家眷到尤溪避难。俗话说，十月怀胎，一朝分娩。离开政和数月后，祝氏夫人怀了朱熹九个月零十五天时，正好是农历九月十五。相传这天，忽听肚子里有个声音在响："妈妈，如果'文''公'二山突然同时起火，火势呈现'文''公'二字，我就要出生了。"朱松听妻子这么一说，想起安葬父亲时也曾看见莲花山和笔架山同时起火，就曾求人算命。卜者说："富也只如此，贵也只如此，生个小孩儿，便是孔夫子。"果不其然，就在朱熹出生的前一天傍晚，"文""公"二山突然同时起火，火势呈现"文""公"二字。在水南安道别墅居住的朱松夫妇，见了都不敢相信自己的眼睛，为之称奇。朱松感叹道："天降祥瑞，必有所印，此喜火祥兆也！"第二天正是南宋高宗建炎四年（1130）农历九月十五日交午时分，有一道红光飞进朱松媳妇的产房，周围香气隐隐不散。出世时，"轰隆"一声，似春雷滚动、电光闪烁——原来是文曲星飞到朱松家里去投胎出世。朱松的夫人祝氏临盆，生下了他们的第三子朱熹。朱松便以文、公二山喜火的吉兆，为三儿取名为"熹"，乃"喜火"二字的结合。后人把文、公二山起火视为异象，口赞"喜火"，又尤为尊重朱熹，便尊称朱熹为"朱文公"。

幼读《孝经》　政和立志

范永亮

绍兴六年（1136）正月初四清晨，习惯早起的朱松在星溪书院庭前，看着一片薄薄的晨霜陷入沉思：三天大年已过，勤以治学的他，必须带着朱子到讲堂读书去。正当他想着此事时，聪颖的朱子已经站在朱松眼前，向他鞠躬道："父亲这么早，是否带我去研习《孝经》啊？"

朱子有个小名叫沈郎，排行五二，称五二郎。朱子小小年纪一早就能猜出父亲的心思，让朱松高兴得合不拢嘴，连连说："是啊，是啊！吾儿可愿意？""当然愿意！"朱子回答道。于是，他们一起吃早饭，一同来到星溪河边，只见北岸一片晨雾笼罩着云根书院，潺潺流过的河水声唤醒沉睡的人们，河边有挑水做饭的、有洗菜洗衣的。他们爷儿俩欣赏着这朝气蓬勃的晨景，返回书院而去。

话说三个多月来，朱子跟随父母到政和祭祀，很快结交了魏熊山、张凤岭、叶青龙、许黄龙、范珠珊等好朋友，他们都是富家子弟，也在星溪书院一起读书。这天，他们不约而同来到朱子家里，想约朱子一起去西门外的关公庙玩，没想到朱子已经到了讲堂。祝夫人急忙倒茶并拿出豆子给他们吃，并告诉他们，先生带着朱子已经去读书了。大个子魏熊山把手一挥："走，我们也上学去。"大家顾不上喝茶，拿着几粒黄豆就跑向讲堂了。

果然，只见朱子一人正在背诵《孝经》"开宗明义章第一"呢。大家向朱松鞠躬后，依次进入自己的座位，按照朱松的要求，一起吟诵起来：

仲尼居，曾子侍。

子曰："先王有至德要道，以顺天下，民用和睦，上下无怨。汝知之乎？"

曾子避席曰："参不敏，何足以知之？"

子曰:"夫孝,德之本也,教之所由生也。复坐,吾语汝。身体发肤,受之父母,不敢毁伤,孝之始也。立身行道,扬名于后世,以显父母,孝之终也。大孝,始于事亲,忠于事君,终于立身。《大雅》云:'无念尔祖,聿修厥德。'"

诵读两炷香过后,朱松看大家都比较熟练了,就指定朱子先背诵第一章,然后依次背诵。有的尚不太熟练,朱松就把《孝经》逐章作一番解释。朱子听着听着,心里就暗暗思忖着:将来一定要做一个遵守孝道的圣人。父亲讲解完让大家出去玩,朱子还在那里遐想着呢。

魏熊山对着朱子说:"别发呆了,我们去关公庙玩吧。"他们一路蹦蹦跳跳,早把背诵《孝经》的事丢到脑后了。可是朱子却不依不饶地要求他们熟悉背诵。这时,魏熊山赞成朱子,张凤岭却反对朱子,说:"大过年的,背诵什么呀!管它什么《孝经》呢。"结果就是一路争执,谁也不让谁。正当他们争执不下时,跑在前头的叶青龙和许黄龙为了争夺范珠珊口袋里的豆子,也在那里吵吵闹闹,甚至动起手来。个子矮小的范珠珊一屁股坐在地上哭着闹着。魏熊山和朱子见状赶忙前去劝架,并安慰范珠珊。这时,朱子就把刚刚父亲教授的内容搬出来训导他们:"孔子说'君子教人以行孝道',并不是挨家挨户去推行,也不是天天当面去教导。君子教人行孝道,是让天下为父亲的人都能得到尊敬。教人以为弟之道,是让天下为兄长的人都能受到尊敬。教人以为臣之道,是让天下为君主的能受到尊敬。"并指着他们说:"若不是,非人也!"这可把大家镇住了。

此时正是晌午时分,住在南门的范珠珊的母亲正在远处呼唤着:"珊儿,回家吃饭了!"他们看到范珠珊的母亲,叶青龙和许黄龙一溜烟跑了,朱子对着范珠珊安慰几句后,就和魏熊山一同回到各自的住所去了。

这年农历二月十五是春社日,朱子和几个小伙伴正在听着老人讲古代祭祀土地神的故事。随后,朱子把他们叫到书院后门的飞凤山,神情凝重地跟他们说前天跟随父亲、叔叔等前往富美祖母程夫人的墓地祭祀的许多没见过的事情。父亲朱松跟朱子说:"富美祖母的墓是新坟,必须在春社之前扫墓。你年纪小,许多事情不一定要亲手做,但是必须亲临现场参与尽孝。"

一晃清明节快到了。朱子不忘熟练背诵的《孝经》内容,于清明节头一天把几个好朋友叫到一起，告诉他们说："在春秋两季举行祭祀，以表示生者无时不思念亡故的亲人。在父母亲在世时以爱和敬来奉事他们，在他们去世后则怀看悲哀之情料理丧事，如此尽到了人生在世应尽的本分和义务。养生送死的大义都做到了，才算是完成了作为孝子侍奉亲人的义务。"希望他们清明节都去祭扫各自的祖墓。范珠珊、张凤岭、叶青龙、许黄龙都说祖墓在很远的高山区，大人不会带他们去。只有魏熊山说："好！每年清明节我爹都会带我去扫墓。朱子你呢？你会去凤林护国寺那里给你祖父上坟扫墓吗？"朱子回答说："那是必须的！若不是，非人也！"

农历三月三十日这天，清明节。清晨凛冽的寒风依然刺骨，但是晴空万里，正是扫墓的好天气。朱松兄弟及其男丁，带着锄头、畚箕、扫把、柴刀，带着祭品，步行十五里，直接来到凤林村祖父朱森墓地。路虽远，行则将至。小朱子跟随大人们不畏路远艰辛，一同来到了祖父墓前祭拜。环顾四周，回想父亲说过：此地莲花形，对面笔架山，此地气象非凡，是风水宝地。然而此时，他心中默念的是《孝经》中的内容：对先人的祭祀要严肃对待、礼法不乱，以及对祖父的仰慕和敬爱之情。

在回家的路上，父亲朱松看到朱子一点都没有疲劳之感，十分欣慰。一路上跟朱子说了许多祖父朱森在护国寺里与僧人的友谊，以及为乡亲们普及历法、传授礼节等，以及朱松在此守孝、读书、讲学等往事。来到铁山，大家都累了，就在廊桥歇一会儿。只见当地村民用政和白茶煮上一大壶，见到路过的人就热情地递上一碗解渴。此时，朱松便与朱子说道："此善举还是你爷爷在世时倡导的，如今几年了，依然传承着，妙哉，善哉！"

这天晚上，朱子拖着疲惫的身子，早早吃了晚饭就准备休息。在睡觉前，毅然在《孝经》上写上他的誓言："若不是，非人也！"

从那以后，朱子不忘初心，牢记誓言，一生行孝，至死不渝。

（作者系中国诗词楹联学会会员、政和县诗词楹联学会会长）

笃行穷理　师从李侗

罗小成

宋元祐八年（1093），李侗出生于南剑州剑浦县樟林乡（即今南平市延平区炉下镇下岚村樟岚自然村）一个官宦家庭。他是接受正统儒化教育长大的。他在其父的引领下，多次走访了藏春峡私学，并在那里结识了"二程"理学的二传弟子罗从彦。李侗敬慕和欣赏杨时与罗从彦所得的"二程"理学真谛，于南宋政和六年（1116）前往南斋书院，拜先贤罗从彦为师。罗从彦是"二程"理学真传弟子杨时的学生。李侗从罗从彦那里尽得其学，成为程颢和程颐的三传弟子。"两宋"时期的他与杨时、罗从彦，历史上一起并称"南剑三先生"。

在宋绍兴五年（1135），6岁的朱子随其父朱松由尤溪前往政和途中，路过延平时，第一次认识了父亲朱松的学友李侗。在南宋绍兴二十三年（1153），将赴同安县任主簿的朱子第一次慕名到延平拜见李侗。朱子对李侗的观点似乎有些不屑。李侗识透朱子的心态，用平和的语气和循循善诱、耐心劝导的方式委婉引导朱子，绕着弯子劝说朱子要熟读孔孟圣贤书，并加以认真思考。朱子经过长时间的认真思索，特别是在同安任职时，逐渐看出佛禅之说无法解决社会问题，于是他的思想才开始转向儒学轨道，加上本人反复研读李侗强调的儒家圣贤书，终于接受了李侗的劝导。两人坦诚交流中，朱子被李侗的博学多才和人格魅力所吸引，决定暂时把自己多年潜心研究的禅学放一边，专心研读儒学和"二程"理学。

宋绍兴二十七年（1157）五月，朱子给李侗寄去第一封研读心得《问学书》。同年十月的第二次会见，是在朱子同安县任职届满返乡后，又从五夫徒步300多里到南剑州，专程前往延平拜李侗为师，讨教理学真谛。第三次会见是在宋绍兴二十八年（1158）一月，朱子独自徒步由五夫前往延平，与李侗交流学问一月有余。在延平期间，朱子除了与李侗切磋学问外，还刻苦研读、虚心问道，从而初步确立了"理一分殊"的哲学思想。第四次会见是在宋绍兴三十年（1160）十月，这是最重要的一次会见：31 岁的朱子在与李侗多次书信交流了"主静存养"与"洒然融释"的学习方式后，终于明白了"理一分殊"的深刻道理；并借住在李侗家居边的西林院的达观轩，就近接受李侗的教授，长达两个多月。期间，李侗不仅耐心为朱子讲授儒学"仁"字和"二程"理学真谛，而且还阐述了孟子尽性，传授了自己存养、持守的经验与方法，使朱子茅塞顿开，从而摒弃佛学，完成了"逃禅归儒"的重大转变，踏上了研究理学集大成之征途。

宋绍兴三十二年（1162）正月，33 岁的朱子得知李侗到建安访友的消息，由五夫前往建安拜见李侗，并陪同李侗返回延平，还在老师家不远的西林院住了两个多月——这是他第五次到延平求教李侗。第六次会见是在宋隆兴元年（1163）六月，71 岁的李侗由建安前往江西铅山，途经武夷山时与朱子相会，并再次进行思想和学术交流。同年八月李侗返回延平时，再一次途经武夷山，师生又一次相聚。朱子借机向李侗请教赴京应诏"所宜言"，即上疏皇帝的奏折内容。李侗希望朱子向皇上表达朝廷必须任贤使能，立纲纪、正风俗，富国强兵，抵抗金兵的意向。

朱子与李侗相识、相见、相知、相交的七次会见，不仅从李侗那里学到了居敬持志、涵养功夫，而且把儒家学说用于安邦治国。朱子在师从李侗的 10 年间，校订了《谢上蔡语录》，撰写了《论语纂训序》，并将自己与恩师论学语录编写成《延平答问》，弥补了李侗著书甚少的缺陷，将李侗学问传承下来。在李侗的指导和自身努力下，朱子学问日增。朱子在自学和悟道的征程中，写下了脍炙人口的《春日》和《观书有感》。"半亩方塘一鉴开，天光云影共徘徊。问渠那得清如许？为有源头活水来。"诗中不言而喻，这源头就是指儒家学说。朱子就是这样谨遵杨时、罗从彦、李侗先师的"二程"理学之道，经自身践行努力，达到思想与理论的巅峰。

民胞物与　改革盐法

陈明贵

宋时国计民生的食盐需求量与日俱增，但囿于生产产量、运输条件所限，食盐供需缺口仍然很大；加之政府的食盐专权政策，使得盐民私煎私卖盐现象非常普遍，福建尤以东南海盐产区为突出。尽管宋自开国之初就制定严酷法律严加管束，但不仅未得到有效遏制，反而呈愈演愈烈之势。

元明以前，政和食盐由地方官向漕司领回，设立官坊散卖，称为官盐。但因僻处山阻，不通舟楫，溯流运纲，水陆兼程，少说也要数月才能到达，脚费不资，造成官盐价高。而私盐自宁德海乡而入，肩挑最多只需四五日即达，盐价比官盐低廉，西里南里一带也应运而生许多"盐夫"（以挑盐为生），一时出现县道空乏，州府漕司税计亦无所得。但盐民饱受缉捕之扰，上下交困。这种事关百姓冷暖之事，朱子无不挂念，为设法解决而四处奔波。

一个夏夜，累了一整天的朱子，睡眼蒙眬地晃晃悠悠来到床上，一会儿就入睡了。一阵酣睡声过后，进入了梦乡。梦见政和许多贫民食盐不足，腿脚发软，无精打采，庄稼歉收。梦中发问："此可了得？"

一年清明节，朱子回政和祭祖，听到了当地官员关于食盐体制弊端的反映；宿云根书院期间，也听闻当地农民因官盐太贵、私盐受打压，难以及时买到盐云云。

两耳充闻盐事的朱子，数夜难寐。一天深夜，翻来覆去在想法子。然因自己权限有限，只能报告上级解决。便一骨碌从床上爬起来，拿起毛笔写奏折。天蒙蒙亮时，终于写成《与漕司札子》一文。"札子"是当时一种重要公文文种，多用于上奏，有同今日"请示""呈阅件"一般。

　　政和县有小路数条通海乡，步行两三日可到，而官盐或半岁而后达。故官盐立价不得不高，所以民间只吃私盐。但民间本自不愿买吃官贵盐，而不买者，又有申举追呼之扰。全文虽 669 字，却"其理甚明"，无论是一针见血切中时弊，还是深入浅出分析情况，以及直面问题提出漕司改革盐法策略，都体现了朱子重视"民胞物与"思想。

　　为了札文万无一失送达漕司并能引起重视，朱子最后找到深识友谊的著名爱国词人辛弃疾，请他转达并力劝福建漕司卢彦德（辛弃疾曾任福建安抚使）罢去鬻盐。时效之快，卢属下顿感突然。

　　此后，朱子还一连串写出《答陈漕论盐法书》《转运蠲免盐铁记》《奏盐酒课及差役利害状》等状，可谓对盐政高度重视，并均转呈至福建漕司，充分体现了朱子的恤民思想。

　　朱子以一纸《与漕司札子》促进了官署改善官盐购纳体制，为政和在内的福建百姓办了一件大实事。

朱子诗学　秉承其父

祝　熹

　　朱子的父亲朱松是南渡以来以诗学见长的文人，泉州太守谢克家很赏识其诗才。而朱松对儿子寄托了希望，花很多时间培养朱子的才能，在诗学教育上也倾注了不少的心血，外出时总是将儿子带在身边，与当时许多文人雅士交往。朱子13岁时，朱松带他到福州一带游历，与年青的诗人傅自得认识。朱子深受父亲与傅自得对楣论诗的艺术感染，"知为诗之趣"。《闽中理学渊源考》卷三十一《提刑傅至乐先生自得》载：

　　吏部员外郎韦斋先生朱公建炎绍兴间诗声满天下，一时名公巨卿交口称荐，词人墨客传写讽诵如不及。予少时学诗，尝以作诗之要扣公，公不以晚辈遇我，而许从游间。宿于闽部宪台从事官舍之东轩，夜，对楣语蝉联不休。比晨起，则积雨初霁，西风凄然，公因为予举简斋"开门知有雨，老树半身湿"及韦苏州"诸生时列坐，共爱风满林"之句，且言：古之诗人贵冲口直致，盖与彭泽"采菊东篱下，悠然见南山"同一关键，三人者，出处穷达虽不同，诵此诗则可见其人之萧散清远。此殆太史公所谓"难与俗人言者"，予时心开神会，自是始知为诗之趣。

　　朱子12岁生日，朱松烹龙凤团茶给儿子过生日，写《以月团为十二郎生日之寿戏为数小诗》，其三为："骎骎惊子笔生风，开卷犹须一尺穷。年长那知虫鼠等，眼明已见角犀丰。"朱子12岁就已经笔力生风。

　　朱子13岁时，星溪十友之一的俞靖回婺源，带去了朱松的诗，也带去了朱子的练笔。到了婺源，俞靖将朱松父子的诗拿给朋友董颖看。董颖称赏说："共叹韦斋老，有子笔扛鼎。"

朱松在世时，与当时社会名流常有诗词往来酬唱。朱子耳濡目染，自然受到潜移默化的影响。朱子所拜的武夷三先生，也是作诗高手。在五夫受学期间，朱子经常与同窗好友黄铢等人吟诗酬唱，锻炼了作诗的才干。

《朱子语录》卷一〇四言："某旧时亦要无所不学，禅、道、文章、楚辞、诗、兵法，事事要学……"朱子少年时最喜欢其诗闲澹高远，以为其诗学魏、晋，有陶、谢之风引为榜样。

（作者系南平市朱子文化研究会副会长）

十月初一　先陇祭祖

杨世玮

"十月气候变，独怀霜露凄。僧庐寄楸槚，馈奠失兹时。竹柏翳阴岗，华林敞神扉。汛扫托群隶，瞻护烦名缁。封茔谅久安，千里一歔欷。持身慕前烈，衔训俏在斯。"这首诗是朱子在十月初一到他的祖父朱森坟墓前祭祀缅怀而作。意思是：十月气候骤然变冷，我独自感慨生命如霜露般短暂。先祖朱森的坟茔寄寓在护国寺旁，这时候祭祀已是错过四月清明扫墓的时节了。竹柏遮蔽山岗，茂密的楸槚树林掩映间，山寺之间隐现。因为不能守在坟茔之侧，洒扫一事只好托付给衙门的皂隶，平时坟茔的料理保护只能烦劳护国寺里的高僧。看到先祖的坟茔在他们的照料下，还是长久平安，每年千里之外的我怀想起来不禁歔欷。如今的我持身追慕先祖功业，他的教诲还恍在眼前耳边。

朱子这首《十月朔旦怀先陇作》诗篇，从题目分析，十月即农历十月，朔旦指旧历每月初一。那么，这首诗作应该是朱子在农历十月初一祭奠先祖朱森烧包袱时，有感而发写下的。

相传朱子在十月初一为亡人送寒衣过冬时特别隆重。妇女们要在这一天将做好的棉衣拿出来，让儿女、丈夫换季。如果此时天气仍然暖和，不适宜穿棉，也要督促儿女、丈夫试穿一下，图个吉利。男人们则习惯在这一天整理火炉、烟筒。安装完毕后，还要试着生一下火，以保证天寒时顺利取暖。

"人间万事阴阳隔，但能前知不会痴。悲苦自当君自晓，欢欣可共故人思。悲泪但随寒衣寄，冷雾惟怯纸箔湿。莫诉人间凄苦状，惹得离人泉下哭。"从那以后，在闽北一带，十月初一祭奠先祖时，一般在旭日东升时进行。供品张罗好后，家人打发小孩到街上买一些五色纸（红、黄、蓝、白、黑五种颜色，薄薄的，有的中间还夹有棉花及冥币、香箔备用）。晌午吃过饭，主妇把锅台收拾干净，叫齐一家人，这就可以上坟烧寒衣了。到了坟前，将包袱放于正中，前设水饺、糕点、水果等供品，烧香秉烛，一家人轮番下跪磕头；然后在坟头划一个圆圈，将五色纸、冥币置于圈内，点火焚烧。还有的人家，在坟头画圆圈时，不忘在旁边另加个圆圈。其用意乃在救济那些无人祭奠的孤魂野鬼，以免他们穷极生恶，抢走自家祖先的衣物。凡属送给死者的衣物、冥钞诸物，都必须烧焚。只有烧得干干净净，这些阳世的纸张，才能转化为阴曹地府的绸缎布匹、房舍衣衾及金银铜钱。只要有一点没有烧尽，就前功尽弃，亡人不能使用。所以十月初一烧寒衣，要特别认真细致。这种行为虽然看来好笑，却也反映了生者对亡人的哀思与崇敬，属于一种精神上的寄托。

如今，在闽北的政和还传有一诗："粘纸成衣费剪裁，凌晨烧去化灰埃。御寒泉台果否用？但闻悲声顺耳来。"生动描述了当时送寒衣的情景。

慎言谨行　敬重乡贤

陈颖华

有一年清明前夕，朱子带上得意门生蔡元定前来政和祭扫祖父母墓，并授讲理学。四方士子闻讯，纷纷前来聆听。

期间，朱子欣闻北宋太学生陈朝老（1077—1147）刚正不阿，忧国情深，不畏权贵，三次冒死进谏，提出抗击金人、收复北方国土、惩治贪官腐败等建议，却遭奸相蔡京的陷害，被流放道州三年之久，后特赦回到故乡。南宋绍兴十二年（1142）五六月间，高宗皇帝三降特诏，征召朝老入朝，朝老三次婉拒不仕。尤其是第三道诏曰："朕久下闻问，良切倾思，缅维迩来，调护多贶。始命，卿以疾俱。再命，卿以甘于不仕为辞。今兹三命，合体古人所谓'一命为伛，再命为偻，三命仆仆而走'，庶以慰朕之愿望也！"皇权至上，诏词颇令人动情，高宗给陈朝老的礼遇可谓颇隆。然而，朝老并不动心，坚辞不仕。陈公不出仕的原因在于：此时的朝廷由秦桧当宰相，也是个贪官的奸相，为人奸诈。陈公看清朝政不正风气，腐败成风，故而坚辞不出，表现出不与奸佞同朝列的高尚气节，为世人所重，称之为"陈三诏先生"。

陈朝老这种不畏权贵与高尚的气质，特受朱子的崇敬与称赞，所以特前往高宅里（政和石门）瞻仰"三诏先生祠"，以进一步了解陈朝老的生平事迹。朱子、蔡元定两人缓缓来到祠内，先向三诏画像行鞠躬礼，并注视了良久。此时，蔡元定随口说道："公之骨相厉棱，宜其不享财富。"朱子听后不快，当即批评说："富贵何如？名节香至哉。盖所以崇先哲，而励后学也。"（《石门陈氏族谱》《政和县志》有载）是呀，人生富贵又怎样？哪有比名声与气节重要呢？可见，朱子是多么崇敬陈三诏先生高尚气节的，并给予赞许道：名节香至哉。

宋庆元三年（1197）冬，因"庆元党案"，朱子被打成"伪学魁首"，去职罢祠后回到建阳住所。而蔡元定是朱子的得力门生也受此牵连，遭抄家清财，被强制流放湖南道州编管。期间，身陷困境的朱子仍关心挚友的生活情况，特去信蔡氏父子说："近至政和，又瞻三诏祠，陈君布衣上书，谪居舂陵，作诗甚多，亦有佳句。议论鲠切，不易得也。不知彼中尚有其踪迹否？"朱子请蔡氏父子收集陈朝老在道州的踪迹，以备撰述之用。可惜，还没来得及收集，因水土不服，仅一年，蔡元定于庆元四年（1198）秋卒于异乡，由次子蔡沈扶灵柩回家乡，安葬于西山。九年后，朝廷对蔡元定平反昭雪，初赠迪功郎，后赠太子太傅，谥文节。宋宝祐三年（1255），理宗皇帝御书"西山""庐峰"。明嘉靖九年（1530），诏元定崇祀启圣祠。清康熙四十四年（1705），康熙帝颁赐宋儒蔡元定"紫阳羽翼"金匾。如今，西山林茂盛葱葱，岩坚如磐，风景如画，成为闽北著名的风景旅游名胜之一，吸引众多的游人前来考察与观光，感受历史名人留下的踪迹与精神。

（作者系福建省作协会员、武夷文化研究院研究员）

朱子孝亲　送葬叔婶

陈国代

　　朱子有朱梗、朱槔两位叔叔，他们成家后，多在外地谋生，卒后则安葬在政和。这从朱子书信里可以获得信息。如绍兴十八年（1148）秋，朱子给表叔写了一封信："熹拜覆十四叔解元尊前：即日秋凉，伏惟尊候万福。熹侍下，幸遣，不烦念及。熹自顷年拜违，中间不得时时以书拜问动止，下怀不胜瞻仰，谅蒙尊察！熹兹者蒙恩赐第，自顾无似，非亲戚尊长平日爱怜提奖，何以得此？但知感幸！熹去岁遭四叔之祸，今甫练祭，且夕一至延平护丧，归葬政和，迎侍四婶，以来同居。政感怆中，裘赐促行，拜覆不谨，未得侍间，伏乞保重不备。熹拜覆舅婆太孺，即日伏惟尊候万福，娘子再三拜起居，信物一角，谩以见意，伏乞容留，熹拜覆。"信中讲到四叔过世一年，将"一至延平护丧，归葬政和"，并"迎侍四婶"到五夫与祝夫人同居，反映朱子对逝者的安慰与对生者的孝敬。

　　朱子首仕同安主簿归来，多年在崇安县五夫里杜门奉亲，著述讲学。于乾道二年（1166）十一月，将自己的近况与打算写信告诉好友何镐："杜门奉亲，幸粗遣日，无足言者，前此失于会计，妄意增茸敝庐以奉宾祭，工役一兴，财力俱耗，又势不容中止，数日衮冗方剧，几无食息之暇也。来春又当东走政和展墓，南下尤川省亲，此行所过留滞，非两三月不足往返。比获宁居，当复首夏矣。"如乾道七年（1171）十月，朱子给林用中信中说："归自政和，住家十余日，祭祀、宾客、书问之扰，不得少暇，固无暇读一字书。今又当出崇安，见新守令。石宰相招，极欲往观盛礼，及与朋友相聚讲论。而日月匆猝如此，无缘去得，甚以为恨。不知择之能拨忙一行否？"乾道八年，朱梗之妻卒，朱子要"扶送叔母之丧还政和"，于九月写信告诉方士繇说："熹自春涉夏多病多故，奔走出入，不得少休，近屏杯构，病才少愈。惟是事端无穷，未有宁息之期，又迫朝命有'托故稽留，令宪府觉察'指挥，势或当一出。前忧后愧，未知所以为计也。甚欲一与伯谟相见，不知能乘隙一见过否？来月之初，须且扶送叔母之丧还政和，归来月末，方得为去计也。"次年冬至，朱子告诉吕祖谦："熹昨以叔母之葬走政和，往返月余，今适反舍，汩没无好况，它无足言者。"可见东走政和展墓，南下尤溪省亲，亲情所系，一直延续多年。

庆元五年（1199）十二月初六，朱子重温父亲为祖父所作《先君行状》，为之作跋云："右先大父赠承事郎府君行状，先君太史、吏部、赠通议大夫君所撰也。当时既以请铭于政和主簿卢君点，未及砻石，而群盗蜂起，文书散逸，于今仅存半稿，不可复刻矣。熹窃惟念吾家自歙入闽，而府君始葬于此，不可使后之子孙不知其时世岁月，与其所以积德垂庆，开祐后人之深意，敬立石表，刻状下方，立于墓左。先世坟庐在婺源者，及祖妣孺人以下别葬所在，亦具刻于碑阴，使来者有考焉。卢君字师予，老儒博学，清谨有驯行。定宅者弋阳金生，字确然，亦廉节士，颇通方外之学，姓字皆见先集云。庆元五年十有二月甲子孝孙具位熹谨记。"朱子立碑刻文，要后世子孙记取祖上"积德垂庆，开祐后人"之深意，承家风，传家教。

（作者系福建省文史研究馆馆员）

以茶为礼 "茶仙" 自号

祝 熹

宋孝宗乾道八年（1172）九月，朱子三叔母丁氏夫人在浙江雪溪去世。十月初，朱喜扶叔母棺回政和安葬。事毕，朱子再次往护国寺省祖父之墓。此时，他见到护国寺及附近村庄已是满山茶园，十分高兴，于是请寺僧为其备香茶一壶，让其在墓前为祖父朱森礼茶。

淳熙中，朱子出任提举浙东常平茶盐公事，再次到护国寺省祖父墓。这次随他来政和的，还有他的得意门人蔡元定。他在谒祖墓时照例要到护国寺礼佛，一是为感谢寺僧多年来对其祖父朱森公墓的守护（该墓有墓田，由官府具文在墓田收入中折银若干，以为祭祀及寺僧守护之资），二是要品尝护国寺自制的茶叶。和以往不同的是，此次朱子的身份是浙东常平茶盐公事，也就是主管茶叶食盐贸易运输的官员，故护国寺住持格外隆重接待，拿出了寺中保存了数年以上的好白茶款待朱子师生二人。朱子细细品尝，初始感到清香淡雅，再泡则渐有味甘沁脾之感，数饮之后则觉清香满嘴。师生二人赞不绝口，遂问此茶何名。住持笑笑说："贫僧敝寺之产，何求名号？但得施主鉴尝，天香不散，玉露在心足矣！"蔡元定听了，不禁击掌称赞道："好个天香不散，玉露在心！这茶就名'天香玉露'吧！"朱子点头道："好名字，好名字！"从此，在护国寺一带和梅龙溪流域所产之白茶就得名"天香玉露"，并享誉至今。

朋友往来，朱子以茶为礼相赠。朱子写给志南上人的书信曰："寄惠黄精、笋干、紫菜多品，尤荷厚意。偶得安乐茶分上廿饼，并杂碑刻及唐诗三册漫附回，便幸视至要。《出师表》未暇写，俟写得转寄去未晚也。《寒山诗》刻成幸早见寄。"释志南赠朱子黄精、笋干、紫菜，朱子反赠"安乐茶"。如今，无法检阅到相关安乐茶的记载，不知为哪一茶种。

朱子的诗文，涉及家礼、祭礼的，往往有茶。《香茶供养黄檗长老悟公故人之塔并以小诗见意二首·其一》："摆手临行一寄声，故应离合未忘情。炷香瀹茗知何处，十二峰前海月明。"诗题有提到供养一位僧人的塔，因此诗中的茶应是拜祭僧塔所用，所谓"注香瀹茗"。祭礼中要用到茶，朱子每每提及。《祭芸谷文先生之曾孙沂藏录藁》："维乾道五年岁次己丑三月丁巳朔十有四日庚午，迪功郎差充枢密院编修官朱某敢以香茶酒果之奠托友人林用中致祭于亡友林君师鲁之灵……"给《林择之的信》中，朱子写道："深父遂死客中，深为悲叹，其弟已为了后事过此无以助之，又此数时艰窘不可言……百事节省，尚无以给旦暮，欲致薄礼，比亦出手不得。已与其弟说择之处有文字钱可就彼兑钱一千官省并已有状及香茶在其弟处，烦为于其灵前焚香点茶致此。微意累年相闻而不得一见，甚可恨也。"

朱子一生"取号"不下 30 个。其中，庆元年间自号"茶仙"，是他人生最后一个号。庆元三年，朱子避祸古田，在蓝田书院讲学时，常到书院西边的石竹湾游览。石竹湾有一个古洞，不远处有天然的泉水池，天上的皓月倒映其间，是蓝田八景中的"古洞留云"和"天池引月"二景。朱子对此赞不绝口，便常和学生在此品茶论道。于是题写"引月"，署名"茶仙"。其时，朱子正在避难。因此，在他的著作中没有提到，他的亲友们人也讳莫如深，以致鲜有人知。1940 年，当时的古田县长修编《古田县志》，才明确记载："蓝田书院在杉洋北门……伪学时，晦翁尝潜居此处……有池，名引月池，晦翁书'引月'二字，惟署名'茶仙'。"

聆听钟声　感怀先贤

王志明

五代闽王廷曦永隆元年铜钟,乃国家一级文物,是政和县博物馆的镇馆之宝。

铜钟高 93 厘米,口径 53.5 厘米,重 132.5 千克。双龙纽,龙首嘴巴微张,龙须翘起,龙尾交融成联体拱形提钮,纽高 13.5 厘米。钟为纯铜铸造,古朴厚重,铸造工艺精湛,为五弧梅花口,深腔圆桶形钟体,腹纹。由于铸造时间的关系,铜钟表面色泽由腰部起渐向钟顶微弧收,顶呈弧形,钟体对腰处饰一周半圆浮些暗淡。

铜钟腹中部有一道隆弧状凸起围箍,把钟体分成上下两区间。每区间各有五个双凸线组成钲间框,上区钲间框略成梯形,下区钲间框成长方形,下区钲间框内镌刻有"永隆元年""北宋建隆二年""咸平三年""明隆庆三年""清康熙十四年"等铭文。这些印记模糊的铭文承载着历史的变革、社会沧桑、文化的发展。

一方钲内刻划楷书"永隆元年岁次己亥十二月廿二日铸",从中可推断铜钟铸造于永隆元年。永隆元年(939)是五代十国闽王王延曦的年号。当时兴寺庙、铸铜钟,体现了统治者安抚百姓、休养生息的治国之策。这口钟从铸成到现在已有一千多年的历史。

由铭文"此护国寺钟也……朱文公移悬于学"可知,此钟原于政和铁山凤林村护国寺内,后朱子将铜钟移至县学文庙。这钟与宋代大理学家朱子的情缘,不仅仅是搬动的触摸,更凝结了朱子少年的回忆,印证着朱子孝道的践行。朱子的祖父朱森葬于政和县铁山镇凤林村护国寺旁。幼年起,朱子每年随父亲朱松到凤林护国寺扫墓祭祖。聆听着护国寺传来悠扬的钟声,重走祖父的道路,践行朱氏"以儒传家"的思想，每闻铜钟敲响，朱子总是感慨万千：一声一声的钟声似乎是祖父一声声的嘱托，一声一声的钟声似乎在传唱孝子贤孙的颂歌。朱子感受着先人的教诲，常住云根书院，一边扫墓一边读书，饱读经书，才华横溢。宋绍兴十九年（1149），青年才俊朱子高中进士。次年，政和县学文庙从城西迁于城东，邀新进士朱子亲手将铜钟从护国寺搬到文庙内。朱子敲响文庙的第一锤铜钟，钟声袅袅缭绕星溪河两岸，激励政邑子女奋进求学、励精图治。而后，朱子常在文庙、云根书院、星溪书院授课讲学，开政和"教化之先河"。

清康熙十四年，隐含"甲寅闽变"耿精忠反清事件，铜钟已被批报废。经建宁府宋宪台鉴定为先代法物，不忍毁弃，以伪托朱子以彰显铜钟的"名器"身份，使铜钟得以保全而免遭毁弃，批示发回并永存于政和县文庙。"文革"期间，被移至政和中学作为鸣钟。1981年文物普查时，复被移回文化馆收藏。

此钟造型宏大，是福建省仅见的五代时期闽国铜钟，亦是理学家朱子在政和足迹的历史见证，也是政和县博物馆的镇馆之宝。透过铜钟，我们可以了解到国家的兴衰、历史的更替。时隔上千年，人、事、物都背着时间离去，历史的印记却遗留在这座沉重的铜钟里。走进政和县博物馆，伫立在铜钟前，悠扬的钟声回荡在耳畔，似乎在述说着那一件件往事，历史的记忆深深地刻在脑海里。

（作者系政和县博物馆副研究员、政和县民间文艺家协会副主席）

监庙文集　朱子作序

罗小成

　　谢誉，政和人，宋绍圣五年（1098）出生。虽然家庭贫穷，但是从小自强不息，刻苦读书，从不荒废学业，而且特别注重学习孔孟仪礼。朱松到政和任县尉的第二年，有一天，到乡间巡查社会治安，听到一栋农舍传来了悦耳的读书声，感到很惊异。于是，朱松下车到了那栋农舍，看见一个青年对案危坐，吟风自若。问青年读什么书？青年回答：读仪礼之书。朱松坐下来与他对谈，青年应酬得当，彬彬有礼，讲话语气不凡。问他的姓名后，才得知此生姓谢名誉，字绰中。朱松非常高兴，于是把他带回县署，教授经史百家之书。此后，谢誉成为朱松最看重的门人之一。

　　谢誉经过十三年的苦读，于宋绍兴二年（1132）考中进士。这是继陈律、邵知柔之后，政和考中的第三位进士。第二年，谢誉奉朝廷之命调任邵武府泰宁县任主簿。因性情耿直，与世俗不合，担任主簿几年后，谢誉主动请领监西岳庙祠官。宋绍兴十三年（1143），谢誉去世。当时其子谢东卿仅十余岁，与其母相依为命，在政和边耕种边读书。同年，谢誉的老师朱松在建州（今建瓯）病逝，其子朱子仅十四岁。朱子父亲朱松临终前，将家事托付给崇安（今武夷山）五夫里奉祠在家的刘子羽。朱子到五夫里从学刘子翚、刘勉之和胡宪。此后，谢东卿和朱子两家多以书信交往。朱子回政和祭扫祖父朱森和祖母程夫人墓时，除到堂哥朱熹家走访外，都要到谢东卿家走访，探讨各自的学习心得。

　　宋淳熙十一年（1184）冬，谢东卿经过十余年的整理，终于完成母亲临终前的嘱托，将父亲谢誉的遗文结集成册，取名《谢监庙文集》。此时，离其父谢誉去世已整四十一年。四十多年来，谢东卿与朱子保持长期联系与交往。当他得知朱子已于宋淳熙九年（1182）将《大学章句》《中庸章句》《论语集注》《孟子集注》四书合刊时，为朱子取得的成就而高兴。特别是宋淳熙十年（1183），他知道朱子在武夷山九曲溪畔大隐屏峰脚下创建武夷精舍，潜心著书立说，广收门徒，聚众讲学时，更是欣喜若狂。同时，他深深自责：这么多年来，父亲谢誉留下的遗文一直还未编好。朱子回政和多次提及其父遗文之事，他都羞涩无言以对。此时，父亲谢誉的遗文终于完成结集，谢东卿总算能舒服地吸了一口气。

宋淳熙十二年（1185）四月，谢东卿从政和出发，经建瓯，入建阳，赶到崇安的武夷精舍，请朱熹为其父的遗文《谢监庙文集》作序。朱子读其文集，深感诗文之精妙，与其父朱松二十多年从游感情之深，令人叹之惜之。于是，朱子欣然提笔写道："既而东卿请序其文，遂书其本末如此。君平生为文甚多，东卿未能读父书而孤，故其所得止于此。其间又多舛缪脱落，不敢辄改，懼失其真，览后详焉可也。"

朱子一生著作浩瀚，为人作序也不多，但为其父朱松门人作序，仅此一篇。

铁山廊桥　启贤之桥

杨世玮

　　闽浙边界，政邑山乡，以高山地势为主，崇山峻岭，溪流纵横。一座座横亘在幽谷深涧上的廊桥，是先民遗留的文化瑰宝，也是历史文化传承的桥梁。千百年来，政和古廊桥不仅成了山里人相互联系的纽带，更成了传承文明的重要载体。

　　铁山古镇有座启贤廊桥，历史悠久，始建于唐代末年，后历代时有修建。朱子的祖父朱森与铁山护国寺方丈交往甚厚，时常经此桥往返，逝世后葬于护国寺旁。朱松在墓旁结庐守孝，无数次经过此桥，曾相邀好友聚于此桥吟诗论道。朱子也多次过往此桥去为祖父扫墓。乡民感念朱子三代涵濡教泽在此桥留下的足迹，将此桥命名为"启贤廊桥"。

　　相传，朱子经常到政和祭祖。有一日骄阳当空，盛暑难当，朱子走得口干舌燥、双脚发软，瞥见铁山村村尾有一棵枝干苍虬、绿叶如盖、清风飒然的大樟树，樟树旁有一座木拱廊桥，就信步走进廊桥坐在板凳上，呼哧呼哧直喘气。朱子一登斯桥，顿感和风习习，蚊蚋敛迹，不觉炎蒸之去体。小孩嬉游奔驰，老者谈笑风生。而在田间耕作的劳力则抽空于午际，或有设座纳凉，或有随心饮啖，或有架床卧寐，吝于日而赢于风，亲于水而离于火。爽然如梧桐之晚风，冷然如芭蕉之晓雨，恍然如昼梦之初醒，快然如始浴之方起，俨若唐皇之含元殿、汉帝之承明宫的清爽优雅。其为乐有不可得而形容者，此则桥上乘凉之快也。

　　廊桥上正好有一位年近半百的妇女在煮"义茶"，看到远方来客，连忙给朱子泡了一杯政和白茶。朱子口啜香茗，开襟纳凉，浑身舒坦，连日的困顿疲劳消除了大半。妇女身旁有一个八九岁的男孩,是她在下山路上生的,取名"下山"。这下山自幼好学,终日手不释卷。朱子是一个大儒,自然喜爱读书郎。他沉吟一会儿,从身上摸出一枚通宝,笑着吩咐道:"我不辞辛苦赶路,您能否替我办九种下酒菜来?"妇女接过铜钱在手,心里像吊桶打水——七上八下:不办吧,得罪了客官;办吧,区区一枚铜钱如何端出九碗菜?她怔怔地愣在那里,脚像生了根似的提不起来。下山见母亲受窘,抓起铜钱说:"娘,我有办法!"下山如飞般奔出了启贤廊桥。不一会儿,只见他提着一把韭菜,喜眉笑眼地站在朱子面前。朱子见状,忙把下山搂在怀里,抖动着花白胡须,高兴地流出泪水。原来韭菜的"韭"与"九"同音,朱子醉翁之意不在酒,在于验证下山的才学,不料聪慧的下山即刻猜中了哑谜。朱子有感于铁山孩子的聪慧,于是在凤林村祭扫其祖父墓后,特地留下三天,讲学教授铁山的孩子们。此后,每逢回乡展墓,教授铁山孩子成了惯例。

启贤廊桥历经数百年,多次被洪水冲毁。2022 年,乡民开始重建启贤廊桥,桥长 58.88 米,通面阔 6.96 米,拱跨 36.66 米,顶高 17.28 米(含拱跨),为三五节苗木拱廊桥。启贤廊桥耸立于铁山古镇村口,衔山扼水,蔚为壮观,不仅为乡村增添一道亮丽风景线,而且保留了一份珍贵的乡愁,弘扬了中华优秀传统文化。

里人更名　佳话美谈

罗小成

宋绍熙元年（1190）二月，61岁的朱子接到朝廷的诏令，任命他到漳州担任知州。在赴任前，朱子先到政和展墓。

政和里人得知朱子回到政和的消息，都很想拜见他。其中有一个叫李裴忱的政和人，有一天终于见到了朱子。李裴忱自报姓名后，朱了便问他："你知道自己名字的字义吗？"李裴忱高兴地回答说："是我父亲取的名字，希望我做一个诚信的人。"朱子说："你名字的字义不是这个意思。古字里有很多通假字，'裴'与'匪'是通用字，其意思是一样的。唐朝的颜师古在解释班固《汉书》中有一句'实裴谌而相顺'，将'裴忱'也作'裴谌'，解释为辅助诚信的字义，大概你父亲取的名字就是这个道理吧。其实不然，据我考证，古书上的'裴'皆当'匪'，它的字义是相通的。"

听朱子这样一说，李裴忱顿时满脸通红，心里感到非常不好，急忙说："我现在用'裴忱'的名字不好听，心里实在不好受，请先生帮我取个名字吧！"朱子说："那就去掉'裴'字，保留'忱'字，就可以了。"李裴忱非常高兴，连声说："是！改得好，改得好！我就是李忱，我就是李忱！"于是，朱子拿来了笔，在信笺写道："李忱，字存诚。绍熙元年二月十八日朱熹仲晦父书。"尔后，朱子把信笺赠予李裴忱。

朱子给李裴忱更改的名字，既保留了李裴忱父亲给孩子取名的本义，又清新脱俗，改的名字给人脱胎换骨的印象。朱子咬文嚼字的用意在于以文化人，致力教化，化民成俗。

朱子在当时是一个有学问、有地位的人，当他发现人的名字取得不好的时候，能主动与人探讨解释，并帮助更改名字。朱子的亲民行为，在政和成为美谈佳话。

梅坡往来　书香传递

张积义

　　夕阳一抹，染遍群山。村头不远的一幢小巧建筑在黛绿丛中特别耀眼，这就是政和梅坡村的朱子阁。

　　古代政和与松溪的交通是山间石板道，从政和城区东面的马鼻岭向西，经过杨梅林到松溪县城，是官府的正道，也是盐茶交流重要通道。相传朱子曾随母亲往返于政和与松溪之间，途经重要驿站梅坡村杨梅林。

　　受朱子思想与文化的熏陶，梅坡村人对文化教育十分重视，耕田读书、尊老爱幼、崇尚礼仪、社会和谐，几乎没有诉讼案件。为了纪念朱子走过梅坡村，也为了继承和发扬优秀传统文化，学习治家思想和倡导尊老爱幼行为，2011年，村委会倡导村民，在村东面的银杏山林边，修建一座双坡顶结构的朱子阁。阁内宽敞明亮，堂上正中端坐朱子塑像，两边分祀本地神仙。村民焚香顶礼膜拜朱子及福主和土地公、婆，也拜财神。虽然人神共祀的习俗不合规制，但既满足不同群体的需求，又节约土地，也不失为一种良策。

　　朱子阁内外围墙上，绘精美图案，将世代尊崇的仁、义、礼、智、信、德、敬、谦、孝等内涵故事以图文并茂的形式展示出来；院内墙上，大话熹游·政和白茶诗系列，将种茶、浇茶、采茶、晒茶、制茶、卖茶、品茶等过程用诗来阐述。如《晒茶》："一别人间万事空，焚香瀹茗怅相逢。不须更话三生石，紫翠参天十二峰。"使普通的劳作充满了诗情画意。

　　"敬老尊贤道德好，爱少惜才风尚新。""劳动高尚人间第一美，知识闪光宝中占道魁。"朱子阁进门对联，以最朴实、最生动的语言诠释了生活的哲理。倡导劳动光荣，尊重知识和人才，这是结合生活的教育，也是中国优秀传统文化深入每一个人的思想精神里的体现。

梅坡朱子阁修建十年来，重要的文化活动经常在这里举行。特别是每逢重阳节，村民全都聚集在朱子阁，礼敬朱子，诵读朱子家训、治家格言等，进行传统文化教育，让朱子理学涵养灌溉人生。而梅坡村的和谐人际关系，体现的正是这种文化自觉的力量。

（作者系政和县民间文艺家协会副主席）

明志养性　穷理笃行

——朱熹四季诗赏读

张积义

　　泰宁文化主题公园内，塑有朱子的巨大铜雕像。紧挨着雕像，并排竖着四块碑，分别为朱子手迹四季诗碑刻。朱子书法，技艺娴熟，笔势流畅，如行云流水。驻足欣赏他的四季诗，清新自然的气息扑面而来，从中感受他平和、儒雅、睿智、深沉的理学大家风范。

　　据史料记载，朱子因避"伪学"之祸而移居泰宁。在晚年遭此打击，生活的困顿、精神的折磨，并没有使他意志消沉，而是更积极地探索自然与人生的哲理，正身修心，明志养性，追求人与自然的和谐。我们今天能从他的四季诗中，看出他对自然、人生和谐相处的理性思考。

　　先看第一首描述春天景色的诗："晓起坐书斋，落花堆满径。只此是文章，挥毫有余兴。"

　　假如拿朱子与孟浩然作比较，孟浩然过着恬淡舒适的田园牧歌式的生活，在春天的早晨"春眠不觉晓，处处闻啼鸟"，呈现一幅慵懒、惬意的生活场景；而朱子一生严谨，勤学善思，即使到了晚年，也是穷理笃行，笔耕不辍。在春天的早晨，他早早起来坐到书斋里读书，呼吸新鲜的空气。当看到窗外"落花堆满径"，他没有无谓地伤感，想到人生的际遇坎坷，没有意志消沉，而是积极乐观，挥毫泼墨，书写文章，且兴致勃勃，表现了豁达、宽容、积极的人生态度。

　　第二首描述夏天景色的诗："古木被高阴，昼坐不知暑。会得古人心，开襟静无语。"

古木参天，浓荫蔽日，即使盛夏骄阳似火，坐在树下乘凉，也不会觉得热。正所谓"前人栽树，后人乘凉"，就是这个道理。理解了古人的良苦用心，我们真的要感谢自然的恩赐，敞开我们的胸襟，接纳这自然的馈赠，让我们的身心都融入和谐的自然景物中，心静如水，心态平和。朱子晚年遭受打击，还能坦然应对，只有对宇宙、人生大彻大悟的人，才能享受到这份身心和谐的宁静。所以，我们工作中受到一点挫折，有什么理由自怨自艾呢？

第三首描述秋天景色的诗："蟋蟀鸣床头，夜眠不成寐。起阅案前书，西风拂庭桂。"

萧瑟的秋风牵动了多少人的心弦，让人不免生出许多惆怅；而蟋蟀竟然肆无忌惮地在床头鸣叫，叫得人夜不能寐。朱子并没有受此干扰而烦躁，最好的应对办法还是看书，用看书来排遣秋夜的寂寞。于是披衣起床，一边闻着庭院里飘来的桂花的清香，一边静静地思考着自然与人生的哲理，静静地享受天人合一的心境。

第四首描述冬天景色的诗："瑞雪飞琼瑶，梅花静相倚。独占三春魁，深涵太极理。"

冬天雪花飞舞，眼前呈现一片银装素裹的白色世界。那傲然挺立的梅花却竞相开放，那娇艳的色彩，比烂漫的春花更艳丽，让人精神为之振奋。梅花绝世独立，含苞怒放，这其中蕴含着多少宇宙万物的生长规律和道理啊！诗人以梅花自比，即使风欺雪压，也能傲然挺立。在他的内心世界里，大自然的万事万物都有其生长、运行的规律，只是我们能否用心洞察，发现无穷的奥妙和永恒的真理。

朱子不愧是理学的大师。我们熟知的《春日》《观书有感》《偶成》都是脍炙人口的名篇，都有流传千古的佳句。可以说，他的每一首诗，字里行间都蕴含着深刻的哲理。今读他的四季诗，给人以深刻的哲理启迪和美感享受。

第七辑　朱子仪礼

通礼（含祠堂、深衣）

张荣丽

朱子对"礼"很重视，并且有着很深的思考。他把礼看成是对理的践履：如果理是知，那么，礼就是行。同时，他还强调了礼对人的约束作用。他认为，人只有"动必以礼"，才能"不背于道"。从这个意义上说，朱子作《家礼》，其实就是将"天理"与"人间"对接，是将形而上的理学思想世俗化的社会实践，是最合理、最能代表儒家精神的居家礼仪制度。《家礼》全书分通礼、冠礼、昏礼、丧礼、祭礼五大部分。通礼，包括了祠堂、深衣制度。朱子特别重视祠堂，冠、昏、丧、祭礼以祠堂为核心。比如，冠礼第一环节是告祖于祠堂。昏礼也要先到祠堂告祖，昏礼结束后，再领着新媳妇回到祠堂，请祖宗护佑。丧礼最后魂归祠堂。民俗社会祭礼大都在祠堂举行。

一、祠堂

祠堂的前身叫家庙或宗庙，仅是有身份、有地位的人和家族才允许有的。朱子遍览古籍，以诚敬、忠恕为原则，以修身齐家、慎终追远、教化民众为目的编制《家礼》，首篇即作祠堂，祠堂制度礼文兼备且重本务实。《家礼》行世，民间建祠普及开来，许多人的人生故事在祠堂演绎。及至今天，许多乡镇最具特色的标志性建筑，依然是各个家族的祠堂。

祠堂是"崇宗祭祖"的场地。清明扫墓，先到祠堂祭祖先，然后分别至各房各家的墓地祭扫。古时，通过祠堂祭祀，瞻仰先祖，依靠血缘关系的纽带，唤起家族团结，维系宗族制度，维护和巩固族权地位，也可以说通过敬宗以收族。现在，每逢清明节，漂泊在外的子孙回到祠堂，了解祠堂文化，了解当地发展情况，激起爱家、爱乡、爱国的情感。

祠堂是"宣讲礼法"的课堂。古时，祠堂在祭祀仪式开始之前，有专门负

责祠堂的长辈给族人"读谱"，讲述祖宗艰难创业的历史，使族人了解家谱的内容，知道自己同其他族人的血缘关系；年节时读家法、族规，宣讲先贤语录，劝诫不良举止，规范族人行为。当下，大部分祠堂用喷绘、刻印等现代手段，展陈族谱、先贤语录、先人优秀事迹、重要实物、古旧物件等。可以说，祠堂就是一个民俗博物馆，亦是一部家族变迁史。

祠堂是"研讨族中事务"的会场。古时，推选族长、维修祠堂、购置家族产业、官司诉讼等，都由族长召集全族成年人在祠堂开会讨论，族人可以各抒己见、广泛讨论，由族长宣布后，族人共同执行。当代，有些祠堂作用发挥得更好，不仅是研讨族中事务的会场，还是群众开会学习、商议重大事项的会场。

祠堂是"家法族规"的法庭。古时，家法族规是家族的法律，家法也成封建国法的补充。族长就是家族法官，可以在祠堂执行家族的法律。族人犯法违规，情节轻的，祠堂治以家法；情节重的，则送公庭治以官刑。族长在祠堂审判，由族中士绅陪审，允许族人旁听，借以教育族人。封建社会建制只到县一级，乡、村一级采取自治，祠堂制度对于族人恪守名分、维护社会秩序大有益处。现代，社会法制健全，不再需要这种法庭存在。但祠堂里的祖训族规，那些教人学好向善、爱国兴家的内容，具有永恒的价值。

祠堂是"欢庆娱乐应急"的场所。大一些的祠堂，通常有建戏台。每当年节或族内重大喜庆活动，好戏连台，既唱给先祖们听，更演给宗族内男女老少们看。农忙收获季节，大大小小的祠堂，都成了丰收的库房或临时堆物处。还有在战乱或应急突发事件时，祠堂也就成了本族应急指挥的中心。现今社会，祠堂依然发挥着这些功能。如在南平市建阳区将口镇中心，有一座始建于清康熙年间的琅琊王氏祠堂。

祠堂有"助学育才"的功能。古时，有些祠堂设有公田，由族人所捐赠，收入用于助学。若家族子弟出外求学、外出考试，可以得到一定的补助，以此来鼓励本族子弟通过读书走上仕途，光耀门庭、荣宗耀祖，提高整个家族声望。有的祠堂和义庄合办学校，校址多借用祠堂或义庄空屋，对本族子弟实行免费义务教育。当下，中考、高考前，有学子到祠堂拜祭祖先，祈求护佑考出好成绩；喜获升学后，到祠堂拜谢祖先，举办升学宴，族人送上红包，捐资助学。时常听到乡人说："若能考上清华北大，那真是祖上积德！"可见祠堂凝聚着世世代代许多人的助学育才情怀。

祠堂以血缘为基石，以亲情为纽带，是族人的精神家园。中国人对祠堂的感情，是朴素的、淳厚的。祠堂深处，根脉延绵，千载传承，世代为一家。

二、深衣制度

朱子深衣，汉服中深衣的一种。深衣是一种上衣下裳连为一体的长衣，因其能够将身体完全包裹，使其深藏不露，故而得名深衣。朱子深衣名称由来，根据朱子所著《朱子家礼》记载考证的深衣，是朱子对《礼记·深衣》所记载的深衣的自我认识和研究的产物。朱子深衣为礼服，多用于祭祀等场合。

朱子深衣的结构特点为：直领（没有续衽，类似对襟）而穿为交领，

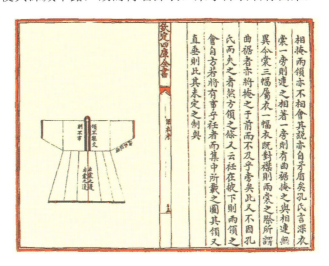

下身有裳十二幅，裳幅皆梯形。最大的一个优点是穿着方便，既利于活动，又能严密地包裹住身体。从用料选择、布幅裁剪、整体设计等方面，都体现了理学大师的礼仪教化理念。可以说："衣深，理更深！"

朱子深衣的每一细节都融入了礼仪教化的理念。上衣二幅，屈其中为四幅，代表一年有四季；下裳六幅，用布六幅，其长居身三分之二，交解之，一头阔六寸，一头阔尺二寸，六幅破为十二，由十二片布组成，代表一年有十二个月，体现了强烈的法天思想；衣袖呈圆弧状以应规，交领处成矩状以应方，这代表做人要规矩，所谓无规矩不成方圆（亦"天圆地方"）；后背处一条中缝从颈根到脚踝垂直而下，代表做人要正直；下襟与地面齐平，代表着权衡。朱子深衣将文明融入与人们最贴身的衣饰之中，正是我们华夏民族服装的独特之处。

朱子深衣的影响很大，日韩服饰中有部分礼服都是在朱子深衣制度的基础上制作的。

朱子撰《朱子家礼·通礼·深衣制度》原文如下：

深衣制度，此章本在冠礼之后，今以前章已有其文，又平日之常服，故次前章。

裁用白细布度用指尺。（中指中节为寸）

衣全四幅，其长过肋下，属于裳。（用布二幅，中屈，下垂。前后共为四幅，如今之直领衫，但不裁破。腋下其长过肋而属于裳处，约围七尺二寸，每幅属裳三幅）

裳交解十二幅，上属于衣，其长及踝。（用布六幅。每幅裁为二幅，一头广；一头狭，当广头之半。以狭头向上，而联其缝以属于衣。其属衣处，约围七尺二寸，每三幅属衣一幅，其下边及踝处约围丈四尺四寸）

圆袂（用布二幅，各中屈之，如衣之长，属于衣之左右，而缝合其下以为袂。其本之广如衣之长，而渐圆杀之以至袂口，则其径一尺二寸）

方领（两襟相掩，衽在腋下，则两领之会自方）

曲裾（用布一幅。如裳之长交解裁之，如裳之制，但以广头向上，布边向外，左掩其右，交映垂之，如燕尾状。又稍裁其内旁大半之下，令渐如鱼腹而末为鸟喙，内向缀于裳之右旁）

黑缘（缘用黑缯。领表里各二寸。袂口裳边表里各一寸半，袂口布外别，此缘之广）

大带（带用白缯。广四寸，夹缝之。其长围腰，而结于前，再缭之为两耳，乃垂其余为绅，下与裳齐。以黑缯饰其绅。复以五彩条，广三分，约其相结之处，长与绅齐）

缁冠（糊纸为之。武高寸许，广三寸，袤四寸，上为五梁，广如武之袤而长八寸，跨顶前后，下著于武，屈其两端各半寸，自外向内而黑漆之。武之两旁，半寸之上，窍以受笄，笄用齿骨，凡白物）

幅巾（用黑缯六尺许，中屈之，右边就屈处为横𢄿，左边反屈之自𢄿左四五寸间斜缝，向左圆曲而下，遂循左边至于两末。复反所缝余缯，使之向里以𢄿当额前，里之至两鬓旁，各缀一带，广二寸，长二尺，自巾外过顶后，相结而垂之）

（作者系南平市朱子文化研究会副会长）

成年礼

张荣丽

　　古时男子成年行冠礼，女子成年行笄礼。男子冠礼仪式，一般在 18 岁时举行，分别戴三种不同颜色和质地的帽子，并有德高望重者或有学识者为他重新取一个名号。至此，通过这种仪式表示该男子具有了结婚成家和承担社会事务的资格。女子则在 15 岁时行笄礼，笄是簪子，女孩原来自然下垂的头发要盘在头顶梳成发髻，用簪子插住，表示已成年，也表示到了婚嫁年龄。冠（笄）礼是人生仪礼中的一个重要环节。它标志着一个人从少年时期过渡到成年时期，从被呵护者转变为被社会承认，能够享受社会权利、履行社会义务的自然人。

　　冠（笄）礼，是朱子以中国传统礼仪为基础，充实他所主张的礼仪教化内容，

通过《家礼》《仪礼经传通解》两部著作规范的礼仪程序。朱子对冠礼制度作了适应性的改变，使之上升为中华文明之礼。

2019年2月，朱子成年礼列入福建省非物质文化遗产代表性项目。

朱子成年礼仪式有两大形态：

一、家庭成年礼仪式

家庭成年礼仪式，分冠礼、笄礼。以女孩笄礼为例，由一位德高望重的长者主持，父母、师长、好友参加。主要环节是：

环节一：迎宾致辞

环节二：三加赐福

环节三：父母醮笄

环节四：师长训嘱

环节五：取字寄意

环节六：揖谢礼成

二、学校教育的成年礼仪式环节

学校举行集体成年礼仪式，由校领导主持，成年学生、相关老师和家长参加。主要有六个环节：

环节一：升国旗、奏国歌

环节二：校长致辞

环节三：家长代表寄语

环节四：学生代表感言

环节五：行鞠躬礼

一敬父母，感谢养育之恩；

二敬师长，感谢辛勤教导；

三敬朱子，立志传承文明。

环节六：集体宣誓

巍巍华夏	浩浩乾坤	朱子故里	理学摇篮
我等众生	斯为重任	明心立志	砥砺奋斗
格物致知	正心诚意	胸怀礼仁	明德报国
孝亲尊师	友善待人	遵纪守法	文明崇善

志存高远　复兴中华　耿耿誓言　谨佩终身

朱子成年礼仪式的时间选择，民俗社会的传统成年仪式可选正月十五元宵节，为新年第一轮圆月升起的日子，象征青年未来的美好愿景。其次，可选在立春节气，立春为四季之首，春天的起点。还可以这样选：男孩选二月二龙抬头，预示苍龙升腾天穹的开始，以此时间举行成年礼，具有激励孩子奋发向上的意义；女孩选二月十五花朝节，花好月圆，象征青春的美好。将朱子成年礼与中国传统节日的时间节点相结合，赋予更深厚的文化内涵。

学校教育的成年礼仪式，选择的时间自然有新的特点。比如，五四青年节是具有特殊历史纪念意义的时间点，将受礼者个体生命的成长与国家历史命运的记忆相结合；或是配合高中学生的学习进度和高考誓师的时间进程。

敬师礼

张荣丽

古语说："三教圣人，莫不有师；千古帝王，莫不有师。""不敬三师，是为忘恩，何能成道？"朱子依古时教学标准，制定拜师礼、谢师礼仪礼环节。南平市朱子文化研究会与时俱进，将拜师礼、谢师礼进行现代改版复兴，以"礼主敬，敬为礼之纲"的道理，将拜师礼和谢师礼合并为朱子敬师礼。2019年2月，朱子敬师礼列入福建省非物质文化遗产代表性项目。在每年的教师节举行，既丰富了教师节的内容，又增强了仪式感。

环节一：致鞠躬礼，缅怀中华先贤

向老师们行鞠躬礼，立定、挺身、庄重。手掌平展，两掌相叠，拇指相接，男生左手在前，女生右手在前，叠并置于腹前。伸手向前上方推出，推至额头前方，两臂伸直，躬身向下90度。起身，双手升至额前。双手复位置至于胸腹，礼成。

环节二：呈敬师帖，表达尊师心声

学生齐诵：

> 我等后生，归学师门，幸遇明师，一秉虔诚。
>
> 老师有德，爱生如子，老师有才，循循善诱。
>
> 修德正道，钻研苦读，增长知识，锤炼意志。
>
> 志存高远，建功立业，回馈社会，弘道济民。
>
> 感念师恩，谨呈此帖，表达敬意，以示庄严。

环节三：行释菜礼，传承文化遗产

释菜礼是孔子发明的学校礼仪。每逢开学时候，必定举行释菜礼。朱子推行儒家释菜六礼。释菜六礼含礼敬师尊之心意。"释"意为舍，"菜"即果蔬菜囊，芹菜寓意勤奋好学，莲子寓意苦心教育，红豆寓意鸿运高照，枣子寓意早日高中，桂圆寓意蟾宫折桂、金榜题名，肉干寓意后生成才、教有成果。

学生恭立于礼台之下，礼生托盘鞠躬呈释菜六礼，老师接礼致意。

环节四：诵经典文，弘扬尚学之道

淳熙六年（1179），朱子知南康军，重建白鹿洞书院，订立《白鹿洞书院揭示》。淳祐元年（1241），宋理宗视察太学，御书《白鹿洞书院教条》赐予诸生，其后摹写、刻石、立碑，遍及全国书院及地方官学。《白鹿洞书院揭示》于是成为华夏书院教育制度的典范、天下共尊的学规，影响广泛深远。

师生诵读朱子《白鹿洞书院揭示》：

五教之目——父子有亲，君臣有义，夫妇有别，长幼有序，朋友有信。

为学之序——博学之，审问之，慎思之，明辨之，笃行之。

修身之要——言忠信，行笃敬，惩忿窒欲，迁善改过。

处事之要——正其义不谋其利，明其道不计其功。

接物之要——己所不欲，勿施于人；行有不得，反求诸己。

铭记经典，谨遵教诲，亲其师，才能信其道；敬吾师，才能悟其学。

行朱子敬师礼，弘重教美德，承传统文化，构和谐校园，促人才培养，尊师重教乃华夏文明之源头活水。

今日，闽北学子践行朱子敬师礼，外执于行，内化于心，明理崇德，尊师尚学，见贤思齐，蔚然成风。

婚　礼

张荣丽

《礼记·昏义》中说："昏礼者，将合二姓之好，上以事宗庙，而下以继后世也。"人类社会的一切人伦道德，都是由男女通过婚姻结为夫妇而派生出来的。所以，婚礼是人生之本。朱子在《朱子家礼》《仪礼经传通解》中详细制定了婚礼仪式，在元、明、清三朝上升为中华之礼。

南平市朱子文化研究会将典籍中的朱子婚礼仪式进行与时俱进的改版创新，开发了酒店版、公园版、居家版三个不同场景下的朱子婚礼脚本，使之更适应时代要求和社会风尚。近几年，武夷山、延平、建阳先后举办朱子婚礼盛典，个性化朱子婚礼仪式在全市普遍举行。群众普遍反映，朱子婚礼仪式过程庄重、

气氛隆重、内涵厚重。2019 年 2 月，朱子婚礼列入福建省非物质文化遗产代表性项目。

现代版的朱子婚礼仪式有媒妁礼、纳采礼、醮子礼、亲迎礼、敬拜礼、合卺礼、告祖礼七个环节。

环节一：媒妁礼。指男方家修好礼书请媒人到女方家提亲，以顺天地之理、合人情之宜。

环节二：纳采礼。提亲得到女方允诺后，男方下礼书开礼。婚嫁乃人生极为慎重之事，理当怀敬重之心，不可以虚应，需酬之一定礼物，才可定下婚事。

环节三：醮子礼。结婚当日，男女双方家庭都要举行醮子礼，进行成婚训诫。男方家长在新郎出门迎亲前，父母要告之新郎"婚姻大事，祭告祖先，家族护佑，香火延绵"；新郎要跪拜父母，感谢父母养育之恩，铭记父母嘱托。女方新娘在出阁前，父母要叮嘱女儿孝顺公婆、夫妻恩爱、教子有方、勤俭持家、邻里和睦；女儿要跪拜父母，感谢养育之恩，谨记父母教导，接受婚前教育。

环节四：亲迎礼。新郎亲自到女方家中迎娶新娘，亲手奉上大雁一对。大雁是鸟类中"情挚"的典型代表，行奠雁之礼，表示缘定一生之意。然后，鼓乐喧天，花轿迎亲。

环节五：敬拜礼。一拜天地，谢天地成全；二拜高堂，谢父母养育；三夫妻对拜，结良缘，喜盈门。拜堂体现了中华优秀传统文化中天地至上的理念、孝道为先的家风、互敬互爱的情意，更显庄重，意蕴深远。

环节六：合卺礼。夫妇入洞房，饮合卺酒。合卺，是将一个完整的葫芦切成两半，用一根红线拴着，葫芦里盛着酒，新郎新娘各喝下一半的酒，再交换葫芦继续喝。夫妻共饮合卺酒，不仅象征着新郎、新娘从婚礼开始合二为一、永结同心，还寓意着两人同甘共苦，今后生活和睦幸福。

环节七：告祖礼。婚姻不仅是男女两个人的事，而且是两个家庭、两个家族间的事，把婚事告慰祖先，以祈求荫护。

朱子婚礼标识金底红图案，对称圆融，喜庆祥和。由六大元素组成：

一个朱红字。以喜气的朱红色为主调，与朱子的"朱"字相契合。

一簇大团花。采用中国古典婚礼中的红绸团花造型，代表美好的爱情。

一条红绸带。一条红绸带连接着新郎与新娘，象征着天赐姻缘一线牵。

一朵吉祥云。代表喜庆祥和。

一把同心锁。象征永结同心的誓言。

一对玉如意。代表爱情忠贞不渝。

朱子婚礼根据时间地点有专属证婚辞：

> 岁在己亥，榖旦良辰。风和日丽，山青水晏。
>
> 理学名邦，荣耀四方。圣贤故里，潭城建阳。
>
> 朱子婚礼，隆重登场。一纸婚约，两姓姻缘。
>
> 卿本佳人，韶华美眷。三牢同食，合卺同欢。
>
> 从今往后，人祈天佑。桃花灼灼，尔炽尔昌。
>
> 在天比翼，龙凤呈祥。于地连理，雎鸠关关。
>
> 执子之手，与子偕老。瓜瓞绵长，家室显扬。
>
> 红叶为盟，闽北美谈。此书为证，百年珍藏。

朱子婚礼仪式，贴红双喜字，穿传统婚服，坐大红花轿，奏唢呐婚曲，红红火火，热热闹闹，喜气洋洋，更有中国风、民族韵、百姓情。其过程庄重、气氛隆重、内涵厚重，自始至终都贯穿着"孝"和"爱"两条主线。"孝"，表现在告祖礼上，双方父母要带各自的儿女到祠堂，向列祖列宗敬香、跪拜、报告儿女即将成婚的大事，表达对列祖列宗的孝敬；表现在醮子礼上，男女双方要对自己的父母行跪拜大礼，表达对父母养育之恩的感谢，父母对自己的儿女进行孝道教育；表现在敬拜礼上，新夫新妇向父母行跪拜大礼表达感恩。"爱"，表现在亲迎礼上，新郎亲自到女方家中迎娶新娘，亲手奉上大雁一对，表达对新娘忠贞不渝的爱；表现在敬拜礼上，夫妻深深对拜，表达互敬互爱之心；表现在合卺礼上，以卺为介，表达夫妻同心、永结好合之意。婚礼仪式过程，细细微微、丝丝入扣，孝敬爱重，沁润心田。这些内涵有着很好的教化意义。

朱子婚礼仪式强调新人对家族和对社会的责任感，在现在尤为重要。游客体验朱子婚礼，演绎其中四个环节：醮子礼、亲迎礼、敬拜礼、合卺礼。

祭祀礼

张荣丽　陈　辉

祭祀礼，朱子家礼中重要的部分。古有云："礼有五经，莫重于祭，是以事神致福。"祭祀礼仪在一定程度上可以培养人对长辈的爱敬之心、对家庭的责任之心，慎终追远，报本反始。

建炎四年（1130）九月十五日，朱文公诞生。经推算，这一天，阳历为 10 月 18 日。南平市人民政府决定，将每年的 10 月 18 日定为公祭朱文公的日子。

环节一：钟鼓齐鸣

雄浑的鼓声是叩击心灵的震撼之音，悠远的钟声是崇高精神不灭的回响，鲜花雅乐恭敬大儒理学宗师。

环节二：呈供祭品

鼓一通，钟一响后，身着红色礼服，手腕和腰间扎三圈黄绸带的执事，高

举"朱"字幡和"祭"字幡前导，仪生将供品呈上祭祀台。

环节三：奏乐祀舞

祭祀典礼中一个重要的环节，就是奏乐祀舞，采用高规格的古代乐舞"六佾"，即参与舞蹈的人数为 6 排 6 列 36 人，乐舞生身穿红色圆领公服、头戴黑色金边三梁冠传统汉服，举手投足尽显华夏衣冠风范。乐生展示了正统的中华雅乐，琴、瑟、箫、鼓、笙、钟、磬等多种乐器合奏古朴典雅的《中和韶乐》；舞生左手执钺，右手执羽，排列整齐地跳起了祭祀礼专用的"六佾舞"。舞生舞步纵横进退，舞姿庄重娴静，生动地演绎出祭祀者对朱子的缅怀和崇敬之情。

环节四：敬酒上香

陪祭奠爵，敬酒上香。

环节五：恭致《祭文》

鼓一通，钟一响后，主祭官颂读祭文：

乃父入闽，官尉政和；至此朱门，结缘福建；

公生尤溪，入籍建阳；求学五夫，问道延平；

为官九载，福祉百姓；立朝帝师，清风大宋；

结卢武夷，授徒考亭；卒殒沧洲，归葬唐石；

足行万里，著述千卷；貌温而严，胸襟恢宏；

惟公之德，世所景仰；德盛仁熟，笃学慎微；

主敬穷理，格物致知；综罗百代，集儒大成；

考亭学派，紫阳流风；道南理窟，闽邦邹鲁；

朱子故里，理学摇篮；承前启后，继往开来；

千秋咏颂，万民缅怀；励精图治，众志成城；

生态闽北，美丽南平；绿色发展，落实赶超；

正心诚意，居敬涵养；明理修身，敬业乐群；

文化遗产，世界共享；道泽百世，理耀千秋；

值此大典，且祭且祀；伏惟尚飨，日升月恒！

环节六：行高揖礼

行高揖礼，肃立、挺身。手掌平展，两掌相叠，拇指相接，男生左手在前，女生右手在前，叠并置于腹前。伸手向前上方推出，推至额头前方，两臂伸直，躬身向下90度。起身，双手升至额前。双手复位置至于胸腹，行三次，礼成。

环节七：敬献花篮

初献官、亚献官、终献官敬献花篮，分献官敬献桂枝。鼓一通，钟一响，身穿白色深衣，头顶"四方平定巾"的执事，同献官一起完成读祝、三献。

环节八：诵读家训

鼓一通，钟一响后，全体祭祀官与学生一起诵读《朱子家训》。

环节九：三祈致福

鼓一通，钟一响后，全体祭祀官向朱文公雕像行礼祈福。

一祈：山河无恙

二祈：国富民安

三祈：健康平安

环节十：喜得福袋

福袋（把各种香草料放在一个有吉祥图案的布包里，上面绣着"福"字，再拿绳子将袋口系紧），作为中国的传统吉祥物之一，有着吉祥好运、招财纳福的美好寓意。"福"代表着福气和福运，寓意福气满满、福星高照、吉祥安泰；而"袋"则谐音"代"，有代代有福、福延后代之意，也是福文化的体现。将幸福和吉祥装进袋子里，送给自己的长辈、朋友、爱人、宝宝、自己，都有着非常好的寓意，祈求自己身边所爱之人能够吉祥如意、岁岁平安、永远幸福、健康平安。

朱子祭祀礼大典秩序井然，气氛庄严隆重，歌、舞、乐、礼紧紧围绕礼仪而进行，达到"必丰、必洁、必诚、必敬"的效果。

《礼记·祭统》篇说："祭者，教之本也已。"祭祀，是一种示范社会和后人的特殊仪式，目的就是教育后人，是中国几千年来实行道德教化的一个重要方式。

朱子以天下为己任，在乱世中寻求天理，指引人们崇德向善，著述立说，续千百年之学，立亿万世一定之规，将中华文明延续，一代大儒，世代缅怀。依朱子"礼为重，时为大"的制礼精神，南平市人民政府恢复公祭朱子，表达对朱子的崇敬，落实传承弘扬中华优秀传统文化行动，传递圣贤的力量，给人民群众带来文化之福。

附：政和县 2016 年朱子祭祀典礼实施方案

一、活动背景

经南平市委主要领导审阅、市政府常务会议同意，2016 年 5 月，市委办、市政府办印发了《2016 年南平市朱子文化保护建设工作要点》，确定每年 10 月 18 日为"朱子祭祀日"。根据市政府统一安排，今年"朱子祭祀日"活动祭祀主场设在武夷山，政和设祭祀分会场。政和是"朱氏入闽首站"，办好朱子祭祀典礼是进一步推动朱子文化保护建设、打造朱子文化品牌的重要举措。

二、时间地点

时间：2016 年 10 月 18 日 9：00

地点：云根书院天光云影楼

三、组织实施

主办单位：南平市人民政府、政协南平市委员会

承办单位：政和县人民政府、政协政和县委员会

四、祭祀流程

朱子祭祀典礼的程序和内容：

（一）祭祀场所

1. 朱子塑像前立一案、水果等 4 种祭品，花篮、花束为献品。

2. 台两侧各树一幡，上书"集大成而绪千百年绝传之学，开愚蒙而立亿万世一定之规"。

3. 祭坛前站立祭祀嘉宾、民众席位，台前预留中间通道。

（二）人员安排

1. 通赞 1 名，传赞 1 名，引赞 3 名

2. 仪仗员 6 名（每 2 名仪仗员负责 1 个花篮）

3. 捧供品女执事 3 名

（三）人员就位

1. 工作人员就位，布置祭祀台、摆放花篮。

2. 仪仗队就位，将花篮摆放在与祭祀台垂直的中间通道，初献官花篮第一排，亚献官花篮第二排，终献官花篮第三排，分献官花束第四排。

3. 学子就位，分两队站在祭祀台上两侧，根据人数确定站位。

（四）祭祀程序

1. 领导致辞

主持人："所不朽者，垂万世名。"闽北诞生了朱子，朱子光耀了中华，弘扬朱子文化，躬行朱子理学，打造特色品牌。请领导致辞。

引领员引导领导上台，位于台右三分之二处，45度站立致辞……

2. 祭祀典礼

（1）宣布典礼开始

（鼓三通、钟三响）

通赞宣：祭祠先贤朱文公典礼现在开始

通赞宣：肃静，全体肃立

传赞：肃——静，肃——立

（2）敬献祭礼

（鼓一通，钟一响）

通赞宣：献祭礼

传赞：献——祭——礼

（音乐起）

两幡前导，执事托捧供品随后，由观礼席中间过道上祭祀台（由上供执事将供品放置案上），人员从左侧下。两幡在朱文公像左右各一树立，一幡书古篆体"朱"字，另一幡书古篆体"祭"。（鼓一通，钟一响）

通赞宣：请初献官、亚献官、终献官、分献官就位

传赞：献官就位

（祭祀音乐起）

初献官、亚献官、终献官、分献官在各自花篮后方站立，分献官手捧鲜花随后。

①初献官敬献花篮

通赞宣：初献官敬献花篮，请×××向朱文公敬献花篮

传赞：初献官敬献花篮

引赞前导，仪仗员二人抬一花篮随后，待仪仗员放好花篮后，初献官上，整理绶带，向朱文公塑像一鞠躬完毕，向左走下祭台站立等候。抬花篮的仪仗

员向右侧走下。主祭花篮抬动后，亚献官花篮及人员均随前补位站立。

②亚献官敬献花篮

通赞宣：亚献官敬献花篮，请×××向朱文公敬献花篮

传赞：请亚献官敬献花篮（钟一响）

引赞前导，仪仗员二人抬一花篮随后，待仪仗员放好花篮后，亚献官上，整理绶带，向朱文公塑像一鞠躬完毕，向左走下祭台至初献官后排站立。抬花篮的仪仗员向右侧走下亚祭花篮抬动后，终献官花篮及人员均随前补位站立。

③终献官敬献花篮

通赞宣：终献官敬献花篮，请×××向朱文公敬献花篮

传赞：请终献官敬献花篮（钟一响）

引赞前导，仪仗员二人抬一花篮随后，待仪仗员放好花篮后，终献官上，整理绶带，向朱文公塑像一鞠躬完毕，向左走下祭台至亚献官后排站立。抬花篮的仪仗员向右侧走下终祭花篮抬动后，分献官花篮及人员均随前补位站立。

④分献官敬献鲜花

通赞宣：分献官敬献鲜花，请×××向朱文公敬献鲜花

传赞：请分献官敬献鲜花（钟一响）

引赞前导，分献官于执鲜花上，放好鲜花后，向朱文公塑像一鞠躬完毕，向左走下祭台至终献官后排站立。

初献官、亚献官、终献官、分献官在祭祀台前先后四横排，初献官第一排，依次顺序。

（3）主祭致祭词

（鼓一通，钟一响）

通赞宣：主祭致祭词

传赞：致祭词

引赞引导主祭上祭台，位于台右三分之二处，45度站立（执事将祭词捧与主祭）

祭文

公元2016年10月18日，朱子诞辰886周年纪念日，政和县人民政府在云根书院隆重举行朱子祭祀典礼，祭文如下：

岁次庚子，时在暮秋；天呈祥瑞，地拂惠风；

云根书院，九百年光；值此大典，共庆昭节。

政和八年，韦斋金榜；八人迢迢，度岭入闽；

官尉政和，清正廉洁；公善制治，民之父母。

创建书院，云根星溪；熊峰壮色，文旆舒展；

延师以训，邑人子弟；传书重教，文风始盛；

儒士善人，彬彬蔚起；四方称颂，民之师保。

三年勤政，十年寓居；八闽始祖，立祠韦斋；

朱公良材，婺源著姓，满腹经纶，以儒传家；

研经致史，涵濡教泽；宣和二年，长辞官舍；

归葬莲峰，陵起凤林；立祠启贤，千古扶纲；

文公朱子，孕育政和；龙马腾骧，天人感应；

朱子幼年，求学云根；以身垂范，践行孝道；

朱子成年，常莅政和；祭拜先祖，传道讲经；

集儒大成，世所景仰；邑民缅怀，立祠朱子；

朱子三代，道泽百世；先贤过化，文脉长续；

二院三祠，青史流芳；星溪潺潺，云根悠悠；

文脉薪火，万世师表；承前启后，继往开来；

大哉三公，鉴我至诚；千载蒸赏，伏惟尚飨。

传赞：复位

主祭下（钟一响）

（4）全体行三鞠躬礼

通赞宣：全体嘉宾向朱文公行三鞠躬礼

通赞宣：一鞠躬（钟一响）；再鞠躬（钟一响）；三鞠躬（钟一响）

通赞宣：请初献官、亚献官、终献官、分献官复位

引领员引导入席

（待参祭人员入席完毕）

（5）诵读《朱子家训》

通赞宣：不忘文公教诲，家训代代相传，学子诵读《朱子家训》

传赞：诵读《朱子家训》（鼓一通，钟一响）

（通赞与传赞站到祭祀台左右边侧）

在音乐声中，朗诵队伍手捧线装本书从台两侧向台中，变成四横排，面向台下嘉宾，齐声诵读《朱子家训》（钟一响）

（6）宣布礼成

通赞宣：祭奠中华先贤朱文公，礼成，退

传赞：礼成，退

众人有序退场。

五、人员组织与职责分工

（一）参与仪式人员

1. 主祭：政和县委副书记、代县长张行书

2. 致辞领导：南平市领导

3. 主持：政和县政府副县长李月莹

4. 初献官：政和县委副书记、代县长张行书

5. 亚献官：政和县政协主席魏万进

6. 终献官：原政和县人大常委会主任、云根书院建设筹委会主任魏万能，政和县朱子后裔联谊会会长朱日恒

7. 分献官：政和县领导、朱子文化保护建设领导小组成员、县政协委员代表、朱子后裔代表、学子代表

具体次序如下：

（1）政和县领导（4人列为一横排，逐一上前作揖，敬献桂枝。着正装，白衬衫深色裤子，皮鞋）

（2）政和县朱子文化保护建设领导小组成员（4人列为一横排，逐一上前作揖，敬献桂枝。着正装，白衬衫深色裤子，皮鞋）

（3）政和县政协委员代表8人（4人列为一横排，逐一上前作揖，敬献桂枝。着正装，白衬衫深色裤子，皮鞋）

（4）朱氏后裔代表8人（统一着装，建议穿着唐装。4人列为一横排，逐一上前作揖，敬献桂枝）

（5）学子56人（政和县二中学生高二学生28人，着校服；国学

诵读班学员 28 人，着古装。列队时，每 4 人列为一横排，逐一上前作揖，敬献桂枝）

以上人员着正装或校服。

8. 通赞：县文体新局办公室人员 1 名

9. 传赞：1 名（县职中学员 1 人）

10. 引赞：3 名（县职中学员 3 人）

11. 仪式员：6 名（县职中学员 6 人）

12. 女执事：6 名（县职中学员 6 人）

13. 礼仪人员：6 名（县职中学员 6 人，分设牌楼、大门处）

（二）祭祀典礼工作人员及职责分工

1. 活动总调度：政和县委常委、宣传部部长陈明艳

2. 现场总指挥：政和县政府副县长李月莹

3. 现场副总指挥：

县文体新局局长罗小成（活动现场流程协调控制）

县教育局局长林良明（参与祭祀活动师生安排调度）

县广电局局长熊培惠（武夷山活动观摩录制安排、现场活动摄制报道）

4. 舞台监督：政和县文体新局副局长袁飞鸿、县文化馆馆长杨英（现场物料、人员安排）

5. 学子诵读培训教师：国学教师县实小范妙兰老师、县南小王柳枝老师

6. 音控师 2 名

7. 现场电视新闻记者、图片报道记者各 1 人

8. 现场卫生保洁 2 人

9. 现场交通指挥 2 人

10. 现场医护人员 2 人

11. 参会领导嘉宾邀约：政和县政府办

（作者陈辉系政和县曲艺家协会主席）

乡饮酒礼

张荣丽

朱子在《仪礼经传通解》中有一篇章写乡礼，包括士相见礼、士相见义、投壶、乡饮酒礼、乡饮酒义、乡射礼、乡射义。乡饮酒礼是古时"嘉礼"的一种，一般每年春、秋举行，是中国流传久远的教化活动，也是汉民族的一种宴饮敬老风俗，最早可追溯至西周，乡州邻里之间定期聚会宴饮，以敬老尊贤为中心。乡饮酒礼是一种特殊的礼仪，主要的目的就在于养老教化、尊贤重贤。作为儒家在基层社会之中推行的一种媒介，在维护社会的秩序上发挥着重要的作用；社会实践过程中，在不同时期之中发挥着不同的作用。

到了北宋中后期，内忧外患尤为严重。靖康之变之后，南宋建立。其乡饮酒礼也是在这种社会大背景下进行了变革。主要作出改动的就是理学家朱子，主要是对于礼仪和其实施进行了改动。朱子希望通过这种改动，使乡饮酒礼逐渐简单化，能够发挥教化地方的作用。朝廷把经过朱子修订过的乡饮酒礼颁布到全国，除了官员在地方上进行推广之外，地方乡贤成为乡饮酒礼的主要举办人士。

乡饮酒礼仪式可分为十个环节：

赞者开场：朱文公是继孔子之后中华民族又一伟大先贤，蔡尚思先生题诗云：

> 东周出孔丘，南宋有朱熹。
>
> 中国古文化，泰山与武夷。

朱子在理学和教育上的成就，彰显了朱子的伟大。他完成了一次文化超越，也使整个中华民族完成了一次理性的文化超越。在历经800多年的发展中，朱子的文化思想潜移默化地影响着华夏儿女的思维模式、心理习惯、性格气质、生活方式。

今天，我们以实际行动传承着朱子文化，传承着朱子为人们带来的普世价值观，以朱子所主张的礼仪教化来践行当下。

环节一：迎宾致意

赞者：华夏有礼，总齐万邦，大中至正，明德天下。

华夏有仪，恩泽四方，忠孝仁义，千古传扬。

兹尔乡礼，有宴来宾，贤德雅致，谨恭致意！

乡饮酒礼主人迎宾致意。

环节二：备天地席

侍者上呈天地席：佳酿、果蔬、菜肴。

赞者：天地造化，恩泽闽邦，富饶山海，赐民丰粮！

感恩天地，和风顺气，乾坤乐享，福泽万民！

环节三：主人进香

侍者奉香，主人敬香祈福。

赞者：一拜山河无恙，拜，兴！

再拜国富民安，拜，兴！

三拜健康平安，拜，兴！

环节四：供馔祭酒

乡饮酒礼主人：感恩天地，追思先贤。敬天告祖，共享荣膺！

赞者：一杯敬圣人千古

二杯敬先贤怀德

三杯敬仁孝传家

环节五：请宾上台

请本场最重要的嘉宾3—5人上台，一一介绍他们的事迹，宣传他们的品行。

环节六：沃盥洗爵

主人沃盥洗爵，以示对客人的尊敬。

环节七：主献于宾

赞者：乡饮酒礼，诚邀诸宾。

择贤敬老，配德礼遇。

诚心肺腑，献爵于宾。

主人向主宾献祝语，作揖献酒，称：请满饮此杯。

环节八：宾酢于主

五位嘉宾依次向主人送祝语、敬佳酿，主人满饮。

环节九：扬觯酬宾

主人高举手中的大酒杯，双手高高举起，面对大家，在座嘉宾高高举起酒杯，主客畅饮，扬觯共欢。

环节十：礼乐助兴

歌、舞、诵、吟，酒令、猜拳、投壶、射箭，尽爵尽兴。主人送宾，与客人一一道别。

十个仪程，确实不算少，可以感受到乡饮酒礼的尊贤、谦卑、礼让，更加突显了对座上老者的尊敬。可把古时敬老仪式与近现代重阳尊老风俗进行结合，不失为中华传统礼乐复兴的一项举措。演礼人员着深衣、玄端、礼生服、乐生服等传统服饰，步态需从容，揖让需恭敬，营造庄重典雅的仪式，深入民间的传统习俗让观礼者深受震撼。

乡射礼

张荣丽

朱子在《仪礼经传通解》中写的乡射礼流传很广。射为中国古代教育科目"六艺"之一，起源于商周时期。至宋以后，各级学校一般都设有学生习射练武之地，称为射圃。朱子在任同安主簿期间，勤政爱民，在同安县西北门设立射圃，提倡"无事而勤民"，通过平时习射以教化百姓，并作《射圃记》："夫学之有射圃，非曰不忘武备也，盖将以养德焉。"在古代，射箭不仅是重要的军事技能，而且是重要的品德教育课程，所以学校提倡"射礼"，外修自身体魄以御敌，内修品格精神以观德。射者在开弓射箭过程中，每个步骤张弛有度、礼仪严谨、行为规范，通过长期的练习达到修身养性的目的，讲究正心正己、谦让互敬、

修身修德，提倡"发而不中、反求诸己"，注重人的道德自省，正所谓"仁者如射"。

射礼在古时分为四种。1. 是大射，是天子、诸侯祭祀前选择参加祭祀人而举行的射祀；2. 是宾射，是诸侯朝见天子或诸侯相会时举行的射礼；3. 是燕射，是平时燕息之日举行的射礼；4. 是乡射，是地方官为荐贤举士而举行的射礼。射礼前后，常有宴饮，乡射礼也常与乡饮酒礼同时举行。

乡射礼仪式有七个环节：

环节一：乡射礼开场

在中国传统儒家文化中，"射"属于六艺之一，射礼则是一种以射箭为重点的礼仪，融合了比赛、礼乐和宴饮等内容，用于选拔、竞技、宴宾、致礼等。射礼倡导人格塑造和人的精神文明，讲究谦和、礼让、庄重，重视人的道德自省，也是传统文化中武与礼的完美结合。射礼既是中国礼仪文化中极其重要的组成部分，也是传统体育竞赛项目，其中蕴涵着华夏特有的人文体育精神。

环节二：旌旗列队

队伍中旌旗八面，分别为：

苍龙旗一对，象征风雨和顺。

凤凰旗一对，象征天地祥和。

白虎旗一对，象征威震四方。

麒麟旗一对，象征国泰民安。

列队人员均身穿贴里，外披朱子深衣，露出左肩，象征文武双全。

环节三：诸宾就位

乡射礼人员包括主、宾、司射、获者（报靶员）、有司（算筹）、三耦（六人）、司鼓等人。

环节四：主人扬觯

年年兴旺永康健，季季平安心想成。

月月如意百事顺，天天笑面喜迎春。

环节五：司者诱射

司射领队进行诱射（做示范）

环节六：三耦试箭

一靶上射者，举弓，上箭，擂鼓，放矢！

二靶……三靶……

一靶下射者，举弓，上箭，擂鼓，放矢！

二靶……　三靶……

环节七：旅酬送宾

主人与宾客一一道别。

今日中国进入发展的快车道。近几十年的社会变革证明，物质与精神犹如车之两轮，缺一不可，在物质文明发展到一定程度之后，社会呼唤道德的提升。礼就是把道德转换为可以操作的、规范的完整体系。《朱子家礼》由中国走向东亚，并影响东亚社会 500 多年，最终渗透生活，成为东亚社会共同遵守的礼仪规范，在当今东亚地区仍然是活化的传统。所以，朱子仪礼在当代依然有着强大的生命力。

政和文公宴

张荣丽　陈　辉

　　政和有山珍，常记在心间。山水有真味，情缘无尽时。煎炸烹煮，是对生活的热爱。上下求索，是对大道的追求。人生好比做菜，历经煎炸烹煮，方能成就美味。

　　四书集注：《四书集注》是朱子付出毕生心血且影响最为深远的代表性著作，包括《大学章句》《中庸章句》《论语集注》《孟子集注》四本书，是元、明、清三朝开科取士必读的教科书。"四书集注"这道菜，以4种东平素菜寓朱子

的"四书"之意。制作时，将香菇、蕨菜、鲜笋、毛芋等沸水煮过、晾晒，加入家酿红酒、盐、辣椒等腌制浸泡入味，密封罐装，香咸可口，经久不坏。

　　集儒大成：朱子总结和创新了诸子百家之学和先秦儒学、两汉经学、北宋理学等，构建了博大精深的理学体系。朱子的学术思想，是元明清三代的官方哲学。"集儒大成"这道菜，荟萃五谷杂粮，寓朱子为中华传统文化之集大成

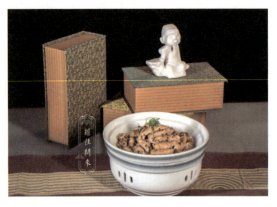

者。毛芋、山药、红薯、青豆等五谷粗粮色彩搭配摆盘，上屉文火蒸煮，口感质朴清爽。

继往开来： "子之所贵者，孝也。"福建政和是朱子识孝、行孝、讲孝的原点。朱子幼年时，曾随其父朱松在政和为祖母守孝；成年后，在侍奉老母时，以拳拳孝心亲手制菜。孝道传承，其来有自。"继往开来"这道菜，取材东平肉胰子，层层堆叠，寓意孝道文化推陈出新。东平肉胰取新鲜猪腿肉去筋膜、剁碎，置于砧板以木槌反复捶打，加入盐、味精、姜末、葱花等，将肉糜拌作指肚粗细的条状划入沸水烹煮，以成美食，以飨贵宾。

朱松入闽： 宋政和八年（1118），朱子之父朱松以同上舍出身登第，授迪功郎入闽为官，任建州政和县尉。朱松携父母、妻子及两位弟弟、两位妹妹，一家八口同赴政和。政和是朱氏入闽首站、朱子祖居地。"朱松入闽"这道菜，取材政和特产苦锥果、银杏果和花生，寓意朱氏入闽后，自政和繁衍生息、苦尽甘来。炒制银杏果、花生，以苦锥果铺底，松塔摆盘，咸鲜可口，清爽宜人。

云根育贤： 朱松在政和期间，兴文重教，创建云根书院，首开政和文化教育之先河。朱子幼年在云根书院启蒙受教；成年后秉承父志，常到云根书院讲学传道。自此，政和文风振兴，英

才辈出，有了"先贤过化之乡"美誉。"云根育贤"这道菜，取材政和高山地瓜粉丝、红酒糟和泥鳅，寓意育贤育才，鱼龙变化。政和高山地瓜粉丝谑称为政和鱼翅，泥鳅誉为水中人参、田中小龙，三者混一而呈方塘金秋景象，滑爽可口、酒香馥郁。

星溪授学：朱子之父朱松尉政期间，于桥南正拜山下建星溪书院，延请乡儒名师，教化邑民子弟，且亲自讲学督课。并作诗《题星溪书院》——"正拜山前结草庐，春来问子意何如"，以铭记授学躬耕之事。"星

溪授学"这道菜，取材可制成饼状的政和高山土豆，寓意治学严谨，耐琢耐磨。政和高山土豆，糯性强，淀粉含量高，易于拍成饼状，煎煮之后，软滑爽口，香鲜甜糯。

孝吉凤林：朱子孝敬尊长，幼时始诵《孝经》，即书字其上——"不若是，非人也"。长大后，他孝顺父母，常回政和县铁山镇凤林村祭祖，曾赋诗《十月朔旦怀先陇作》，发出追慕先祖的喟叹："持身慕前烈，衔训倘在斯。""孝吉凤林"这道菜的主料是豆腐，"豆腐"谐音"到福"，寓"幸福来到"之意。朱子在政和为祖守孝时食用豆腐，该习俗在政和至今传承。红烧豆腐，辅以肉末，咸鲜嫩滑，焦香微微。

紫阳岁月：五夫紫阳楼建

于绍兴十四年（1144）。自14岁始，朱子常居于此楼，饱读诗书，著述授徒，至晚年才迁居建阳。朱子曾作《忆潭溪故居》，抒发对紫阳楼的眷念："忆住潭溪四十年，好峰无数列窗前。""紫阳岁月"这道菜，取材紫苏的"紫"字，以寓"紫阳楼"，精选壳薄、肉厚、多汁的田螺作煲，以田螺"多子多福"的民谚，寓意朱子理学在此发端，衍生发展。

赐同进士：绍兴十七年（1147），建州贡院主考官蔡兹阅卷后对人说："吾取一后生，三策皆欲为朝廷措置大事，他日必非常人。"绍兴十八年（1148）春，朱子入都科举，中王佐榜第五甲第九十名，赐同进士出身。"赐同进士"这道菜，取材鲤鱼，糖醋精制，寓"鱼跃龙门，海阔天空"之意。宋朝取士，三年一考，全国大比，中进士者，万中选一。18岁的青葱少年朱子一举中第，足见高才。

同安首仕：绍兴二十一年（1151）春，朱子授左迪功郎，官泉州府同安县主簿。他兴办县学，悬"视民如伤"牌匾。同安百姓常苦小盈岭风沙肆虐，朱子建石门坊，栽种榕树，以御风沙，并亲书"同民安"匾。同安首仕开启了朱子亲民为民的宦海生涯。"同安首仕"这道菜，取材政和山珍脆笋，清蒸调味，色泽鲜绿。竹海扬碧涛的政和，是中国竹具工艺城。以中空外直节节高的竹，寓朱子初入仕途，崭露头角，正直坚韧，节节高升之意。

延平拜师：绍兴二十三年（1153）五月，朱子就职同安途经剑浦（今南平市延平区）时，曾拜访父亲的同门好友李侗先生。绍兴二十三年正月，他从武夷山五夫里徒步300里至剑浦，携东平小胳等，束脩六礼，拜师李侗，崇师遵诲，实现了"弃禅归儒"的重大转变。"延平拜师"这道菜，取材被公布为省级非物质文化遗产项目的政和特色小吃"东平小胳"，色泽诱人的东平小胳，辅以拜师崇礼摆件，展现朱子尊师敬长之风范。东平小胳是闽北百道名小吃之一，以

肥膘肉、木薯粉、白糖、豆腐、蛋等为原料精制而成，肥而不腻，爽滑甘甜。东平小胳在央视热播剧《一诺无悔》中有过精彩呈现，并随剧中廖俊波同志的赞誉而广为人知。

鹅湖之会：淳熙二年（1175），在信州（今江西上饶）鹅湖寺，朱子与陆九渊首开书院辩论之先河。会后归程，朱子途经武夷山风水关。咏《风水关》诗曰："水流无彼此，地势有西东。欲识分时异，须知合处同。""鹅湖之会"这

道菜，取材鹅肉、葫芦，谐音"鹅湖"，清炖鹅肉汤，辅以葫芦和东平扁肉，寓意朱子倡导门派之间的辩论，有开蒙解惑、浑沌开解之效，显兼取百家之长的气度与胸襟。

浙东反腐：淳熙八年（1181），浙东发生灾荒，朱子受命巡视。经过察访，他奏劾绍兴兵马都监贾佑草菅人命，再弹劾衢州守臣李峄隐瞒灾情、谎报政绩，六劾当朝宰相王淮之姻亲台州知府唐仲

友，体现朱子"不畏权势，弹劾不法，一心为公，全心为民"的政治思想。"浙东反腐"这道菜，取材莲子和政和白茶。"莲"谐音"廉"，"看取莲花净，应知不染心"，以莲之洁寓意朱子浙东反腐，不畏权贵，品行高洁。政和白茶精品白毫银针萃汁制成高汤，以莲子、猪肚文火慢炖，鲜美清甜。

鸿运帝师：绍熙五年（1194）八月初六，宁宗皇帝登基。朱子应诏任焕章阁待制兼侍讲，为帝王讲学。朱子之为师，秉"正心诚意，正心克己"之论，殚精竭虑，力图匡正君心。"鸿运帝师"这道菜的原型是政和高山区的"四两肉"。"四两肉"以五花肉、红酒糟置于陶罐，炭火慢煨，晶莹剔透，鲜咸可口。以"红"寓意为帝王师之"鸿运"。"四两肉"是政和喜宴的硬菜，方正大块，足有四两，赴宴者可带回与家人分享。民谚有云："四两肉，肉四两，美好生活齐分享。"正是政和纯朴好客民风的体现。

考亭学派：绍熙二年（1191），朱子定居建阳考亭，建竹林精舍，四方学子不远千里负笈求学。扩建后更名为沧洲精舍，培育大批理学精英。淳祐四年（1244），宋理宗御书"考亭书院"匾额。"考亭学派"达到了当时思想理论的最高峰，对中华民族乃至东南亚国家的政治、经济和文化发展发挥了积极作用。"考亭学派"这道菜，取材苋菜和猪血，苋菜是著名长寿菜，猪血被誉为肠胃"清洗剂"，苋菜猪血，味美且兼具养生功效。朱子理学继往圣绝学，以一贯之，回应和化解了宋时外来的印度佛教等文化的挑战，彰显了中华传统文化的智慧与活力。

青史流芳：朱子学识渊博，著述授徒，其创建、修复、办学、讲学与题字过化的书院多达六十余所。他制定的《白鹿洞书院揭示》，为后世书院学规之圭臬。其思想综罗百代，是中华民族自孔子以来最重要的思想家，是对人类思想史作

出巨大贡献的东方文化圣哲。"青史流芳"这道菜，是清炒时蔬。以青菜之"青"，寓意朱子"致广大，尽精微，综罗百代"而青史流芳。

　　一道道汇聚了政和地道食材的佳肴，讲述了朱文公与政和的情缘和其求学、治学、研学的历程，鲜香质朴，五味咸备。政和文公宴，用味蕾传递家的温暖和文化的记忆。

第八辑 孝道政和

朱子孝道，政和出发

黄拔荣

政和县地处福建省东北部，与浙江省南部接壤，鹫峰山脉横贯东部，境内山川秀美，七星溪向西流，哺育了璀璨的人文，素有"先贤过化之乡"的美誉。

政和是朱氏入闽首站、朱子文化孕育地。"先世南来，八人度关岭入闽。"朱熹说的就是其父朱松赴任政和县尉，携家人从婺源千里迢迢越过仙霞岭，寓居政和的故事。据《韦斋集》录，宋政和八年（1118），朱松上舍登第，授迪功郎，建州政和县尉。朱松携一家八人入闽，任政和县尉期间兴建了云根、星溪两座书院，开创政和文化教育先河，朱熹亦在此孕育生长。朱熹祖父朱森、祖母程夫人逝世后葬于政和，朱熹6－8岁随父在政和为祖母守孝27个月，这是朱熹识孝、研孝、行孝的原点。朱子成年后常回政和祭拜先祖、讲授孝道、教化乡民，留下了许多朱子孝行的印记，朱子理学故而在此萌芽发端。政和人民感念其恩泽，立"启贤、韦斋、朱子"三祠，祭祀朱子祖孙三代，近900年传承不绝。2008年，世界朱氏联合会会长朱祥南先生到政和考察，题写了"朱子孕育地"的题词，认同政和在朱子文化中的重要地位。

孝道文化是中华优秀传统文化的重要组成部分。习近平总书记在福建考察时强调，要推动中华优秀传统文化创造性转化、创新性发展。近年来，我们坚持以时代精神激活朱子文化生命力，让朱子文化活起来、新起来、用起来。传承保护上，在城南状元峰重建云根书院，在国家4A级旅游景区石圳湾的七星河畔重建星溪书院，改建集文化、娱乐、健身、寓教于一体的朱子文化公园，建设以朱森墓、启贤祠、朱子孝道纪念馆和护国寺为核心的朱子孝道园。创新发展上，对接海峡两岸学子"重走朱子之路"游学活动，打造"星溪书院－云根书院－朱子文化园－朱子孝道园"研学旅游路线，把"朱子带你游政和"的文化 IP 植入政和旅游景区，研发生产朱子文化茶、朱子家训竹茶具，开发朱子文化伴手礼等旅游文化产品，让朱子文化融入当代生活，走进寻常百姓家。活学新用上，加强对朱子文化的挖掘和阐发，突出朱子文化交流、孝道文化展示、理学文脉传承，讲好具有政和特色的朱子故事，让朱子孝道文化浸润政和民众的社会生活。2020 年 9 月，云根书院被中国朱子学会授予"中国朱子孝文化教育基地"。

2023 年 3 月，在中国朱子孝道文化弘扬大会召开之际，我们结集出版《朱子孝道文化论文专辑》，这对于深入学习贯彻习近平总书记关于传承发展中华优秀传统文化的重要论述，进一步推动朱子文化传承发展，具有重要意义。我们热切期待社会各界共同传习先贤经典，进一步发挥其涵养社会主义核心价值观的重要作用，把朱子文化中具有当代价值、世界意义的精髓提炼出来、展示出来，放射出更加灿烂夺目的时代光彩。

文化自信是更基本、更深沉、更持久的力量。我们将把讲好朱子故事、传承朱子孝道文化与学习宣传贯彻党的二十大精神结合起来，把朱子理学蕴含的思想观念、人文精神、道德规范融汇于政和的山山水水，围绕"2+3+4"现代化生态产业体系布局，主动融入"大武夷旅游圈"，构建佛子山、洞宫山、石圳湾为"金三角"的全域旅游，培育群众互动性强、参与性高、体验性强的沉浸式文旅融合业态，推动"好风景"、走向"好经济"、迈向"好生活"，把政和打造成闽浙边现代化生态新城。

（作者系中共政和县委书记）

弘扬"百善孝为先"

吴邦才

孝道是中华传统文化的精髓。源远流长的孝道始于尧舜。尧倡导"百善孝为先",以孝道行天下。尧准备禅让帝位时,把孝行作为选择接班人的首要标准。舜的父亲愚顽、继母凶狠、弟弟骄横,但舜却能严守孝道,忍辱负重,和谐相处,具有大孝之德。因此,尧帝选中舜,最后将帝位禅让给他。

尧舜时代一直是儒家所追求的政治典范。孔子以"祖述尧舜"为创立儒学之基,以尧舜之道为道统之源。孔子曰:"夫圣人之德,又何以加于孝乎?"孟子更明确指出:"尧舜之道,孝悌而已矣。"孔孟都把孝悌视为"天之经也,地之义也,民之行也""仁之本也,人伦之至也"。在孔孟的倡导和推动下,孝道与仁学相融合,上升到思想学说,构建了庞大的伦理体系。

南宋大儒朱子,是先贤孝道集大成者。他5岁读《孝经》并发出"不若是,非为人"的誓言,18岁写就首部著作《诸家祭礼考编》,42岁编写《朱子家礼》,57岁出版《孝经刊误》,58岁作《小学》,可谓用毕生精力在探索和构建孝道理论。朱子也是践行孝道的引领者。他强调"行仁义事、存忠孝心",将孝道纳入书院教育必修课,在社会上倡导和规范奉孝祭祀之礼。同时,他注重孝行,祭先祖、遵父训、守母墓、重家训,以孝为贵,以身垂范,践行孝道。

政和是朱子的祖居地。朱子的父亲朱松出仕入闽的第一站便是政和。朱子的祖父祖母迁居政和,逝世后都安葬在政和。朱子幼年时,随父亲到政和给祖父扫墓,为祖母守墓,在政和云根书院读《孝经》。朱子成年后,曾多次到政和,祭拜先祖,讲授孝道,教化乡民。因此,政和成为朱子孝行留下印记较多的地方。

孝道是中华民族优秀传统的美德,也是中华民族及其文化生生不息的密码。

孝道的基本要义是养老、敬老、尊老。养老奉亲，为老一辈提供生活保障，这是物质层面之孝；敬老安亲，让老一辈得到心理的安慰，这是精神层面之孝；尊老顺亲，谨遵老一辈的殷切教诲，这是道统层面之孝。孝道从伦理道德的高度，理顺了前辈与后辈的关系，确立了尊老爱幼的行为规范，铺设了世代交替的沿袭轨道。孝道是中国人创立的齐家治国方略，也是中国人提供给世界协和万邦的智慧。

孝道是中华民族的传家宝。朱子指出"孝是古今共有之理"。在进入新时代的今天，孝道这个传家宝不仅不能丢，而且应当发扬光大。"友善"已被列为中国特色社会主义核心价值观的重要内容。"百善孝为先"，孝是友善之首，无孝何谈友善？当今中国已进入老龄化社会，养老、敬老、尊老问题日显突出。习近平总书记崇尚"尊老"，明确指出"尊老"是中华民族的优良传统。世世代代的中国劳动人民，始终把"尊老"奉为立身处世的大德，相沿成习。如今，"尊老"这一传统美德摒弃了其中的封建成分，增添了新的社会内容，成为社会主义精神文明的组成部分。习近平总书记特别强调，中青年干部更应身体力行，做好表率。在习近平新时代中国特色社会主义思想的指引下，养老、敬老、尊老蔚然成风，孝道重新焕发勃勃生机。在应对突发的新冠肺炎疫情阻击战中，老年人重病患者居多，但是党和政府、广大医护工作者和社会各界秉持生命至上的原则，再老也绝不放弃，不惜代价，奋力抢救一个个老年患者的生命，谱写了一曲曲感天动地的尊老救人的赞歌，彰显了一代代孝道传承的辉煌。

弘扬"百善孝为先"，让中华孝道永放光芒。

（作者系武夷学院原党委书记、武夷文化研究院名誉院长）

孝道政和

张建光

"归去来兮岁欲穷，此身天地一宾鸿。明朝等是天涯客，家在大江东复东。"朱松在 1134 年冬写下这首《将还政和》，不久便举家返回。这年九月，母亲程氏逝世，百日而窆，朱松为母丁忧。

与父亲去世时心情大为不同，当时"方腊乱，以贫不能归"，故朱松将父亲"葬政和县护国寺侧"。这次母丧丁艰，朱松实际上把政和作为自己不是故乡的故乡，且有"颖悟早慧"孝顺有加的儿子朱熹一同前来。

朱子"始诵《孝经》，即书八字其上——'若不如此，便不成人'"。此事发生的时间虽有不一样的版本，但对于政和却有不同寻常的意义。若按戴铣《朱子实记》和李默、洪嘉植等年谱，均认为是朱子 8 岁所写。明儒丘浚《朱子学的》、葛寅亮《熊勿轩先生文集》皆持此说。朱子 6 岁随父返回政和，为祖母守孝 27 个月，那么朱子所书当在政和。

若按黄榦的《朱子行状》："就傅，授以孝经，一阅，题其上曰'不若是，非人也'"，则表明系朱子上小学时所题。而真德秀、李方子指出，朱子时年 5 岁，那他人就可能不在政和了。

不过无论如何，政和都是朱子识孝、研孝、行孝的原点。闽北文化专家吴邦才先生说，朱子的孝道是从政和出发的。朱松是行孝治礼的大家，带着朱子为母亲守孝三年。上千个日日夜夜，耳濡目染，深深地影响了朱子。及至后来父亲去世，省墓展哀的担子就由朱子挑起。一次次地进出政和，极尽孝子贤孙的职责，更增加了朱子对孝道的感性认识。一年，朱子因故不能在清明如期祭扫祖墓，重孝守礼的他仍在初冬赶来，留下了《十月朔旦怀先陇作》一诗：

十月气候变，独怀霜露凄。

僧庐寄楸槚，馈奠失兹时。

竹柏翳阴岗，华林敞神扉。

汛扫托群隶，瞻护烦名缁。

封茔谅久安，千里一歔欷。

持身慕前烈，衔训倘在斯。

朱子"佩韦遵考训"，以先人为榜样，一辈子与孝同行。他生平第一部著作就是《诸家祭礼考编》。在儒家那里，孝道是通过礼来表现的。孝是事亲观念，礼则是具体仪式和行为准则。它将孝转化为世俗的孝行，把孝道伦常落到实处。祭礼当是最重要的形式之一。朱子称："某自十四岁而孤，十六而免丧。是时，祭祀只依家中旧礼。礼文虽未备，却甚齐整。先妣执祭事甚虔。及某年十七八，方考订得诸家礼，礼文稍备。"束景南先生说，正因朱子如此，"为其后来作祭礼、家礼、古今祭礼之滥觞矣"。

朱子毕生精力主要放在"四书"主干理论的研究上，但是孝道是其一以贯之的基本思想。他十分推崇张载的《西铭》，以孝的理论逐字逐句阐述了其中大义，指出天是父道、地是母道，而人是子道。"推人以知天，即近以明远。""事亲如事天，即是孝；自此推之，事亲如事天，即仁矣。"由此出发，把天地万物视为"民胞物与"，"故以天下为一家，中国为一人"。这样就为儒家的孝道思想找到了本体宇宙论的依据，把孝道与天道结合起来。李存山教授说，《西铭解》是朱子思想成熟时期的重要著作。

1186年，朱子57岁。他对自己的孝道思想做了一个总结，完成了《孝经刊误》这部具有划时代意义的著作。第一，打破了权威。在此之前，《孝经》总是由皇帝注释颁行。朱子从信经、疑经到刊经，大胆地将《孝经》前六章合而为一作为经，余下至十八章作为传，断然删去220余字。他认为，经文部分是曾子门人整理编订的，而传文部分应是后人拼凑所为，指出《今文孝经》版本质量高于《古文孝经》。第二，实行经传分离。一般而言，经是经典，传是解释经典。朱子将《孝经》的经与传分开，使经具有了哲学的意蕴。第三，朱子开启了以"理"说孝的先河。把《孝经》的积极内容纳入了"理学"的体系中，认为孝为"古今共有之理"，孝是理的发用流行，是理的必然要求；理是孝的终极依据，是孝的全部正当性，从而使孝道上升到世界观层面。

如果我们要用一字来概括朱子的学说，那就是"理"。而他一辈子研究的视线却始终离不开一个"孝"字，以至于将"孝"字写到出神入化的地步：上部酷似一个仰面作揖尊老孝顺的后生，而那人面的后脑却分明像尖嘴的猴头，寓意尊老孝顺则是人，忤逆不肖则为动物。

孝道是儒家伦理文化的原点。"百善孝为先。"孝文化早已深入人心。但是人们对孝的理解，更多的是知其然而不知其所以然，甚至只知其一而不知其二。有次北京大学王守常教授到武夷山讲课发问："不孝有三，无后为大，另外两种不孝呢？"在场的朋友们都沉默了。王教授十分感慨："如果这个常识早为人们所识，可能就会少了许多贪官。"

孝，似小实大。

孝很小，小到晨昏间的一声问候、病榻上一次抚摸、游子在外一句信息、清明墓前一炷香火、寂寞祠堂里的一块牌位……

孝，实际很大。大可比天，是天分，是天职，是天理。《孝经》说："夫孝，天之经也，地之义也，民之行也。"黑格尔曾说过："中国纯粹建筑在这一种道德的结合上，国家的特征便是客观的'家庭孝敬'。"朱子说："夫孝，德之本也，敬之所由生也。""今人将孝悌低看了，'孝悌之至，通于明神，光于四海'，直是如此。"朱子还说："不孝之人，天所不容，地所不载，幽为鬼神所责，明为官法所诛，不可不深戒也。"

孝的思想形成于周朝，发展于春秋战国，及至汉代已运用到治国安邦。朱子不仅赋予这种亲情和道德以天理的光辉，而且还阐述了孝在儒家思想体系中的地位和作用；指出孝为行"仁"之本、"五常百行"之本，可谓"至德要道"。朱子曾用"种苗"和"水流"形象说明这个原理。"譬如一粒粟，出生为苗。仁是粟，孝悌是苗，便是仁为孝悌之本。"仁与孝是体用关系。"仁孝同源，故孝者必仁，而仁者必孝。"朱子说："论性，则以仁为孝悌之本；论行仁，则孝悌为仁之本。""人如水之源，孝悌是水流第一坎，仁民是第二坎，爱物是三坎也。"朱子描绘了从孝出发的人生和社会理想境界："人能孝悌，则其心和顺，少好犯上，必不好作乱也。""好事亲孝，故忠可移于君；事兄弟，故顺可移于长。身正，则家齐国治天下平。"在朱子眼里，孝可以移为忠，移为仁义礼智信，直至内圣外王，直至修齐治平。人人都能尽行孝道。"推爱亲之心以爱人，而无所疾恶；推敬亲之心以敬人，而无所慢易。""则天下之人皆在吾爱之中矣。""己欲立而立人，己欲达而达人。"如此，便可实现"孝治天下"。

孝，似浅实深。

孝很浅，有如"白开水"般一览无遗，讲的都是大实话；加上"二十四孝"的故事，更把孝道解释得直白而通俗。

孝，实际很深。一句简单的话里，蕴含着深刻的道理，有的还涉及不少史实。"不孝有三，无后为大"是孟子说的。朱子引赵岐的解释："于礼有不孝者三事，谓阿意曲从，陷亲不义，一也。家贫亲老，不为禄仕，二也。不娶无子，绝先祖祀，三也。三者之中，无后为大。"联想孟子还列举过五种不孝的说法。第一不孝指的是自己放纵耳目欲望，追求声色之娱，在社会上为非作歹，违法乱纪，败坏家声，辱没先祖。王守常教授就是基于此，说孝道有利于廉政教育。

然而事情好像并没有完，孟子为什么会说"无后为大"？有专家认为，这是为舜辩护。因为孟子后面还有一句话："舜不告而娶，为无后也，君子以为犹告也。"读过二十四孝《孝感动天》故事的，都知道舜的生母死后，其父娶了后母，生了个儿子叫象，长大后凶残无比，三人"日以杀舜为事"；但舜对父母恭顺如常，对弟弟加倍照顾。当时，帝尧闻舜如此大孝，欲把女儿娥皇、女英嫁给他。朱子说："舜告焉则不得娶，而终于无后矣。告者礼也，不告者权也。犹告，言于告同也。盖权而得中，则不离正矣。"婚娶本当父母之命、媒妁之言，但舜如果报告父母，肯定行不通。舜只能在不违背礼与"无后"之大不孝之间两者相权取其轻。其变通做法等于报告了，是正确的，仍然符合孝顺之道，还是事亲之"和"。

孝道里充满着智慧。《孟子·尽心上》载，有位学生出了个难题："如果舜的父亲杀了人，应该怎么办？"孟子回答："逮捕法办。""然后呢？""舜视弃天下，犹弃敝屣也。窃负而逃，遵海滨而处，终身欣然，乐而忘天下。"意思是：舜会把天子的位置丢开，就像丢掉一只旧草鞋那样。然后，自己背着父亲偷偷跑到海边躲起来，一辈子都很开心，快乐得忘记了天下。这样既维护了法律，又不违背孝道。

孝，似易实难。

孝很容易，似乎仅是举手之劳，人皆可为，时皆可行。《说文解字》解释为："孝，善事父母者；从老省，从子，子承老也。"富贵人家似乎更是易如反掌。

孝，实际上很难。

行孝难在它是系统。朱子说："孝子之事亲，居则致其敬，养则致其乐，病则致其忧，丧则致其哀，祭则致其严。五者备矣，然后能事亲。"对父母孝顺要围绕尊亲、敬亲、悦亲展开，且要循礼周严。就孝道来说，还有事兄、事君、内圣外王、修齐治平、立德、立功、立言，方能光宗耀祖庇荫子孙。行孝似乎贯穿人生始终。

行孝难在它是恒常。行孝不是三天两头的殷勤、三言两语的甜蜜，而是一以贯之的坚持、长年累月的奉献、痴迷初衷的不改。《论语》中有段孔子与学生宰予关于"三年之丧"的争论颇有意思。宰予认为，替父母守丧三年时间未免太长了。那样的话，礼仪会荒废，音乐会散乱。旧谷吃完，新谷也已收成，打火的燧木轮又用了一次，守丧一年就够了。孔子反问："你心里安不安呢？"宰予说："安。"孔子说："你心安，就去做吧。"宰予退出。孔子感慨："予之不仁也！子生三年，然后免于父母之怀。夫三年之丧，天下通丧也。予也，有三年之爱于其父母乎？"孔子认为宰予没有真诚的情感啊！小孩生下来，三岁才能离开父母怀抱。为父母守丧三年，天下人都是这么做的。宰予没有受到父母三年照顾吗？孔子反驳弟子的话似乎不是很有力，然而傅佩荣先生却找到了依据：美国医院做了试验，三岁前的孩子需要有一个人以主体的身份去关怀，他的生命力才能得到正常的发展。虽然时代发展了，"守丧三年"并不现实，但父母子女之间存在着永远相互关怀的情感，尽孝当是恒孝。"久病床前无孝子"说的就是这个道理。

行孝难在"色难"。子夏问孝，孔子答曰："色难。"朱子也认为是这样的："盖孝子之有深爱者，必有和气；有和气者，必有愉色；有愉色者，必有婉容。故事亲之际，惟色为难耳。"孝要建立在"必至于是而不迁"。孝是血管里涌流出来的自然而然的亲情，是打心里深处发出的至高无上的最高道德指令。

行孝还难在及时。它是现在进行时，孝在当下。这是由于生命的无常和无奈决定的。著名作家毕淑敏在《孝心无价》一文中写道："相信来日方长，相信水到渠成，相信自己必有功成名就衣锦还乡的那一天，可以从容尽孝。可惜人们忘了时间的残酷，忘了人生短暂，忘了世上有永远无法报答的恩情，忘了生命本身不堪一击的脆弱。"正如古人所说："子欲养而亲不待。"正因为如此，"谁言寸草心，报得三春晖"才成为千古名句，天下子女大都以不孝之子自称。

好在有消息称，政和正在评选"十大孝星"和筹建"朱子孝文化纪念馆"，欣喜孝在政和。

（作者系南平市政协原主席、福建省文史研究馆馆员）

《孝经》释义及其变迁

陈支平

　　孝道是中国传统伦理道德的基础。孔子说："夫孝，德之本也，教之所由生也。"①《孝经》一书因而成为中国儒家的经典之一。古往今来，诠释和解说《孝经》的人与著作不计其数，今天忽然由我来重新诠释《孝经》，未免十分可笑？

　　长期以来，人们对于"孝道"的解释，基本上是指子女善待父母长辈。这里举当今较有代表性的论述为例：

　　　　孝是中国古代子女善待父母长辈的伦理道德的称谓。《尔雅》中说："善事父母曰孝。"《说文解字》"老部"中解释："孝，善事父母者。从老省，从子，子承老也。"儒家礼书《礼记·祭统》中也说："孝者，蓄也。顺于道，不逆于伦，是之谓蓄。"都把赡养父母作为孝的基本内容。但是孔子却批评这种观点，在《论语·为政》中驳斥道："今之孝者，是谓能养。至于犬马，皆能有养，不敬，何以别乎？"孟子也在《孟子·万章上》中言："孝子之至，莫大于尊亲。"孔子和孟子给孝赋予了崇敬父母的内容，以便与一般动物的照料其上代相区别。孔子的后学，更对孝进行了全面的定义。在《礼记·祭义》中，曾参说："孝有三：大孝尊亲，其次不辱，其下能养。"这样，所谓孝有三等：最上是尊亲，即爱戴和崇敬父母，立身行道以扬名显亲和传宗接代；其次是不辱，即不亏身体不辱自身和为亲复仇；最后是养亲，即养口体，侍疾病，顺其意，乐其心，重其衾。②

　　当今，我们党和国家领导人大力倡导继承和弘扬中华优秀传统文化，"孝道"的传承再次为社会所重视。而人们对于孝道的解释，基本上都是涵盖在后辈子女对于上辈父母等的尊敬、奉养和传宗接代、光宗耀祖的范畴之内。

事实上，这种从古到今具有代表性的对于中国传统"孝道"的诠释，并没有全面地诠释《孝经》之中的内容。"孝道"所涵盖的内容，并不仅止于子女对于父母的关系，而是包含了君主、诸侯、士大夫以及百姓庶民的各个层次。下面，我就针对《孝经》中的所述，分别叙述如下。

一、孝道所涵盖的五个层次

《孝经》中所涵盖的不同层次共有五，分别记述在《孝经》之"开宗明义章第一"之下，即"天子章第二""诸侯章第三""卿大夫章第四""士章第五""庶人章第六"。我们上面所引述的人们对于"孝道"的一般解说，基本上只是《孝经》中的所谓"庶人之孝"的范围之内，而绝少涉及《孝经》之中的前四个层次的内容。

《孝经》中对于"天子之孝"，是这样表述的：

> 子曰：爱亲者，不敢恶于人；敬亲者，不敢慢于人。爱敬尽于事亲，而德教加于百姓，刑于四海，盖天子之孝也。《甫刑》云：一人有庆，兆民赖之。③

这也就是说，作为管理天下的天子，不仅仅只是爱自己的父母亲人，也必须兼爱天下所有的人，为天下所有的人做出有德行的表现，表率天下，以道德教化于天下万民百姓之中，以之作为四海各方的榜样法则。这种爱及天下的行为，才称得上是"天子之孝"。

显然，《孝经》中所说的"天子之孝"，与我们一般所认知的"孝道"是很不同的。同样，《孝经》中的"诸侯之孝"，也是有其特定的含义的。《孝经·诸侯章第三》云：

> 在上不骄，高而不危；制节谨度，满而不溢。高而不危，所以长守贵也；满而不溢，所以长守富也。富贵不离其身，然后能保其社稷，而和其民人。
> 盖诸侯之孝也。《诗》云：战战兢兢，如临深渊，如履薄冰。

《孝经》告诫高居诸侯之位的贵族们，不能自高自大，要始终保持生活节俭，慎行礼法典章，凡事应该自我约束，时刻怀抱畏惧之心，不敢奢侈腐化，与治下的百姓始终保持和谐的状态。只有这样，才能永久地保持自己的疆域与富贵；只有这样，才称得上是所谓的"诸侯之孝"。在《孝经》中所论述的"诸侯之孝", 奉养父母亲人更是次要的事情, 而约束自己、和谐民众成了诸侯施行"孝道"的主要内涵。

《孝经·卿大夫章第四》是专门论述卿大夫所应执行的"孝道", 该章记云:

> 非先王之法服不敢服, 非先王之法言不敢道, 非先王之德行不敢行。
> 是故非法不言, 非道不行; 口无择言, 身无择行; 言满天下无口过, 行满
> 天下无怨恶。三者备矣, 然后能守其宗庙。盖卿大夫之孝也。

《孝经》中所论述的"卿大夫之孝", 在意旨上与上述"诸侯之孝"基本相同, 是以"谨慎行事、检点约束自己"为主要内涵的。卿大夫的日常行为, 包括服饰、言语等等, 都是应当遵照"先王"所制定的规定来执行的, 不能有丝毫的逾矩和胡乱作为。卿大夫的言语, 都是需要经过深思熟虑合乎礼义的话, 不能说出令人厌恶的话; 做出来的事情都应该是经过认真思考合乎礼义的事情。卿大夫在服饰、行为和言语这三个方面都合乎礼仪, 做得很好, 就能够长久地守住自己宗庙的祭祀, 也就是世代保住了卿大夫的高贵地位, 这才是卿大夫所应该施行的孝道。

《孝经》在阐述了"卿大夫之孝"之后, 接着是阐述"士之孝"。《孝经·士章第五》是这样论述"士人之孝"的:

> 资于事父以事母, 而爱同; 资于事父以事君, 而敬同。故母取其爱,
> 而君取其敬, 兼之者, 父也。故以孝事君则忠, 以敬事长则顺。忠顺
> 不失, 以事其上, 然后能保其禄位, 而守其祭祀。盖士之孝也。《诗》
> 云: 夙兴夜寐, 无忝尔所生。

《孝经》中所论述的"士人之孝", 与上述的"天子之孝""诸侯之孝""卿大夫之孝", 已经有着较大的差异。作为天子、诸侯、卿大夫这样高贵的身份与门第, 他们的父母亲人也基本上是高贵之身。再者, 在这样的门第之内, 隶仆佣人不乏其众, 奉养父母亲人一般是没有问题的。因此, 《孝经》中所谈到的"天子之孝""诸侯之孝""卿大夫之孝", 奉养父母亲人是相当次要的事情; 而以天下苍生为念, 才是这些层次所应施行的"孝道"的主要内涵。但是"士"这一阶层则有所不同。中国古代的"士"是一个介于大夫和庶民之间的阶层。"士"既要服从于天子、诸侯、卿大夫, 服务于国家与社会; 同时又要养家糊口, 维持自己家族高于一般民众的社会地位与生活水准。因此, "士"所应施行的"孝

道"，其双重的意味就相当明显了：一方面，"士"必须奉侍自家的父母；另一方面，又要侍奉君主、诸侯及卿大夫等上级之尊。所以《孝经》说：士人尽孝，必须以侍奉父亲的爱戴之心去侍奉母亲，必须以对父亲的崇敬之心去侍奉君主，使君主受到与为人父者同样的崇敬。士人以侍奉父亲的孝心去侍奉君主，就能做到忠诚、尽心尽力；将侍奉父兄的敬勉用来侍奉自己的上司，如诸侯、卿大夫等，就能做到忠诚与顺从。只有这样，"士"才能永久地保有自己的禄位官爵，守护好家族的祭祀不断，不至于使自己的父母亲人蒙受不必要的羞辱。

《孝经》所涵盖的最后一个层次，即是"庶人之孝"，也就是适用于一般民众百姓的孝道。《孝经》写道：

> 用天之道，分地之利，谨身节用，以养父母，此庶人之孝也。故自天子至于庶人，孝无终始，而患不及者，未之有也。④

《孝经》中所论述的"庶人之孝"，就是要一般的民众百姓充分利用天时、地利，勤勉劳作，取得好收成；同时还要谨慎遵礼，节省用度，以此来赡养自己的父母，尽身为子女的家庭本分。能够做到这一点，就可以称得上是"庶人之孝"了。

我们从《孝经》的论述中，可以十分清晰地看到这里所指出的"孝"，是远不止于一般所认知的"赡养父母"的内涵。所谓的"赡养父母"的"孝"，基本上指的是"庶人之孝"的范畴。而在"庶人之孝"之外，还有天子之孝、诸侯之孝、卿大夫之孝、士之孝这四个更高的层次。

二、"孝"是一种义务，更是一种社会责任

从《孝经》中所论述的"孝"的五个层次所涵盖的内容看，不同层次所应遵循的"孝"是不同的："天子之孝"主要强调的是身为天子，应该担负起安定国家民族的重大责任。"诸侯之孝"与"卿大夫之孝"主要强调的是应该如何慎行礼法典章，凡事自我约束，不得奢侈腐化，与管辖之下的民众百姓保持和谐的社会关系，使得民众百姓安居乐业。而作为政治与社会地位不断变化的"士人"而言，既要谨慎忠诚地为天子、诸侯、卿大夫服务，为治理社会作出奉献；同时又要自我约束，侍奉自己的父母与亲人，依礼依规保持自己的禄位，使家族的祭祀得到延续。至于面对广大社会基层的"庶人之孝"，则劝告民众百姓

勤恳劳作，尽可能做到丰衣足食，从而赡养侍奉自己的父母长辈。显然，《孝经》中所论述的五个层次的"孝"，既是一种家庭义务，更是一种社会责任。与"庶人之孝"相比，"天子之孝""诸侯之孝""卿大夫之孝"各自承担着更为重要的国家、民族与社会的责任。孔子曰："武王、周公，其达孝矣乎！夫孝者，善继人之志，善述人之事者也……践其位，行其礼，奏其乐，敬其所尊，爱其所亲，事死如事生，事亡如事存，孝之至也。"⑤

孔子认为，西周时期的武王、周公称得上"达孝"，而"达孝"的主要内容则是能够做到"善继人之志，善述人之事者也……践其位，行其礼，奏其乐，敬其所尊，爱其所亲"。换言之，武王、周公能够继承其先祖特别是周文王的遗志，把国家的事情做好，把天下的百姓治理好，不坠祖先的大业，对得起先祖，所以是"达孝"。

然而，要把天下的事情做好，把天下的百姓治理好，让天下百姓都能安居乐业，身为天子就必须全身心地投入，宵衣旰食、任贤惕厉地为天下事操劳。既然承担着如此重大的政治与社会责任，那么所谓的"养亲""顺亲"之孝，就不能不退而占据次要的地位。明代著名学者兼士大夫黄道周在其所著的《书孝经别本后》中指出："五孝俱引诗者，当以聿修厥德，系于天子之前。庶人不引诗者，当以能养，为孝之末节，故其语意抑扬。思曰天子、诸侯、卿大夫、士之孝，不言养，而庶人之孝独言养，故曰此庶人之孝也，此之者微之也。"⑥黄道周在《孝经集传》中进一步申论"天子之孝"当以天下之事为己任，把上天视为自己的父母亲人，把天下万民视为自己的身体。他说："天子者立天之心，立天之心则以天视其亲，以天下视其身。以天视亲，以天下视身，则恶慢之端，无由而至也。故爱敬者，礼乐之本，中和之所由立也。"⑦

正因为所谓的"天子之孝"并非仅指侍奉血缘上的父母亲人的微末之孝，勇于承担治理天下的重担，才是天子所应时刻记住、须臾不得忽视的大孝。所以我们在秦汉以来的一些典籍中可以看到，当天子皇帝忽略自己"以天下为己任"而没有尽到"天子之孝"的时候，有些臣下就以《孝经》中所赋予的"天子之孝"的礼制来规劝皇帝。举唐代大臣崔日用规劝唐玄宗的记述为例：

　　崔日用，滑州灵昌人，擢进士第，为芮城尉。大足元年，武后幸长安，陕州刺史宗楚客委以顿峙，馈献丰甘，称过宾使者。楚客叹其能，亟荐之，擢为新丰尉,迁监察御史……帝崩,韦后专制,畏祸及,更因僧普润、道士王晔私谒临淄王以自托,且密赞大计。王曰:"谋非计身,直纾亲难尔。"日用曰:"至孝动天,举无不克,然利先发,不则有后忧。"及韦氏平,夜诏权雍州长史,以功授黄门侍郎、参知机务,封齐国公,赐实户二百……坐与薛稷相恨,竟罢政事,为婺州长史,历扬汴兖三州刺史,由荆州长史入奏计,因言:"太平公主逆节有萌,陛下往以官府讨有罪,臣、子势须谋与力,今据大位,一下制书定矣。"帝曰:"畏惊太上皇,奈何?"日用曰:"庶人之孝,承顺颜色;天子之孝,惟安国家、定社稷。若令奸宄窃发,以亡大业,可为孝乎?请先安北军,而后捕逆党,于太上皇固无所惊。"帝纳之。及讨逆,诏权检校雍州长史,以功益封二百户,进吏部尚书。⑧

崔日用在唐中宗、唐玄宗年间,两次参与平定宫闱专权的政治事变。崔日用赞襄鼓动的理由,都是搬出"天子之孝"的理由,所谓:"天子之孝,惟安国家、定社稷。若令奸宄窃发,以亡大业,可为孝乎?"天子承担着国家天下的重任,是不可以计较皇亲国戚的私家"孝道"的。而为国家、社稷之计,才是"至孝动天,举无不克"。

这里再举宋代的例子。朱熹在其文集中,载有《少师保信军节度使魏国公致仕赠太保张公行状》,该行状略云:

公(张浚)与赵鼎当国,时议徽宗在沙漠,当遣信通问。遂遣问安使何藓等行。是年正月二十五日,藓归,报徽宗皇帝、宁德皇后相继上仙。上号恸擗踊,哀不自胜。公奏:"天子之孝,与士庶不同。必也仰思所以承宗庙、奉社稷者。今梓宫未返,天下涂炭,至仇深耻,亘古所无。陛下挥涕而起,敛发而趋,一怒以安天下之民,臣犹以为晚也。"数日后求奏事,深陈国家祸难,涕泣不能兴,因乞降诏谕中外。上命公具草以进,亲书付外。其词曰:"朕以不敏不明,托于士民之上,勉求治道,思济多艰,而上帝降罚,祸延于我有家,天地崩裂,讳问远至。呜呼!朕负终身之戚,怀无穷之恨,凡我臣庶,尚忍闻之乎?今朕所赖以宏济大业,在兵与民,惟尔小大文武之臣,早夜孜孜,思所以治兵恤民,辅朕不逮,皇天后土,实照临之,无或自暇,不恤朕忧……"公退又具奏待罪曰："仰惟陛下时遇艰难，身当险阻，图回事业，寝食不遑，所以思慕两宫、忧劳百姓，未尝一日忘也。臣之至愚，获遭任用，在诸臣先，每因从容语及北狩事，圣情恻怛，泪必数行，臣感慨自期，愿歼虏雠，十年之间，亲养阙然，爱及妻孥，莫之私顾。其意亦欲遂陛下孝养之至，拯生民涂炭之难，则臣之事亲保家，庶几得矣。"⑨

根据以上朱熹所记，当宋高宗得知徽宗逝世时，"号恸擗踊，哀不自胜"。张浚奏言规劝："天子之孝，与士庶不同。必也仰思所以承宗庙、奉社稷者。"他希望宋高宗及时奋起，更加努力于国家大计与天下苍生事务，"敛发而趋，一怒以安天下之民""勉求治道，思济多艰"，这样才对得起逝世于沙漠之中的先帝，对得起天下苍生百姓。而对于张浚自己，也是这样身体力行，与天子分忧："十年之间，亲养阙然，爱及妻孥，莫之私顾。其意亦欲遂陛下孝养之至，拯生民涂炭之难，则臣之事亲保家，庶几得矣。"对于张浚的上言规劝宋高宗，以及张浚自己的作为，朱熹是相当欣赏的，认为是天子与臣下所应施行的孝道。

朱熹本人在给宋孝宗所上的《壬午应诏封事》中，同样表达了皇帝所应遵循的孝道并不是对于先帝的言行亦步亦趋，而是要以国家大事及天下苍生为重，及时更张。他说：

愚臣所虑，独患议者不深惟其所以然之故，以为其间不免有所更张，或非太上皇帝之意者，陛下所不宜为，以咈亲志。窃以为误矣，恭惟太上皇帝至公无心、合德天地，临御三纪，艰难百为，其用人造事，皆因时循理，以应事变，未尝胶于一定之说。先后始末之不同，如春秋冬夏之变，相反以成岁功，存神过化，而无有毫发私意凝滞于其间。其所以能超然远引，屣脱万乘而不以为难者，由是而已。本其传位陛下之志，岂不以陛下必能缉熙帝学，以继迹尧、禹乎？岂不以陛下必能复仇启土，以增光祖宗乎？岂不以陛下必能任贤修政以惠康小民乎？诚如是也，则臣之所陈，乃所以大奉太上贻谋燕翼之圣心，而助成陛下尊亲承志之圣孝也。⑩

朱熹认为凡事始末之不同，如春秋冬夏之变，应当顺时应势，"缉熙帝学"，这样才能"复仇启土，以增光祖宗"，"能任贤修政以惠康小民"，从而成就皇帝"尊亲承志之圣孝"。可见天子皇帝所应奉行的孝道，是一种极为神圣的侍奉国家、民族、天下苍生的孝道，这种孝道与我们现在所认知的承顺颜色、奉养父母的所谓孝道是不可同日而语的。

诸侯之孝、卿大夫之孝与士之孝，同样是以奉行国家、天子的礼制规则，谨身守己，为天下民众百姓作出忠义诚信的典范从而化育社会，来作为遵循孝道的核心的。朱熹在《小学》一书中引述曾子的话云："曾子曰：身也者，父母之遗体也。行父母之遗体，敢不敬乎？居处不庄，非孝也；事君不忠，非孝也；莅官不敬，非孝也；朋友不信，非孝也；战陈无勇，非孝也。"⑪明人黄道周在《孝经集传》中屡屡指出卿大夫、士人的言行规则。如在卿大夫条目之下写道："长民者衣服不贰，从容有常，以齐其民，则民德壹。诗云：'彼都人士，狐裘黄黄，其容不改，出言有章，行归于周，万民所望。'""为上可望而知也，为下可述而志也，则君不疑于臣，臣不惑于其君。伊诰曰：'惟尹躬及汤咸有一德，夫是则有恒矣，可以言孝乎！有恒而不可言孝，则是孝无恒也。'易曰：'风自火出，家人君子以言有物而行有恒，仁人孝子不过乎。'""王言如丝，其出如纶；王言如纶，其出如綍。故大人不倡游言，可言也不可行，君子弗言也。可行也不可言，君子弗行也，则民言不危行，而行不危言矣。诗云：'淑慎尔止，不愆于仪。'夫是则淑慎矣，可以言孝乎？而见夫孝不淑慎者乎？人臣而为王者之言，传之百世，行之四方，礼乐以成。兵戎以兴，上下相危，则祸乱难平。"⑫

卿大夫是介于天子与民众百姓之间的负有重要政治与社会责任的阶层。正如上面所引述的那样，天子的德政要得到真正的施行，卿大夫们起到不可或缺的承上启下的关键作用。因此，卿大夫们所奉行的孝道，必须是严厉约束自己，为民众做出表率，让天下百姓感受到天子和卿大夫的诚信和恩惠，这样才能使得天下安平、万众臣服。同样，作为卿大夫之下的"士人"阶层，也是负有相当重要的社会责任的。所以，黄道周在《孝经集传》中也对士人的孝道作出了注释。他说："君子虑胜气思而后动，论而后行，行必思言之，言必思复之，复之必思无悔，亦可谓慎矣。人信其言，从之以行；人信其行，从之以复，复宜其类，类宜其年，亦可谓外内合矣。""君子之言信于家，则行信于国；家国之言行，各以类合。易曰：'父父、子子、兄兄、弟弟、夫夫妇妇。'诗曰：'其类维何，室家之壸，君子万年，永锡祚胤。'""士患失其忠顺，不患失其禄位；士患失其禄位，则不足以为士矣！"⑬

由于天子之孝与诸侯之孝、卿大夫之孝、士之孝都是建立在对于国家、民族、天下苍生负有保国安民的重大社会责任，因此在一定程度上说，这种孝的责任是带有双向性的。卿大夫、士人没有尽到社会责任、没有尽到孝的责任时，天子等上司固然可以运用礼制、法制来加以惩罚；同样，天子等上司荒嬉失责，卿大夫、士人也应当对于天子的不当不孝行为，予以严厉规劝与驳斥。《孝经·事君章第十七》云："子曰：君子之事，上也。进思尽忠，退思补过，将顺其美，匡救其恶，故上下能相亲也。君使臣以礼，臣事君以忠。大臣以道事君，不可则止。"《孝经·谏诤章第十五》中特别强调了"诤臣"在实行孝道时的重要性："曾子曰：'若夫慈爱、恭敬、安亲、扬名，则闻命矣。敢问子从父之令，可谓孝乎？'子曰：'是何言与！是何言与！昔者，天子有争臣七人，虽无道，不失其天下；诸侯有争臣五人，虽无道，不失其国；大夫有争臣三人，虽无道，不失其家；士有争友，则身不离于令名；父有争子，则身不陷于不义。故当不义，则子不可以不争于父，臣不可以不争于君。故当不义则争之。从父之令，又焉得为孝乎？'"孔子在这里严厉地指出，当遇到天子等上司及父亲有不当言行时，臣下以及子辈奋起争执规劝，才是真正的孝道。而一味地顺从天子上司以及父辈的不当言行，实际上是一种不孝的行为。"是何言与！是何言与！"孔子认为这种一味顺从阿谀奉承父辈上司的言行，是不值得一谈的。

至于孟子，他对天子上司的失德不当更加深恶痛绝，言辞甚为激烈。他说："上无礼，下无学，贼民兴，丧无日矣……事君无义，进退无礼，言则非先王之道者，犹沓沓也。故曰：责难于君谓之恭，陈善闭邪谓之敬，吾君不能谓之贼。"⑭"孟子告齐宣王曰：君之视臣如手足，则臣视君如腹心。君之视臣如犬马，则臣视君如国人。君之视臣如土芥，则臣视君如寇仇。"⑮如果天子或上司实在不听规劝谏言的话，孟子认为是可以拂袖而去的。"有官守者，不得其职，则去；有言责者，不得其言，则去。"⑯

孟子如此激烈地指责君主的失德，以及主张臣下要敢于诤谏天子上司，这恐怕是先秦时期"孝道"生态与后世"孝道"生态的某些不同之处吧。

三、"孝"的含义的变迁

《孝经》一书出自先秦。自秦始皇统一中国以来，中国的国家体制，基本上延续着中央集权的政治格局。皇帝天子成为中央集权政体下的至高无上的统治者，而先秦时期的诸侯、卿大夫、士的不同阶层已经不复存在。一般的"士大夫"，演化成为中央集权体制下的"官僚阶层"。在这种政治体制下，适宜于先秦时期的《孝经》，特别是《孝经》中反复强调的五个层面的"孝"的不同含义及其义务与责任，在不少方面就不能适应秦汉以来中央集权的政治体制，特别是不能适应作为至高无上国家统治者的天子皇帝威权的维护与发挥。在这种新的政治体制的变局中，"孝"的含义就不能固守先秦时期的五个不同层次的意涵及其所应担当的义务和责任，而是应当有所变通。

另一方面，即使是在先秦时期，昏君、暴君、懒君也是时有出现，不以国家苍生为重、为所欲为的诸侯、卿大夫、士人也是层出不穷。换言之，《孝经》里面所设计的天子、诸侯、卿大夫、士的"孝"所应承担的义务和责任，还是有许多人做不到。至于到了秦汉以后，政治体制的变化使得所有的"士大夫"都成了皇帝直接管辖下的臣子官僚。官僚臣子们的主要义务和责任是向皇帝和上司负责，社会责任反而退居到次要的地位。这样一来，欺上瞒下、营私舞弊、违法乱纪、挥霍奢靡的官场习气，成了中国中央集权政体下的痼疾，无法消除。虽然说，秦汉以来的官僚阶层，绝大部分是读书人出身，先秦的儒家经典十分熟悉；但是，在政治现实和社会现实面前，他们也就逐渐淡忘了《孝经》中关于施行"孝道"必须承担自己应有的社会义务与责任的本意。

在以上两种因素的作用下，"孝"的含义就在不知不觉中从五个层次的含义变成了一种含义，即"庶人之孝"，也就是相对单纯的"养亲"之孝了。《论语》中云："其为人也孝弟，而好犯上者，鲜矣；不好犯上而好作乱者，未之有也。君子务本，本立而道生。孝弟者也，其为仁之本与。"[17]《孝经》中说："君子之事亲孝，故忠可移于君；事兄悌，故顺可移于长；居家理，故治可移于官。是以行成于内，而名立于后世矣。"[18]这样的"孝道"，正是秦汉以后国家统治者以及士大夫所期望的"孝"的最高境界。"移孝作忠"是汉唐以来统治者所宣扬的"孝道"的重中之重。而先秦时期《孝经》中所论述的"孝"

的五个层次及其担负的国家与社会的重大责任，就逐渐淡出了人们对于"孝道"的认知之中。

秦汉之后，国家与社会的统治者要把"庶人之孝"作为"孝道"的典范，这是需要某些制度保障的。这一制度保障，就是源于西汉汉武帝时期的"举孝廉"政策。国家政府把"举孝廉"作为社会的榜样，赋予一定的政治社会地位。这样就使得"庶人之孝"在"孝道"的施行过程中，确立了核心的地位。请看汉武帝时期关于"举孝廉"的两则记载：

> 元光元年……冬十一月初，令郡国举孝廉各一人。师古曰："孝谓善事父母者，廉谓清洁有廉隅者。"[19]

> 在上位而不能进贤者退，此所以劝善黜恶也。今诏书昭先帝圣绪，令二千石举孝廉，所以化元元、移风易俗也。不举孝、不奉诏，当以不敬论。张晏曰谓其不勤求士报国，不察廉，不胜任也，当免；张晏曰当率身化下，今亲宰牧而无贤人，为不胜任也。奏可。[20]

汉武帝关于"举孝廉"的诏令，重要之处有二：一是关于"孝"的含义，即是"谓善事父母者"。二是之所以要举孝廉，是为了"化元元、移风易俗也"，让天下所有的人明白"孝"就是"善事父母"。而"善事父母"，在《孝经》中属于"庶人之孝"。

汉武帝时期及其之后的"举孝廉"，在政治经济上所发挥的作用相对有限。即使是在当时，"举孝廉"的弊端也经常为人们所诟病。如在诏令天下"举孝廉"之后不久的汉武帝中期，《盐铁论》中就有人指出："御史进曰：太公相文武以王天下，管仲相桓公以霸诸侯，故贤者得位，犹龙得水、腾蛇游雾也……博士褚泰、徐偃等，承明诏，建节驰传巡省郡国，举孝廉，劝元元，而流俗不改。招举贤良、方正、文学之士，超迁官爵，或至卿大夫，非燕昭之荐士，文王之广贤也。然而未睹功业所成，殆非龙蛇之才，而鹿鸣之所乐贤也。"[21]因此，汉代以及后世所相沿的"举孝廉"，其真正的目的及其所能发挥的作用，就在于从制度的层面，让天下人认识到"孝"就是"孝顺父母"，并且由此及忠，移孝作忠，顺从于皇帝及上司。这与《孝经》中所阐述的五个层次的"孝"的含义，显然相去甚远了。

自从汉代"举孝廉"以来，"孝"的含义就逐渐为"庶人之孝"所笼罩。

到了宋元时期，理学家们注重社会的教化工作，民间私塾教育有所发展，一些以社会教化为目的的少儿启蒙读本不断涌现。于是，以宣扬"孝道"为宗旨的《二十四孝》等读物开始出现。《续文献通考·节义考》记云："（元代）郭居敬，尤溪人，性至孝，事亲左右，承顺得其欢心。尝撷虞舜而下二十四人，考行之粲序而诗之，名《二十四孝诗》，以训童蒙。"[22] 同书《经籍考》亦记云："《二十四孝诗》，尤溪郭居敬撰以训童蒙。"[23]

元代郭居敬的《二十四孝诗》出现之后，不断有人仿效，相继又有了《二十四孝图》《二十四孝二集》《二十四孝三集》《二十四孝四集》，又有《日记故事大全二十四孝》《女二十四孝》《男女二十四孝》等等，以至于编辑二十四孝的热潮至今犹然，有所谓的《新二十四孝》一类的劝孝范本。

个论是元代初始的《二十四孝诗》，还是今天流行的《新二十四孝》，其中所宣扬的典型，完全是属于养亲善事父母的"庶人之孝"的内容。在这众多的"孝道"典型之中，有两位是天子皇帝，即上古时期的虞舜和汉代的汉文帝。从《二十四孝》的故事叙述中，已经看不到《孝经》中所论述的"天子之孝"所应承担的国家责任与社会责任，而仅仅是奉养父母。特别是舜帝，对于不贤的父母，逆来顺受，以德报怨。如舜帝："虞舜大孝，竭力于田。象鸟相助，孝感动天。虞舜，姓姚，名重华，父瞽瞍顽，母握登贤而早丧。后母嚚，弟象傲，常谋害舜。舜孺慕号泣，如穷人之无所归，自罪引慝，孝感动天。尝耕于历山，象为之耕，鸟为之耘。帝尧闻之，妻之二女，历试诸艰，天下大治，因禅焉。"[24] 关于汉文帝的记述就更为简单："汉孝文帝，母病在床。三载侍疾，汤药亲尝。"[25] 且不说民间流传的《二十四孝》中的舜帝事迹，与先秦典籍中所描述的舜帝事迹并不完全相同，仅仅把天子所奉行的孝道局限在侍奉父母这一层次上，就大大违背了《孝经》的本来意旨。根据《孝经》的原旨，天子及士大夫等执政者所体现出来的最大孝道，是对于国家、民族、天下苍生所担负的巨大责任；而"奉养父母"之孝，对于这些"肉食者"而言，本来就不是什么问题。换言之，对国家、民族、天下苍生的不负责任，是天子、士大夫等执政者的最大不孝。

在政府"举孝廉"制度的保障、诱惑和民间启蒙教化的双重作用下，先秦《孝经》中所论述的"孝"的五个层次以及不同层次所承担的相对不同的国家、社会与家庭责任的原旨，逐渐为人们所淡忘。延至宋元明清以来，"孝"的含义，就基本上被规范在"养亲善待父母"的这个狭隘的"庶人之孝"的范畴中。虽然是从汉代以来，一些儒者、经生在考释论述《孝经》的时候，还是会按照《孝经》的章节分为五个层次内容予以解说，但是这种书生式的学术论说，对于社会的影响力是相当有限的。而民间则在以上两种作用的影响下，"庶人之孝"的观念已经深深地扎根在社会文化的建构之中，形成了全社会的文化共识。这一演化过程，或许是历代统治者们为了推卸自己所应担负的国家、民族、社会责任，而极力推波助澜出来的吧？

注释：

①《孝经·开宗明义章第一》。本文所引《孝经》，均引自朱熹《孝经刊误》，见清代《钦定四库全书》本。

②汪受宽、金良年撰：《孝经·大学·中庸译注》第 5 页，《前言》，上海古籍出版社 2012 年版。

③《孝经·天子章第一》。

④《孝经·庶人章第六》。

⑤江先忠译注，朱熹著：《小学·稽古第四·明伦》，中华书局 2015 年版，第 88 页。

⑥黄道周：《黄石斋先生文集》卷 12，清康熙五十三年刻本。

⑦黄道周：《孝经集传》卷 1，《天子章第二》，清文渊阁四库全书本。

⑧《新唐书》卷 121，《列传第四十六》，中华书局 1973 年标点本。

⑨朱杰人、严佐之、刘永翔主编：《朱子全书》（修订本）第 4294—4295 页，《文集》卷 95 下，上海古籍出版社、安徽教育出版社联合于 2000 年版。

⑩朱杰人、严佐之、刘永翔主编：《朱子全书》（修订本）第 579 页，《文集》卷 11。

⑪江先忠译注，朱熹著：《小学·明伦第二·父子之亲》，中华书局 2015 年版，第 30 页。

⑫黄道周：《孝经集传》卷 1，《卿大夫章第四》，清文渊阁四库全书本。

⑬黄道周：《孝经集传》卷 1，《士章第五》，清文渊阁四库全书本。

⑭朱熹：《孟子集注》卷 4，钦定四库全书本。

⑮朱熹：《孟子集注》卷 4，钦定四库全书本。

⑯江先忠译注，朱熹著：《小学·明伦第二·君臣之义》，中华书局2015年出版，第37页。

⑰《论语·学而第一》，见金良年：《论语译注》第1页，上海古籍出版社2012年出版。

⑱《孝经·广扬名章第十四》。

⑲班固：《汉书》卷6，《武帝纪第六》，中华书局标点本1973年出版。

⑳班固：《汉书》卷6，《武帝纪第六》，中华书局标点本1973年出版。

㉑王利器校注：《盐铁论校注》卷2，《刺复第十》，中华书局1992年出版，第144页。

㉒王圻：《续文献通考》卷71，《节义考》。明万历三十年松江府刻本。

㉓王圻：《续文献通考》卷183，《经籍考》。

㉔㉕民国年间出版《二十四孝图》第3页，著者佚名，未注出版者。该书现藏厦门大学图书馆。

（作者系中国朱子学会常务副会长、厦门大学国学研究院院长、中国明史学会会长）

朱子孝道观与《朱子家训》^①

朱　清

孝道是中华文明的一个重要特征,也是中华优秀传统文化的重要组成部分。古代圣贤关于孝道的经典论述极为丰富。南宋以来,朱子理学和朱子文化的发展始终同发掘朱子的孝道观相得益彰,文献论著亦不计其数。何以守正鼎新,则是永恒命题。现今的意义,更在于从方法论上探讨怎样付诸践履,不拘于经传注疏和文章堆积。

放眼优秀传统文化的当代实践和与时俱进,笔者以为,学用《朱子家训》应是弘扬朱子孝道观的重要抓手。

一

儒家论"孝":一是"孝顺"。《左传·隐公三年》曰:"君义、臣行、父慈、子孝、兄爱、弟敬,所谓六顺。"^②此述孝与顺的关系,当指子女对父母的奉养和顺从。二是"尊亲敬老"。^③《孝经·天子》曰:"爱敬尽于事亲,而德教加于百姓,刑于四海,盖天子之孝也。"^④说天子必须做孝的表率,方可教化百姓、普惠天下。三是"祭祀"。《论语·泰伯》曰:"菲饮食而致孝乎鬼神。"^⑤称赞大禹自己吃得节俭,但供奉祖先的祭品却很丰盛,足见其敬祖的诚意。四是"效法"。《诗经·鲁颂》曰:"靡有不孝。"^⑥说君王要遵守祖训、行善积德,才能收获民心、安邦兴业。总的看,在儒家眼里,子女的首善是孝顺父母,也与君义、臣行、父慈、兄爱、弟敬等相互关联、不可分离;孝包涵爱及天下之人、顺乎天下人心;执政者、领导者要率先垂范,使孝成为福泽全社会的德行。综言之,孝是构建和谐社会达至"世界大同"的根基,故曰"百善孝为先"。

有孝，便有孝道。儒家对"孝道"的解释——"以孝为本的礼法规范"⑦，归纳了孝的本义及与诸德（五顺）的逻辑关系。作为"礼法规范"，孝道即是天下人的共奉之"理"。就"理一分殊"看，孝道具有推行"孝"的系统性。从孝和孝道的定义、本义出发，其基础载体在于家教，践履内容凝于家训。

《朱子家训》是中华家训的重要代表作，对孝道作了充分表达。其开篇即从"君仁、臣忠、父慈、子孝、兄友、弟恭、夫和、妇柔"和"尊师""信朋"等十个方面对社会伦理关系作了完整规范，是"六顺"的发展。其中关于夫妇、师生、长幼和朋友间的相处之道，是对"孝"的丰富和创新。可以说，《朱子家训》全面地论述了"孝"的准则与"孝道"的奉行。

二

"忠"与"孝"的统一，是朱子孝道观的精髓。

儒家的道统里，忠是对个人正心修身的要求，本指为人处世要尽心做到秉守正道、持节无私；逐渐引申为达己及人，将内心的"忠正"扩大到"济世"。寓意是：欲求自己事业成功，也要成就他人、匡扶社稷。

《大学章句》注"明明德、亲民、止于至善"，朱子以"新民"释"亲民"："新者，革其旧之谓也，言既自明其明德，又当推以及人。""盖必其有以近夫天理之极，而无一毫人欲之私也。"⑧朱子认为，"明德""至善"理应"及人""无私""忠"蕴涵于"三纲领"，属"天理"。《论语集注》强调："孝弟行家，而后仁爱及于物，所谓亲亲而仁民也。"⑨甚至是"忠信如圣人"⑩。《孟子集注》也强调："盖骨肉之亲，本同一气，又非但若人之同类而已。故古人必由亲亲推之，然后及于仁民；又推其余，然后及于爱物，皆由近以及远，自易以及难。"⑪说"忠"是"仁民"，也"爱物"。《中庸章句》论及"尊德性"与"道问学"的共同点，进而指出："二者修德凝道之大端也。不以一毫私意自蔽，不以一毫私欲自累。"⑫概言之，《四书集注》无不论及"孝"推至"忠"和推行"孝道"的重要。朱子在《孟子集注·离娄上》中说："为法于天下，可传于后世，非止一身一家之孝而已，此所以为大孝。"⑬这里，"忠"就是"大孝"。朱子的名句"忠孝持家远"及其为岳麓书院题书的学训"忠孝廉节"，都是"忠孝"一体、推而广之。

朱子也指出，做到"忠孝"并非易事。如，孝顺父母要克服"色难"——"谓事亲之际，惟色为难也"⑭。重在孝心，给予父母的，既有物质上的供养，更要有精神上的愉悦，要有发自内心的尊敬，没有丁点的冷漠；也不能让父母因对子女行为前程产生忧虑而担惊受怕。还要克服"谏难"，但凡知晓父母做了错事，就要据理谏劝、襄助纠错，而非盲从附随甚至帮凶，"能使父母不以陷于不义"⑮。这些也都是基于"忠"的"大孝"。

三

言"家训"，应当知其由来和源远流长。

家训是中华文化的重要标识，含家书、家规、告诫和格言等，记载着家庭和家族成员为人处世，包括扬善抑恶、励志勉学和人际和谐的行为规范。家训也是未成年人的启蒙教育，用良好家风矫正孩子们和后代的人生方向。

自有家庭和家族以来，中国人就极其重视家教，家训随着家教而来。"家训"一词最早见之南朝史学家范晔撰著的《后汉书·边让传》："髫龀夙孤，不尽家训。及就学庐，便受大典。"⑯此话出自汉灵帝时期议郎蔡邕⑰向大将军何进推荐人才的信件，被推荐的人物叫边让，是一个学识渊博的儒者。蔡邕说，边让的童年很不幸，很小就失去父母，没有得到充分的家训（此处从家教中引申出"家训"的概念）；但可欣慰的是，边让的成长过程中，能够发愤研习儒学，并且学有所成，是一个堪当大任的人。边让终于出来为国做事，任九江太守。蔡邕讲了家教（家训）的重要，同时也启迪人们：若早年缺乏家教，日后要加倍努力学习经典，方能有大的作为。

中华古代史上，家训与儒家思想熔于一炉。西汉始，儒家思想为社会所尊崇，儒家的礼教（包括礼节、礼仪和伦理道德的教育）广泛推行。家教，即家庭生活中的礼教，初以《诗》《礼》《乐》等教导族人。至东汉，家教的内容被提取为"家训"的文本。此后逐渐定型，成为中国文化一大特色。

习近平总书记在纪念孔子诞辰 2565 周年时指出，"儒家思想对中华文明产生深刻影响"，"是中华民族发展壮大的重要滋养"。东周孔子创立儒家学派，南宋朱子构建理学，称"新儒学"。2000 多年来，儒家宣扬的"明德至善、推己及人""仁义礼智信"和"修齐治平"等价值观深入民心，成为中国传统文化的基本要义，也成为中华家训的核心理念。

四

新时代的家教，展现传统"孝道"观的守正鼎新。

党的十八大以来，党和国家推进优秀传统文化创造性转化、创新性发展，大力加强家教建设，传承弘扬中华家训。

2016年，习近平总书记会见全国文明家庭代表时指出，"家庭是人生的第一个课堂"，"有什么样的家教，就有什么样的人"。[18] 他强调，家庭教育最重要的是品德教育，是如何做人的教育，即古人说的"爱子，教之以义方"，"爱之不以道，适所以害之也"。[19]

上述引用的古语，前句取自东周《左传》，从正面讲：如果家长真爱孩子，就要教他遵守道德规范，学会养正祛邪。后句语出北宋司马光《资治通鉴》，从反面讲：不教孩子立德行善，就不是爱他，反而害他。这两句古语相隔1500年，但意思相同，告诉人们怎样才是对孩子好、什么是父母的爱。

习近平总书记还列举自家事例，说："我从小就看我妈妈给我买的小人书《岳飞传》"，"其中一本是讲'岳母刺字'，精忠报国在我脑海中留下的印象很深"。[20] 人们可以从总书记的话语中感触到，优良的家教家风，对于造就共产党人为民造福、为国担当的毕生追求和奋斗，影响巨大。

总书记反复告诫全党："家风是社会风气的重要组成部分"，"家风好，就能家道兴盛、和顺美满；家风差，难免殃及子孙、贻害社会"。[21] 这是诤言，也是警示。他特别指出，"诸葛亮诫子格言、颜氏家训、朱子家训等，都是在倡导一种家风"[22]，阐明"家训"在家教家风和社会建设中的重要作用。

五

从诸葛亮诫子格言（也称《诫子书》）与《颜氏家训》的传承看"忠孝"。

以上两部家训均是儒家代表性人物所作，其面世流传都早于《朱子家训》，其精髓即"忠孝"，皆为《朱子家训》所汲取。

《诫子书》是三国时期蜀汉丞相诸葛亮临终前给8岁儿子诸葛瞻的家书，

仅 86 字。有人说，该书浓缩了诸葛亮的全部智慧。

　　　　夫君子之行，静以修身，俭以养德。非淡泊无以明志，非宁静无以致远。夫学须静也，才须学也；非学无以广才，非志无以成学。淫慢则不能励精，险躁则不能治性。年与时驰，意与日去，遂成枯落，多不接世。悲守穷庐，将复何及！

　　其首句"夫君子之行，静以修身，俭以养德。"开篇表明，希望儿子成人后做"君子"。君子是儒家倡导的人格。《论语》说："君子坦荡荡，小人长戚戚。"㉓"坦荡荡"就是忠孝仁爱，处事无私心；穷则独善自身，达则兼善天下。

　　如何做君子？诸葛亮说，首要是"静以修身"。这就要悟透"静"的含义。儒家的"静"，不单指自然环境"不喧哗"，主要指人的"内心"要"镇定"。朱子的《大学章句》把"静"注释为"心不妄动"，㉔是对"修身齐家治国平天下"说的，修身要修"天下为公"的定力，这与佛教、道教的幽居修炼只是为求个人的澄心寡欲或解脱烦恼有着本质的不同。儒家修的"静"，指涵养在"济世"中洗涤心灵的"诚意"。正如《左传·昭公》所说："苟利社稷，死生以之。"对造福天下的事，舍身去做，义无反顾。在这部家书中，"俭以养德"的"俭"，也不仅仅是日常生活中的勤俭节约，主要指"节制"，以去除"私欲"来遵从"天下为公"。"天下为公"就是最大的德。

　　于是，当国家陷于分裂之际，"静"修于隆中草庐的诸葛亮毅然出山，襄助刘备，重振汉室。其忠贞报国的德行和超群绝伦的智慧千古流芳，其对后人修身养德、持守正道的遗训也可歌可泣。

　　其子诸葛瞻成人后承袭父职，继任军师，可惜谋略不足，在魏汉之争中兵败绵竹；但他誓死不降，以身殉国。其孙诸葛尚随父出征也毫不退缩，战死沙场。成都武侯祠至今高悬"静远堂"匾额，立碑文"相门父子全忠孝，不愧先贤忠武侯"，说三代人都捐躯报国，死而后已；儿孙们都保存了气节，虽败犹荣，没给诸葛亮丢脸。

　　《颜氏家训》是中国首部冠名"家训"的著作，作者颜之推，是 1400 多年前南北朝北齐的教育家。该家训共 20 篇、33138 字，讲述教子、兄弟、风操、慕贤、勉学、文章、省事、归心等一系列关于修身齐家、为学做人的见解及行为规范，内容很丰富，贯穿儒教，训家明理。如书中阐释孔子"父父子子"这句话，既强调"父为子纲"的规矩，又训示"父不慈则子不孝"，[25]说如果为父者不懂得爱孩子，那孩子也不会孝顺他。后来的《朱子家训》中就有了类似的话："父之所贵者，慈也；子之所贵者，孝也。"[26]

尤为可贵的是，颜之推教导子孙身逢乱世也要坚守德行，不能忘义苟活，更不能助纣为虐。很多人都知道唐代有个书法大家叫颜真卿，是颜之推的五代孙、吏部尚书，他创造的"颜体楷书"鼎鼎有名，更是护国济世的忠臣节士。唐德宗时期，淮西节度使李希烈拥兵称王"闹分裂"，颜真卿奉旨劝谕却被叛军扣押，他不为利诱所动，痛斥逆贼，毅然赴死。民族英雄文天祥写诗《过平原作》，称赞颜真卿"忠精赫赫雷行天"。[27]《颜氏家训》的教化之功，可见一斑。

六

《朱子家训》的诞生流传，同样钤印着"忠"和"大孝"。

朱子是南宋理学集大成者。他写这部家训，与理学构建相关，并非专对朱氏族人，旨在教化社会全员。其传播之广、影响之大，为中华家训之最。

《朱子家训》有其时代背景。800多年前的南宋初期，统治阶层腐败虚弱，引发了社会动荡、金兵入侵。朝廷从中原逃亡到江南，割让半壁江山换取议和、移都临安。然而，权贵们苟且偏安，罔顾民生，纵欲寻欢。此时，传统儒学又因自身理论流传千余年仍未形成体系而失去活力，以及受到佛道两教竭力扩张的严重冲击，已步入式微，奄奄一息。

在此社会思想混乱、内忧外患交织以致国祚倒悬的危境关头，一大批力扶社稷的儒者，奋起接续道统、正本清源、救国图存。朱子领衔的闽学，以撰著《四书集注》构建了以"仁"为核心、民为国本、修身齐家治国于一体的理学体系，重建了儒家道德伦常，改造国民精神，提振华夏正气，造就了近古中国历史上一次最重要的思想飞跃。

淳熙十年（1183），志在更新儒学的朱子，直面"国破世衰"，在武夷山麓写下家训之作。是年，朱子在浙东反贪受挫，辞官返乡，创办武夷精舍。此间，他总结从政和从教的经验教训，顿悟理学的经世致用和人格自修，无论是劝进君臣还是化民成俗，都要以家庭为根基，付诸"日用"而推及社会。他注释"四书"，也编写《小学》《童蒙须知》和《训蒙诗》等书院教材，注重从日常入手、幼儿抓起，教导学生深明义理，向圣贤看齐。朱子把家教作为传播理学的重要途径，写了一篇317字的感言，后人称《朱子家训》。

当时的这篇感言，没有题目，也没刻书，只是记载于闽地的朱氏族谱中。到明末清初，这些文字被朱子后裔朱培、朱玉从《紫阳朱氏宗谱》中抽出，分别收入《文公大全集补遗》和《朱子文集大全类编》。此前，因这篇感言关联到家庭和家族的教育，朱氏族人奉之为"家训"；后来《朱子文集大全类编》将其归类于《庭训》。古时"家"与"庭"属同义词，庭训就是家训了。《朱子家训》的面世，体现了朱子后裔"平天下"的"忠孝"。康乾时期，朱子理学备受抬举，该家训推广开来。

七

《朱子家训》精炼、通俗，适合大众学习传诵。

　　君之所贵者，仁也。臣之所贵者，忠也。父之所贵者，慈也。子之所贵者，孝也。兄之所贵者，友也。弟之所贵者，恭也。夫之所贵者，和也。妇之所贵者，柔也。事师长贵乎礼也，交朋友贵乎信也。

　　见老者，敬之；见幼者，爱之。有德者，年虽下于我，我必尊之；不肖者，年虽高于我，我必远之。慎勿谈人之短，切莫矜己之长。仇者以义解之，怨者以直报之，随所遇而安之。人有小过，含容而忍之；人有大过，以理而谕之。勿以善小而不为，勿以恶小而为之。人有恶，则掩之；人有善，则扬之。

　　处世无私仇，治家无私法。勿损人而利己，勿妒贤而嫉能。勿称忿而报横逆，勿非礼而害物命。见不义之财勿取，遇合理之事则从。诗书不可不读，礼义不可不知。子孙不可不教，童仆不可不恤。斯文不可不敬，患难不可不扶。守我之分者，礼也；听我之命者，天也。人能如是，天必相之。此乃日用常行之道，若衣服之于身体，饮食之于口腹，不可一日无也，可不慎哉！

鉴于时代背景不同，后人对这部家训的解读颇有新意。福建教育出版社于2017年8月出版《朱子家训注解》一书，福州理工学院方彦寿研究员作注，笔者作序。该书被国家出版总署列为全国"农家书屋"重点推荐读物。

2021年3月，习近平总书记考察朱熹园时强调，"要特别重视挖掘中华五千年文明中的精华"，"把弘扬优秀传统文化同马克思主义立场观点方法结合起来"。[28]这为新时代《朱子家训》的传承践行提供了遵循。立足新的历史方位，研习传播《朱子家训》，应当把握实质、知常达变、服务当代。

根据《朱子家训注解》，笔者融入"新知"，再度解析：

主政者，贵在彰显仁义；为官者，贵在忠于职守。为父母者，贵在有慈爱；为子女者，贵在尽孝顺。为兄姐者，贵在呵护弟妹；为弟妹者，贵在敬重兄姐。做丈夫的，贵在与妻子和睦相处；做妻子的，贵在对丈夫温柔体贴。尊崇师长，要发自内心，言行举止有礼貌。结交朋友，要秉持诚信，许诺的事要兑现。

对老人要恭敬，对孩童要爱护。对德行高的人，即使年纪比我小，也要敬重他。对品行不端的人，尽管年纪比我大，也要远离他。不要随性议论别人的短处，也不要刻意夸耀自己的所长。有人仇视自己，要善用道义去化解；对于怨恨自己的人，也要操守公正来相待。无论身处顺境还是逆境，都要怀着平常心去适应。别人有小的过失，应当谅解包容；别人犯了大错，也要据理诚勉。处事不能因善行小就不屑一做，也不能因为恶不大就放任纵容。见别人做恶事，要遏止；见别人行善举，要弘扬。

处置公务，不能以个人恩怨来算计；治理家事，也不能掺杂任何私心。不做损人利己的事，不要嫉妒贤良的人。不要因自己遭遇不平而将气愤发泄于他人，不要违背法度去肆意伤害万物。对非分之财不贪图，对合理的事要遵从。要勤读圣贤的诗书，明白伦理礼仪的规范。要教育好子孙后代，使其知晓做人的道理。对社会底层的劳动者要有恻隐之心和多加关爱。要以谦恭的姿态陶冶心性和待人接物。见别人遇到灾难，要主动前往扶救。

坚守以上这些日常的道德规范，是做人的基本要求；遵循自然规律和社会准则来安排自己的命运，才能得到上天的帮助。这些时时用到、处处可行的事理，就像人的身体要穿衣服，嘴和肚子要喝水吃饭一样，每一天都不能少，怎能不慎重地去对待呢？

见上述，《朱子家训》无一句不"忠孝"。

八

作"家训","忠孝"为本。朱子知行统一，身为世范。

略举数例，见之真章。如"臣之所贵者，忠也"。朱子为官时，孝宗、宁宗等几朝皇帝苟安烦政、不思进取以至社稷不振。他每次朝奏都竭力劝谏"复疆土"，且要"正心诚意"。弟子担忧皇帝听多了反感，劝他不必直说。他回答："吾平生所学，唯此四字，岂可隐默，以欺吾君乎。"㉙说"正君心"是救国，不谏言是"欺君"，惹祸上身在所不惧。

又如"人有恶，则掩之"，看到有人行恶就要遏止。朱子任提举巡察浙东灾荒，发现宰相王淮的姻亲台州知府唐仲友侵吞赈灾款，便向朝廷连奏六折弹劾此人，并将王淮扣状不报的事一同检举。唐仲友受了处罚，朱子得罪权势也被调职。他疾恶如仇，宁折不弯，辞官返乡。

再如"子孙不可不教"。有一回，朱子探望出嫁的女儿，女儿家贫拿不出美食招待父亲心生愧疚。他赋诗安慰："葱汤麦饭两相宜，葱补丹田麦疗饥。莫谓此中滋味薄，前村还有未炊时。"㉚说不少百姓时常断炊，我们粗茶淡饭吃饱就好。两层意思，说持家过日子要安于俭朴，还说要把民间的疾苦挂在心上。

又再如"患难不可不扶"。朱子为官的一大德政是创造"社仓法"，即以官府出借官粮托底，动员富家捐献一些存粮，组建民间粮仓。这样，百姓缺粮时可夏借冬还，缴些息米来偿还官粮；逢灾年减免息，保灾民有饭吃，不至于流离失所。其故里五夫镇至今保存社仓遗址，乡民感念称"朱子社仓"。

以上范例，足见朱子忧国忧民的"大义"和"大爱"。习近平总书记在朱熹园说，朱子的民本思想与我们党强调的许多地方是相通的。㉛这也是人们认识《朱子家训》"为生民立命"福泽万家的重要指引。

九

除了章句教导，《朱子家训》还具有诸多特殊意义，无不放射"忠孝"的光华。

学理的系统性，是《朱子家训》有别于其他家训的重要特点。住在武夷精舍期间，朱子完成了对"四书"的集注，并为之作了"序定"，这标志着其理学构建基本成型。此间所写的"家训"文章，虽言简意赅，但已囊括理学体系，包含人际各方面的伦理关系，个人对家庭、社会的责任与义务；还有一系列关于家庭和睦、社会和谐和人生奋斗的道德规范与行为准则，全面地展露了儒家的"仁义礼智信"核心价值观。该家训可谓朱子理学的浓缩版。

《朱子家训》另一特征是其普世价值。该家训的内容涵盖社会意识形态，教化作用超越家族范畴，适用于整个中华民族。甚至在海外的影响也很大。日本、韩国及东南亚一些地方，至今仍将《朱子家训》列为学校教科书。在欧美，研习《朱子家训》的也大有人在。这也印证了联合国教科文组织对朱子理学的评价："影响了世界很大一部分。"[32]

《朱子家训》最宝贵的，是与其社会属性相契合的家国情怀和浓烈的爱国思想。该家训头两句是"君贵者仁""臣贵者忠"，是讲治国理政，意思是：君、臣者应当在端行儒家纲常伦理上以身作则，来引领天下的家道。朱子把君要仁政爱民、臣要忠君报国的告诫列作家训的先导，阐明"国家意识"是中华各氏族的首要共识。这也昭示今日国人，要将家国一体的胸襟和节操世代传承下去。

十

弘扬"孝道"，朱子后裔践行传播《朱子家训》更是义不容辞。2021年10月、2022年9月，闽北朱子后裔联谊会先后举办《朱子家训》新时代价值研讨会和《朱子家训》传承与践行报告会，推进联谊工作继往开来、拓展作为。这是讲孝道、行忠孝的务实举措，表现出强烈的使命感。

家训是后裔联谊的纽带。就逻辑和常理而言，研习祖训是后人敬祖之本分，重在续文脉。朱子后裔首先要潜心学用《朱子家训》。笔者以为，以传承《朱子家训》做实弘扬中华优秀传统文化，是闽北朱子后裔联谊会向海内外所有朱子后裔、朱氏宗亲提供的一个重要导向。

讲论"孝道"与《朱子家训》，应当提及明末清初一位朱子后裔朱柏庐，其一生以私塾为业，尊朱子，专理学；以"学问在性命、事业在忠孝"，用心家教，改良民风。柏庐先生融会朱子"训""蒙"之要论，结合自身体会，编撰了一部《治家格言》，从"黎明洒扫"讲起，引至"家门和顺""心存君国"，概括了为人处世诸多道理，对黎民百姓的持家养正大有裨益。该格言创作于朱子去世490年后，对先祖的家教思想作了精炼而生动的阐释，风靡社会，极受欢迎，至今不少人将此"格言"误称《朱子家训》。有学者指出，《朱子家训》和《治家格言》"在思想义理上一脉相承"，[33]《朱子家训》"深刻影响着《治家格言》的创作"。[34]笔者以为，《治家格言》是古代贤达研习朱子家教思想的最佳篇章，柏庐先生的"孝道"和"忠孝"是朱子后裔的榜样，也是中国人报答先祖恩泽的一面镜子。

党的十九大报告指出："中国共产党是中华优秀传统文化的忠实传承者和弘扬者。"汲取中华家训优秀养分，以民为本，为政以德，应是党员干部"大孝"的本能。

朱子孝道观和《朱子家训》是全社会共有的精神财富，也是弘扬中华优秀传统文化人人可以为之的基点和切入点。中华儿女遵家训、行"忠孝"，可提升自我，使家旺业兴、行稳致远；要及人及物，以报效国家、造福人类。

注释：

① 方彦寿主编：《朱子文化大典》，福州：海风出版社，2011年，712页。

②③④⑤⑥⑦ 罗竹风主编：《汉语大词典简编》，上海：汉语大词典出版社，1998年，1993页。

⑧ 朱熹撰，朱杰人、严佐之、刘永翔主编：《朱子全书》第6册，上海：上海古籍出版社；合肥：安徽教育出版社，2002年，16页。

⑨⑩ 朱熹撰，朱杰人、严佐之、刘永翔主编：《朱子全书》第6册，上海：上海古籍出版社；合肥：安徽教育出版社，2002年，68页、108页。

⑪ 朱熹撰，朱杰人、严佐之、刘永翔主编：《朱子全书》第6册，上海：上海古籍出版社；合肥：安徽教育出版社，2002年，256页。

⑫ 朱熹撰，朱杰人、严佐之、刘永翔主编：《朱子全书》第6册，上海：上海古籍出版社；合肥：安徽教育出版社，2002年，53页。

⑬ 朱熹撰，朱杰人、严佐之、刘永翔主编：《朱子全书》第6册，上海：上海古籍出版社；合肥：安徽教育出版社，2002年，351页。

⑭⑮ 朱熹撰，朱杰人、严佐之、刘永翔主编：《朱子全书》第6册《论语集注》，上海：上海古籍出版社；合肥：安徽教育出版社，2002年，77页。

⑯ 罗竹风主编：《汉语大词典简编》，上海：汉语大词典出版社，1998年，1818页。

⑰ 议郎：参与朝政的顾问官职；蔡邕：古代中国"四大才女"之一蔡文姬之父。

⑱⑲⑳㉑㉒习近平：2016年12月12日《在会见第一届全国文明家庭代表时的讲话》，新华社电。

㉓ 朱熹撰，朱杰人、严佐之、刘永翔主编：《朱子全书》第6册，上海：上海古籍出版社；合肥：安徽教育出版社，2002年，130页。

㉔ 朱熹撰，朱杰人、严佐之、刘永翔主编：《朱子全书》第6册，上海：上海古籍出版社；合肥：安徽教育出版社，2002年，16页。

㉕ 金源编译：《朱子家训·颜氏家训·孔子家语》，西安：三秦出版社，2007年，21页。

㉖ 朱熹：《朱子家训》（方彦寿注解），福州：福建教育出版社，2017年，3页。

㉗ 李昕文：《一门忠烈千秋颂——读〈祭侄文稿〉》，《光明日报》，2022年6月17日。

㉘ 习近平：《习近平谈治国理政》第四卷，北京：外文出版社，2022年，315页。

㉙ 林克敏编著：《画说朱熹》，上海：上海锦绣文章出版社，2010年，95页。

㉚ 陈长根：《朱熹诗选365鉴赏》，福州：海潮摄影艺术出版社，2007年，356页。

㉛ 福建日报：《习近平总书记在福建考察·回访》（要闻编辑部文），2021年3月26日。

㉜ 方彦寿主编：《朱子文化大典》，福州：海风出版社，2011年，573页。

㉝㉞ 陈苏珍：《〈朱子家训〉为朱熹撰著专名》，《中国社会科学报》，2021年4月14日。

〔作者系中国朱子学会顾问、福建省闽学研究会特约研究员、福建省委党校（行政学院）兼职教授、厦门大学国学研究院客座教授、福建省委宣传部原副部长、福建省委省直机关工委原常务副书记〕

朱子孝道文化对政和的影响

——兼谈对政和县孝道文化建设的思考

林文志

朱子不但创立朱子理学，集理学之大成，而且在孝道文化上亦有重大建树，为中国人民塑造了孝道文化的心理结构，形成了孝道文化的行为方式，留下了极其丰富而宝贵的孝道文化，在政和产生了广泛深刻的社会影响。

一、朱子孝论、孝行

作为自然人，朱子知孝、行孝。史料记载，早在朱子孩童时，父亲就给他讲"黄香温席"的故事，老师还给他讲授《孝经》。因此，朱子小小年纪就在心里萌生孝的种子。黄榦《朱文公行状》记：就傅，授予《孝经》，一阅通之。题其上曰："不若是，非人也"。李方子《紫阳年谱》中又载：五岁入小学，始诵《孝经》，即了其大意，书八字于上曰："若不如此，便不成人。"因此，朱子对先祖、对爷爷奶奶、对父母乃至叔叔婶婶，他们活着时孝顺以赡之，他们逝世后行孝以记之。史料记载，朱子得中进士后，当年即回婺源县老家省亲，遍谒祖坟，以祭先祖。爷爷奶奶逝世后分别安葬在政和县铁山镇凤林村和政和县星溪乡富美村。后来，朱子只要在建州，每年都回政和为爷爷奶奶扫墓。父亲逝世时，朱子年龄尚小；及至成年后，他两次为父亲遗骨择地重葬。母亲逝世后，朱子在建阳县莒口镇马伏村母亲墓旁筑庐守丧时间长达6年之久，足见朱子对于父母"事死如视生"的孝顺。

作为朝廷命官，朱子重孝、举孝。朱子不管在哪里为官，都以官府的力量和他个人的努力，推动孝道文化建设。在江西南康知军任上，他亲自撰写《示俗》榜文，曰："庶人，谓百姓也。能行此上四句，方是孝顺。虽父母不存，亦须如此，方能保守产业，不至破坏，乃为孝顺。若父母生存，不能奉养，父母亡殒不能保守，便是不孝。不孝之人，天所不容，地所不藏，幽为鬼神所责，明为官法所诛，不可不深戒也。""《孝经·庶人章》正文五句，系先圣至圣文宣王所说，奉劝民间逐日持诵，不须更念佛号经，无益于身，枉费力也。"他的做法，有力地促进了当地孝道风气的提升。

作为理学大儒，朱子编写《小学》等教材，编纂《家礼》等规范性礼仪，注述《孝经》，将其孝道思想落实和体现在教材、礼仪规范和对经典的注述中。非常可贵的是，朱子对《孝经》是一部经典始终确认无疑。因此，他对《孝经》进行注述，并非将原作推倒，而是将原作分为1经14传，然后在原作一旁标写223个字的注述，让人们通过比较，提高对《孝经》的认识，增强行孝自觉性。

作为书法家，朱子常常挥毫泼墨，用书法歌颂孝、促进孝。朱子对孝的书画作品集中表现在两次：一次是在湖南岳麓书院朱张会讲时，兴致勃发，挥起巨笔在岳麓书院的大厅墙上写下"忠孝廉节"四个大字。此孝字章法得当，笔力遒劲，字体硕大，堪称中国书法史上第一大字。又一次在什么时间、什么地点书写，无从查考；但影印拓件、私家民宅、景区石刻、有关出版物上都有刊载。此孝字，字中有画，画中有字，上半部是老字的一半，下半部是子字，子字上顶个老字，意为儿子把老人顶在头上，此即为孝。子者尊老即是孝。这一孝，深受民间喜爱，流传极为广泛。

二、朱子孝道文化对政和的影响

政和，先贤过化之地，朱子文化孕育之地。在朱子孝道文化方面，几乎没有什么地方可与政和比肩并论。因为，政和是朱子一家三代十多人居住过的地方；是朱子爷爷奶奶甚至叔叔婶婶逝世后安葬的地方；是其父朱松初仕为官、离任后"大江东去东复东，此间天地一宾鸿"，把它视为故乡的地方；是朱子心心念念，始终放不下，且无数次前来扫墓、讲学的地方。政和，以其博大的胸怀、纯朴的情愫，接纳了朱子一家三代人，接纳了朱子理学和朱子孝道文化。这是一片燃烧着历史文明、时代文明的热土。

对于政府来说，传承朱子孝道文化是责任使然。政和，乃千年古县。朱松任县尉以来，县名没有改变，县治没有改变，县域没有改变，甚至县衙署的位置也未曾改变。历宋、元、明、清、中华民国、中华人民共和国，六个朝代，无论是古代的县衙，还是当代的县政府，他们都认为，朱子孝道文化是精华而不是糟粕，应当弘扬而不能丢弃；都把弘扬朱子孝道文化作为自己"编外"的责任一直抓下来。于是，衙府褒奖孝道，官员带头行孝，县志记载孝子，社会崇尚孝行。改革开放以来，特别是党的十八大以来，涌现出数不胜数的重孝、行孝典型。廖俊波，原政和县委书记，其家风家教始终贯穿着"在家尽孝，为国尽忠"的精神。他的父亲曾经把自己省吃俭用攒下的五万元钱交给儿子，还附上了一封家书，写道："你把工作做好，就是你的大孝。"廖俊波任职期间，始终关注、崇尚孝道文化，秉持"一切为了政和的光荣与梦想"的情怀，带领政和人民加快经济发展、改变贫困面貌，给政和人民带来福祉，这是对政和人民的大孝。魏万能，原政和县人大常委会主任。20年前，他一退休，就全身心转入朱子文化保护建设行动之中，以他一己之力，筹资1200多万元，复建了云根书院，整理了大量的资料，开展数百场活动，特别是孝道文化活动，因而被南平市朱子文化研究会授予第一届"文脉奖"。历届政和县委、县政府都大力倡导和推动朱子文化保护建设工作，突出朱子孝道文化传承弘扬，在云根书院设立朱子孝道文化展览馆，修复朱森文化园，开展"政和孝星"评选表彰活动，极大地促进了朱子孝道文化的传承发展。

对于广大老百姓来说，知孝、行孝是他们固有的价值观念和行为习惯。爱在政和，孝满政和。特别令人欣慰的是，即使经过"文化大革命"那个特殊时期的影响，政和仍保持和传承着朱子孝道文化的广泛习俗和社会风气。

从受孝主体来看：一是孝祖。政和百姓对于祖宗的孝，尤其坚守和虔诚。大姓人家至今保存或者建设宗祠，在宗祠里，为祖宗立牌位，向亡灵行祭祀。清明扫墓，这是政和人对于列祖列宗的深切纪念，是孝祖的具体表达。政和人清明扫墓有一个共同遵守的规矩：先扫族墓，再扫家墓，敬香、供物、叩拜、致语，不可缺少。多年来，每到清明节，在外打工经商的政和人，不管多忙，不论多远，都要赶回来扫墓，以至于政和道路堵塞、宾馆爆满，好一派孝文化景象。二是孝亲。政和百姓对于父母的孝，有孝其身、孝其心、孝其志三个层面。

所谓孝其身，就是让父母衣食温饱，有病得到治疗，生活不能自理者能够有良好的照顾。多数家庭是父母与子女同住同吃；少数家庭父母单独居住的，则由子女提供粮食和一定数量的日用开销款，大体上能够解决穿衣吃饭看病所需。所谓孝其心，即家庭条件较好，孝而顺的子女，能够给予父母更多的感情温暖、精神慰藉，他们语言温良、态度和顺，多花时间陪伴，甚至陪同父母旅游、散心等，让父母心情愉悦、精神富足。所谓孝其志，就是父母健在，按照父母的要求去做事；父母亡故，按照父母的遗愿去实行。这是更高层次的孝。

从行孝方式来看：一是居家奉养。目前，政和尚属于经济后发地区，群众收入还不算高。因此，多数子女对于父母的生活，仍以居家奉养为主。二是敬老院奉养。政和县敬老院多为政府资助，乡镇和村两级建设，全县有敬老院11所，床位338张，入住老人229名。这些养老院多数用来安置鳏寡老人；少量有子女且子女有经济能力的老人入住，需要缴纳一定的费用。近几年，大力推进长者食堂建设，为留守老人提供用餐，是对老人行孝的一种新形式。

从孝道教育来看，主要是在礼仪民俗活动中开展教化。礼仪民俗活动贯穿了孝文化的内容。政和二五区的镇前、澄源、杨源三个乡镇，至今保持完整的朱子婚礼，它的核心贯穿爱与孝的主线。比如，双方父母分别对新夫新妇行醮子礼，都要求新夫新妇要夫妻恩爱、孝敬父母、勤俭持家。即使西式婚礼，仍保持告祖习俗——婚后第三天，新夫领着新妇，到祠堂里拜谒祖先，焚香告祖。二五区还保持完整的非遗项目"新娘茶会"：每年元宵日，上一年迎娶进门的新媳妇，纷纷把自己亲手制作的最好吃的东西，拿出来请村上的婆婆品尝，接受婆婆们的点评。这种活动，实际上是创造平台和机会，让婆婆们对新媳妇进行孝道教育，效果不错。

三、对政和孝道文化建设的粗浅思考

党委、政府可以有更好作为。我们党的根本任务是为人民谋福祉，为群众谋利益。孝道文化建设是应对人口老龄化的迫切需要，是一件大事，而绝非小事。党委、政府在孝道文化建设上有更好作为，就会让老年人在政府层面得到实实在在的关怀，在儿女身上得实实在在的孝顺。

政策促进可以有更大创新。政策具有调控性、引导性。可制定促进孝道文化建设的政策措施，调动各部门和社会开展孝道文化建设的积极性。探讨通过政策调控引导促进孝道文化发展的路子。比如，评选出来的孝星，不但要给予一定的物质奖励和表扬激励，还要在生活困难救助、宅基地审批、生产项目支持等方面给予照顾，体现孝顺有奖、孝顺有利，不让孝顺者吃亏。

设施建设可以有更强力度。当前，农村养老孝老设施仍显薄弱。加强老年人生活设施建设势在必行，如养老院、老年大学、老人活动中心等。县乡村三级要加强农村养老孝老的设施建设，经过几年努力，使之有根本性改观。

氛围营造可以有更多方式。评选表彰孝道先进人物要创新形式、更接地气。对领导干部和其他公职人员要进行孝道考核考评。学校要开设孝道课程，对学生进行孝道教育。媒体要宣传孝道先进事迹，形成全社会重孝、尊孝、爱孝的良好氛围。

（作者系南平市朱子文化研究会会长）

朱子家庭教育思想

张品端

我国很早就注重家庭教育。三国时东吴的陆绩所著《周易述》中的《家人·彖》，就提出了"圣人教先从家始，家正则天下化之"的主张。这种家庭教化的力量支撑了中国数千年的发展，是中华民族的优良传统。家风是一个家庭的文化风格。它是家庭在共同生活中，经过培育相传下来的家族成员的精神风貌、道德品质的体现。家风对一个人的人格成长产生着潜移默化的影响。朱熹专门写了《家训》和《家礼》等通俗易懂的教材，对家庭教育及形成良好的家风起了积极的作用，成为南宋之后家风教育的典范。

一、朱熹以"明伦"为家庭教育的核心内容

从人的社会性出发，朱熹把"明伦"看作家庭核心价值观。儒家的所谓"五伦"，即君臣有义、父子有亲、夫妇有别、长幼有序、朋友有信。朱子特别重视"明伦"教育，在《白鹿洞书院揭示》中首先强调五教之目，并列为该"揭示"之首。

就"孝"而言，在朱熹看来，不同阶级、不同阶层的人都要孝，只是孝的内容有差别。这是从人之为人的本质出发得出的结论。朱熹说："爱敬尽于事亲，而德教加于百姓，刑于四海，此天子之孝也。在上不骄，高而不危，制节谨度，满而不溢，然后能保其社稷，而和其民人，此诸侯之孝也。非先王之法服不敢服，非先王之法言不敢道，非先王之德行不敢行，然后能保其宗庙，此卿大夫之孝也。以孝事君则忠，以敬事长则顺，忠顺不失，以事其上，然后能守其祭祀，此士之孝也。用天之道，因地之利，谨身节用以养父母，此庶人之孝也。故自天子至于庶人，孝无终始，而患不及者，未之有也。"[①] 尽管不同阶层的人可能有

不同内涵的孝，但孝是必须的，是普遍的，是最重要的，所谓"夫孝始于事亲，中于事君，终于立身"①。因此，朱熹将父子之亲位列明伦的首位。

对于父子关系，朱熹在《家训》中说："子之所贵者，孝也。"朱熹认为，子女生下来后，最先接触的人际关系是父母，最先从父母那里感受到人间的爱，这种爱必然培养出子女对父母以及通过他们对人类的爱。"孝"是人类的一种自然感情，施爱施敬从亲始，具有天然的合理性。正是基于此，朱熹说："孝者，百行之源。"②孝是人之为人的开始。

人之区别于动物，就在于人是有理性的。"善事父母为孝。"③人人有父母，人人也都有父母之念，人人都应当"善事父母"。为人子者，必须止于至孝。所以，事亲是人人应尽的基本义务，是子女的天职。朱熹说："君臣、父子皆定分也。"②这里所说的"分"是界分，即将"分"界定为与生俱来的行为规范。子有子之职分，父有父之职分。子女对父母的孝是"古今共有之理"②。

但是，朱熹不主张愚孝，父母有过失，子女可以指出来，加以劝告。他说，父母有过"下气、怡色、柔声以谏也"②。"一家之中，尊者可畏敬，但是有不当处，亦合有几谏时，不可道畏敬之，便不可说著。"②在家里，父母有过失，则应当劝谏，这是对父母的"义"的表现。在朱熹看来，"孝"的本质是一种爱与敬的情感与行为，是人类道德之本源，一切道德和善都源于对他人的关切。"人之行，莫大于孝"②，说的就是这个道理。一个不具备"亲亲"德性的人，很难相信他会爱他人。这话是符合道德逻辑的。这里要注意的是，朱熹说的父子有亲是双向的。这一观点，在"君要臣死，臣不得不死；父要子亡，子不得不亡"的封建社会，是难能可贵的。

"孝"不仅是德之本，也是一切教化的起点。"亲亲"启蒙，是人情陶冶、道德升华最基本的手段，也是最有效的途径。朱熹在其《家礼》中规定，孩子"稍有知，则教之以恭敬尊长；有不识尊卑长幼者，则严诃禁之"④。又说："孔子曰：'幼成天性，习惯如自然。'"④人在幼年之时，物欲未染，知识未开，染于黑则黑，染于白则白，具有极强的可塑性。此时若施以正确的知识和道理，那么这些知识和道理对儿童的行为具有直接的影响，从而在心灵深处具有导向功能，在以后的道德选择中容易接受与它一致的观念，拒斥和它不同的思想。可见，注意培养儿童的孝心，使他们从小具有爱心，有利于他们将来在社会上接受其他道德规范。

朱熹还强调"孝"要建立在"敬心"的基础上，除了物质奉养外，更为重要的是精神慰藉。故朱熹说："事亲之际，惟色为难耳，服劳奉养，未足为孝。"③进入现代社会，社会化的大生产，已经使"扶幼养老"的许多工作可以转移到社会方面。但是，幼儿园再完善的生活、教育设备，也代替不了父爱和母爱，自幼缺乏家庭温暖的孩子将会在一生中留下不可弥补的性格缺陷。同样，老年人可以通过养老金、社会保险解决生活和经济需求，通过雇保姆、进养老院解决送终的问题。但是，这些方法都不能解决老年人晚年的孤独和凄凉。唯一化解的方法，是通过子女经常的探望和交流，以亲情来抚慰父母的心灵。

朱熹提倡的孝道，不仅有助于家庭和睦，而且有助于维护社会的稳定。他说："人能孝悌，则其心和顺；少好犯上，必不好作乱也。"③"其为人孝弟（悌），则必须柔恭，柔恭则无犯上作乱之事。"②也就是说：一个人如果有爱心和责任感，在家孝敬父母，养成和顺之德，就不会"犯上作乱"。当今的社会，人际之间还存在着长幼尊卑、领导与服从的关系。在家庭中教育子女孝亲，便可以培养他们一种尊敬长上、服从秩序的精神。进入社会后，他们也会很习惯各种制度、法规的约束，不至于为所欲为。

在强调"孝"的同时，朱熹在《家训》中又提出："父之所贵者，慈也。"这就要求做父母的对子女要"慈"。所谓的"慈"，就是父母要关爱子女，但不能对子女溺爱、放纵。故朱子又提出"子孙不可不教也"。

对于夫妻关系，朱熹在《家训》中说："夫之所贵者，和也。妇之所贵者，柔也。"所谓"和"，即喜、怒、哀、乐表现出来时，保持心平气和的理智。所谓"柔"，即性情温柔贤淑。夫和妇柔是夫妻和睦的关键。朱熹提出"夫妇之别"的初衷是维护家庭和谐、家族和睦、社会稳定，为家国天下的政治理想提供良好的家庭基础。任何一个良性社会的主流思想，都应该提倡建立稳定的秩序。那么，正视夫妇之别在家庭伦理中相当必要。

对于兄弟长幼关系，朱熹在《家训》中说："兄之所贵者，友也。弟之所贵者，恭也。"所谓"友"，就是要友善，互相帮助，患难与共；"恭"，则是指尊敬、谦恭。"友""恭"是兄弟姐妹之间团结的基础。至于长幼之序、朋友之信，在任何社会、任何圈子、任何行业里，都应该是遵循的基本规则。

最为关键的是，实际上在任何社会形态下，父子、上下级、夫妇、长幼、朋友等伦理都无所不在，任何个人都脱离不了上下、长幼等各种社会关系和社会角色设定。

家庭主要成员之间的关系及其伦理，是家庭和睦相处的准则和行为规范。朱子把慈、孝、友、恭、和、柔分别作为父、子、兄、弟、夫、妇的个体主体道德，各有名分，体现了传统儒家的礼治精神。就道德标准划分上而言，具有封建等级观念；但强调家庭各层次的人要各尽其职、各守其德，这是符合家庭道德要求的。

值得注意的是，朱熹讲的家庭伦理具有相对性、互动性。他说："父慈子孝，兄爱弟敬，夫和妻柔，姑慈妇听，礼也……父慈而教，子孝而箴，兄爱而友，弟敬而顺，夫和而义，妻柔而正，姑慈而从，妇听而婉，礼之善物也。"[1]父子、兄弟、夫妻、婆媳等各种关系都是相互的，双方都要做到应该做的，再去要求对方，否则这种伦理关系就很难维持长久。

近现代社会，有些人质疑批判传统儒家的明伦教育，虽然起到张扬个性、创造民主和自由的社会风气的现实作用，但不可否认明伦教育的历史作用和现实价值。

二、朱熹以"修身"为家庭成员修养的有效途径

修身是完善人品操行，提高人生境界，实现修己而安人、内圣而外王的关键。朱熹说："身修则家可教矣。孝、悌、慈，所以修身而教于家者也……所以家齐于上而教成于下也。"[3]就修身而言，格物穷理、诚意正心则是必不可少的前提条件和工夫方法。朱熹认为："格物须是从切己处理会去，待自家已定叠，然后渐渐推去，这便是能格物。"[2]这是说，格物应从自我修养开始。人生之所以需要格物，是因为人的良心受到私欲的遮蔽，格物穷理就是去掉私欲，恢复良心的明觉。

格物穷理不仅是人生体悟天理的必由之路，而且也是人生正心诚意的前提。人生的道德修养以正心诚意为主，而正心诚意只有通过格物穷理才能实现。"须是真知了方能诚意。知苟未至，虽欲诚意，固不得其门而入。惟其胸中了然，知得路径如此，知善之当好，恶之当恶，自然意不得不诚，心不得不正。"[2]

既然人生的道德修养以正心诚意为主，那么，人应当如何正心诚意才能完成自身的道德修养呢？《大学》言："所谓诚其意者，毋自欺也，如恶恶臭，如好好色，此之谓自谦，故君子必慎其独也！"诚其意，就是不自欺。不自欺，就是指既知修身应为善去恶，就当持守自身对于道德识得践履的内在意志的纯洁专一。这种内在意志的纯洁专一，不因环境条件的变化而变化，更不是为了迎合外界和他人的赞慕，故君子诚意修身尤能慎其独。慎独是指自己独处幽居之际，自觉自律地践履道德。正其心，就是将自身的意识和行为规正于道德，不要让自身喜怒哀乐的心理情绪和外界的社会现象，阻碍了对于道德识得践履的自觉内在向善意志。

在道德修养问题上，朱熹特别注重躬行实践。他说："既得知，若不真实去做，那个道理也只是悬在这里，无个安泊处。"②朱子在道德修养上要人做到言行一致，不能口说空话，做纸上文章。这就是以一切道德修养最终都要见之行动为归宿。

朱熹的修身思想有利于促进人的存在的道德价值完善。朱熹认为，成就自身的道德善性，不仅是人的存在价值的主要体现，而且是实现修己安人和人生追求的基础。人存在的道德善性，不是已成的，而是待成的。如何由待成过至已成？个体只有在其社会化的过程中培养和提升自身对于道德善性识得成就的自觉意识和自律意志，才能在其家庭行为和社会行为中自我主动地遵循践履仁义礼智的道德规范，实现自身的道德价值。由于人的存在的道德善性是由个体的家庭行为和社会行为具体体现出来的，所以朱熹特别强调每个人都要正心诚意地对待自身的家庭行为和社会行为，以是否合乎道德要求来取舍抉择自身的行为。正心诚意地对待自己，努力践仁行义，去实现自身的道德完善，完成自身的家庭职责和社会职责，做到无论遇到什么样的人生境遇，持守道德要矢志不移。正所谓："富贵不能淫，贫贱不能移，威武不能屈。""穷则独善其身，达则兼济天下。"正心诚意地对待他人，以"孝、慈、悌"等道德规范来调节和谐家庭成员之间的关系，推进相互之间的家庭责任和义务的完成。

朱子认为，治家的前提是修身，重视道德修身就同"衣服之于身体，饮食之于口腹，不可一日无也"。他说："人有恶，则掩之；人有善，则扬之。"人们对于善恶，不仅要善于鉴别、立场鲜明，还要做到隐恶扬善。这体现的是宽以待人的一种人生态度。朱子还指出："勿以善小而不为，勿以恶小而为之。"行善不分大小，善事多么小也要尽力而为；行恶则万万不能，恶事多么小也不能去做。

在《家训》中，朱熹指出，"诗书不可不读，礼义不可不知。"读书识礼是中国人对文化的特有认识。人因读书而美丽，人因识礼而高雅。通过学习，人就能不断丰富自己的知识，不断提高自己的素养。

朱熹《家训》还指出，"勿损人而利己"，"不义之财勿取，遇合理之事则从"。这在价值取向上，阐述了做人的行为准则。一个人在取利时决不能为个人利益而损害他人利益，要做到"见不义之财勿取"。什么是有义之财？合法经营、劳动所得，是有义之财。什么是不义之财？贪污受贿、以权谋私、非法经营、牟取暴利，是不义之财。我们要大力宣扬"见不义之财勿取"的为人准则，以期待在整个社会形成对非义之事大家都反对、遇合理之事则大家都顺从的局面。

朱熹还要求每个人要正确对待自己与对待他人。《家训》要求："慎勿谈人之短，切勿矜己之长。"这是由于每一个人都受知识和实践经验的影响和限制，要正确认识客观、认识别人不容易，正确认识自己就更难。做人切勿矜己之长，要正确看待自己。"虚心使人进步，骄傲使人落后"才是千真万确的真理。如果矜己之长，就会骄傲自满、自以为是。"慎勿谈人之短。"这是因为，人非完人，人人都有缺点。道德修养是取人之长补己之短，以己之短比人之长，才能有进步；假如随便谈人之短，不但不能克服自身短处，而且会影响团结，不利于人与人和睦相处。

三、朱熹以"恕道"为处理邻里关系最基本的道德准则

人们不仅在家庭里做一个好成员，而且要处理好邻里关系，搞好邻里团结，这就牵涉到人我关系问题。儒家恕道的"己所不欲，勿施于人"，是人们处理人我关系所必须做到的最基本的道德。我所不欲的东西不要强加于他人，不要给他人造成人为的痛苦，这在儒家看来是最起码的、最基本的了。"己所不欲，勿施于人"就是对家庭成员或者社会成员的某些行为予以限制，使其不能为所欲为，对他人勿侵犯、勿强制，宽容他人、理解他人。孔子门人认为："有亲

不能孝，有子而求其报，非恕也；有兄不能敬，有弟而求其顺，非恕也。"这是对家庭成员一种道德责任的强调：如果只求其报，不尽其孝，就违反了恕道的原则。

朱熹继承和发展了传统儒家的恕道思想。他说："如福寿康宁，人之所欲；死亡贫苦，人之所恶。所欲者必以同于人，所恶者不以加于人。"②在朱熹看来，恕道的内容具有相反相成的两个方面：己所欲者，应与他人同欲；己所不欲者，不强加于人。朱熹的这种阐述，就把传统儒家"推己及人"的恕道，从体现在己不欲时的态度，扩展到己所欲时的态度，即"己之所欲，施之于人"。这是恕道的积极方面。朱熹的这种恕道观，其学生陈淳作了更为明确的表述："夫子谓'己所不欲，勿施于人'，只是就一边论。其实不止是勿施己所不欲者，凡己之所欲者，须要施于人方可。"⑤

朱熹的"所欲者必以同于人，所恶者不以加于人"的恕道观，合理性就在于体现对自己和他人主体意识的尊重，揭示了个人与他人的协调发展关系。搞好邻里团结，最重要的是互相尊重，不伤害他人利益。朱熹提出正确对待他人的恕道，就是处理邻里关系之最基本准则。人们在其行为过程中，充分尊重邻里的人格、民族习惯、生活方式、爱好、兴趣和职业，不随意妄加评论和指责，更不以财欺人、以势压人。即使邻居的生活习惯直接干扰了自己的正常生活，也要在充分尊重他人的基础上，设法去寻找妥善解决的途径。当今社会所提倡邻里之间：团结友善，以礼待人；互相尊重，平等待人；互相关心，热情助人；遵守公德，不妨碍他人；互相理解，不强加于人。这同朱熹的"己所不欲，勿施于人；己之所欲，施之于人"的恕道思想是一致的。

朱熹在处理人际关系时，还非常讲求一个"推"字，要推及于人，要行忠恕之道。朱熹在《白鹿洞书院揭示》跋中说："熹窃观古昔圣贤所以教人为学之意，莫非使之讲明义理，以修其身，然后推以及人。"又说："如爱，便是仁之发，才发出这爱来时，便事事有：第一是爱亲，其次爱兄弟，其次爱亲戚，爱故旧，推而至于仁民，皆是从这物事发出来。"②如果将对父母之爱敬、对兄长之尊重精神推及于人，那一定会"老吾老以及人之老，幼吾幼以及人之幼"③，从而处理好一切人际关系。如此就会以君为父而忠君，以民为本而爱民，由追孝祖宗而爱祖国，以师为父而尊师，以长老为父兄而敬老尊长，等等。显然，朱熹"推以及人"的主张已包含了平等博爱的可贵精神。可见，朱熹的恕道是处理邻里关系最基本的道德准则，有利于家庭美德建设。

注释：

① 朱熹《小学》卷 2，《朱子大全》（第 13 册），第 403 页。

② 黎靖德《朱子语类》卷 30，中华书局 1986 年版，第 774 页。

③ 朱熹《论语集注》卷 1，《四书集注》，中国书店出版社 1994 年版，第 43 页。

④ 朱熹《家礼》《朱子全书》第 7 册，上海古籍出版社、安徽教育出版社 2002 年，第 885 页。

⑤ 陈淳：《北溪字义·忠恕》，《四库全书》（第 709 册），第 24 页。

（作者系武夷学院朱子学研究中心主任、福建省闽学研究会副会长）

朱子的孝道思想

兰宗荣

朱子曾说："孝者，百行之源。"①子女尽孝是大义，是人情之自然；孝悌是万善之根本，是人道的大端。朱子在继承并发展先秦儒家、宋明理学孝道观的基础上，形成了自己的孝道思想体系。当今探讨朱子孝道思想，主要是要将朱子孝道思想蕴含的优秀传统文化发扬光大。

一、孝之体——仁

"体"就是事物的本源、本体。在朱子思想中，仁与孝之间存在本末、体用的关系。朱子说："论性，则仁是孝悌之本，惟其有这仁，所以能孝悌。仁是根，孝悌是发出来底；仁是体，孝悌是用；仁是性，孝悌是仁里面事。"②仁是性，孝悌是用，是用来行仁的。用便是情，情是仁发出来的。论性，则以仁为孝悌之本；论行仁，则孝悌又为行仁之本。如亲亲、仁民、爱物，都是行仁的基础，首先须先从孝悌做起，舍此就不是根本了。有门人问朱子："孝根原是从仁来。仁者，爱也。爱莫大于爱亲，于是乎有孝之名。既曰孝，则又当知其所以孝。子之身得之于父母，'父母全而生之，子全而归之'，故孝不特是承顺养志为孝，又当保其所受之身体，全其所受之德性，无忝乎父母所生，始得。所以'为人子止于孝'。"朱子回答说："凡论道理，须是论到极处。"并以手指心说道："本只是一个仁，爱念动出来便是孝。程子谓：'为仁以孝悌为本，论性则以仁为孝悌之本。仁是性，孝悌是用。性中只有个仁义礼智，何尝有孝悌来。'譬如一粒粟，生出为苗。仁是粟，孝悌是苗，便是仁为孝悌之本。又如木有根、有干、有枝叶，亲亲是根，仁民是干，爱物是枝叶，便是行仁以孝悌为本。"③孝是仁之发，并不等同于仁。所以朱子说："仁是孝悌之母子，有仁方得出孝悌出来，无仁则何处得孝悌！"③如果把孝悌作为仁的根本、本源，那么则是以脚为头，那就本末倒置了。所以伊川将"为仁"用"行仁"来解读。盖孝悌是仁里面发出来。孝悌是行仁结出的果实。正如程颐所说："盖孝悌是仁之一事，谓之行仁之本则可，谓之是仁之本则不可。盖仁是性也，孝悌是用也。性中只有仁义礼智四者，几曾有孝悌来？仁主于爱，爱莫大于爱亲。"④之所以这样说，只因为性中只有仁义礼智四者，发出来千丝万缕，却有许多事情。仁发用为作为情感的爱是有先后顺序的。爱不仅指爱父母亲，还包括爱兄弟、爱亲戚、爱故旧；推而广之，乃至于仁民、爱物。朱子说："如这水流来下面，做几个塘子，须先从那第一个塘子过。那上面便是水源头，上面便无水了。仁便是本。行仁须是从孝悌里面过，方始到那第二个第三个塘子。"②就如仁之水是孝的本源。仁之水流经第一个"池塘"是孝悌，流经第二"池塘"是仁民，流经第三个塘子是爱物。所以仁是孝之体，孝只是仁的发用。

二、孝之事——敬、乐、忧、哀、严

根据朱子《孝经刊误》记载，"孝子之事亲，居则致其敬，养则致其乐，病则致其忧，丧则致其哀，祭则致其严"⑤，只有这五者都具备了，然后才能事亲。

（一）居则致其敬

孝是行仁的根本，而行仁又不出于居敬。朱子引用曾子的话说："身也者，父母之遗体也。行父母之遗体，敢不敬乎？居处不庄，非孝也；事君不忠，非孝也；莅官不敬，非孝也；朋友不信，非孝也；战阵无勇，非孝也。五者不遂，灾及其亲，敢不敬乎？"⑥自己的身体，乃是父母的遗体。以父母的遗体来做事，敢不小心翼翼常怀敬畏之心吗？日常起居不端重，就是不孝；为君主做事不忠诚，就是不孝；面对工作而儿戏，就是不孝；对朋友说话不算数，就是不孝；临阵作战不勇敢，就是不孝。这五个方面做不到，表面上看是自身受到惩罚，实际上是殃及父母的遗体。由此看来，敢不小心翼翼心怀敬畏吗？用佳肴美味，岁时祭祀，这不能算作是孝，只能算作是养。君子所谓的孝，是全国的人都称羡喝彩地说："有这样儿子的爹娘真是有福气呀！"这才是所谓的孝啊！各种品德的根本叫做孝，表现于行为则叫做养。养就算是可以做到，但尊敬就难了；

尊敬就算是可以做到，但毫无勉强之意就难了；毫无勉强就算是可以做到，而在父母去世之后还能坚持不改就难了。父母去世以后，还能够小心翼翼地行事，不连累父母被人诟骂，这才叫终身行孝。所谓仁，就是要仁在孝上；所谓礼，就是要履行孝字；所谓义，就是要适宜于孝的事才做；所谓信，就是要诚信在孝上；所谓努力，就是要努力在孝字上做文章。欢乐是由于顺着孝道办事而产生的，刑罚是由于违背孝道办事而导致的。

行孝要将服劳奉食与居敬结合起来。朱子说："言人畜犬马，皆能有以养之，若能养其亲而敬不至，则与养犬马者何异。甚言不敬之罪，所以深警之也。"⑦朱子引用《礼记》的话说："盖孝子之有深爱者，必有和气；有和气者，必有愉色；有愉色者，必有婉容。故事亲之际，惟色为难耳。服劳奉食未足为孝也。"⑦居敬体现在日常生活的方方面面。朱子说："孝子如执玉，如奉盈，洞洞属属然，如弗胜，如将失之。严威俨恪，非所以事亲也。《曲礼》曰：'凡为人子者，居不主奥，坐不中席，行不中道，立不中门。食飨不为概，祭祀不为尸。听于无声，视于无形。不登高，不临深，不苟訾，不苟笑。'"⑥又引用《内则》的话说："子妇孝者敬者，父母舅姑之命，勿逆勿怠。若饮食之，虽不耆，必尝而待。加之衣服，虽不欲，必服而待。加之事，人代之，己虽不欲，姑与之，而姑使之，而后复之。子妇无私货，无私畜，无私器，不敢私假，不敢私与。"⑥曾子曾说："父母爱之，喜而不忘；父母恶之，惧而无怨；父母有过，谏而不逆。"《内则》记载道："父母有过，下气怡色，柔声以谏。谏若不入，起敬起孝，说则复谏；不说，与其得罪于乡党州闾，宁孰谏。父母怒，不说，而挞之流血，不敢疾怨，起敬起孝。"《曲礼》记载道："子之事亲也，三谏而不听，则号泣而随之。"⑥孔子说："'君子无不敬也，敬身为大。身也者，亲之枝也，敢不敬与？不能敬其身，是伤其亲；伤其亲，是伤其本；伤其本，枝从而亡。'仰圣模，景贤范，述此篇以训蒙士。《丹书》曰：'敬胜怠者吉，怠胜敬者灭；义胜欲者从，欲胜欲者凶。'"⑥真德秀也认为，"孝之为孝，不出爱敬。"⑧

朱子认为，孝的根源在于符合天理。孝的本质是一种爱敬的情感与行为，是人类道德的本源，一切道德和善都源于对他人的关切与爱敬。孝顺父母要真心实意，要有好的脸色，物质奉养与精神慰藉兼顾。如果单纯养其亲而敬不至，则与养犬马无异。所以作为孝子，在竭力事奉父母的同时，还要保持和气、婉容、愉色和美言。赡养父母心怀敬畏，是子女对父母养育之恩的回报，是子女必须承担的义务，是悦亲的前提，是最基本的孝道。

（二）养则致其乐

悦亲就是作为子女的要让父母生活快乐，这是孝道的核心所在。朱子引用《淮南子》的记载说："周公之事文王也，行无专制，事无由己。身若不胜衣，言若不出口。有奉持于文王，洞洞属属，如将不胜，如恐失之。可谓孝子矣。"又引用孟子的话说："曾子养曾皙，必有酒肉。将彻，必请所与。问有余，必曰'有'。曾皙死，曾元养曾子，必有酒肉。将彻，必请所与。问有余，曰'亡矣，将以复进也'。此所谓养口体者也。若曾子，则可谓养志也。事亲若曾子者，可也。"⑥孝道的最高境界是养志，而不是单纯的养口体。养口体是满足低层次的感观快乐，养志则能满足高层次的精神快乐。除了满足父母的口腹之欲，作为孝子，还可以通过各种游戏悦亲，想方设法让父母快乐。朱子举例说："老莱子奉二亲，行年七十，作婴儿戏，身着五色斑斓之衣。尝取水上堂，诈跌仆卧地，为小儿啼。弄雏于亲侧，欲亲之喜。"⑥朱子引用曾子的话说："孝子之养老也，乐其心，不违其志；乐其耳目，安其寝处，以其饮食忠养之。是故父母之所爱亦爱之，父母之所敬亦敬之，至于犬马尽然，而况于人乎？"⑥

悦亲又有"得乎亲"与"顺乎亲"之别。朱子说："不问事之是非，介能曲为承顺，则可得其亲之悦。苟父母有做得不是处，我且从之，苟有孝心者皆可以然也。"①"得乎亲"是指子女擅于观颜察色，看父母喜欢什么，不问对错，以不违拗父母为指向，以讨得父母的欢心；"顺乎亲"是指使父母欢心喜悦，又要使父母不陷于非义之中，应当"父子责善"，顺义而为。朱子认为，前者是低层次的孝，后者才是层次高的孝，更有难度，但应当努力去做。朱子认为，"如父子是当主于爱，然父有不义，子不可以不争。"③朱子说："人情自有偏处，所亲爱莫如父母，至于父母当几谏处，岂可以亲爱而忘正救。"③朱子《集注》云："几，微也。微谏，所谓'父母有过，下气怡色，柔声以谏'也。见志不从，又敬不违，所谓'谏若不入，起敬起孝，悦则复谏'也。劳而不怨，所谓'与其得罪于乡党州闾，宁熟谏。父母怒不悦，而挞之流血，不敢疾怨，起敬起孝'也。"③这样"微谏不倦"旨在告诉人们，无论父母是否听从劝谏，都应当保持恭敬、不冒犯的态度；如若父母不听从劝止，还应寻找机会再次劝止，不可因担心触怒父母而放弃。经过这样的"挽偏"，上不违微谏之意，切恐唐突以触父母之怒；又不违欲谏之心，务欲置父母于无过之地，事情就顺了，最终自然能悦亲。

（三）病则致其忧

忧亲，就是在日常生活中，子女要多关心父母，向父母嘘寒问暖。父母爱子之心无所不至，唯恐其有疾病，常以为忧。作为子女，也应该以父母之心为心，经常问疾问安。《曲礼》记载说："凡为人子之礼，冬温而夏清，昏定而晨省。出必告，反必面。所游必有常，所习必有业。恒言不称老。"⑥大凡作为人子的礼节就是：冬天让父母感到温暖，夏天让父母感到清凉，晚间服侍就寝，早上省视问安。做子女的外出，一定要把自己的去向告诉父母；办完事回到家，也必须面告父母，让他们知道自己已经回来，以免父母牵挂。子女要爱护自身的身体发肤，避免父母担忧。父母健在，一般不远游；若远游，必告以方位，以让父母知其所在而无忧。⑨出游一定要有个常去的地方，学习也要有个固定的方向，主要是不让父母担心。平时讲话要得当，要回避称"老"字。

朱子引用《曲礼》记载说："父母有疾，冠者不栉，行不翔，言不惰，琴瑟不御，食肉不至变味，饮酒不至变貌，笑不至矧，怒不至詈。疾止复故……亲有疾，饮药，子先尝之。医不三世，不服其药。"⑥意思是说：父母生病，孝子由于心中忧虑，头也忘记梳了，走路也不像平日那样甩开双臂，开玩笑的话也不讲了，琴瑟等乐器也不弹奏了，吃肉只是少量地吃一点，只稍尝那味道，饮酒也不至于喝到脸红，没有开怀的大笑，发怒也不至于骂人。父母病愈，做儿子的才恢复常态。父母亲有病，喝药，子女要先尝尝，看看汤药苦不苦、烫不烫。医生不是三代传承，就不敢叫父母服他配的药方。西汉扬雄曾说："事父母自知不足者，其舜乎？不可得而久者，事亲之谓也。孝子爱日。文王之为世子，朝于王季，日三。鸡初鸣，而衣服至于寝门外，问内竖之御者曰：'今日安否何如？'内竖曰：'安。'文王乃喜。及日中又至，亦如之。及暮又至，亦如之。其有不安节，则内竖以告文王，文王色忧，行不能正履。王季复膳，然后亦复初。食上，必在视寒暖之节。食下，问所膳。命膳宰曰：'未有原。'

应曰：'诺。'然后退。文王有疾，武王不脱冠带而养。文王一饭，亦一饭；文王再饭，亦再饭。"⑥孝子能够珍惜与父母共处的有限岁月，能及时行孝，不要等到子欲养而亲不在。要像周公侍奉文王一样，日常生活起居问疾问安，小心谨慎地奉养。父母之年纪不可不知，既"喜其寿，又惧其衰"。⑨

忧亲还要做到不要让父母担心子女安危。孔子曾说："身体发肤，受之父母，不敢毁伤，孝之始也。"⑩朱子也说："凡危险，不可近。"⑪注重保养自身的身体发肤，这是孝的开始。身体发肤毁伤，就会让父母担心。这也就要求孝子要注意自身安全，不登高临危，而且也不能作奸犯科，触犯刑宪。这些都是保全身体发肤、生命不受毁伤的限制性要求，以此体察"父母唯其身、疾之忧"的心意。

（四）丧则致其哀

朱子说："子曰：'孝子之丧亲也，哭不偯，礼无容，言不文，服美不安，闻乐不乐，食旨不甘，此哀戚之情也。三日而食，教民无以死伤生。毁不灭性，此圣人之政也。丧不过三年，示民有终也。为之棺、椁、衣、衾而举之；陈其簠、簋而哀戚之；擗踊哭泣，哀以送之；卜其宅兆，而安厝之；为之宗庙，以鬼享之；春秋祭祀，以时思。生事爱敬，死事哀戚，生民之本尽矣，死生之义备矣，孝子之事亲终矣。"⑤意思是说：孝子失去父母亲，要哭得声嘶力竭，发不出悠长的哭腔，举止行为失去了平时的端正礼仪，言语没了条理文采，穿上华美的衣服就心中不安，听到美妙的音乐也不快乐，吃上美味的食品也不感到好吃——这是做子女的因失去亲人而悲伤忧愁的表现。父母之丧，到了第三天一定要开始吃一些饭，要把自己的身体照顾好。人总是要离开这个世界的，不能因为亲人离世过度的哀毁而灭绝了人生的天性，这样就违反了生命的规则，这是圣贤君子的为政之道。因为，过世的亲人最大的期待是让我们活得更好，这样逝者才能够安心。假如九泉之下有知，看到人间的子女亲人如此痛苦，逝者会更加难过。所以，我们活在世上的人，要化悲痛为生命的力量，把自己的生活、家庭照料好，更好地活下去。不能因为哀戚之情伤害了生命的动力，这样就不符合人性了，是圣人所不希望看到的。父母祖先去世就应当葬之以礼。为亲人守丧不超过三年，这其中的道理是因为父母从小哺育孩子，日日抱在怀中至少三年，付出的非常多，所以作为子女要报答生命的哺育之恩，要守丧三年。

是告诉人们居丧是有其终止期限的。办丧事的时候,要为去世的父母准备好棺材、外棺、穿戴的衣饰和铺盖的被子等,妥善地安置进棺内,陈列摆设上簠、簋类祭奠器具,以寄托生者的哀痛和悲伤。出殡的时候,捶胸顿足、嚎啕大哭地哀痛出送。占卜墓穴吉地以安葬。兴建起祭祀用的庙宇,使亡灵有所归依并享受生者的祭祀。在春秋两季举行祭祀,以表示生者无时不思念亡故的亲人。在父母亲在世时,以爱和敬来奉事他们;在他们去世后,则怀着悲哀之情料理丧事,如此尽到了人生在世应尽的本分和义务。养生送死的大义都做到了,才算是完成了作为孝子侍奉亲人的义务。

(五)祭则致其严

孝道还有另外一层重要的含义,那就是敬重已离世的祖先。而敬重祖先,主要通过祭礼体现出来。三年守丧过去了,子孙可通过每年春秋祭祀的方式祭之以礼,来表达对已离世父母祖先的感恩之情。这是对去世的父母、先祖"慎终追远"的"追孝"。朱子引用孔子的话说:"父在观其志,父没观其行,三年无改于父之道,可谓孝矣。《内则》曰:父母虽没,将为善,思贻父母令名,必果;将为不善,思贻父母羞辱,必不果。祭仪曰:霜露既降,群子履之,必有凄怆之心,非其寒之谓也。春,雨露既濡,君子履之,必有怵惕之心,如将见之。《祭统》曰:夫祭也者,必夫妇亲之,所以备内外之官也。官备则具备。君子之祭也,必身亲莅之。有故,则使人可也。《祭仪》曰:致斋于内,散斋于外。斋之日,思其居处,思其笑语,思其志意,思其所乐,思其所嗜。斋三日,乃见其所为斋者。祭之日,入室,僾然必有见乎其位;周还出户,肃然必有闻乎其容声;出户而听,忾然必有闻乎其叹息之声。是故先王之孝也,色不忘乎目,声不绝乎耳,心志嗜欲不忘乎心。致爱则存,致悫则著,著不忘乎心,夫安得不敬乎?《曲礼》曰:君子虽贫,不粥祭器;虽寒,不衣祭服;为宫室,不斩于丘木。《王制》曰:大夫祭器不假。祭器未成,不造宴器。"⑥《曲礼》曰:"祭祀不为尸。"⑥祭祀要严格按照以上这些祭礼的规范,就如孔子所讲的"祭神如神在"。儒家对于鬼神并不是否定的,但是"敬鬼神而远之"——由于不生活在同一个空间维度,尊敬鬼神但是保持距离,这个"敬"就体现在祭祀上。按照儒家的讲法,只要子孙后代还在,他们很重要的一项职责就是祭祀先祖。古代有家族祠堂,现在国家也提倡恢复清明节的传统习俗,祭祀过世的祖先和亲人，表达我们对过世亲人的思念之情。朱子认为，家族的祠堂最能体现"报本返始之心，尊祖敬宗之意"⑫。祭祖是宗族活动中最隆重的大典，参加祭祖活动的人员必须衣冠整齐，严格遵守祠规。祭祀活动要遵循一系列严格的程式。祭祖应遵循礼法，上能对得起列祖列宗，下无愧于子孙，把善德践行到实处，才可以俟命以待寿终正寝。

敬重祖先还可通过善继先人之志来体现。孔子所说"三年无改于父之道"，是以继承父志为己任。朱子认为应当区别对待，不必拘泥于三年。他说："才说'三年无改'，便是这事有未是处了。若父之道已是，何用说无改，终身行之可也。事既非是，便须用改，何待三年？孝子之心，自有所不忍耳。若大段害人底事，须便改，始得。若事非是而无甚妨害，则三年过了方改了。"③父之道若是君子之道，则三年不改，甚而终身不改；父之道如若不好不坏，可三年之后再改；父之道如为小人之道，则不可再行，无须等到三年之后再改。

孔子曾对曾子说："身体发肤，受之父母，不敢毁伤，孝之始也。立身行道，扬名于后世，以显父母，孝之终也。夫孝，始于事亲，中于事君，终于立身。爱亲者，不敢恶于人；敬亲者，不敢慢于人。爱敬尽于事亲，而德教加于百姓，刑于四海，此天子之孝也。在上不骄，高而不危，制节谨度，满而不溢，然后能何其社稷，而和其民人，此诸侯之孝也。非先王之法服不敢服，非先王之法言不敢道，非先王之德行不敢行，然后能保其宗庙，此卿大夫之孝也。以孝事群则忠，以敬事长则顺，忠顺不失，以事其上，然后能守其祭祀，此士之孝也。用天之道，因地之利，谨身节用以养父母，此庶人之孝也。故自天子至于庶人，孝无终始，而患不及者，未之有也。"⑥孔子的意思是说：孝是一切德行的根本，也是教化产生的根源。人的身体四肢、毛发皮肤，都是父母赋予的，不敢予以损毁伤残，这是孝的开始。人在世上遵循仁义道德，有所建树，显扬名声于后世，从而使父母显赫荣耀，这是孝的终极目标。所谓孝，最初是从侍奉父母开始，然后效力于国君，最终建功立业、功成名就。所以上自天子，下至普通老百姓，不论尊卑高下，孝道是无始无终、永恒存在的。有人担心自己不能做到孝，那是没有的事情。

三、事亲不孝——坐罪

朱子明父子之亲，他引用孔子的话说："父母生之，续莫大焉。君亲临之，厚莫重焉。是故不爱其亲而爱他人者，谓之悖德；不敬其亲而敬他人者，谓之悖礼。"⑥又说："事亲者，居上不骄，为下不乱，在丑不争。居上而骄则亡，为下而乱则刑，在丑而争则兵。此三者不除，虽日用三牲之养，犹为不孝也。"⑥意思是说：父母生育子女，没有比这个更重要的延续了。父母对待子女既是至亲又像严君，恩情没有比这个更厚重的了。不敬爱自己的亲人，却喜爱外人的人，被称作违背道德；不尊敬自己的亲人，却尊敬他人，被称作违背礼法。事奉父母的人，居于上位不骄傲，处于下位不作乱，在众人中不忿争。居上位骄傲就会危亡，在下位作乱就会招致刑罚，在众人之中忿争就会导致兵刃加身。这三者不去除，即使一日三餐用三牲供养，也还是不孝。

朱子又引用孟子的话说："世俗所谓不孝者五：惰其四肢，不顾父母之养，一不孝也。博弈好饮酒，不顾父母之养，二不孝也。好货财，私妻子，不顾父母之养，三不孝也。纵耳目之欲，以为父母戮，四不孝也。好勇斗狠，以危父母，五不孝也。"⑥世间有五种不孝的行为：四肢懒惰，不尽对父母赡养的义务，是不孝之一。贪棋嗜酒，不尽赡养父母的义务，是不孝之二。贪吝钱财，偏爱妻子儿女，不尽赡养父母的义务，是不孝之三。放纵自己的声色欲望，从而使父母感到羞辱，是不孝之四。鲁莽好斗，以致父母担心害怕，是不孝之五。所以孔子才会说："五刑之属三千，而罪莫大于不孝。"⑥可见，不孝为罪恶之极。处以墨、劓、刖、宫、大辟五刑的罪行共有三千条，这些罪行中没有比不孝更为可恶了。

《宋刑统·重详定刑统卷第一》把"不孝"作为"十恶"之一，是不能得到赦免的："（十恶）七曰不孝。谓告言、诅詈祖父母、父母，及祖父母、父母在，别籍、异财，若供养有缺；居父母丧，身自嫁娶，若作乐，释服从吉；闻祖父母、父母丧，匿不举哀，诈称祖父母、父母死。"⑬不孝的情形有：揭露、告发、诅咒、谩骂祖父母、父母；以及祖父母、父母还健在，却别立户籍及分异财产，就如供养有阙；子女在父母丧制期间，进行嫁娶，就像寻欢取乐，脱去丧服穿上吉服；祖父母、父母去世，隐匿不举行哀悼和葬礼；祖父母、父母健在却诈称祖父母、父母已死的。按宋朝法律规定：“子孙于祖父母、父母求爱媚而厌、咒者，流二千里。”⑬“求爱媚”是说：子女不能以忠孝之道事于君父，为君父所憎嫌，自己却背违正道，不责己之非，却向鬼神持君亲名目，诅咒厌魅，图得君亲爱媚于己，是为不孝。子孙为求爱媚而嫌恶、憎恨、诅咒祖父母、父母的，要将触犯者流放发配到二千里远的地方；诈称祖父母、父母已死的，要监禁于一定的场所，并强制劳动改造三年。

当然，朱子又说：“子不从父不义之命，及力所不能养者，古人皆不以不孝坐之。义当从而不从，力可供而不供，然后坐以不孝之罪。”②作为子女的不服从父母不义的要求，以及自身客观原因不能供养父母的，古人都不以不孝获罪。应当服从父母而不服从，自己有能力供养父母而不供养，才治以不孝之罪。当今不孝顺父母虽然不构成犯罪，只是受到道德舆论的谴责；但如果有遗弃老人的，情节恶劣的，则构成遗弃罪。根据《中华人民共和国刑法》第二百六十一条规定：“对于年老、年幼、患病或者其他没有独立生活能力的人，负有扶养义务而拒绝扶养，情节恶劣的，处五年以下有期徒刑、拘役或者管制。”这在一定程度上弥补了不孝之罪立法的不足。

四、孝之至——得其所止

孝道的极致是止于孝，作为孝子则应当得其所止。朱子认为：“子之事父，便有孝之理。”③又说：“致知，便是要知父止于慈，子止于孝之类。”③又说：“知止，只是知有这个道理，也须是得其所止方是。若要得其所止，直是能虑方得。能虑却是紧要。知止，如知为子而必孝，知为臣而必忠。能得，是身亲为忠孝之事。若徒知这个道理，至于事亲之际，为私欲所汩，不能尽其孝；事君之际，为利禄所汩，不能尽其忠，这便不是能得矣。能虑，是见得此事合当如此，便如此做。”③说明要止于孝，前提是先要知道孝的道理，然后能得能虑，最后才能得其所止之处。

古代以孝治天下，自有其道理。据朱子《孝经刊误》记载：“曾子曰：‘甚哉，孝之大也。’子曰：‘夫孝，天之经，地之义，民之行。天地之经，而民是则之。则天之明，因地之义，以顺天下，是以其教不肃而成，其政不严而治。’”⑤《孝经》包含的内容太多了、太伟大了。孝道犹如天上日月星辰的运行、地上万物的自然生长，天经地义，乃是人类最为根本、首要的品行。天地有其自然法则，人类从其法则中领悟到实行孝道是为自身的法则而遵循它。效法上天那永恒不变的规律，利用大地自然四季中的优势，顺乎自然规律对天下民众施以政教。因此，其教化不须严肃施为就可成功，其政治不须严厉推行就能得以治理。子女孝亲乃是人间天经地义的亲情使然，是道德伦理情感的根本要求，民兴孝则能治国安邦。程颐云："至诚一心，尽父子之道，大义也；不忘本宗，尽其恩义，至情也。"④朱子说："此老老、长长、恤孤方是就自家身上切近处说，所谓国齐也。民兴孝、兴悌、不倍此方，是就民之感兴起处，说治国而国治之事也。缘为上行下效，捷于影响，可以见人心之所同者如此。"③基于能得能虑，止其所止，孔子论武王、周公之孝而说："践其位，行其礼，奏其乐，爱其所亲，敬其所尊，事死如事生，事亡如事存，孝之至也。"⑭孔子论武王、周公之孝而说，站到自己的位置上，进行应有礼节，奏起那音乐，恭敬那所尊重的，敬爱那所亲爱的，事奉死者如同事奉生者一样，事奉亡者如同事奉生存着的人一样，这是最高的孝了。

孝道是每个人都能践行的德行，而根据不同人的体会又有不同的境界。"曾子闻诸夫子曰：'天之所生，地之所养，无人为大。父母全而生之，子全而归之，可谓孝矣。不亏其体，不辱其身，可谓全矣。'故君子顷步而不敢忘孝也。今予忘孝之道，予是以有忧色也。一举足而不敢忘父母，是故道而不径，舟而不游，不敢以先父母之遗体行殆。一出言而不敢忘父母，是故恶言不出于口，忿言不反于身。不辱其身，不羞其亲，可谓孝矣。'伯俞有过，其母笞之，泣。其母曰：'他日笞，子未尝泣，何也？'对曰：'俞得罪，笞常痛。今母之力不能使痛，是以泣。'故曰：'父母怒之，不作于意，不见于色，深受其罪，使可哀怜，上也。父母怒之，不作于意，不见于色，其次也。父母怒之，作于意，见于色，下也。'"⑥意思是说：天之所生，地之所养，没有比人更高贵的。父母完好地生下孩子，做儿子的也要把身体完整地还给父母，这才叫做孝。不使身体受到损伤，不使名声受到污辱，这才叫做完整。所以，君子抬腿动脚都不敢忘掉孝道。扭伤了脚，是忘掉孝道的表现，所以才面有忧色啊！每抬一次脚都不敢忘掉父母，每说一句话都不敢忘掉父母——因为每抬一次脚都不敢忘掉父母，所以走路的时候光走大道而不走邪径，过河的时候要乘船而渡而不游泳而渡，不敢拿已故父母的遗体冒险；因为每说一句话都不敢忘掉父母，所以伤害他人的话不出于口，别人的辱骂也绝不会摊到自己身上。不让自己的身体受辱，也就等于不让自己的父母受辱，做到这一点，可以称得上孝了。父母对自己发怒，自己不记恨父母，脸上不显露痛苦，坦诚地接受父母的责罚，这是最高境界的孝顺；父母责难，心中不记恨，脸上不显露痛苦，这是第二层境界；心中记恨，脸上显露出怀恨的样子，这是最低的境界（就是不孝了）。此篇可以补充解释上述的《论语·为政》，揭示了"色难"的原因。所谓"孝顺"，其内在含义是"孝"与"顺"为孪生兄弟，密不可分。在一定程度上，顺从父母之意是为孝的重要表现——父母顺心了，自然就心情和悦了。子女能够立身行道，扬名于后世，以显父母，这是孝道的终极目标。所以朱子说："及其行之尽于孝……有以自得于己，则是孝之德。"①

五、结语

尽孝是子女的本分，慈爱则是父母的天职。父慈子孝乃是理想的家庭父子关系。孝道是行仁的根本，也是人们的立身之本，舍此则难以自立于天地之间，便不可称之为仁。一个不具备"亲亲"德性、麻木不仁的人，就会连自己的父母都不知敬爱，也就很难相信他会爱祖国、爱人民，这话是符合道德逻辑的。因此，朱子的孝道思想对构建当代社会新伦理、构建和谐社会、维护幸福稳定的家庭方面，仍具有重要的意义。虽然朱子把孝悌归入"小学"范畴，但行孝却是每个人一辈子的事情。当代践行孝道应当做到居敬、养乐、病忧、丧哀、祭严五者相统一，将物质奉养与精神抚慰、孝顺与微谏、生前奉养与死后追念、孝道与法治、孝道教育与学校德育相结合。

注释：

① 黎靖德编：《朱子语类》，朱杰人、严佐之、刘永翔主编：《朱子全书》（第15册），上海：上海古籍出版社，2002。

② 黎靖德编：《朱子语类》，朱杰人、严佐之、刘永翔主编：《朱子全书》（第18册），上海：上海古籍出版社，2002。

③ 黎靖德编：《朱子语类》，朱杰人、严佐之、刘永翔主编：《朱子全书》（第14册），

上海：上海古籍出版社，2002。

④ 程颐、程颢：《二程集》，北京：中华书局，1981。

⑤ 朱熹：《孝经刊误》，朱杰人、严佐之、刘永翔主编：《朱子全书》（第23册），上海：上海古籍出版社，2002。

⑥ 朱熹：《小学》，朱杰人、严佐之、刘永翔主编：《朱子全书》（第13册），上海：上海古籍出版社，2002。

⑦ 朱熹：《论语集注》，北京：中华书局，2011：56。

⑧ 真德秀撰，朱人求点校：《大学衍义》，上海：华东师范大学出版社，2010：93。

⑨ 兰宗荣：《朱熹家庭伦理思想探微》，《南平师专学报》，2000（3）。

⑩ （唐）唐玄宗注，邢昺疏：《孝经正义》，嘉庆二十年江西南昌府学开雕重刊宋本第8册影印，台北：艺文印书馆，1970：10。

⑪ 朱熹：《童蒙须知》，朱杰人、严佐之、刘永翔主编：《朱子全书》（第13册），上海：上海古籍出版社，2002。

⑫ 朱熹：《家礼》，朱杰人、严佐之、刘永翔主编：《朱子全书》（第7册），上海：上海古籍出版社，2002。

⑬ 薛梅卿点校：《中华传世法典——宋刑统》，北京：法律出版社，1998。

⑭ 朱熹：《经筵讲义》，朱杰人、严佐之、刘永翔主编：《朱子全书》（第20册），上海：上海古籍出版社，2002。

（作者系武夷学院旅游学院教授）

朱子孝道思想及当代启示

陈芳萍

中华民族关于"孝"的文化及影响源远流长。追寻孝道思想的历史变迁，主要经历了萌芽、形成、成熟、变革等阶段。历经历史荡涤，从远古先民的生殖崇拜、祖先崇拜，到殷商时期的祭祀祈福，都显示出了孝道思想的萌芽；孝道思想在周代逐渐形成，并以此为基础，来维系严密的等级制与宗法制；春秋战国时期，各种思想、理念激烈碰撞，孔子、孟子等思想家丰富并发展了孝道思想的内涵，推动其走向理论化、系统化；汉代起，孝道思想被运用到治国安邦之中，大力推崇"以孝治天下"；唐宋时期，孝道思想仍然是维护统治秩序的重要因素，得到不断完善。朱子在继承和总结前人认识成果的基础上，对儒家孝道思想加以论证和发挥，进行丰富、发展，形成其独到的孝道思想体系，不仅完善其伦理思想，也给后人带来重要启示，具有重要当代价值。

一、朱子孝道思想的基本内涵

朱子继承、发展了孔孟对孝道思想的理解，并立足南宋实际，融入理学思想，将"孝"与"理""仁""敬""教"等范畴相联系，形成其独到的孝道思想体系。

（一）以"理"说"孝"，突出"孝"是"天理"分殊的必然要求

首先，万物皆有理。朱子继承了"二程"关于"理"的学说，认为宇宙万事万物都存在一个普遍流行的"理"，它无处不在、无时不有，作为事物存在、变化、发展的基本规律，与"气"共同成为事物的基本组成要素。这种"理"不仅存在于自然界，也反映在人与人之间的伦理关系上，并且先于这些关系已自然存在。他说："未有这事，先有这理。如未有君臣，已先有君臣之理；

未有父子，已先有父子之理。不成元无此理，直得有君臣父子，却旋将道理入在里面。"① "事亲当孝，事兄当弟之类，便当然之则。"② 不论是君臣还是父子，都有各自需遵循的道德准则。其次，孝是"理一分殊"的体现。朱子认为宇宙万物有个总的"理"，即"太极"；在这一"总理"的统领之下，万物都有各自区别于其他事物的"理"，这便是"分殊"。所以他说："万物皆有此理，理皆同出一原。但所居之位不同，则其理之用不一。如为君须仁，为臣须敬，为子须孝，为父须慈。物物各具此理，而物物各异其用，然莫非一理之流行也。"③ 将"君仁臣敬""父慈子孝"都看作"天理"分殊的必然结果，视作每个人都应该遵循的基本道德规范，这无疑从哲学高度强调了"孝"的重要性和必然性。

（二）以"仁"说"孝"，突出"孝"是实现"仁"的根本前提

"孝"与"仁"的关系向来是儒学家们关注的重点，朱子也不例外。首先，在心是"仁"，外发为"孝"。朱子从人性论上主张"天理"反映在人身上，便是"性"，它在心是性，外发为情。"孝"恰恰是人性特有的行为，"孝"在心是"仁"，"仁"外发为"孝"；"仁"是心、是体，"孝"为情、为用。所以他说："仁是理之在心者，孝弟是此心之发现者。"④ 其次，"孝"是行"仁"之本。朱子认为"孝"不仅是"仁"的重要组成部分和表现形式，更是实现"仁"的根本前提。对此，他打了个生动的比方："如水之流，必过第一池，然后过第二池、第三池。未有不先过第一池，而能及第二第三者。仁便是水之原，而孝弟便是第一池。不惟仁如此，而为义礼智亦必以此为本也。"⑤ 将"仁"比作水的源头，"孝"是水往低处流不可逾越的第一池水，只有先做到"孝"，才能进一步实现"仁义礼智"等其他道德范畴。

（三）以"敬"说"孝"，突出"孝"是发自内心的道德自觉

早在孔子那里，就把"孝"与"敬"相联系，认为与动物的本能行为不同，人类的"孝"不应只是物质生活上的奉养，更应是精神上发自内心的道德自觉。朱子孝道思想同样极为重视"敬"，加以深入阐释。首先，"敬"与"爱"相连。朱子认为"敬"是内心道德自觉和真情实感的流露，这种"敬"与"爱"紧密相连。所以他提出："爱而不敬，非真爱也。敬而不爱，非真敬也……只把做件事，小心畏谨，便是敬。"⑥ 与"孝"相似，"爱"也是"仁"的外在体现。

这种"爱"并非全然相同,而是存在亲疏、差等的,排在首位的便是体现为"爱亲"的"孝"。因此,朱子强调:"第一是爱亲,其次是爱兄弟,其次爱亲戚,爱故旧,推而至仁民,皆是从这物事发出来。"⑦其次,"敬"需由"义"来辨别是非。朱子认为:"敬有死敬,有活敬。若只守着主一之敬,遇事不济之以义,辨其是非,则不活,若熟后,敬便有义,义便有敬。静则察其敬与不敬,动则察其义与不义……须敬义夹持,循环无端,则内外透彻。"⑧脱离了"义"的"敬",是是非不分的"死敬"。只有将二者相结合,才是符合道义的"敬"。

(四)以"教"说"孝",突出"孝"的培养需要依靠教育

朱子十分重视"孝"在每个人日常生活中的体现,要使"孝"成为每个人发自内心的道德自觉,则需要依靠教育的力量。首先,"孝"的教育需要分阶段进行。朱子认为"孝"的培养需要从小启发、教育,主张按照年龄、心智的发展状况,将"孝"的教育划分为启蒙、小学、大学三个不同阶段,分别侧重不同的教育内容,采取不同的教育方式。0—8岁是学龄前的道德启蒙阶段,父母要在日常生活礼仪规范上言传身教、启发引导。8—15岁为小学阶段。朱子指出:"小学是事,如事君、事父、事兄、处友等事,只是教他依此规矩做去。"⑨这个阶段主要是学习对待父母、兄弟、亲友的规矩,并且学会按照规矩去做。15岁以上则是大学阶段,必须理解规矩蕴含的深刻道理,也就是朱子所强调的"小学涵养此性,大学则所以实其理也"⑩。其次,"孝"的教育是不能间断的。朱子认为,即使是接受了大学教育之后,依然需要继续发挥社会教化的作用,表彰孝顺的,批判不孝的,才能塑造重孝的良好社会环境,避免不孝现象的出现。

二、朱子孝道思想的具体实践

朱子不仅在思想上传承、丰富了儒家孝道思想的基本内涵,更是在实践中身体力行。归结起来,其孝道思想的具体实践主要包括:"佩韦遵考训",矢志不渝践行父亲教诲;"寒泉之思",建造精舍为母守孝三年;注释《四书》,发展传统儒家"孝道"思想;创作《小学》,形成孝道思想教育通用教材;创办书院,将孝道思想融入教学体系。

（一）"佩韦遵考训"，矢志不渝践行父亲教诲

朱子正式就读私塾前，就受到了父亲朱松的悉心教导。幼年时期，朱松教其诵读《孝经》。领会要义后，朱子写下"不若是，非人也"的感慨。在父亲的启蒙教育下，产生了对"天外何物"的最初困惑，成为此后数十年探索宇宙本体论的起点。绍兴四年（1134），祖母程夫人在政和去世，朱松携家人从尤溪迁至政和寓居，择政和县星溪乡铁炉岭安葬程夫人，严格按照规制为母守孝。朱子也得以在父亲创办的云根书院、星溪书院学习儒学经典。童年、少年时期，私塾教育之余，朱松时常结合宋金时局形势，对朱子进行忠君爱国的思想教育；也通过日常生活的耳濡目染，让他感受为人处世应该遵循的礼仪规范。绍兴十三年（1143），朱松因病去世，但是他的谆谆教诲始终影响着朱子。到五夫里生活后，朱子将自己的卧室以父亲"韦斋"之号命名，并写下"佩韦遵考训，晦木谨师传"座右铭，提醒自己时刻不忘父亲教诲，孝敬母亲，尊敬师长，勤学苦读，从不懈怠。

（二）"寒泉之思"，建造精舍为母守孝

朱子少年丧父，随母迁居五夫里（今武夷山五夫镇）。五夫盛产莲子，炎夏时节，母亲祝夫人常煮莲子汤解暑；还就地取材，以莲来鼓励朱子：莲是花中君子，浑身都是宝。莲子受皇家青睐进贡朝廷，但一般百姓家同样可以自种自享，儒家君王庶民为一体的思想便蕴含其中。莲藕是餐桌上的佳品，荷叶清热解暑，荷花出污泥而不染，清新淡雅……提醒朱子要像莲一样，成为对社会有用的正人君子。在母亲祝夫人的朴素教育、义父刘子羽的支持帮助和"武夷三先生"的悉心指导下，朱子不仅业上大有长进，为人处事也日渐成熟，对母亲祝夫人极为孝顺。他曾写下："先君卒，熹年才十有四，孺人辛勤抚教，俾知所向。不幸既长且愚，不适世用，贫病困蹙，人所不惧，而孺人处之怡然……"⑪字里行间表现出对母亲安贫乐道、辛勤抚育的赞赏与感激。乾道五年（1169），祝夫人病逝。朱子认真堪舆选址，葬母于马伏（今建阳区莒口镇马伏村）。后在墓旁建精舍为母守孝，引用《诗经》中"爰有寒泉，在浚之下。有子七人，母氏劳苦"⑫，以"寒泉"为精舍命名，在守墓尽孝的同时，著书立说、聚徒讲学，完成《近思录》《伊洛渊源录》《资治通鉴纲目》等著作，铸就"庐墓之侧，修百代国史"的千古美谈。

（三）注释《四书》，丰富、发展儒家孝道思想

朱子对《大学》《论语》《孟子》《中庸》极为认同和敬重，将其合称为《四书》，并作了一整套系统的注解，即《四书章句集注》，成为后世研究儒家思想的经典之作。其中对于《四书》中关于孝道思想的精心注解，对儒家孝道思想进行了丰富和发展。一是敬事父母。《论语》记载："今之孝者，是谓能养。至于犬马，皆能有养；不敬，何以别乎？"朱子加以注释："养，谓饮食供养也。犬马待人而食，亦若养然，言人畜犬马，皆能有以养之，若能养其亲而敬不至，则与养犬马者何异？甚言不敬之罪，所以深警之也。"[13]强调满足温饱问题等物质上的需求，是犬马般的动物都能做到的；真正意义上的"孝"，除了要使父母衣食无忧外，更需要发自内心的"敬"。他还进一步强调："盖孝子之有深爱者，必有和气；有和气者，必有愉色；有愉色者，必有婉容。故事亲之际，惟色为难耳，服劳奉养未足为孝也。"[14]指出对待父母要和颜悦色。二是祭祀祖先。在朱子看来，"孝"不仅体现在敬事父母，还体现在对祖先的祭祀和缅怀。《论语》记载："慎终追远，民德归厚矣。"朱子注释："慎终者，丧尽其礼。追远者，祭尽其诚。"[15]指的是亲人去世后，要以符合礼仪规范的方式进行安葬，要虔诚地祭祀远代的祖先。三是以父母心为心。《论语》主张："父母在，不远游，游必有方。"朱子加以解释："为人子，须是以父母心为心……欲亲必知己之所在而无忧，召己则必至而无失也。"[16]认为"不远游"的原因不仅在于无法侍奉父母，也在于恐亲担忧。也就是他所强调的"以父母之心为心"。

（四）创作《小学》，形成教育儿童的通用教材

朱子以年龄和智力为标准，将学校教育分为"小学"与"大学"两个不同的阶段，在教育目的、培养目标、教学内容上相应地有不同的要求。他认为，"忠信孝弟之类，须于小学中出。"[17]8—15岁为筑牢基础的小学教育阶段，应通过"教之以事"来教授伦理道德思想。为此，朱子创作《小学》作为这个阶段儿童学习道德准则、礼仪规范的入门书。全书共六卷，分内外两篇，囊括立教、明伦、敬身、鉴古、嘉言、善行等内容。初学者可以通过古今事例的学习，了解做人的基本道德要求。尤其把"孝"放在重要位置，强调敬事父母必爱父母之所爱、敬父母之所敬。广泛引用《礼记》《论语》等经典论述与案例，对于子女如何敬事父母作了严格而又详细的规定，选取上古的圣贤孝道故事及汉以来数十位

著名孝子的嘉言善行，用以印证、推广和充实孝道理论。《小学》问世后，得到广泛普及和推广，成为儿童教育的通用教材，在明伦行孝、塑造人格、推行社会教化等方面均产生重要作用。

（五）创办书院，将孝道思想融入教学体系

朱子所生活的南宋，重视文教，除了官学之外，书院教育也得到蓬勃发展。朱子更是在书院教育的推广上不遗余力，将孝道思想融入书院教育教学体系，在闽北一手创办寒泉精舍、云谷（晦庵）草堂、竹林精舍（宋理宗御书"考亭书院"），《大学》《论语》《孟子》《中庸》这些儒家学说经典都是书院教育重点教材，"读圣贤书、行仁义事、存忠孝心、立修齐志"是其始终坚持的教育理念。重修江西白鹿洞书院后，在办学讲学过程中，不断总结经验，在继承发展前人成果的基础上，订立《白鹿洞书院揭示》，从五教之目、为学之序、修身之要、处世之要、接物之要等方面，对教育目的、教育方法、教育原则等作出全面规定和要求。尤其在开篇就将"父子有亲"列在"五教之目"的首位，将其作为处理君臣、夫妇、长幼、朋友等伦理关系的基础，凸显孝道思想在其教育体系中的重要性。修复湖南岳麓书院，延续一直以来的教育理念，手书"忠孝廉节"匾额悬于学堂之内，成为书院师生共同遵守的教规。在云根书院（福建政和）、兴贤书院（福建武夷山）、濂江书院（福建福州）、石井书院（福建晋江）、独峰书院（浙江缙云）、湛卢书院（福建松溪）等众多书院授徒讲学时，同样将孝道思想广为传播，成为门人弟子道德修养提升的重要原则。

三、朱子"孝"思想的当代启示

自古以来，"孝"一直都是社会生活中的重要道德规范之一，也是家庭和睦、社会和谐、国家长治久安的重要基础。朱子对儒家"孝"思想的总结创新及生动实践，对当前建构理想人格、塑造良好家风、引领社会风尚、推动治国安邦等方面都具有十分重要的理论价值与实践意义。

（一）修养德性，培育健全人格

任何个体的发展都是人格不断完善的过程。作为人们日常生活中最基本的伦理道德准则、规范，践行"孝"，不仅有助于规范家庭成员之间的伦理关系，提升家庭生活幸福感；也有助于家庭成员修养德性，培育健全人格。

朱子看到了"孝"在修养德性方面的重要意义，认为"孝"的根本是教人成人的。在他看来，"知仁圣义中和，孝友睦姻仁恤"，是"教万民底事"，每一位社会成员都应如此。对"至德以为道本，敏德以为行本，孝德以知逆恶"，朱子诠释："至德谓德之全体，天下道理皆由此出，如所谓存心养性之事也，故以此教上等人。若次一等人，则教以敏德为行本……若又次一等，则教以孝德以知逆恶，使它就孝上做将去，熟于孝，则知逆恶之不可为。"[18]认为"孝"是道德修养中第三层次的内容，是为人最基本的德行。他还强调："须是以孝弟为本，无那孝弟，也做不得人。"[19]倘若不具备"孝"这一德行，便不可称之为人。每个人都应该立足家庭，通过对"孝"思想的践行，不断提升自身道德修养，树立回报父母、回馈社会的感恩意识，培养对父母负责、对家庭负责、对社会负责的责任担当，增强迎接困难、面对挑战的勇气和信心，践行修身齐家治国平天下的价值追求。

（二）孝老爱亲，塑造优良家风

自古以来，家庭都是社会的基本组成细胞。无论是达官显贵还是普通百姓，优良家风都是个人成就的前提，也是社会稳定的根基。"孝"则是维系家庭伦理关系的纽带。朱子晚年创作的流传后世的家训名篇《朱子家训》，对父子、兄弟、夫妻等基本家庭伦理道德关系作出了明确规定："父之所贵者，慈也。子之所贵者，孝也。兄之所贵者，友也。弟之所贵者，恭也。夫之所贵者，和也。妇之所贵者，柔也。"[20]描绘了一幅父慈子孝、兄友弟恭、夫和妇柔、相亲和睦的理想家庭图景。孝老、爱亲无疑是和谐家庭生活、优良家教家风的基本要求。通过子女对父母的"孝"，进一步处理好家庭和社会交往中的其他各种伦理关系，塑造养亲、尊老、敬老的良好家风。

（三）推而及之，引领社会风尚

朱子强调的"孝"，不是一己之孝、一家之孝，而是在践行、推广孝道的基础上，处理好家庭伦理关系的同时，实现人与自然、人与人之间的和谐，引领良好社会风尚。在人与自然的关系上，朱子深化了孟子"恻隐之心"的意义，主张"盖骨肉之亲，本同一气，又非但若人之同类而已。故古人必由亲亲推之，然后及于仁民，又推其余，然后及于爱物"。认为以亲疏远近为标准，应将起始于"孝"的"亲亲"推广到"仁民"，进而推广到"爱物"，实现人与自然万物的和谐共生。在人与人的关系上，朱子也主张将"孝"延伸到处理各种人际关系的原则和规范。《朱子家训》强调："见老者，敬之；见幼者，爱之。"把孝老爱亲延伸到家庭以外。"事师长贵乎礼也，交朋友贵乎信也"，又把父子关系中的"孝"扩展到师徒、朋友间的"礼"和"信"。"仇者以义解之，怨者以直报之，随所遇而安之。""人有恶，则掩之；人有善，则扬之。""人有小过，含容而忍之；人有大过，以理而谕之。"[21]等一系列表述，则使人际关系原则更加具体化、实践化，透露出与人交往诚信、道义、谦逊、宽容、平和心态的基本要求。倘若社会生活中的每一个领域、每一位社会成员都能以这样的规范来约束自己的言行，就能引领良好社会风尚。

（四）由孝而忠，推动治国安邦

我国传统文化历来提倡家国同构。《大学》开篇就提出："占之欲明明德于天下者，先治其国；欲治其国者，先齐其家。"揭示了家庭和谐、家族兴旺是国家长治久安的基础和前提。朱子继承了中国传统家国同构的伦理思想。《朱子家训》开篇就提道："君之所贵者，仁也。臣之所贵者，忠也。父之所贵者，慈也。子之所贵者，孝也。"[22]将孝悌、忠诚摆到了家风建设的首要位置，要求子女对家尽孝、对国尽忠。他自己更是固守修身齐家治国平天下的坚定信念，一生践行"遇合理之事则从"的为官理念，用自己为官一方的实际行动积极推动符合道义、顺应"天理"、有利于国家和人民的事。归根结底，每个人都是维护社会稳定、国家长治久安的一分子，应处理好家庭"小家"与国家"大家"的关系，在生活中孝亲敬老，在工作中为国为民，用实际行动诠释修身、齐家、治国、平天下的价值追求。

注释：

① 朱熹著，黎靖德编：《朱子语类》（卷九十五），武汉：崇文书局，2018：1846。

②③ 朱熹著，黎靖德编：《朱子语类》（卷十八），武汉：崇文书局，2018：310、298。

④⑤ 朱熹著，黎靖德编：《朱子语类》（卷二十），武汉：崇文书局，2018：346、348。

⑥朱熹著，黎靖德编：《朱子语类》（卷二十三），武汉：崇文书局，2018：412。

⑦朱熹著，黎靖德编：《朱子语类》（卷一百一十九），武汉：崇文书局，2018：2178。

⑧朱熹著，黎靖德编：《朱子语类》（卷十二），武汉：崇文书局，2018：161。

⑨朱熹著，黎靖德编：《朱子语类》（卷七），武汉：崇文书局，2018：94。

⑩⑰朱熹著，黎靖德编：《朱子语类》（卷十四），武汉：崇文书局，2018：188。

⑪方彦寿等：《朱子文化大典》，福州：福建教育出版社，2019：14、188。

⑫佚名：诗经凯风［OL］https://so.gushiwen.cn/mingju/juv_3133af1f08f8.aspx。

⑬⑭⑮《四书章句集注》《论语集注》，朱杰人、严佐之、刘永翔主编：《朱子全书》（第6册），上海古籍出版社、安徽教育出版社，2002：81、75。

⑯朱熹著，黎靖德编：《朱子语类》（卷二十七），武汉：崇文书局，2018：530。

⑱朱熹著，黎靖德编：《朱子语类》（卷八十四），武汉：崇文书局，2018：1657。

⑲朱熹著，黎靖德编：《朱子语类》（卷十四），武汉：崇文书局，2018：843。

⑳㉑㉒兰斯文主编：《朱子文化简明读本》，福州：福建教育出版社，2016：117。

（作者系南平市委党校哲学经济学教研室副教授、南平市朱子文化研究会常务理事）

弘扬朱子孝道　践行传统美德

范永亮

一、朱子孝道是圣贤之道

中国上古时期，帝尧治国方略之一是倡孝道。尧忙于国事，无暇探母，但其孝道潜于心，时常登尧山望都山，甚至叠石登高而望之，以表孝心。不仅如此，尧施仁政、举贤才，也以孝为标准选接班人。舜是当世的孝子之典范。孔子曰："舜其至孝矣，五十而慕。"圣贤明主尧舜倡导的孝道——养老、尊老、敬老，因富有社会价值，源远流长，历经五千多年，仍"川流不息"。

在传统"孝道"形成的过程中，孔子的孝思想具有重要的作用。孔子继承前人的孝道思想，根据时代的变化，把孝和礼有机地结合在一起，孝的含义就由宗族伦理逐渐向家庭伦理转化，使孝从宗教层面转化为以伦理意义为主，趋向平民化。衡量一个人的道德修养就是看他对父母的孝顺程度，这样的思想影响了中国几千年的历史文化。

《论语》中把孝悌作为行仁之本。子曰："其为人也孝悌，而好犯上者，鲜矣；不好犯上，而好作乱者，未之有也。君子务本，本立而道生。孝悌也者，其为仁之本与！"可见，孝悌关乎国家的安危、社稷的兴衰；只要推行孝悌，便会政治清明、国泰民安。

孔子认为，孝道可分为四个方面：养亲、敬亲、安亲和祭亲。行孝最基本的要求就是子女对父母的物质奉养，这是孝道的底线。但是孔子认为，仅是物质上的奉养是远远不够的，还得在感情上对父母表示真诚的尊敬和爱戴。相传，《孝经》由孔子口述，弟子整理成文，后人修改传袭，成为孝文化史上最经典的著作。

　　孟子主张用"孝悌"来教化百姓，教会百姓怎么去孝顺父母、敬爱兄长的伦理道德。孟子反复论证"谨庠序之教，申之以孝悌之义"的社会功能和作用。每个地方的行政组织，积极建立乡学，反复不断地用"孝悌"的伦理道德来教育子弟。

　　孟子主张君臣之间"相责以善"，反对父子之间"相责以善"。《孟子·离娄上》阐明了为什么要尽孝道：孝是最基本的道德规范，孝是获得领导和朋友信任的前提条件，孝是维护社会稳定的需要。

　　孝道是孟子"王道"思想的重要内容和实现的基本条件之一。由孝道的家庭伦理推及"尊老"的社会公德，正是孟子孝论最为可贵的一面。

　　荀子毕其一生呼吁全社会倡行孝道。他一再主张行孝应从自我做起，由己及人，由家而国。荀子的实践目标是"富国安民"。荀子认为，作为人君，要做到"以礼分施，均遍而不偏"。如果父母尊长有过失，子女应当"以正致谏""微谏不倦""以义辅亲"。荀子强调按"礼"来行孝。"礼"与"法"是荀子思想中的两个核心内容。

　　朱子饱读儒家著作，集孔孟以来儒家思想之大成，弘扬古代圣明君王以孝治天下的思想，为后世留下宝贵的精神财富。朱子的孝道主张，尤其是《朱子家礼》，对后世影响极其深远。

　　朱子5岁时，在政和上学，始诵《孝经》，即明了其大意，书字其上："不若是，非人也"。此说表明朱子早慧，幼小读书便能知"孝"的本义是善事父母，且表示做人就要尽孝道，更是表达其志孝高远。朱子少年时夜读于书斋，母亲祝夫人煮莲子汤作夜宵，并说："莲乃花中之君子，浑身都是宝。做人也应该如此，要做有用的人，像莲花一样做一位正人君子。"朱子铭记慈母教诲，终身做"出污泥而不染"的君子。朱子早年便有一种人生忧患。读程门弟子吕大临的《中庸解》中的"人一己百，人十己千"之论，以及《孟子》书中有关"自暴自弃"的论述后，作《不自弃文》，自己应发奋读书，立志做个圣人。绍兴十七年（1147），18岁的朱子编成平生第一部著作《诸家祭礼考编》。隆兴元年（1163），朱子奉命入朝奏事。这年冬天，传来了李侗先生病逝的噩耗，朱子十分悲痛，冒着风雪严寒，离开京城急切地南归奔丧。他写祭文、作挽诗，沉痛悼念恩师。朱子把李侗生平事迹和主要学术论述，编辑成《延平答问》，以传儒道理学。乾道五年（1169）九月，朱子母亲祝夫人去世。次年春，朱子将慈母灵柩安葬在建阳崇泰里马伏太平山麓（城西后山）寒泉坞，并在墓旁筑庐，名寒泉精舍。他一边为母守孝，一边著书立说、讲学授徒。朱子赴任南康军之前，撰写完成了长达3700多字的《刘公神道碑》，以纪念抗金名将刘子羽的丰功伟绩，并感激义父的养育之恩。他还满怀敬意和深情，为五夫刘氏写了两副褒颂功德的楹联："两汉帝王胄，三刘文献家。""八闽上郡先贤地，千古忠良宰相家。"淳熙六年（1179），50岁的朱子到任南康军，宣布三条施政大纲：一是宽民力，二是敦风俗，三是砥士气。还将《孝经》要点布告示俗，奉劝民间逐日持诵，早晚思维，养家孝亲。绍熙元年（1190）春，朱子到任漳州知州。他通过明察暗访，了解到当时漳州存在着官吏腐败、礼教废坏、社会不安等问题。于是，明确把更单积弊、为民兴利除害作为临漳的施政大纲，决心从更化习俗、惩治贪官和整顿学校这三个方面着手，来治理漳州。朱子公布了《劝谕榜》，提倡父义、子孝、民友、邻助等10余条礼仪，教化民风。

　　朱子自早年丁父忧之时，已留心于诸家可行之礼。中年丁母忧之时，又深感家礼之重要性，乃更加精研实用之家礼。朱子参酌古今之变，应当时所需，撰述《家礼》。朱子当时，古礼已远，或有不合于当时社会情状者，故需别为制作，不失礼之大本，不拘于古，而适合当世需要之礼。此亦朱子著作《家礼》之一端也。《家礼·序》云："自有志好礼之士，犹或不能举其要，而困于贫窭者，尤患其终不能有以及于礼也……庶几古人所以修身齐家之道，谨终追远之心，犹可以复见，而于国家所以崇化导民之意，亦或有小补云。"

　　《朱子家礼》和中国历史上一般的家训、家乘有所不同：那些家训研究的重点是人品道德方面的；而《朱子家礼》的内容，主要是日常生活中须用的家庭礼仪，主要指家庭生活中的各个方面，以及人生成长过程中不同时段所行的礼事，如日常饮食、男冠女笄、婚嫁丧葬、岁时祭祀等种种礼仪规范。全书分为五卷，分别是通礼、冠礼、昏（婚）礼、丧礼和祭礼。

　　朱子57岁出版《孝经刊误》，这是朱子研究《孝经》的文献。这部学术著作问世之前，历史流传的《孝经》比较混乱，有很多错误。《孝经刊误》指明了原经的错误，还《孝经》历史原貌，为《孝经》研究作出了重要贡献。《孝经刊误》在中国经学史上占有重要地位，在朱子的学术生涯中也占据重要地位，在中国社会历史发展中对于孝文化的发展史具有深刻影响。它是中华孝文化研究的精品力作。

朱子利用自己的社会地位与影响，毕其一生呼吁全社会倡导"孝行"。他一再主张行孝应从自我做起，由己及人，由家而国。孝是一种普遍性的、全民化的伦理道德规范，人同此心，心同此理，所谓"人心之同然"。朱子的仕宦生涯中，不断以发布《榜文》的形式，在全社会提倡孝道。

朱子一生推崇孝道、书写孝道、践行孝道，乃圣贤之道。

二、孝道是中华民族世代交替的密码

我们知道，是父母赋予了我们生命。那父母又是从哪里来的？是祖父母和外祖父母生的。一直追溯下去，就会追溯到我们的祖先那里。儒家有一位重要的代表人物荀子，他在《礼论》里说过这样一句话："天地者，生之本也；先祖者，类之本也；君师者，治之本也。无天地，恶生？无先祖，恶出？无君师，恶治？三者偏亡，焉无安人。"在儒家思想文化中，天地、君师、亲祖是文明的三个根源。这种思想逐渐演变出敬奉天地君亲师牌位的传统，成了一个民间的信仰。这种对祖先的敬仰，培养了中国古人的敬畏感和感恩之心，就是"尊祖敬宗"的孝道含义。

尊祖敬宗的意识，激发了人们的生命意识、敬畏意识和感恩意识。中国人为什么把孝看得这么重？因为在中国人看来，如果一个人连生养自己的父母亲祖都不尊重、都不感恩，那这个人就没有一点道德根基了。我们为什么要祭祀祖先，给祖先上坟？这就是尊祖敬宗意识的具体表现。这种生活方式和传统，自古以来直到今天就没有变过。

孝的另一层含义是"善事父母"。"孝"字上面是部首"老"，下面是"子"，子女撑着老，同样也体现了孝道中善事父母的含义。

孝还有一层含义是"生儿育女，传宗接代"。《孟子》里有一句话："不孝有三，无后为大。"如果不生育子女，整个家族的血脉就断了。所以在传统中国，对父母亲祖尽孝必须要生育子女。在中国古人看来，不孝有三种表现，"无后"是其中最严重的一种。

孝道的这些含义，就是我们面对的过去、现在与未来："尊祖敬宗"是对过去的回溯，"善事父母"指的是现在，"生儿育女，延续后代"则是面对未来。孝道之所以在中国文化和中国人的生活中发挥着非常重要的作用，正是因为它把天地、祖宗、父母、自己、子孙，过去、现在和未来贯通连接了起来。在有些学者看来，孝就像是我们的人文宗教，它安顿了我们的心灵，使我们远离恐慌。老人为什么喜欢孙子呢？有了孙子以后他就不怕死了，因为他的生命在孙子的身上得到了延续。

三、朱子孝道赋予密码传承之规范

朱子所创建的"朱子学"，既是对先秦儒学的继承，又是对禅学思想的发挥。以孔子为代表的原生儒家探究了"孝应该如何行"，却未回答"孝是什么"这一更加关键性的问题，也就是孝道存在的正当性问题。到了朱子时代，在"理"哲学高度上论证了孝道存在的正当性。朱子孝论思辨性强，系统性严密。在中国古典孝论的逻辑发展史上，朱子孝思想的出现，标志着中国古典孝论达到了巅峰阶段。

孝悌是人之为人的根基。人的一生就是"求其放心"的一生。仁在社会进程中的原始表现形式是孝，因此，"求其放心"就应该从孝做起。亲亲—仁民—爱物，在这样的理想境界中，孝是逻辑性起点。

在仁与孝的关系上，朱熹完整无损地继承了"二程"的观念。"爱是仁之发，谓爱是仁，却不得。论性，则仁是孝悌之本。惟其有这仁，所以能孝悌。仁是根，孝悌是发出来底；仁是体，孝悌是用；仁是性，孝悌是仁里面事。"仁是性，孝悌是用。用便是情，情是发出来底。论性，则以仁为孝悌之本；论行仁，则孝悌为仁之本。如亲亲、仁民、爱物，皆是行仁的基础，首先须先从孝悌做起，舍掉此就不是根本了。"本只是一个仁，爱念动出来便是孝。譬如一粒粟，生出为苗。仁是粟，孝弟是苗，便是仁为孝弟之本。又如木有根，有干，有枝叶，亲亲是根，仁民是干，爱物是枝叶，便是行仁以孝弟之本。"圆孝为仁之发，而不可等同于仁。因此，在孟子思想中，仁与孝之间已具有了本末、体用之规定。"二程"与朱熹同样认为仁与孝是本根与枝叶的关系，是母与子的关系。"仁是孝弟之母子，有仁方得出孝弟出来，无仁则何处得孝弟！"

朱子一再主张行孝应从自我做起，由己及人，由家而国。"此老老、长长、恤孤方是就自家身上切近处说，所谓国齐也。民兴孝、兴悌、不倍此方是就民之感发兴起处，说治国而国治之事也。缘为上行下效，捷于影响，可以见人心之所同者如此。"孝是一种普遍性的、全民化的伦理道德规范，人同此心，心同此理，所谓"人心之同然"。因此，在朱子的仕宦生涯中，不断以发布《榜文》的形式，在全社会提倡孝道。

孝是一种美德，也是中华传统文化对个体成员践行伦理义务的规范和要求。朱子孝道提出了尽孝应该怎么去做，以及"事生"和"事死"两大方面的基本规范。

"事生"是怎样对待健在的父母亲人。可分为养亲与敬亲、居常与侍疾、顺亲与谏亲，涉及到的伦理要求都非常具体。在某种意义上来说，三者是总属关系，"事生"最根本的孝道伦理规范就是养亲和敬亲，余下的两条居常与侍疾、顺亲与谏亲都可以看作养亲与敬亲的具体体现。

养亲和敬亲是孝道最根本的义务。古人规定的赡养父母方面的伦理义务是非常具体的。总体说来，养父母要从出钱、出力，保障父母的衣食住行这些方面入手，让他们过上很好的生活。养父母是最基本的义务，但是养而不敬也是不行的。父母是人，更是亲人，是长辈。人需要精神层面的满足，光是养，照顾到他们的口腹之欲，给他吃饱穿暖是不够的，还要敬。

"事生"的第二层是居常与侍疾。"凡为人子之礼，冬温而夏清，昏定而晨省。"冬天要让父母及亲人住暖、穿暖，夏天要让他们感到凉快、清爽。到了晚上，要先照顾爸爸妈妈入睡，之后自己才能睡；早晨起床之后，要向父母请安。这都是中国古代对履行孝道的规定。

"事生"的第三层要求是顺亲与谏亲。孟子曰："不得乎亲，不可以为人；不顺乎亲，不可以为子。"这句话强调了"得乎亲""顺乎亲"的重要性。

"事死"是对待去世了的父母、先祖。首先要搞好丧葬与祭亲，其次是要继志述事。在中国古代，事生是大事，事死更是大事。"死，葬之以礼，祭之以礼。"在《朱子家礼》中，祠堂是整个家庭和家族活动的中心，所以《通礼》被放置在《朱子家礼》的篇首。祠祭在祠堂内进行，是同宗族人聚集在一起进行的祭祀活动，要求相当严格，一般由族长或者宗子主祭。祭祖是宗族活动中最隆重的大典，参加祭祀的人员必须要衣冠整齐，严格遵守祠规。整个祠祭活动过程有一系列严格的程式。

葬礼对于即将埋在泉壤之中的祖辈来说，从生命延续的角度考虑，则体现了生命对生命的精神慰藉；对于活着的人们来说，则体现了难忘父母的养育之恩、常存儿孙想念之情的生活态度。因而几千年来，对于活着的人们，最讲究的礼仪就是葬礼。"三年礼制通天下，一片孝心贯古今。"这是中国"葬礼"与孝文化融为一体的真实写照。

人们举行祭祀活动，目的是追念祖先、传承孝道、涵养善德，在对生命敬畏的同时，还表达了报本感恩的情感，抒发了弘扬孝道的志向。祭礼不但有场所的规定，对于时间和祭品也是有规定的。《朱子家礼》祭礼中关于这些方面的内容非常详尽。从古至今，通过祭祀来传承孝道，个中蕴含着浓厚的生命信仰与道德学问。

关于继志述事：真正的孝子要继承父辈的遗志，发展父辈的事业。这种孝道意识，很好地培育了中国人的历史意识。

除了"事生"和"事死"两大规范之外，还有衍生规范。一是护身守身。从肉体层面来说，以孝道的传统观念来看，你的身体不是你自己的。保护身体的完好是行孝的开始。我们说传宗接代是尽孝，那么保护自己生命的存在，本身也是一种孝道。从精神层面来说，守身的意思更多。就是说人要自重自爱，不能做坏事；一旦干了坏事，不仅损害你自身，还会辱及亲祖。《孝经·开宗明义章》提到："立身行道，扬名于后世，以显父母，孝之终也。"一个人履行孝道的终极目标就是要积极做事，在社会上建功立业，令父母因你感到光荣。我们中国人的社会责任感就是这么产生的。你有没有出息，不光是你个人人生发展的问题，也关系到你的父母亲族。二是忠君爱国。在家孝亲，在朝忠君。现在没有君可忠，但是我们可以忠于国家、忠于人民、忠于单位，好好做人做事，这其实也是从孝道中推扩出来的一个含义。三是睦族尊老。不光要尊重自己亲生的父母亲祖，还要尊重本家的长辈，这是睦族的意思。现代社会是一个地缘社会，我们要把这个精神扩展开来，在全社会形成尊老爱幼的文明风尚。

四、传承朱子孝道，践行传统美德

朱子孝道主张的伦理价值主要体现于爱、敬、忠、顺四个方面，或者说由爱心、敬意、忠德、顺行四个方面构成。爱是自然的亲情。父母对子女好，子女自然会生发出爱父母、敬父母的感情。孝道是子辈要履行的伦理义务，所以我们不仅仅要爱父母，还要敬父母。敬是一种意志，要从道理上懂得父母是长辈，注意上下有等、尊卑有序。爱父母跟爱男朋友、女朋友不一样，不能没了规矩。父母亲子毕竟是两代人，它是一个上下的伦理关系，父母是长辈，所以不能轻慢。

"爱"之奉献与体现则为"忠"，"敬"之核心与践行则为"顺"。"忠"实际上是一般人最基本的义务。就是尽心竭力地做人做事，或者叫尽己奉献。尽己，把自己所有的东西都拿出来，出钱、出力、出资，不要有所保留。尽己奉献，奉献他人，这就是忠。"顺"是一种态度，在父母面前一定要和颜悦色。因此，"顺"是"敬"的一种践行、一个核心。

爱、敬、忠、顺之孝，从物质及社会功效上来看，有利于维护家庭亲子关系的和谐。一个家庭最主要的就是亲子关系。而文化道德、孝道文化有利于调节人际关系，营造慈孝并重、平等互动的亲子关系，进而促进家庭关系的和谐。从社会的现实利益和人文关怀的角度看，孝道文化有利于解决中国的养老问题。孝道是一种反哺式的养老模式。所以，我们现在倡导孝道这样一种伦理文化精神，对解决社会养老问题很有帮助。

爱、敬、忠、顺之孝，从精神价值上看，孝道精神的弘扬，有利于培养中国人的道德责任感，提高公民的道德素质。我们说"百善孝为先"，这是为什么？因为它包括了爱、敬、忠、顺这几种中国传统道德最根本的精神。"爱"是"仁"，是一种美好的感情，是一切道德行为的善根；"敬"是"礼"；"忠"是教人尽心竭力做人做事。虽然孝在当代社会只是一种家庭伦理，但正如中国古代有泛孝之意，我们可以把它运用到社会的各个方面。现代公民在社会、团体及工作单位中，还有很多需要遵守的职业道德、社会道德等德目要求。在中国文化看来，孝是培养所有人道德责任感的一个元素、一个源头、一个根本，孝具有爱、敬、忠、顺的精神实质，使其可以很好地为形成人的道德责任感服务。这就是我们今天为什么要倡导孝道之所在。

　　几年前，党和国家领导人习近平同志在发表元旦新年祝词之后，人们在他办公室的镜头里发现了四张照片，这四张照片感动了全国人民。中间那张最大的照片上是习近平同志推着他的父亲，牵着母亲的手——这是他的孝道。作为国家主席，习近平同志带头践行传统孝道。他不单是一个孝子，还是一位慈父、一个好丈夫，余下几张分别是他用自行车载着女儿，还有他和夫人彭丽媛的合影。这说明我们党和国家不仅仅在观念和思想上倡导弘扬中华优秀传统美德，领导人也在以身作则，切实践行着传统美德。

　　我们要增强看齐意识，把习近平总书记带头践行的传统孝道大力弘扬、发扬光大。

（作者系政和县朱子文化研究会副会长）

政和县朱子孝道文化弘扬大会召开

阮倩敏

2023 年 3 月 29 日至 31 日，政和县朱子孝道文化弘扬大会召开。本次大会主题为"百善孝为先，万事德为本"，由中国朱子学会、中共政和县委、政和县人民政府主办，世界朱氏联合会、福建省炎黄文化研究会、福建省闽学研究会协办，武夷文化研究院、南平市朱子文化研究会、政和县朱子文化传承发展工作领导小组承办。南平市副市长林漱，中国朱子学会会长、厦门大学原校长朱崇实，世界朱氏联合会常务副会长朱德宁，全国人大常委会原委员、最高人民检察院原副检察长陈明枢，福建省炎黄文化研究会常务副会长马照南，福建省闽学研究会会长黎昕，福建省文史研究馆馆员、南平市政协原主席张建光，中共政和县委书记黄拔荣，政和县县长王丰等领导出席大会。南平市副市长林漱致辞。

在 29 日晚的欢迎晚会上，为"2022 年度政和弘扬朱子孝道文化模范个人"和"2022 年度政和弘扬朱子孝道文化模范集体"授奖；观看《朱子孝道在政和》动漫短片；演绎"朱子乡饮酒礼"——令人耳目一新的朱子乡饮酒礼在于教人以孝悌之道，传播儒家尊长敬老精神；与会嘉宾共同品鉴"政和文公宴"，十六道菜肴菜名取自朱子生平、人生重大节点和重大成就，集纳政和特产，用美食讲述朱子文化故事。

大会设一个主题研讨会和四个专题活动。主题研讨会上，中国朱子学会常务副会长陈支平作《〈孝经〉释义及其变迁》，中国社科院古代史研究所郑任钊研究员作《忠孝伦常：朱子的"万世复仇"论》，台湾朱子研究会会长潘朝阳教授作《谈"朱子如何阐明孝之道，如何践行孝之道"》，上海师范大学教授汤勤福作《有关朱子论〈孝经〉的几个问题》，福建省文史研究馆馆员、南平市政协原主席张建光作《孝道政和》的主旨演讲。

四个专题活动分别是：

（一）朱子文化建设座谈会。参加会议的各级领导和有关专家畅所欲言、踊跃发言，对政和县加强朱子文化建设，特别是进一步弘扬朱子孝道文化提出了《政和宣言》："朱子孝道，政和出发；孝行天下，福满人间。"

（二）朱子孝道学术交流会。中国社会科学院、厦门大学、湖北大学、上海师范大学、江西师范大学、武夷学院、泉州师范学院、上饶师范学院、武夷文化研究院、南平市朱子文化研究会等机构的专家学者，提交论文60多篇，会上发言交流15篇。

（三）书画笔会。福建省文史研究馆向星溪书院捐赠《二十四孝新编》图及其配诗、配书法，在星溪书院展出。书画家们还现场挥毫泼墨，写字作画，表达对朱子孝道文化的歌颂，对弘扬朱子孝道文化的支持，营造了浓厚热烈的气氛。

（四）参观考察政和朱子文化遗存。全体与会嘉宾兴致勃勃地参观云根书院、星溪书院、朱子孝道文化园。在云根书院，朱崇实、朱德宁等领导向朱森、朱松、朱子像敬献花篮，表达追远之情、缅怀之意。在朱子孝道文化园，举行朱子孝道园建设项目奠基仪式。

（作者单位：政和县融媒体中心）

第九辑　熊城诵歌

朱子文化孕育地——政和

陈国代

朱子（1130—1200，名熹）的诞生，与其父母朱松、祝五娘有关，与时代北宋、南宋有关，与地方尤溪、政和有关。本文将围绕三者关系作一梳理，为"朱子文化孕育地"寻找答案，也为朱子反哺政和略作展陈。

一、政和是朱松全家入闽的首站地

（一）朱松登第，初仕政和

朱松（1097—1143），字乔年，号韦斋，江东路歙州[①]婺源人。自儿童起知喜文艺，刻苦攻读，于政和四年（1114）由歙州州学贡入京师太学，学为举子之文。朱松于政和六年冬持太学监牒回家过年；政和七年"寓学云溪之上"[②]，八月参加在郡城贡院里举行的解试，顺利中举，取得"乡贡"举人资格。政和八年（1118）春，朱松到汴京参加由尚书省礼部主持的会试，又顺利通关，成为贡士。三月十六日，宋徽宗沿用宋太祖创立的殿试制度，在集英殿策士。朱松认真对待御试，顺利通过殿试，成为"礼部奏名进士及第、出身七百八十三人"[③]之一，即登王昂榜进士第，以同上舍出身得授迪功郎、福建路建州政和县尉。

（二）朱家入闽，落脚政和

朱松10多年寒窗苦读，从乡间秀才到太学生，从举人到贡士再到进士，正式通过科举考试得以"释褐"，脱下"布衣"，成为"绿衣郎"，由平民进入士族。按宋代官制规定，一般官员异地就任，初级官员一般三年成任，经由上级考核决定黜陟。朱松赴闽首仕，意味着短时间内很难回到故乡侍候父母，因此要做好"携家来作闽海梦，三年客食天南陬"[④]的各种准备，于是与父亲商量举家入闽。

朱松要忠于王事、孝敬父母、夫唱妇随、友爱弟妹，也就是尽可能照顾全家老小，就是为了兼顾父亲所言的"忠孝和友"多个方面。由于家道衰落，家无余资，朱松与父亲商定质押自家仅有的百亩田产，以筹集盘缠，然后举家南下入闽。朱松率全家老少从婺源出发，过衢州开化、常山、江山，度关越岭，逶迤而来，过建州浦城、松溪，到达政和。大约在政和八年（1118）八月⑤，朱松一家人顺利到达福建路建州政和县城，入住县尉厅后官舍。政和，成为朱松一家八口⑥入闽落脚的第一站。

（三）朱松尽职，民赖以安

政和五年（1115），政和县由关隶县改称而来。政和境内多为崇山峻岭，全县不足万户，为紧县。县治位于黄熊山麓，前临七星溪，面对正拜山（今飞凤山）。而政和县尉厅在县治东五十余步。宋代诸州县令为从八品，主簿、县尉为从九品职事官，县尉在主簿之下，俸禄与主簿同。宋代"俸禄"制，是从"周室班爵禄"⑦的制度发展而来。"诸路州军万户已上县令，二十千；簿、尉，十二千。"⑧也就是县尉月薪是12贯钱、口粮3石米。县尉主要负责盗贼、斗讼、逮捕，配弓手若干员。弓手是从当地百姓中按一定男丁基数比例中抽调出来的民兵，教习武艺，保卫乡井。境内如有盗贼，"仰县尉躬亲部领收捉，送本县"⑨。断案则交由县令依法执行。朱松平时领弓手分乡巡查，因制治有方，社会秩序稳定，民众赖之以安。此期，朱松在县尉厅不远处设云根书院，聘请朱森主持日常教学，自己在工作之余登堂讲学。

二、政和是朱松兄弟入闽的占籍地

（一）添丁失怙，书院讲学

朱松娶妻一事，后来朱子有这样一段话："（朱松）为诸生，年甚少，未为人所知。公独器重，以女归之。"⑩朱松为"诸生"，最大可能是在其考入京师太学前。此"公"是同郡歙县人祝确，此"女"是祝确女儿祝五娘（1100—1169）。宣和二年（1120）初，朱松夫妻喜得长子。同年五月二十日，朱松父亲朱森病逝于"建州政和之官舍"⑪。朱松当即请求解官守孝。对朱松来说，突如其来的家庭变故，实在是沉重的打击，解官便没有俸禄，全家陷入经济困境。朱松三兄弟不仅无法筹足资金，加上方腊起义未平定，无法保证安全运送亡父灵柩回婺源安葬，只好停殡于政和县感化里的护国寺。

朱松退出官舍，在政和城南赁屋而居。朱松为养活全家大小，于桥南建书院收徒讲学，以收取束脩贴补家用。朱松新的讲学之所，位于县衙对岸的正拜山麓[12]，前临七星溪，便起名星溪书院。由于云根书院为朱松在职时所建，带有官修色彩，且离官衙太近，戴孝之人不便出入，故而朱松多在私立的星溪书院为诸生讲学。

（二）守丧三年，占籍政和

朱松守孝三年期满，正式脱下孝服，换穿吉服。朱松、朱柽、朱槔兄弟谨遵曾子所言"生，事之以礼；死，葬之以礼，祭之以礼"[13]的孝道精神来对待先人，花钱买下位于政和城外的莲华峰下护国寺侧的一块山地，按传统葬法让先人入土为安，于宣和五年（1123）十二月初一安葬先人[14]。朱松兄弟葬父于政和，意味着要以政和为第二故乡。而朱松胞弟朱柽、朱槔上报户口，入籍定居政和，还有谋求发展的考量。

从朱松年龄推算，此时朱柽、朱槔二人大约在二十出头，皆以读书与科举为务，即要参加科举考试取功名。按北宋嘉祐再详定科举条制规定，朱柽、朱槔二人必须具备"房舍"和"父坟"均在政和县，才符合要求。朱柽占籍政和，在星溪书院读书兼讲学，后中武举，为承信郎，离开人世后墓葬政和县延福寺后将溪。朱柽之妻在多年后的乾道八年（1172）去世，由朱子协助堂弟葬墓在政和。朱柽之子朱熏，孙墅、壁、坚、垚，多居政和。朱槔占籍政和报名参加考试，考取建州贡元，参加省试不中，却怀才自负，不肯俯仰于世，生平未仕，贫困潦倒，在闽浙皖各地漂泊多年。

（三）复官尤溪，北宋倾覆

朱松守丧期满，申请复官得以批准，复本等差遣，于宣和五年（1123）八月出任南剑州尤溪县尉，此后两年多时间里尽职勤勉，而其次子约在此期间诞生。

与政和立县的同年，女真族完颜阿骨打（完颜旻）在中国东北地区建立金朝。金国日益坐大，派使者与宋结盟瓦解辽国。完颜晟只想借宋朝之力灭辽，不想分享成果，很快撕毁宋金盟约。据《宋史·本纪第二十二》记载：宣和七年九月"壬辰，金人以擒辽主，遣李孝和等来告庆。是月，河东言粘罕至云中，诏童贯复宣抚"。又据《金史·本纪第三》记载：金太宗完颜晟于天会三年（1125）"十月甲辰，诏诸将伐宋"。金兵铁蹄飞驰南下，践踏中原。宋朝承平日久，安于享乐的官员顿时惊慌失措，社会秩序由此被打乱。

朱松遇到宋钦宗"临御之初，东寇未平，虏骑寻至"⑮的大变乱，"宣和八年（改元为靖康元年，1126）一月庚寅日，闻金人不恭，敢拒大邦，羽檄星驰，郡邑惊扰"⑯。过惯纸醉金迷生活的汴京城军民逐渐失去抵抗能力。赵构新组建的大元帅勤王部队又在远处，没有强大的战斗力，不敢近前交战。粘罕和斡离不认为灭宋的时机已经成熟，就把宋徽宗、钦宗父子拘留在金营，不再放归。于靖康二年二月初六，废徽宗、钦宗二帝为庶人。三月初六，另立异姓皇帝，将降金的原太宰张邦昌推为大楚皇帝，宣告北宋王朝灭亡。

三、政和是朱子顽强生命的孕育地

（一）时运不济，仕途不测

朱松任尤溪县尉将满，正常情况下是要经过年资劳绩考核，由福建路转运使考察在职德行能力，分为上、中、下三等，年终上报朝廷。因为时局变乱至此，官吏逃亡，政府瓦解，"审查功过、引对黜陟"的工作无法正常进行。朱松与许多地方官员一样，为官三考为一任的政绩考核，履历档案空缺不完善，便丧失升迁的机遇和条件。这样一来，朱松仕途变得不可测，连薪俸也无着落。朱松带着母亲、妻子和两个儿子回政和，但因在政和没有田产收入，养活一家老小显得十分困难。

靖康二年（1127）五月初一，赵构登位于南京（今河南商丘南），改元称建炎元年（1127）。北宋亡国与南宋初立，福建北部地区动荡不安，乱臣贼子到处抢掠放火，浦城县文宣王殿"为贼火所焚"⑰，建安县廱也被烧毁，县令只能"寓于民居"⑱临时办公。社会秩序打乱，公共设施遭受破坏，导致州县官员或逃离或不前来，造成行政岗位缺员，公共事务无法执行。朱松一直处于失业状态，往来于建州、南剑州与福州之间。好友郑德舆一再敦促其赴行在所铨试，但因局势不稳，朱松彷徨不前。

（二）短暂权职，到处避乱

到了建炎三年十一月初，朱松接到福建路转运司文书，被派往"建州权职官"⑲，才强打起精神独自前往任所，为过渡性打算。朱松写信告诉岳父说"但未能赴行在间，闽中所有，不过权局"，不是长久之计。"权局"是临时代理，与正式"吏部任用"不同，"远不过三五月"便有人接替，因此没有将母亲和妻儿带在身边。没过多久，就有一支金兵从江西方向突入福建邵武，一路烧杀抢掠，百姓不得不四处躲藏。朱松担心家人生命安全问题，未等来人接替便慌忙弃职，赶往政和与家人躲进深山中的垄寺里以避锋镝。

建炎四年五月初，浙中龚仪叛兵又直下处州龙泉，破隘入建州松溪，乘机烧掠打劫，危害人民。朱松只好携家从政和到闽中尤溪避乱，暂借尤溪城外毓秀峰下的郑安道溪南别墅中。朱松闻龚仪叛兵攻下建州，南下攻打南剑州，不得不举家躲进尤溪的大山深处，一家老小终日惶恐不安。在此期间，闽北经历变乱，公私财产损失巨大，建州丰国监惨遭叛兵洗劫与破坏，建州北苑茶园遭到破坏，茶农四散。南剑州州学难免劫难，"建炎四年，为贼所焚"⑳，即范汝为派遣叶彻攻打延平时烧掉这所百余年州学㉑；政和县治"焚于兵燹"㉒。

（三）十月怀胎，朱子降生

当朱松听说乱兵被官兵击败，才敢扶老携幼走出尤溪大山，于建炎四年六月二十八日在县城"寻屋一区"㉓安顿家小。因朱松没有积蓄，"一钱未办买云山"，只能去租赁郑氏义馆。到了九月十五日中午，朱松第三个儿子降生在寓舍里。朱松为季子取名熹，冀望这个新生命像火一样带来光明，驱散心头的阴霾。

朱子这个新生命要在娘胎里孕育十个月才能成熟而降生。从现代医学的角度看，已婚妇女以末次月经的第一天起计算预产期，其整个孕期共为280天，10个妊娠月（每个妊娠月为28天）。孕妇在妊娠38—42周内分娩，均为足月。依生物学理论，从建炎四年九月十五降生日推算初孕日，祝五娘怀朱子当在建炎三年十二月初一前后两周，即十一月十七日至十二月十五之间。这个时间段，就是前面讲到朱松"一直处于失业状态，往来于建州、南剑州与福州之间"，接到漕檄往"建州权职官"之前后。这段时间，祝夫人带着两个儿子居住在政和。因此说，政和是生物学意义上的朱子孕育地。

（四）朱松葬母，政和受学

朱子出生后，随父母到过古田、长溪（今霞浦）、福州、尤溪、泉州石井。绍兴四年（1134）三月十三日，"左迪功郎监泉州石井镇朱松"㉔，"用内翰綦崇礼荐，召充秘书省正字"㉕。朱松接到任命书，携家先归尤溪安顿妥帖，然后单身北上入都试馆职。朱松被知枢密院事赵鼎（1085—1147）所深识，循左从政郎，除为秘书省正字。朱松在秘书省才半年左右，母亲程夫人于九月去世，便办理申请回乡守制㉖手续，离开京城，风尘仆仆地赶回尤溪，与胞弟一起扶柩往政和安葬，将先妣安葬在将溪铁炉岭下。

朱松买地营葬等开销不小，导致尽室饥寒，由此一连失去两个儿子，"伯仲皆夭"㉗，悲痛欲绝。后来朱松致书赵鼎："甲寅之秋，身患大难，荼毒流离，自分必死，而又尽室饥寒之忧，朝不保夕，事之可以分其思虑者，未易以一言尽也。"㉘绍兴五年春，朱松和夫人带着小儿子朱熹离开尤溪，在政和县城南星溪畔住下，开始守丧生活。朱松在政和省墓之外，较多时间是在星溪边藏修之所聚徒讲学。六岁的朱熹由此有更多时间接受庭训，在严父督导下苦读经书。朱松守丧期满，于绍兴七年四月得到左相张浚荐举，只身前往建康奏对。朱松因忤权相秦桧，于绍兴十年罢官回闽，居住在建州城南环溪精舍。有时带上朱子前往政和扫墓，传授孝道思想。在此阶段，政和是人文学意义上的朱子孕育地。

四、政和是朱子理学思想的实践地

（一）朱子孝亲，送葬叔婶

朱子有朱槔、朱柽两位叔叔，他们成家后，多在外地谋生，卒后则安葬在政和。这从朱子书信里可以获得信息。如绍兴十八年（1148）秋，朱子给表叔写了一封信："熹拜覆十四叔解元尊前：即日秋凉，伏惟尊候万福。熹侍下，幸遣，不烦念及。熹自顷年拜违，中间不得时时以书拜问动止，下怀不胜瞻仰，谅蒙尊察！熹兹者蒙恩赐第，自顾无似，非亲戚尊长平日爱怜提奖，何以得此？但知感幸！熹去岁遭三叔之祸，今甫练祭，旦夕一至延平护丧，归葬政和，迎侍三婶，以来同居。政感怆中，裒赐促行，拜覆不谨，未得侍间，伏乞保重不备。熹拜覆舅婆太孺，即日伏惟尊候万福，娘子再三拜起居，信物一角，谩以见意，伏乞容留，熹拜覆。"㉙信中讲到三叔过世一年，将"一至延平护丧，归葬政和"，并"迎侍三婶"到五夫与祝夫人同居，反映朱子对逝者的安慰与对生者的孝敬。

朱子首仕同安主簿归来，多年在崇安县五夫里杜门奉亲，著述讲学。乾道二年（1166）十一月，朱子将自己的近况与打算写信告诉好友何镐："杜门奉亲，幸粗遣日，无足言者，前此失于会计，妄意增葺敝庐以奉宾祭，工役一兴，财力俱耗，又势不容中止，数日衮冗方剧，几无食息之暇也。来春又当东走政和展墓，南下尤川省亲，此行所过留滞，非两三月不足往返。比获宁居，当复首夏矣。"㉚如乾道七年（1171）十月，朱子给林用中信中说："归自政和，住家十余日，祭祀、宾客、书问之扰，不得少暇，固无暇读一字书。今又当出崇安，见新守令。石宰相招，极欲往观盛礼，及与朋友相聚讲论。而日月匆猝如此，无缘去得，甚以为恨。不知择之能拨忙一行否？"㉛乾道八年，朱柽之妻卒，朱子要"扶送叔母之丧还政和"，于九月写信告诉方士繇说："熹自春涉夏多病多故，奔走出入，不得少休，近屏杯杓，病才少愈。惟是事端无穷，未有宁息之期，又迫朝命有'托故稽留，令宪府觉察'指挥，势或当一出。前忧后愧，未知所以为计也。甚欲一与伯谟相见，不知能乘隙一见过否？来月之初，须且扶送叔母之丧还政和，归来月末，方得为去计也。"㉜次年冬至，朱子告诉吕祖谦："熹昨以叔母之葬走政和，往返月余，今适反舍，汩没无好况，它无足言者。"㉝可见东走政和展墓，南下尤溪省亲，亲情所系，一直延续多年。

庆元五年（1199）十二月初六，朱子重温父亲为祖父所作《行状》，为之作跋云："右先大父赠承事郎府君行状，先君太史、吏部、赠通议大夫君所撰也。当时既以请铭于政和主簿卢君点，未及砻石，而群盗蜂起，文书散逸，于今仅存半稿，不可复刻矣。熹窃惟念吾家自歙入闽，而府君始葬于此，不可使后之子孙不知其时世岁月，与其所以积德垂庆，开祐后人之深意，敬立石表，刻状下方，立于墓左。先世坟庐在婺源者，及祖妣孺人以下别葬所在，亦具刻于碑阴，使来者有考焉。卢君字师予，老儒博学，清谨有驯行。定宅者弋阳金生，字确然，亦廉节士，颇通方外之学，姓字皆见先集云。庆元五年十有二月甲子孝孙具位熹谨记。"㉞朱子立碑刻文，要后世子孙记取祖上"积德垂庆，开祐后人"之深意，承家风，传家教。

（二）恤民思想，改革盐法

朱子不仅爱家人、族人，也爱天下苍生百姓。这从淳熙十三年（1186）七月朱子与福建转运官王师愈讨论盐法改革问题可以得到证明："其大要，不过欲得使司于见行盐法之中，择其不可行之甚处（如政和、尤溪、汀州诸邑之类），小变其法，而损其岁入之数，使官享其利，而民不以为病，州县可以立脚，而漕司不失岁输之实而已。"在此之前，福建漕使陈右司政内有司偶失契勘，却将本司积下诸州县增盐，用船装载，沂流般上政和，勒令出卖，每月责认解钱五百贯文。朱子认为这种强制做法不妥，并分析说："若使政和官盐可卖，则本县必须自般自卖，以供公上，而积其余以为循环之本，前不至为冒法行险贩私之诡计，后不至为逐纲撮本尽以还州之拙谋矣。正缘盐不可卖，是以不得已而为此。今乃不察，而必使之抱卖他州外县可卖不卖之增盐，至于移贵就贱，倒置烦扰，则又未论于民有无利害，而善理财者似亦不肯如此。自此之后，本县遂复置坊出卖此盐，然实计每斤只卖得四十五文，其余四十五文无所从出。又官盐在仓日久，亦有走卤欠折之数，乃用袁宰之余谋，阴许管坊人潜贩私盐，以足其数。后来趁卖不上，虽已量减盐价月额，然病根不除，使官吏日惧谴责，百姓须吃贵盐，而漕司一岁所得，不过三四千贯而已。于民有害，于官无利，其理甚明。"㉟显然，朱子建议漕官改革盐法，减少耗损与加价，还可以参照政和知县袁采从闽东就近运盐到政和销售，让家乡父老得到实惠，得到必需生活物资的正常供应。这也是朱子重视"民胞物与"的思想体现。

（三）致力教化，化民成俗

绍熙元年（1190）二月，朱子赴任漳州知州之际，先到政和展墓，遇到李棐忱，为之更名：

> 李君棐忱相见于政和，余问其名上字之义，则曰先儒之训以为辅也。余谓不然，古字多假借，"棐"盖与"匪"通用，颜监之释班《史》，有是言矣。余尝以是考之，凡书之言"棐"者，皆当为"匪"，其义乃通。李君曰："然则以'匪忱'为名，愚之所不安也，请有以易之。"余曰："去'匪'而存'忱'可已。"李君曰："诺。"乃书以遗之，而字之曰"存诚"云。绍熙元年二月十八日朱熹仲晦父书。㊱

李君说"棐"字"先儒之训以为辅"者，即如《书经·大诰》有"越天棐忱，尔时罔敢易法，矧今天降戾于周邦"，班固《幽通赋》有"实棐谌而相顺"。棐忱，也作棐谌，解释为辅助诚信的人。而朱子关注到颜师古解释班固《汉书》时将"棐"与"匪"通用的问题，故而建议删去"棐"字保留"忱"。于是有李忱字存诚，顿时给人脱胎换骨的印象。朱子咬文嚼字的用意在于"以文化人"。

在政和，朱子还与当地士子交往，如里人谢氏、陈氏士友陪同游政和延福院，观看韦斋先生题留诸诗。"先君吏部三诗，以宣和辛丑留题政和延福院壁，至今绍熙庚戌，适七十年矣。孤熹来自崇安，裴回其下，流涕仰观，虑其益久而或圮也。里人谢君东卿、陈君克请为模刻，以传永久。熹因窃记其后云。二月二十日敬书。"�37文中的宣和辛丑与绍熙庚戌，分别是北宋宣和三年（1121）、南宋绍熙元年（1190）；而东卿为朱松门人谢誉之子，陈克为陈朝老族孙。到了庆元三年（1197）九月，遭受庆元党禁打击的朱子还给流放到湖南道州的蔡元定写信："近至政和，见陈廷臣（朝老）崇宁间以布衣上书论事，谪居春陵，作诗甚多，亦有佳句。陈乃政和人，议论鲠切，不易得也。不知彼中尚有其踪迹否？"�38显然是朱子在政和，听到陈氏族人提到陈朝老身为布衣却关心国家大事、果敢上书论事，故而托大弟子在千里之外的异乡寻找前辈的文化踪迹。可见朱子敬重乡贤，并以此感染与启发后人。

综上所述，政和是朱家入闽落脚首站地，是朱松胞弟的落籍地，是朱森夫妇的安葬地，也是朱子生命的孕育地、朱子孝道思想的实践地、朱子理学文化的过化地。朱子三代在政和留下的丰厚的历史文化遗产，至今仍令世人瞩目与神往。

注释：

① 歙州，因北宋宣和二年（1120）方腊起义之故，于次年改名徽州。

② 朱松：《韦斋集》卷十《戒杀子文》，朱子全书外编本，华东师范大学出版社，2010年，第170页。

③ 脱脱等：《宋史》卷二十一《本纪》第二十一《徽宗三》，中华书局，2017年重印本，第399页。

④ 朱松：《韦斋集》卷二《建安道中》，朱子全书外编本，华东师范大学出版社，2010年，第23页。

⑤ 束景南：《朱熹年谱长编》，华东师范大学出版社，2001年，第7页。入闽时间系于政和八年登第授职的同一年。

⑥ 具体成员是朱松夫妇、父母、两位胞弟和两位胞妹。

⑦《孟子·万章下》第二章。

⑧ 脱脱等：《宋史》卷一百七十一《志》第一百二十四，中华书局，2017年重印本，第4108页。

⑨ 司义祖整理：《宋朝大诏令集》卷一百六十《政事十三·官制一》，中华书局，1962年，第604页。

⑩ 朱熹：《晦庵先生朱文公文集》卷九十八《外大父祝公遗事》，朱子全书本，上海古籍出版社、安徽教育出版社，2002年，第4572页。

⑪ 朱松：《韦斋集》卷十一《先君行状》，朱子全书外编本，华东师范大学出版社，2010年，第192页。

⑫ 黄裳、郭斯垕：《政和县志》卷一《舆图》，政和县地方志编纂委员会点校本，厦门大学出版社，2015年，第4—5页。

⑬《孟子·滕文公上》第二章。

⑭ 束景南：《朱熹年谱长编》，华东师范大学出版社，2001年，第6页。

⑮ 杨时：《龟山集》卷一《上渊圣皇帝》，林海权点校本，福建人民出版社，1993年版，第1页。

⑯ 邓肃：《栟榈集》卷二十二《沙县灵卫邓公祝文》，景印文渊阁四库全书本，上海古籍出版社，1987年，第1133册，第367页。

⑰ 杨时：《龟山集》卷二十四《浦城县重建文宣王殿记》，林海权点校本，福建人民出版社，1993年，第563页。

⑱ 朱松：《韦斋集》卷十《建安县敕书楼记》，《朱子全书》（外编本），华东师范大学出版社，2010年，第166页。

⑲ 朱熹：《晦庵先生朱文公文集·续集》卷八《韦斋与祝公书跋》，《朱子全书》，上海古籍出版社、安徽教育出版社，2002年，第4792页。

⑳ 杨时：《龟山集》卷二十四《南剑州陈谏议祠堂记》，林海权点校本，福建人民出版社，1993年，第561页。

㉑ 刘光舟：《延平三千年》，海峡文艺出版社，2016年，第62页。

㉒ 黄裳、郭斯垕：《政和县志》，政和县地方志编纂委员会点校本，厦门大学出版社，2015年，第18页。

㉓ 朱松：《韦斋集》卷六《某与徐侯有卜居村落之约》，《朱子全书》（外编本），华东师范大学出版社，2010年，第100页。

㉔ 李心传：《建炎以来系年要录》卷七十四，景印文渊阁《四库全书》，上海古籍出版社，1987年，第326册，第48页。

㉕罗愿：《新安志》卷七《朱吏部》，景印文渊阁《四库全书》，上海古籍出版社，1987 年，第 485 册，第 460 页。

㉖陈骙：《南宋馆阁录》卷八《官联下》，景印文渊阁《四库全书》，上海古籍出版社，1987 年，第 595 册，第 456 页。

㉗朱熹：《晦庵先生朱文公文集》卷九十四《尚书吏部员外郎朱君孺人祝氏圹志》，《朱子全书》，上海古籍出版社、安徽教育出版社，2002 年，第 4342 页。

㉘朱松：《韦斋集》卷七《上赵丞相札》，《朱子全书》（外编本），华东师范大学出版社，2010 年，第 125 页。

㉙参见《婺源韩溪程氏梅山支谱》之《简十四表叔书二》。

㉚朱熹：《晦庵先生朱文公文集》卷四十《答何叔京书四》，《朱子全书》，上海古籍出版社、安徽教育出版社，2002 年，第 1804 页。

㉛朱熹：《晦庵先生朱文公文集·别集》卷六《答林择之书八》，《朱子全书》，上海古籍出版社、安徽教育出版社，2002 年，第 4946 页。

㉜朱熹：《晦庵先生朱文公文集》卷四十四《答方伯谟书五》，《朱子全书》，上海古籍出版社、安徽教育出版社，2002 年，第 2013 页。

㉝朱熹：《晦庵先生朱文公文集》卷三十三《答吕伯恭书二十六》，《朱子全书》，上海古籍出版社、安徽教育出版社，2002 年，第 1444 页。

㉞朱熹：《晦庵先生朱文公文集》卷八十四《跋大父承事府君行状》，《朱子全书》，上海古籍出版社、安徽教育出版社，2002 年，第 3975 页。

㉟朱熹：《晦庵先生朱文公文集》卷二十七《与王漕书》，《朱子全书》，上海古籍出版社、安徽教育出版社，2002 年，第 1208 页。

㊱朱熹：《晦庵先生朱文公文集》卷七十六《李存诚更名序》，《朱子全书》，上海古籍出版社、安徽教育出版社，2002 年，第 3676 页。

㊲朱熹：《晦庵先生朱文公文集》卷八十二《跋先吏部留题延福院诗》，《朱子全书》，上海古籍出版社、安徽教育出版社，2002 年，第 3885 页。

㊳朱熹：《晦庵先生朱文公文集·续集》卷三《答蔡季通书十》，《朱子全书》，上海古籍出版社、安徽教育出版社，2002 年，第 4708 页。

（作者系福建省文史研究馆馆员）

朱松理学思想述评

傅小凡

朱松①是著名理学家朱熹的父亲，曾经师从理学家罗从彦精研理学。然而，一方面，朱松英年早逝，其理学思想没有得到充分的发展，更没有产生广泛的影响；另一方面，朱松当时以诗作闻名，其理学思想大多通过诗歌表达，因此很少有人将其视为理学家。因此，中国古代哲学史和理学史领域，很少有人将朱松纳入研究的视野，朱松在理学发展进程中的应有地位似乎被遗忘了。虽然朱松在朱熹 14 岁时就去世了，但是他的思想、情感、志向和为人都对朱熹一生有着深刻的影响。要深入研究朱子理学，朱松是一位不能忽略的重要人物。为此，笔者以理学主要范畴为线索对朱松的《韦斋集》加以梳理，从中提炼出朱松的一些理学思想，不仅发现朱熹的许多观点与其父有着一致性，而且看到朱松思想的个性特征及其在理学思想发展进程中的作用。

一、形成之中的本体论范畴

朱松没有建立完整的本体论体系的理论兴趣和能力，但这并不妨碍他对相关的问题作深入的思考。朱松虽然并非自觉地以范畴的角度展开对于"太极""道""理""气"和"物"等理学本体论的重要范畴的讨论，但是当他涉及这些范畴时，其见解还是很深刻的，在闽学的形成过程中起着承上启下的作用。

"太极"一词在朱松的《韦斋集》中只出现过一次，还是在他记录的梦中所作的诗中。诗云："万顷银河太极舟，卧吹横笛漾中流。琼楼玉宇生寒骨，不信人间有喘牛。"②这里的"太极"与宇宙模式、世界本源都没有关系，只是诗人梦想之中在银河上泛流的一艘大船而已。这样的艺术意象虽然不是哲学，但它那空灵、飘逸却又难以忘怀世事的审美意境，当属于理学美学。

相比之下，"道"在朱松的话语中出现的频率要高些。朱松在《赠觉师》一诗中咏道："虽遭楚人咻，微音或清好。固无益生死，亦未妨至道。"③这里不被妨碍的"至道"是什么意思，朱松一时还没有能力解释，否则他就不会有"望道渺未见"④的感慨了。

如果按照传统儒家思想理解，"道"就是社会理想。在这一点上，朱松的理解不会有太大的歧义。在当时的社会现实条件下，儒家的社会理想都是空想，所以这"道"就是一个不可望而不可即的"乌托邦"。诚如朱松评价自己："无所用于世，虽有好古之志，而于先王之道未有闻也。"⑤这虽然是自谦之辞，不过"时难既可叹，道大未易涯"一语倒也切合实际。朱松既有对理想的追求，同时也有"学道日已媮，干时心同懒"⑥的感慨。理想追求与社会现实之间巨大的矛盾，如其所云："平生学道着功要，世事萦人负此心。"⑦可是，这并未影响朱松以"道"为终生追求。他以"道人"（即"求道之人"）自称，此称号在《韦斋集》中出现 37 次。

从理想的角度理解"道"是儒家的传统，朱松的独到之处是对"道"的现实意义的强调。他说："从事于六艺之文而历观古今治乱兴亡之变，隐之吾心而不远，质之圣人而不戾，达之当世而不悖，此士所学乎先王之道者也。是道也，得之心，得之身，发之言，推而被之天下无二焉。"⑧先王之"道"存在于六艺之中，隐藏于人心深处，但必须将其运用于现实社会才能够给民众带来好处。此时的"道"便涉及社会历史的规律。比如，朱松给有关部门上书，建议在淮南一带开展军垦屯田活动，希望在满足国家赋税需要的同时，让开垦者得到好处。其理由是："上下相资，公私同利，古今不易之道也。"⑨这种观点与重义轻利的传统儒家不一样了。

身处两宋之交的朱松更关注"治道"，也就是治理国家的方法。朱松理解的治国之道，其实就是传统的君臣大义。他说："臣闻人主以一身托于四方之上，而百辟卿士为之奔走率职而无敢后者，岂非恃君臣之大义有以防范固结于其间……一朝有缓急则奋不顾身以抗大难，亦足以御危辱陵暴之侮。是以神器尊严，基祚强固，由此道也。"⑩强调君臣大义，这是儒家的传统；但是，由于两宋之交的民族危难，宋儒特别强调和推崇君臣大义，甚至将其提升为治国的根本方法，这正是理学的时代特征。

在朱松的话语里，"理"比"道"更具有哲学范畴的意味。当他说"世无扬子云，此理谁见直"时，看不出他所谓"理"所指为何。但是，当他吟着"遥知盘礴小窗底，得丧已着一理齐。此生同困造物戏，未觉与世谁云泥"的诗句时，其"一理"便具有哲学范畴的意味，表达着他对宇宙本质和人生意义的理解。

"理"范畴在朱松心目中还具有规律的意义。比如，他在论证君臣大义之于国家的重要时，以人的生命对空气的需要为例。他说："人食息呼吸于元气之中，一息之不属，理必至于毙。"⑪这"必至"之理同样体现在自然之中。他说："将欲图是功也，则必有是事，事立矣而功随之，未有泰然无事而听其事为者也。譬如筑室自始基以至于成，譬如稼穑自始耕以至于获，理之必至，不愆于素。"⑫一分努力才能取得一分成果。因此，这里的"功"与"事"之间的关系，就是原因与结果的关系；这"理之必至"，也就是因果规律的必然性。

"理之必至"还具有客观性，用朱松的话说叫"理势之必然"。朱松上书陈述主战的观点，认真分析了宋、金两国对峙的局面，然后指出金兵必然会不断南侵，并且说这是"理势之必然，不待智者而后知也"。这里的"理"是规律之意，与"势"结合在一起，就具有了不以人的意志为转移的客观性和规律性统一的意思。然而，朱松在此仅就事论事，并没有上升到社会历史发展规律的高度。

朱松并不从宇宙本源思考问题，他的"元气"主要与生命过程有关。他说："人呼吸食息于元气之中，不可以须臾离也。"⑬不仅人离不开"元气"，而且所有生命体都离不开它。他说："盖父子主恩，君臣主义，是谓天下之大戒，无所逃于天地之间。譬如有生之类，食息呼吸于元气之中，一息之不属，理必至于死。"⑭朱松的"元气"虽然是一切生命存在的必要条件，但更强调君臣之大义的重要。这是理学的核心价值，对朱子的影响至关重要。

朱松很有个性和才气，极注重精神品性的追求，因此他的"气"范畴更多地与人的精神面貌相关。比如，朱松喜欢英勇之气，其诗中常出现"英气凛冽横穹旻"⑮，"建安少年请缨客，横槊赋诗两无敌。辞家去作入毂英，气拂天狼夜无迹"[16]。朱松喜欢侠义之气，蔑视文弱书生。其诗云："伟哉奇男子，侠气横八极。书生复何者，肮脏老笔墨。"[17]朱松一生命运坎坷，仕途不顺、生活困窘时，需要保持独立的人格和不屈的志气。他说："门掩蓬蒿气浩然，西风笔势更翩翩。"[18]在困境之中依然要保持超然的精神状态，这需要平常的修养。朱松说："知耻可以养德，知分可以养福，知节可以养气。"[19]由此可见，朱松的"气"的范畴既具有生命本源的物质意义，更包含人格境界的精神意义。

朱松喜欢使用"造物"一词，此概念在《韦斋集》中出现了13次，其意大致有三层：首先，"造物"是自然力，比如"纷纷造物机，颠倒转愚奸"[20]"饥壤听造物，吾愿乃秋成"[21]；其次，这"造物"是自然过程，比如"且与造物同浮游"[22]；第三，这"造物"是一种不可知也不可抗拒的力量，比如"未知造物心，颇复哀黎元"[23]"却怜造物太多事，更要和鼎调人舌"[24]；第四，"造物"具有命运的意味。他说："此生同困造物戏，未觉与世谁云泥。"[25]当然，人在造物的力量面前并非毫无主动性。他说："观心要知是，造物如吾何"[26]，"了知造物着意深，倾倒春工不余力"[27]。像朱松这种有个性的人，自然不会甘心于命运的摆布。当朱松使用"造物"一词并且欲与造物同游或者"心游万物表"时，其"物"作为范畴还比较含混，只是以意象的方式表达中国式的思辨。朱松"心游万物表"并非为建构逻辑思辨体系以解释世界，而是要达到"方俯一世而眇万物，向非有礼义法律羁束于其后"的精神自由。

二、极具个性的心性论观念

在朱松的《韦斋集》中，"性"字只出现过一次，而且根本不是作为哲学范畴或者理学讨论话题出现的，显然朱松对"二程"的"心性之学"有着自己独到的理解。由于他对文学艺术的爱好，使"心""情"等概念在其文本中出现次数较多。虽然其大多数不是作为范畴出现的，但是从其语境出发，仔细分析其本意，还是能够概括出一些哲学和美学的意味。

朱松很推崇陶渊明的境界，称赞"渊明乃畸人，游戏于尘寰"；当他欣赏陶潜的精神境界时，吟出"心游万物表，了觉函丈宽"[28]的诗句。能够游于万物之表的心，当然是人的思辨和想象。这样的"心"正是我们要讨论的"心"范畴。关于"心"，朱松说："心者祸福之机也，心取是诗而口赋之，虽吉凶未见于前，而神者先受之矣。"㉙诗是心声的表达，可能引起或福或祸的结果，虽然吉凶一时未能显现，但是神灵已经接受到了通过诗歌所表达的心声。这是人的精神与天意相通的全新说法。

朱松深受佛、道思想影响，加之他一生比较坎坷，所以追求平恬心境是他涉及"心"概念时主要表达的意思。比如，"故人金公子，身窭心甚闲。道机久纯熟，世味饱险艰"㉚，表明他很推崇金公子这种穷困潦倒却心定神闲的境界，如此才可能纯熟地把握道机，品味艰难的世态。这是一种超然的人生态度，正所谓"知公超然处，心迹两无垢"。但是，生活在现实社会中，总是免不了各种烦扰，他渴望能够保持内心的平静——"愿言乞与洗心方，归对炉香诵《周易》"㉛。一旦彻悟人生真谛，明白"名途尝一戏，回首羞前非。心如得坎水，不受狂风吹"㉜。人生不过是一场戏，知道是非，便可以心如止水。

朱松毕竟是洛学传人，所以他的"心"不可能不涉及"正心诚意"之类的内容。他在继承理学基本观点的基础上，将道德批判的锋芒指向最高统治者，其"正心诚意"的要求锁定了皇帝。他说："夫王者，正心诚意于一堂之上，而四海之远，以教则化，以绥则来，以讨则服。"㉝朱松一生很难有机会面见君王，对其晓之以"正心诚意"的道理。而朱熹后来虽然为官时间不长，但每每有机会面君，都要对皇帝进行"正心诚意"的教诲。虽然朱熹在此问题上未必直接受其父朱松的影响，但二人观点的一致性，表明理学的核心意图在两代人之间的传承。

"靖康之变"后，金兵压境。朱松特别关心北方的战局。因此，他讨论"心"都围绕民族的战斗意志之"心"展开。他说："大哉，斯民之心乎！自古兴王所藉以为立国之基本，而无敢轻犯焉者也。是故，思祖宗之所以得其心者，而纂述其志。鉴往事之所以失其心者，而毋践其辙。以至发政揆事，制令出法，必皆求合于所谓至愚而神者，是以可以使之蹈白刃赴汤火而不可与为乱夫。谁与之敌？所谓顺民心者此也。"㉞民心关乎士气，决定战斗力。从更深远的角度看，政权的取得与巩固，全在于民心的向背。当年崛起于东北一隅的女真族，从一个地方政权入主中原，问鼎全国最高权力，推翻了北宋的统治。要想恢复赵宋对中原的统治，已经不仅仅取决于军事力量的强大，更重要的是民心向背。北宋之所以灭亡，一个重要原因是其政治的腐败。

朱松虽然没有深入到问题的实质，但是他对民心的强调的确触及到了政治统治的一个核心问题。他说："尝谓自古天下国家兴亡有至计，而国势之强弱，兵力之盛衰，土地之开蹙，不与焉。一曰：顺民心；二曰：任贤才；三曰：正纲纪。非以国势、兵力、土地之三者，为无与于兴亡之数，盖非兴亡之所系故也。"[35] 朱松看到了，国家的兴亡不在于国势、兵力一时的强弱和土地的广袤，而在于顺应民心、政治清明、制度完善。如何顺应民心，他没有说。其实很简单，就是满足百姓最基本的生活要求，减轻人民的负担。任何一个政权上台都有一个合法性问题，而法不是抽象的实体，而是现实中民心的向背。得到民众支持就具有合法性，为民众谋利益就能够取得这样的合法性。朱松虽然不可能有这样的见解，但是他在为君王献策时并不一味主张对金用兵以收复失地，而是强调从政治清明、制度完善和获取民心入手，表现出其政治目光的卓越。朱子在这一点上与其父也是基本一致的。

朱松的"情"虽然构不成哲学范畴，但其具有哲学意味的观点还是挺丰富的。撮其要点，大致概括为如下几个方面：

首先，人之常情。朱松的诗写得很出色。就人之常情的角度，朱松的诗歌多以表达友情为主。比如："人羁天地间，谁非一浮萍。泛然偶相值，便有离合情。"[36] 虽然是偶识，但却把手倾心，难舍难分。可见朱松是一位重情之人。重情之人经常会感到孤独，一个人客居在外漂泊无居所，会格外思念远方的友人。其诗云："故人千里余，壶浊谁与倾。遥知劝影杯，共此通夕情。"[37] 这种孤独的感受会使人感物生情。当朱松观赏一幅鸿雁画屏时，也会联想起自己体味过的孤独的感受。他说："征鸿坐何事，天遣南北飞。萧然如旅人，无情自相依。"[38] 寒来暑往的鸿雁，它们在途中相聚一起奋飞，彼此之间无需有亲情，甚至不必曾经相识，只要目标一致，便可以相依为命。画屏的作者究竟是否表达了这层意思已无关紧要，关键在于朱松借题画咏出自己对人际间最美好的情感的歌颂。孤独的旅人格外思念故乡。长期漂泊在外的朱松，对自己的家乡有着一种难以割舍的怀念。他在诗中咏道："诗传绝境忽入手，置我乡国情何穷。十年不踏江上路，漠漠海气昏貂茸。"[39]

其次，艺术之情。朱松通过一些诗作，表达了很细腻的艺术之情。他有许多咏梅的诗，以优美的艺术意象，表达着动人的情感。比如："暗香横路忽惊顾，冰蕊的㸌蛮烟中。有如佳人久去眼，邂逅相得情何穷。"⑩这首诗显然表达了朱松对男女之间情爱的憧憬，想象着能够在邂逅之间偶遇自己的心上人。当然，这也许只是诗人常用的比喻手法，以孤芳自比，以佳人邂逅寓意君臣知遇之情。艺术之情与人之常情的区别，在于超越具象而达到意象的高度。因此，艺术中表达的情不能是一己私情的直白地宣泄，而应该经过提升达到普遍性的情，并借助艺术意象加以传达。朱松诗作中，此类意象是很丰富的。比如："多情入骨怜风味，依倚横斜嚼冰蕊。至今清梦挂残月，强作短歌传素齿。"⑪这首诗所传达的情感，虽然是借景咏情，但已经是艺术意象，其意境就很清幽，在冷艳中有几分空灵，空灵中又不乏忧郁。

第三，达到极致的"高情"。也许是因为受道家思想影响的缘故，情到极处便无情，愁到绝处便无忧。在《答国镇见迓之什》一诗中，朱松吟道："渊明把菊对清秋，醉里诗豪万象流。画出多情愁绝处，七峰明灭断云收。"⑫朱松的确理解了陶渊明田园诗中所表达的深刻的愁绪和天纵般的豪情，正是这浓得抹不开的情，才会令诗人超越尘俗，不与恶势力同流合污，最终化作淡雅的闲情逸致。朱松将这种超凡脱俗的情感称之为"高情"。这情之所以"高"，就在于它超越了个人的荣辱和痛苦，达到了一种愁到绝处而无忧的境界。朱松在《饮梅花下赠客》一诗中咏道："高情绝艳两无言，玉笛冰滩自幽咽。"⑬情到高处平静自然，艳到绝时素朴无华，两情至深无可言表，好一个"玉笛冰滩自幽咽"，所有的情愫都化作清泠的天籁，空灵冷艳的意境让人回味无穷。这种意境以"高情"加以概括，构成理学美学的重要范畴。朱松特别喜欢梅花，更喜欢咏梅，这一点也深刻地影响了朱子。朱子平生所作的1200余首诗词中，咏梅之作共约50首，与苏轼、范成大的咏梅篇什大致相等。在审美情趣上朱熹受其父亲的影响，由此可见一斑。

三、注重实践的认识论思想

在"物我"关系问题上，朱松以诗的语言，建构艺术意象，表达了他对"我"与"物"之间关系的感受。他说："山河我四大，物我同一体。""我"与山河大地、风、火、水、土等元素居于同等地位，而且是一体的。这种感受只能是诗人的，而且具有心学的色彩，让人想起程颢的"仁者与物同体"的观点。

只是，朱松的诗句更多了一些诗人的豪气。比如："脚底千峰翠浪奔，云端挂此一豪身。山河了了穷千界，物我纷纷共一尘。"显然受庄子"齐物论"观点的影响。

"心物"关系的一个重要问题，是人能否正确地感知和认识外物。对这个问题，朱松的回答是肯定的。他说："盖尝以为学诗者，必探赜《六经》以浚其源，历观古今以益其波，玩物化之无极以穷其变，窥古今之步趋以律其度。虽知其然，而病未能也。"[44]朱松在此本来是讨论学诗者应该具备的知识条件，要对事事物物达到知其然的地步，其中提到的"穷其变""律其度"都是哲学的认识论问题，是对自然和历史规律的把握。"虽知其然，而病未能也"可以有两个意思：其一，是说诗人需要艺术天分、对美的感受力和驾驭语言的能力，仅知其然是不够的；其二，是说要想知其然是做不到的，表达了"静观物化知如幻"[45]的不可知论。

在"心物"关系问题上，朱松有不可知论倾向，抑或把无限的宇宙不作为认识对象，而将其转化为体验美的过程。这是"物我"同体观点的必然结论，体现了自庄子以来中国古代美学的重要特征。不过，朱松只是在本体论意义上持不可知论；当他面对现实的具体事物时，便依然回到理学"格物致知"的立场上。我们通过对朱松"知"范畴的考察，可以证明这一点。朱松对"知"的讨论，涉及以下三个方面的内容：

首先，认识到认知能力的局限。他说："冥漠之事，不可得而知也。""冥漠"是指无形的存在和神秘的力量，其"不可得而知"表明人类认知能力的极限。不仅无形的存在不可知，过去的历史也是不可尽知的。他说："三代而上，其详不可尽知。然《诗》《书》所传，犹可想见。"[46]历史细节没有必要尽知，通过古代文化典籍所记载的材料，后人可以展开想象去重构历史。历史一去不复返，不可再现。因此，对历史的认知，也是一个相当困难的问题。朱松此语无意中涉及历史哲学中的核心问题，即历史真相是否可知的问题。其"不可尽知"与"犹可想见"，的确揭示了历史学的本质。而古人的观点和真实意图，后人可能通过逻辑推理和深入思考去把握，正所谓"圣人之意，其可思而知也"[47]。

其次，承认客观存在的可知性与正确认识的艰难性。由于思考过认识能力的局限问题，因此朱松深刻体会到"知"的难度。他针对《尚书》所谓"知之非艰，行之为艰"的话提出质疑。他说："夫问涂而之盲，则知亦岂易哉？"⑱人类认识能力的局限，有如迷途而问路于盲人。所以，认知世界的困难不在于世界本身，而在于认识方法不正确。

　　第三，讨论认识与德性的关系。道德上的"正心诚意"以对现实的"格物致知"为基础，这是理学的传统，朱松禀承了这一点。他说："《大学》一篇，乃入道之门，其道以为欲明明德于天下者，在致知格物，以正心诚意而已。其说与今世士大夫之学大不相近，盖此学之废久矣。"⑲通过"格物致知"而达到"正心诚意"，这显然是程颐的观点。此学已废久矣，表明洛学在当时的地位。而朱松自己则以此学为己任。他说："行年二十七八，闻河南'二程'先生之余论，皆圣贤未发之奥始，捐旧习、被除其心，以从事于致知诚意之学。"⑳这是学统的传承，也是朱松思想的源头。朱松的特点在于，特别强调"知"在道德修养中的地位和作用。他说："知耻可以养德，知分可以养福，知节可以养气。"㉑羞耻感是道德的起点，去除过分的追求，可以保持心态的平和，提高幸福指数。伦理规范可以提升精神境界，而这一切都以道德认知为前提。

　　注重实践的朱松，其"行"虽然未能构成哲学范畴，但是意义还是很丰富的。我们可以从以下五个方面考察其"行"的含义：

　　其一，切实可行之行。朱松所处的时代，动荡不安，局势不稳，危机四伏，需要切合实际的行动，而反对疏阔虚空之言。朱松说："必皆削去琐细无补、阔疏难行之言，而求所以安危治乱之故，卓然可施于实用者。"㉒实用性是言之可行的唯一标准。喜空言而多作迂腐之论，这是儒家的通病，理学家也不例外。但在朱松身上却少见此类毛病，正所谓"行当践此语，绝境同攀跻"㉓。

　　其二，无危害之行。有些行为虽然动机是好的，如果成功，其结果对国家也是有利的；但是，行动过程过于冒险，失败的概率太大，很有可能给国家带来灾难。朱松极力反对这样的行为。他说："将以谋人之国而求有所逞于仇敌，自古有天下国家处于离合之际，其谋议之得失今可覆视者，非一人也。为待时之说者，病其玩日愒岁而至于偷；喜进取之谋者，病其行险妄动而及于败；二者不能相通而常处其一偏，是以成功不可见而偏受其弊。"㉔当时南宋初正处于"离合之际"，面对强敌而为国献计献策往往有两种极端的意见：

一种是毫无原则的主和派，其结果就是苟且偷安；另一种是求速胜的主战派，不顾及时间条件仓促出战，最终导致失败。南宋朝廷在与金国时战时和的历史进程中，一直没有把握好一个恰当的尺度，因此总是处于失败的境地。可见，朱松虽然主战，却具有明智的头脑，知道战争的胜负双方力量全面较量的结果，不能逞一时之忿。这一点也直接影响了朱熹，使朱熹之主战总是从君主正心、官吏清正、舒缓民困、强大军备等方面进行长期准备，最终图一举收复失地，而反对仓促北伐。

其四，奇诡绝特之行。孔子在世时，被评价为"知其不可而为之"，此传统一直被历代的大儒所传承。正如朱松所说："夫子孟轲之徒，道既不行于天下，退而与其徒讲说，论着丁宁深切至矣，遗泽余风被于末世。时有一节之士，力为奇诡绝特之行，鼎镬在前，刀锯在后，摄衣而从之，不啻若床第之安。乱臣贼子敛手变色，莫敢肆不义于其君，岂特苟轻其生以立区区之私义而已哉？"[55]朱松塑造的儒者形象，其行为之所以"奇诡绝特"，就在于视死如归，令一切乱臣贼子不敢放肆。此处已经不再是简单甚至有被动消极的"舍生取义""杀生成仁"的选择，而是采取积极的行动，以自己的大义凛然、临危不惧，扼制乱臣贼子的不义之行。

其五，确其成功之行。实践的最高境界是有正面价值的成功之行，这是任何一位主张力行的人所追求的。那么，怎么才能使实践走向成功呢？这与实践者准确把握时机有关。这就涉及到历史观的问题。朱松说："天下有常势，非人之所能为也。自古恢复大业之君，虽其凭借积累之基有厚有薄，祖宗德泽之在民者有浅有深，然皆徒手扫地，在无尺寸可挟之资而卒能有所立。惟能因天下之势，审择至计而固执之，以求合夫当世之变而皆不足以为难也……考其行事而质确其成功，虽未易与创业之君同条而语，亦各因其一时之势，如此而不可诬也。"[56]社会历史发展有着不以人的意志为转移的客观性，人的实践成功就在于能够审时度势、因势利导。为达此目的，必须在认识历史趋势的基础上顺应它，在把握规律的前提下"审择至计而固执之"，如此才能确保实践的成功。历史观与认识论就是这样天然一体地统一在一起。朱松不是一个理论家，他更注重实践。因此，他讨论"行"，主要是方法的设想。可惜他46岁英年早逝，没有机会建功立业。不过，即使假以时日，腐败的南宋朝廷未必会给他提供一展才能的机会。而朱松没有时间将思想系统化表达的遗憾，最终由朱熹为他弥补了。

注释：

① 朱松（1097—1143），字乔年，号韦斋，出生于宋绍圣五年，祖籍安徽婺源县（现属江西）。宋政和八年，朱松擢进士第、授迪功郎，任政和县尉，遂举家入闽赴任，迎养父母、胞弟于官舍。到任后，因担心自己性急而贻误政事，故学古人佩韦戒性之义，在尉署建一室，取名"韦斋"，旦夕休寝其间以自警，故世人称之"韦斋先生"。朱松有俊才，下笔语辄惊人。其为官清正廉洁，制治有方，民赖以安。为开化邑风，他到任不久就创建云根书院和星溪书院，延师以训邑人子弟。自此，政和文风始盛，儒士善人，彬彬蔚起。宣和五年，调任南剑州尤溪县尉。绍兴四年，朱松召试馆职，除秘书省秘书郎，尚书度支员郎兼史馆校勘，历司勋吏部两曹转奉议郎，又转承议郎，赠通议大夫，诰封越国献靖公。绍兴十年，因反对秦松降金议和主张，触怒权臣而被贬放饶州，未上任。绍兴十三年三月病逝，享年47岁。

② 朱松：《夏夜梦中作》，《韦斋集》卷六，《四部丛刊续编》第1133册，第487页。

③ 朱松：《赠觉师》，《韦斋集》卷一，同上书，第439页。

④ 朱松：《与陈彦时会华严道人偶书》，《韦斋集》卷二，同上书，第454页。

⑤ 朱松：《上唐漕书》，《韦斋集》卷九，同上书，第513页。

⑥ 朱松：《次韵和吴骏卿》，《韦斋集》卷三，同上书，第457页。

⑦ 朱松：《和几叟秋日南浦十绝句简子庄寄几叟》，《韦斋集》卷五，同上书，第480页。

⑧ 朱松：《上唐漕书》，《韦斋集》卷九，同上书，第512页。

⑨ 朱松：《上皇帝疏一首》，《韦斋集》卷七，同上书，第491页。

⑩ 朱松：《论时事劄子》，《韦斋集》卷七，同上书，第493页。

⑪ 朱松：《论时事札子》，《韦斋集》卷七，同上书，第493页。

⑫ 朱松：《试馆职策一道》，《韦斋集》卷八，同上书，第504页。

⑬ 朱松：《策问八首·二》，《韦斋集》卷七，同上书，第506页。

⑭ 朱松：《上李丞相书》，《韦斋集》卷九，同上书，第515页。

⑮ 朱松：《睢阳谒双庙》，《韦斋集》卷一，同上书，第437页。

⑯ 朱松：《送瓯宁魏生赴武举》，《韦斋集》卷二，同上书，第 450 页。

⑰ 朱松：《戏赠吴知伯》，《韦斋集》卷一，同上书，第 443 页。

⑱ 朱松：《送黄彦武西上》，《韦斋集》卷四，同上书，第 469 页。

⑲ 朱松：《跋山谷食时五观》，《韦斋集》卷十，同上书，第 530 页。

⑳ 朱松：《确然雪中见过》，《韦斋集》卷一，同上书，第 445 页。

㉑ 朱松：《吴骏卿寄示和黄元广诗多及古人为己之学辄复次韵资一大笑兼简元广》，《韦斋集》卷三，同上书，第 458 页。

㉒ 朱松：《建安道中》，《韦斋集》卷二，同上书，第 447 页。

㉓ 朱松：《与陈彦时会华严道人偶书》，《韦斋集》卷二，同上书，第 454 页。

㉔ 朱松：《次韵梦得浅红芍药长句》，《韦斋集》卷二，同上书，第 449 页。

㉕ 朱松：《奉酬令德寄示长句》，《韦斋集》卷二，同上书，第 449 页。

㉖ 朱松：《逢年与德粲同之温陵谒大智禅师医作四小诗送之》，《韦斋集》卷二，同上书，第 454 页。

㉗ 朱松：《次韵梦得浅红芍药长句》，《韦斋集》卷二，同上书，第 449 页。

㉘ 朱松：《寄题陈国器容膝斋》，《韦斋集》卷一，同上书，第 445 页。

㉙ 朱松：《上赵漕书》，《韦斋集》卷九，同上书，第 514 页。

㉚ 朱松：《确然雪中见过》，《韦斋集》卷一，同上书，第 445 页。

㉛ 朱松：《次韵梦得浅红芍药长句》，《韦斋集》卷二，同上书，第 449 页。

㉜ 朱松：《陈仲仁止止堂》，《韦斋集》卷二，同上书，第 450 页。

㉝ 朱松：《上赵漕书》，《韦斋集》卷九，同上书，第 514 页。

㉞ 朱松：《试馆职策一道》，《韦斋集》卷八，同上书，第 505 页。

㉟ 朱松：《试馆职策一道》，《韦斋集》卷八，同上书，第 505 页。

㊱ 朱松：《送建州徐生》，《韦斋集》卷一，同上书，第 439 页。

㊲ 朱松：《书窗对月》，《韦斋集》卷一，同上书，第 440 页。

㊳ 朱松：《题芦雁屏》，《韦斋集》卷二，同上书，第 446 页。

㊴ 朱松：《再和求首座》，《韦斋集》卷二，同上书，第 452 页。

㊵ 朱松：《溪南梅花》，《韦斋集》卷二，同上书，第 452 页。

㊶ 朱松：《答林康民见和梅花诗》，《韦斋集》卷二，同上书，第 453 页。

㊷ 朱松：《答国镇见迓之什》，《韦斋集》卷五，同上书，第 480 页。

㊸ 朱松：《饮梅花下赠客》，《韦斋集》卷三，同上书，第 457 页。

㊹ 朱松：《上赵漕书》，《韦斋集》卷九，同上书，第 514 页。

㊺ 朱松：《吴山道中三首》，《韦斋集》卷六，同上书，第 488 页。

㊻ 朱松：《上唐漕书》，《韦斋集》卷九，同上书，第 511 页。

㊼ 朱松：《上赵漕书》，《韦斋集》卷九，同上书，第 514 页。

㊽ 朱松：《答庄德粲秀才书》，《韦斋集》卷九，同上书，第 511 页。

㊾ 朱松：《答庄德粲秀才书》，《韦斋集》卷九，同上书，第 511 页。

㊿ 朱松：《上赵丞相札》，《韦斋集》卷七，同上书，第 500 页。

51 朱松：《跋山谷食时五观》，《韦斋集》卷十，同上书，第 530 页。

52 朱松：《论时事札子》，《韦斋集》卷七，同上书，第 493 页。

53 朱松：《信州禅月台上》，《韦斋集》卷一，同上书，第 430 页。

54 朱松：《试馆职策一道》，《韦斋集》卷八，同上书，第 506 页。

55 朱松：《上李丞相书》，《韦斋集》卷九，同上书，第 515—516 页。

56 朱松：《试馆职策一道》，《韦斋集》卷八，同上书，第 502 页。

（作者系厦门大学人文学院教授、博士生导师）

朱松道学思想及其对朱熹的影响

史向前

　　关于朱子理学思想的来源，学界多指向"二程""延平"之学——这是明显的，但只是师承的方面。除此之外，当还有家学渊源方面。婺源朱氏"以儒名家"，朱熹的父亲朱松既是宋代名臣，也是道学中人，学孔孟，服膺"二程"，不仅深究儒家的道德学问，同时也致力于经世致用，被誉为"通儒"。

　　朱熹十四岁时父亲去世。在此之前的整个少年时代，朱子都是在父亲的教育和引导下进学修业，是父亲朱松将朱熹引入了道学门径，并且在进学途径、思想境界以及行为表现等方面给予朱熹最为直接、具体的影响。本文主要依据《韦斋集》《宋元学案》以及《朱子全书》等资料对朱松的学行作一概述，以见朱熹思想的家学渊源。

一

　　朱松（1097—1143），字乔年，出生于"以儒名家"的婺源朱氏。幼承家教的朱松，从小就养成了好文向道的性格，时人称其"学道于西洛，学文于元祐"。因受以欧阳修、曾巩为代表的元祐文学文道并重的影响，朱松自学习古文时即开始其求道历程。他曾自述，从束发入乡校起，就视科举之文如儿童游戏，不足尽心；唯独喜诵古人文章，感觉气充理畅，玩味不尽。因为这种习好，逐渐形成了自己的文学特长。尚在郡学时，其诗文之作就已出类拔萃，以至于远近传诵、京师闻名。

　　北宋以来，道学始兴，道先于文、道重于文的观念得到相当一部分学者的认可，年轻的朱松就是其中之一。对已经取得的文学成就，朱松未尝自喜，认为"是则昌矣，如去道愈远何？"。擅长诗文只是一种才艺而已，并没有掌握大道；顺此发展下去，还会走向更加偏离大道的方向。这也是传统儒家的观念。孔子说："行有余力，则以学文。"文学乃孔门四教之一，但与德行相比，又显然存在着先后、轻重之别。

朱松所向往的"道"，实际就是儒家的仁义之道，其进一步的表现就是国之政、事之理、人之行。在朱松看来，也就是"天下国家兴亡理乱之变，与夫一时君子所以应时合变、先后本末之序"。有感于此，朱松尽弃以往的科举之文、游艺之诗以及日常应酬，公务之余，发愤折节，唯道是求。他在《上谢参政书》中自述曰："复取六经、诸史，与夫近世宗公大儒之文，反复研核，尽废人事，夜以继日者十余年。"朱松上下古今，出入三教，经过一番艰辛寻觅和求索，对历史上各种思想的起伏与流变了然于胸，也对自己所寻求的大道有所了解和体会。他认为，古往今来，这类得道的圣贤君子多矣，表现最为突出的莫过于汉初贾谊和唐代陆贽。贾谊的表现在于"言道"，其《过秦论》《治安策》等文章论秦汉所以兴亡治乱，无不通达国体、切明事理。陆贽的表现重在"行道"，奉天之乱时，他临危受命，以宰相之位而运筹帷幄，成为匡复社稷的重臣。二人也因此于汉唐政治史上具有显赫地位，均被誉为"古之伊管"。史称"先生初以诗名，继而契心于贾谊、陆贽之通达治理"，说的正是朱松早年求道的这段心迹与过程。

但是令他痛苦的，还是自觉未能真正闻道、见道，即未能闻见作为忠孝仁义之根本的天道、天理。此时，杨时及其弟子罗从彦等已将二程洛学传至福建，并发展成为"道南学派"，即东南闽学。朱松游宦闽中，遍拜邑中士人时，结识了道学家罗从彦，得知杨时所传二程学问的要旨，方知大道之奥在于不息的"生生之理"。朱松认为找到了自己思想的归宿，遂拜罗从彦门下。公事之余，蚤夜其间，沉浸其中，"拳拳服膺"终生不渝。傅自得《韦斋集·序》曰："年二十七八，闻河南二程先生之遗论，皆先贤未发之奥，始捐旧习，朝夕从事于其间。"为了彻底改造以往自己学识浮华和性情卞急的"旧习"，朱松特取古人佩韦之意以名其斋，又自号"韦斋"，以自警饬。与朱松同时受学于罗从彦的还有李侗，两人一起朝夕问道，从此结下深厚的道谊。

一般而言，道学家因重道不重文而忽视文学，但朱熹显然不是这样。受父亲朱松的影响，朱熹一方面认为"道者，文之根本；文者，道之枝叶"；另一方面又认为"惟其根本乎道，所以发之于文皆道也……文便是道"，从文学入手，由枝叶入根本，由技入道，亦可成为道学大家。

朱熹自幼随父亲学习诗文及儒家"四书"，十一岁始作诗文，就被父亲友人叹为"笔力扛鼎"。十二岁时，文学大进，已达到"运笔生风"的功夫。枝叶的茂盛，源于根本的牢固。在父亲的教导下，朱熹又阅读有"文儒"之称的曾巩、贾谊等人的文章——因为他们都是文道并重的古文家。"居常诵习"的同时，朱熹还专门编辑了《曾子固年谱》，是为朱熹的第一部著作，由此逐渐培养了朱熹砺志于道学、成就儒家圣贤的志向。他曾说："夫古之圣贤，其文可谓盛矣，然初岂有意学为如是之文哉？有是实于中，则必有是文于外。"又说："某旧时亦要无所不学，禅道、文章、楚辞、诗、兵法，事事要学……"一日忽思之曰："且慢，我只一个浑身，如何兼得许多？自此逐时去了。"自此，朱熹将精力转向从父亲那里获得的中原文献之传。十五岁时，朱熹遵照父亲的遗命，往学于道学家胡宪、刘子翚、刘勉之三先生，在出入佛、老的过程中，也初步认识了道学的特点与旨趣。最后，又转拜父亲的同门学友李侗为师，正式步入成就儒家圣贤的道学门径。黄百家评价说："程大中能知周子，而使二子事之，二程之学遂由濂溪而继孟氏；朱韦斋能友延平与刘、胡三子，而使其子事之，晦翁之学遂能由三子而继程氏。卓哉二父！巨眼千里。"可见，朱熹的"有志于道学"是在父亲的积极引导和影响下形成的。

二

冯友兰说："道学不是给人一种知识，而是予人一种受用（享受的意思）。""道"，从哲学上说，是指宇宙的终极本原；从人生上看，就是人的安身立命之地。人的身命或者心性，一旦与道相通，就意味着从根本上得以安立，就会体验到这种受用，其表现就是一种精神上的自由、自信、快乐与满足。这种体验是自家的、精神的，难以言表，勉强可以用一种形象的、诗化的语言表达出来。周子的"孔颜乐处"、二程的"道学气象"，以至禅宗高僧的"偈言棒喝"，皆属这类体道的表现。

朱松是有这种体验的，也的确受用了体道的快乐。朱松的婺源故居尚存"虹井"一口，又名"韦斋井"，井旁的石碑上刻有朱松手书的一段铭文，可视为朱松的体道之作。文曰："道寓斯人，如水在地；汲之益深，有味外味。"他以水喻道，这个"道"就是天地之道，也即仁义之道、忠孝之道。此道通乎万物，也存乎人身，恰如人身内部的泉源，通过格物穷理或反求诸己的修炼功夫，不断地扩充，就会与天地之生意相通，达到闻道（味）、见道（象），以至体道（合道）的境地。而一旦达到这一境地，就能够把握天地的本原或本质，也能充分体验到自我的满足与快乐。这种满足与快乐不是世俗的、物质的拥有所感受到的，它是一种精神之乐、味外之味，也是一种最高的乐、最深的味。凡是有了这种体验和受用的学者，就是达到了与道合一、"实有诸己"的道学境界，臻于"以身载道"的道学家之列。时人则进一步称道："韦斋笃志于伊、洛之学，既久而所得益深，其视游（酢）、杨（时）、罗（从彦）、李（侗），孰敢论其先后！"虽含有推许之味，但平心而论，纵然不在道学大家，也实为道统人物之一。赵时勉称朱松"徽之理学，实开其先"。程瞳的《新安学系录》第三卷就是"朱靖献公"，明确视其为新安理学的开山宗师。

仁义之道在朱松早年为科举之学时当已熟悉，但是仁义之道的要义或究竟何在，此前却并不知晓。这是因为孔子的仁学主要还是从现实、人本的角度建立道德的依据，还未能从天道、本体的高度进行论述，以至于孔门高足如子贡也曾感叹："夫子之言性与天道，不可得而闻也。"道德本体如天道性命之说，在孔子那里可以不必多说，盖因传统的"天命"论尚可支撑。及至天命衰微、异说横行以后，儒士们便不得不说，因此而不得不求。如孟子从"心"、《中庸》从"诚"、《易传》从"生"、董仲舒从"神"等不同的方向努力发掘，但都未能真正进入本体论的层次。直到二程，主要通过"天理""性即理"以及"性之理也无不善"三个环节，发明儒家的义理之学，才从逻辑上打通了仁义与道体之间的路径，真正从本原上确立了儒家的仁义之道，真正从根本上寻求到了安身立命之地。即通过主敬致知而发明性理，成就道德主体，进而实现修、齐、治、平的社会理想。朱松一生所求、所体及所行之道，大概在此。

作为道学集大成者的朱熹，对于"道"更是有着真切的体验和感受，在他所作的诗文和经解中多有表现。其《观书有感二首·其一》云："半亩方塘一鉴开，天光云影共徘徊。问渠那得清如许？为有源头活水来。"该诗入选宋人编辑的启蒙读物《千家诗》。王相注曰："观书而见义理之高明，犹水之澄清而洞照万物。"注者说明了该诗是朱熹的见道之作。进一步分析，可以看出朱熹此作与其父朱松的见道铭文有着异曲同工之妙，都是以水喻道：前者由井水而启，后者由渠水而发；前者以水浸润大地比作道寓人身，后者以水映照天空说明胸怀万物；前者以水之深而有味象征道的深厚以及体道的享用之乐，后者以水有源而清澈象征道的不息以及体道的清明之境。此外，因为都属体道之作，那种胸次悠然，无少欠缺，直与天地万物上下同流的自得与满足，隐然自见于诗外。由此可见，朱松对朱熹的影响及父子之间的默契，可以说是形神俱合。

三

"与道合一"是一种人生境界，所获得的就是一种道学的世界观或人生观。在儒家看来，这还不是人生的目的，还需要落实到《大学》所谓的修、齐、治、平的事业中。诚如余英时指出的：宋代儒学的核心问题就是重建"三代治道"，其追求道德性命也是为了"推明治道"，即重建"人间秩序"。朱松在自己的日常生活和仕宦生涯中充分践行了这一点，并且表现得格外自觉。

朱松所在的时代，社会的最大问题就是如何面对北方金人的侵略。当时的朝廷形成了"和"与"战"两种不同意见。以高宗、秦桧为代表的上层统治者为主和派，包括朱松在内的其他大臣多为主战派。"和"与"战"两种意见本身并不能说明一切，关键在于其主张站在什么立场。即是站在公的立场，从国家、民族利益出发；还是站在私的立场，从个人、私利出发。

身为人臣的朱松本其忠公之心，在这一事关国家、民族大义的问题上立场鲜明，表现突出。绍兴四年（1134），朱松初次入都召试，就提出了"顺人心、任贤才、正纲纪"的中兴恢复之策。再次召对，朱松举东汉光武和东晋元帝为例，力劝高宗戒除元帝苟且江左、无意中原的卑志，而效法光武身济大业、恢复统一的雄心。高宗不以为忤，且一时动心感叹，特颁示辅臣以共勉。绍兴八年（1138），秦桧复任宰相，和议再起。朱松遂联合同僚合辞抗疏，痛斥金人怀藏狼子野心，与我有不共戴天之仇，一味屈己求和等于自取灭亡；并通过形势和对策的分析，力勉高宗不可心存侥幸，要树立信心，担负起祖宗社稷之重托。此次上书虽然未能改变和议的大局，"然虏人狂谋因是亦有不得尽逞者。论者莫不壮之"。

和议既成后，朱松于感慨叹息之余，自反无以少塞臣子之责，又上书论和议善后事宜，寄语高宗：身处艰难之运，要实现大有为之志，宜励精图治，从长计议。并建言"复武举"，以储将帅之才；"建太学"，以倡节义之风。因为几次上书的矛头直指秦桧，不久秦桧以"怀异自贤"的罪名将其出之外郡。朱松愤而不屈，遂自请辞罢归，退而"讨寻旧学"教养子女，直到去世。

当代新儒家牟宗三说："开辟价值之源，挺立道德主体，莫过于儒。"儒家之所以为儒家的本质意义就在于此。盖因儒家的仁义观念，尤其是宋儒的天道观念，能够提供士人超越自我与世俗，以至顶天立地的勇气和境界，成就士人"以天下为己任"的社会责任和担当意识。从孟子的"大丈夫"到程颢的"豪雄"，都是这种人格形象的写照。朱松则体会曰："士惟有得于是（天道）也，（方能）抗颜不让，自任以天下之重。"依照天道的观念，道德的最终根据在于一个既内在又超越的天理，而不仅仅是以现实制度或君主名位为标准。这并不是说现实的制度与名位不再扮演道德评价的客观基础，而是说，在道学的视野内，只有体现天道的制度、符合天道的君主才能提供这一基础。因此，不是制度、君主，而是天道才是最终的道德根据。朱松的"抗颜不让"，以至愤而不屈，实为胸怀天道、以身行道的表现。

朱熹在重建人间秩序，尤其是在当时事关国家、民族大义的"和""战"问题上，同样立场坚定、不屈不挠；而且能从根本、大局出发，表现出既强烈又理性的爱国精神。朱熹认为金人与宋有不共戴天之仇，亦即君父之仇，主张"非战无以复仇，非守无以制胜"的战守合一之策。朱熹论恢复、战守之策，率见于封事、奏札中。其中特别强调根本性的治道，即"正君心"。淳熙十五年（1188），朱熹上疏力陈一大本、六急务，累累万言。而首举"天下之大，本在人主之心"，谏言孝宗应当正心诚意，务除心中的私邪之念。这样的话自然不见听于皇上，孝宗读之甚至大怒。因为朱熹的上疏、侍讲多从道德心性立论，不仅为上所厌闻，时人也讥为不切实际。但朱熹不为所动，仍坚持认为这是治道之本，不可少缓。晚年，在程朱道学被诬为"伪学"而遭禁的情况下，朱熹仍日与诸生讲学不休。

这种精神固然是其胸怀天道的表现，同时也有其父的影响与感召。试举一例：朱熹十一岁那年（1140），金兵大举南侵，宋将刘锜在顺昌以五千精兵大破十万金兵。罢官行朝、暂寓家乡的朱松兴奋之余，为朱熹诵读《光武纪》，又特书苏轼的《昆阳城赋》相赠勉，"为说古今成败兴亡大致，慨然久之"。这是父子早年相处的一段情景，为父的正气、豪情及其对儿子的期望、勉励之情跃然纸上，至今读来令人感动不已。黄宗羲曰："豫章称韦斋才高而智明，其刚不屈于俗。故朱子之学，虽传自延平，而其立朝气概、刚毅绝俗，则依然父之风也。"不失为一句同情、适切的评论。

《韦斋集·序》说："夫人有一行之善、一艺之美，未有不本于父兄师友者，而况于道有以参天地之运，学有以绍前圣之统者乎？……文公集群儒之大成，绍周程之正统，而于熙宁、元祐诸公之是非得失则未尝有所偏主焉，岂亦本于家学而然欤！"中国古代社会本属家族社会，加之儒家思想中慈孝与齐家观念的影响，文化的继承与发展也自然具有家族性。尤其是学术文化所要求的熏陶与积累，往往更是具有家学背景的特点与优势。朱松、朱熹父子的学行传承比较典型地反映了这一点，也是我们研究朱熹思想不应忽视的方面。

〔本文摘自《安徽大学学报》（哲学社会科学版），2009年11月。作者系安徽大学哲学系教授、硕士生导师〕

朱子后裔在政和源流考

李式广

　　据政和县政协文史资料研究委员会对杨源乡朱屠楼进源村所保留的《朱氏宗谱》和现存的朱氏祠堂及其传统、风俗、庙会与庙会所用的仪仗、道具等文物的实地考察与分析，证实该村朱姓确实是朱熹在政和繁衍的一支正宗后裔。

　　朱屠楼进源村，位于政和县城西南部离城 30 余公里处，目前可通客车。该村现藏有一部八开本 292 页的《朱氏宗谱》。这部宗谱是 1985 年修纂，是继"大清初年撰""道光年间续修""民国十一年修撰"后第四次修纂的版本。内容记载的脉络清楚，记载的目录有"婺源茶院朱氏世谱序""朱氏源流考""重修朱氏族谱序""重修进源朱氏族谱序""凤翔公序言""新修进源朱氏族谱后跋""进源村景记""进源前景诸诗""先祖遗像及墓图""三派子孙迁徙录""新取字头""古迹及公所绿""境内山场四至""世系全图"等 14 个部分。其中的"婺源茶院朱氏谱序"是朱子亲手所述，把徙迁婺源的来龙去脉作了一番详尽的叙述。有一段这样写道："唐天祐中陶雅为歙州刺史初克婺源，乃命吾祖（朱环）领兵三千戍婺源而督其征赋，复制茶院府故子孙国家焉。"至于朱松是朱环的第八世孙，谱中亦有明确记载，并载明朱松"在政和八年，由郡庠贡京师，中进士，同上舍出身，授迪功郎入闽任政和县县尉"这一转折性的史实。

　　对于朱氏宗族的源流，在"朱氏源流考"中有清楚的记载。现不妨抄录于后以供谱鉴别："先世始于颛顼第九子曰卷章生继，继生重梨，重梨生陆终，陆终生六子，第五子晏安得曹姓至周武王克商，封鲁侠于制附庸，于鲁侠之后十世不可考矣！制仪父鲁隐公之年会盟伐楚从齐小白遵周，遂进爵为子卒谥安公。仪父传子籧篨卒溢文公。籧篨传子矍且，卒侍定公。矍且传子轻，卒侍宣公。轻传子华，卒侍悼公。华传子穿，卒溢庄公。穿传子益，东谱隐公，华传子革卒谥恒公，国近楚，革之子名芳咸，遂为所并，于是去邑氏朱齐大夫，税居沛国之相县，至汉高祖封朱濞为隐陵候，武帝朝贾臣公为会稽太守，生二子，长邑北海太守，次轸封昌侠邑嗣槐里令讳云嗣为司空津翊翊生浮字公叔任大司马，浮生永官刺史，永九世孙吏部尚书，尚生质，为大司徒迁金陵，质长子禹单任青州太守，坐党子孙难丹阳遂家焉！次禹司为校尉扶风太守，讳翻，禹单之子也，洛阳太守讳越翻之嗣也。越生元胜，元胜六世孙询任魏参军，询生济、济生中、中生咸为西魏散骑常侍，咸之子腾，陈郡太守。腾之子祐，任大将军，祐嗣为尚书讳穆，长嗣俦，次杰也。俦生博官丞相徙金陵，博嗣然为大司马，然嗣据为大将军，任安南太守者斌也，生襄州太守序监六部军事者龄石也，生宏文馆学士、子奢、奢家苏之洗马君建子随住雍州太守，随生二子伯僧宁为淮阳太守，仲寿昌亦任太守，宁子操官开封仪司，操生四子，仁轨敬则俤，瑎迁河南亳州永承县。仁轨赠孝友先生孝少连、举贤良、官至大夫，生子光迪，为灵州别驾。迪生三子守滔为济阳令；守同为富阳令；守和为奉祀郎。守滔生涔为殿中丞，涔生革为马步军总官，复迁金陵。嗣有朴公为严章事时于乾宁间，债唐室逮亡，不可复救，遂豚于星源之万山，筑室求志，以终天年。后南唐秘密使宏昭子梁公，梁公之穆公，穆公之子介，介之子禹一，禹一之子师古，唐僖宗乾符五年戊戌，因黄巢作乱起义，奉祖父避歙之黄墩焉！其子古训名，为南唐幕下将又迁金陵，次子古僚名环，因陶雅命领兵三千戍婺源为置制茶院邀家新安。三子古祝名璋居婺香，四子古祐名瑾军总管，任休阳步卜基鬲山新安之有朱氏自环公始。环为置制茶院，故称茶院君是为婺源始祖，传八世孙献靖（即朱松）公宦闽生子文公，本贯建州崇安县开耀乡生于龙溪终居建阳县考亭为建宁朱姓始祖，生三子，长曰塾，子迁居建安之紫霞洲，次曰，塾子孙世居考享三曰在，子孙居邵武府城。至我族始祖文学公，乃塾公次子铸公之九世孙，至明时由建安来政省墓，因世变避乱，暂居两里上八都之朱厝楼，继迁茶林洋山下，再卜追源肇基也。蓄然聚族。子孙可谓克昌厥后，后人披览篇可知根委之由矣！”

　　从这一源流考证，朱厝楼进源朱姓确属朱文公的正宗传裔；再从朱厝楼进源村目前供养的宗族牌位以及庙会传统来看，也可证实这一点。如在考察时看到的进源村的"朱氏宗祠"，其祠堂虽然已破乱不堪，但神龛、戏台以及游神时的神笔、刀斧、旗号、凉伞等道具，仍可说明朱氏宗族鼎盛之貌。这个村子的老人说，他们在解放前或新中国成立初期的游神香期是古历九月十五日（即朱子诞生日），每举行庙会时，都要演戏，演木偶戏，每喧闹三天三夜。这个祠堂的祖宗牌位虽然在"文革"时的"批林批孔批朱熹"时被砸，但由于该村村民百分之九十九是朱姓，经竭力保护下，目前仍保存下来的有"宋承事郎朱森公程氏婆之位""徽国公朱松公祝氏婆之位""后圣朱文公刘氏婆之位""开国候朱在公方、吕、赵氏婆之位""朝靖郎朱铸公董、刘氏婆之位"等牌位。至于朱塾、朱埜等牌位，均在"文革"时损失了。

朱厝楼进源村目前所保留的文物以及牌位仪仗道具刻宗谱，在当今世界性的朱子研究热中，是一处不可多得的可贵人文景观，也是一批可供考证的实物史料。

（作者系政和县政协原文史资料研究室委员）

品读朱森

杨世玮

　　薄暮冥冥，明月当空。清风徐徐，花香淡淡。我漫步在星溪河畔，徘徊在莲花峰下，走访朱氏的后人，聆听先贤的故事，心中不禁生出无限感慨：在那个年代，朱家子弟不负祖望，日夜苦读，光大家学，使政和成为当时闽北的文化和理学之邦，也孕育了南宋伟大教育家、理学宗师朱熹，确让人心生敬意。我想，我该细细品读这位朱氏先祖了。

　　"晦翁续道脉，千古扶常纲。就知本厥祖，源深而流长。饮水必思源，培根乃荫芳。吾徒食其利，面忍恝然忘。莽莽护国寺，孤坟荒草乡。慷慨王氏子，仗义立祠堂。庶几晦翁心，泉下亦孔康。作诗拊厥美，永远垂辉光。"这首诗乃明成化年间福建提学佥事周孟中所作，赞颂邑民王窗捐资在护国寺旁重修朱森墓并建"启贤祠"的义举。巡抚都御史高明公亲笔提写墓碑和祠匾。都御史高公檄传政和县令，每年在启贤祠为朱森举行春秋祀典，并责令护国寺僧永远看坟守祠。

　　朱森，何许人也？缘何仙逝后能受后人如此缅怀与崇敬？

　　朱森，字良材，号退翁，朱氏婺源始祖朱环（古僚）之七世孙。生于宋熙宁八年（1075）正月，系朱松之父、一代理学宗师朱子之祖。从朱森的家世来看，其祖辈世代做官，为"婺源著姓，以儒传家"。江永编著的《近思录集注·考订朱子世家》记载："唐末，有朱古寮者世为婺源镇将，因家焉。"但朱森从小生活朴素，不事华饰，勤奋攻读，其嗜学如命，简直到了如癫似狂的地步。寒冬腊月，朱森经常身着单衣，出入书馆，遨游学海。十余岁就显出一派儒风气概，与塾师谈话，应对如流。正当朱森才华焕发之时，却因家庭变故，不得不停学，白天务农，夜间杜门独学。每读一卷，又都认真"审其条贯，钩其膺谬"，最后根据该书的旨意，发自己之论著。对学术上的是非曲直，他都要辨明清楚；而且一经形成自己的见解，就不轻易改变自己的观点。是啊，一个人只有博览群书，在自己批评借鉴的基础上，发表深邃的洞见，才能"积"之深厚，方能"发"之喷薄。这正是朱森之孙朱子诗作"半亩方塘一鉴开，天光云影共徘徊。问渠那得清如许？为有源头活水来"的深意之所在。

数年之后，朱森在家开馆课学。特别是在对人事的看法上，朱森认为"善不善各有其类，而好与恶即从此分"，并以清楚、沉着、冷静的态度提出"既为同类之所归，自必为异类之所忌"。本着这种思想观念，他直撼血性，好学勤修。"根柢经史，不务艰深。尝手录先儒理解，择其与笺注相发明者辑成帙，寻绎弗倦。"且不论"居家居官，以扶植名教为己任。所修贤祠、试馆、义茔，皆斥橐金，不责同事襄助"。同时，还经常扶助孤寡，救济困乏而好学的士子。朱森还谆谆诫饬朱松兄弟说："吾家业儒，积德累世矣，后必有贤者，当勉励谨饬，以无坠先生之业。"（《紫阳朱氏建安谱·退林公像赞》）直至举家来到政和，他还不忘说："政邑山明水秀，风光如画，只可惜地域僻隘，教学荒疏。尔等要涵濡教泽，以开化邑人子弟，使之成为名贤诞毓之乡。"正是朱森长存于尘世间的教书育人的精神，感动了政和人民。政和乡亲感谢朱森倡导涵濡教泽，以使邑民屡有致仕升迁，故称政和为"先贤过化之地"，凤林村取名为启贤乡。正是朱森的言传身教，使得长子朱松于宋政和八年擢进士第、授迪功郎。在任政和县尉期间，朱松兴办书院、涵濡教泽，儒士善人，彬彬蔚起。正是朱森与朱松精研儒学，才培育出一位学之集大成者，继孔孟之后又一位具有世界影响的杰出思想家、哲学家和教育家朱子。

也许，在政和，多少能给朱森带来些许慰藉之处的，要数凤林村了。那是政和八年（1118），朱森"以先田百亩质同邑张敦颐先生"，遂挈家从婺源随时任政和县尉的长子朱松入迁政和。这位满腹经纶的老儒士周游政和名山胜景后，清居在苍松翠竹掩映、背屏峰嶂峦叠的政和感化里桂林坊（今凤林村）护国寺。朱森平居质朴无华，一生粗饭量腹，革鞋纳足。却邀当地仕子儒生、骚人墨客、羽士释子在寺中谈经论道，畅谈儒学。兴趣所至，纵行田野间，与农夫野叟叙风俗旧故，桑麻节候为乐，发为诗歌。还常告诫仕子儒生及自己的儿孙们，在生活中要厉行勤俭，"衣勿求华，食勿束美"；在修身中要做到"尺步寸心，自我约束，严慎防骄防闲"；在工作中要肯下功夫，"勤苦读作，务求有立"；在治学中要"矻矻终日，笃行不倦。沉毅刻苦、搦管兀坐，焚膏继晷。一字未安，追逐累夜，传闻倡异，别考他书"。这些日子，应是朱森回归自然，赢得心灵自由的日子。朱森寓居政和品茗讲学，却从此留下了他厚重的人文遗存。我不知是他向往政和山川的秀丽，还是厌倦了官场的险恶？但我知道，那虚幻的功名利禄，已无法支撑他心灵的志向。是他与政邑山水的情缘，让他毅然选择政和，这才是他生命久远的寄托！时光的流水冲淡了许许多多尘封的往事，但一代理学名家朱子祖父的人生履历，却依然鲜活了岁月的面孔。

　　北宋宣和二年（1120）五月，朱森不幸病故。时因睦寇战乱道梗，朱松兄弟不能抚柩还籍，遂葬于护国寺西。朱森后被追赠为宋承事郎。"雨洗寒山泼眼青，名贤先泽景芳型。龟蛇肖状藏真蜕，龙马储祥孕秀灵。红烛修书征旧乘，紫藤垂荫护幽扃。我来瞻拜情何极，草树余芳尽德馨。"每每拜谒朱森墓，默默诵背清朝魏敬中写的诗，我的面前总会浮现一位精神矍铄的老人，仿佛正姗姗向我走来，走向千年之后的今夜，走向寒露沾湿的今夜，走向我们这一代人审视自己灵魂的今夜！如果说，生命的过程注定从激越走向安详；如果说，人生的岁月必定是从绚烂走向平淡；那么，朱森一路走来，定是走得很安详，他那睿智的思想及远大的理想都已传承给了他的后人。因为，我们已在那空濛浩瀚的流星中读到他的消息，在朱松的勤政为民、涵濡教泽中读懂他那颗忧郁而滚烫的爱国心，在朱子瑰奇绚丽的篇章中读懂他的思想，在后人的评价中读懂他那长存于尘世间的一种固守生命里最为本真东西的精神。品读之余，真希望他一直都未曾远离我们。或许，他正穿越千年尘世的风霜，在世界的某个角落远远地关注着我们这群现代人。

感怀朱松

罗小成

　　我常常会想起朱松。倘若要画圆，这圆心应该在政和云根书院，而旋转的圆点是朱松。已经 900 多年了，这里遗风犹存，这里文化气息犹在。

　　走进云根书院先贤祠，正大厅里有三幅雕像，分别是朱森、朱松和朱子。朱森是朱松的父亲，朱子是朱松的儿子。这三人之中，朱熹是继孔孟之后中国儒家学术思想的集大成者，又是儒家教育思想的杰出实践者，他创建了一个博大精深的哲学思想体系，可谓声名远播、家喻户晓。殊不知，朱子之所以与闽北结下不解之缘，盖源于其父朱松到政和任县尉，制治有方，民赖以安，政和人称他为"既民之父母，又民之师保也"。

　　朱松，字乔年，号韦斋，徽州婺源县（今江西）人，北宋哲宗绍圣四年（1097）出生。宋政和八年（1118），朱松擢进士第，授迪功郎，后被任命为福建政和县尉。朱松与父亲朱森商量后，毅然质押了家乡先田百亩，举家入闽赴任，迎养父母于政和官舍，其胞弟朱柽、朱槔也随寓居政和。朱松到政和上任后不久，因担心自己性急而贻误政事，故学古人佩韦戒性。所谓佩韦，以物为戒者，知过而思自改。在尉署建一室，取名"韦斋"，旦夕休寝其间以自警，故世人称其韦斋先生。

　　朱松在政和兴办教育，传播文明，首开政和文化教育之先风。地处偏远山区的政和，交通不便，经济文化落后，人才缺乏，经济和社会事业得不到很好发展。朱松到政和上任后，深入村寨调查，体察民情，掌握社会底层情况，兴利除弊，治理社会不良之风，亲自起草制定《谕民戒溺女文》，批判重男轻女的陋习，提倡男女平等，严禁溺杀女婴。朱松主动与当地社会的贤达名士交流，征求社会发展的良策，积极倡导兴办教育。他到任的当年，就在城北风光秀丽的黄熊山麓创办了云根书院，自己亲自讲学授课，使政和的子弟在书院里系统地学习儒学、仁德、治理国家和修身养性之道。由于他知识渊博，教学态度诚恳，许多邻县弟子慕名前来聆听。这所书院后来不仅成为政和文化教育中心，也成为人们旅游观光的风景名胜。朱熹的父亲朱森是个满腹经纶的儒生，他到政和后，屡次教诫儿子朱松："政邑山明水秀，可惜地域僻隘，教学荒疏。尔等要涵濡教泽，以风化邑人子弟，使之成为名贤诞毓之乡。"朱松时刻不忘父训，后又在城南的正拜山下创办了星溪书院，使全县一般百姓子弟都能进入书院学习，赢得社会的广泛赞誉。朱熹年幼时，朱松常常携带他到政和祭扫先茔，留宿于云根书院或数月或半载，朱熹就在云根书院读书。长大成名后的朱子，经常到政和祭扫祖父母墓。"封茔谅久安，千里一歔欷。持身慕前烈，衔训倘在斯。"这首《十月朔旦怀先陇作》诗是朱熹回政和凤林护国寺扫墓时所作，表达他勤学奋发的凌云壮志。为纪念朱氏父子三人在政和兴办教育、传播文化功德，后人在铁山护国寺旁建"启贤祠"，以祀朱森；在星溪书院北建"天光云影阁"，取名"韦斋祠"，以祀朱松；把云根书院作为朱文公的祭礼场所，建"朱子祠"，安设朱子碑位。每逢朱熹诞辰之日，政和人庆祝致祭，以表达对朱子三代在政和兴办教育、传播文化功绩的怀念与崇敬。"水绕山围隐故墟，昔贤曾此结精庐。天光不改人虽往，云影长留迹已虚。石上漫间新滴露，窗前无多旧藏书。流芳只有传家业，庙祀绵绵百代余。"自宋以来，政和人民都在传颂着朱氏父子兴办教育的功绩，教育子孙勿忘朱氏父子。受朱子文化的熏陶和影响，政和形成了崇尚文化、尊重知识、民风淳朴和友善和谐的浓厚氛围。尤其是民间传颂的《朱子家训》和《治家格言》，成为启蒙教育的范本，流传至今。

朱松为官坦荡，清正廉洁，敢于进谏，反对与金人议和，主张积极备战，收复中原。面对北宋朝廷的腐败无能，志存高远、官职卑微的朱松只能履行分内之事，兴利除弊，关心民间的疾苦，治理一方小天地。面对靖康之变，北宋荡覆，朱松除了投袂而起，大恸几绝外，只能闲职在家，广泛收集《六经》和百氏群书，日夜潜修，以求天下国家兴亡理乱之变。绍兴二年（1132）正月，朱松闻御史胡世将抚渝东南，马上去拜谒福州太守胡世将，自其进献进据中原，匡复神州之策，受到胡世将的保荐。1134年三月，朱松的学识得到了泉州知州谢克家的赏识和内翰綦宗礼的器重。经两人举荐，当年七月被召试馆职入都。

朱松以洋洋几千言的"中兴难易先后"之说，受知枢密院事赵鼎赏识，因而除秘书省正字，循左从政郎。九月，其母程氏夫人去世，朱松立即辞官回家，为母办理丧事，择地葬于政和县富美村铁炉岭，为母守孝三年。绍兴七年（1137）七月，朱松守孝期满，应召入都。此时正是朝野主和与主战斗争的大起大落、南宋朝廷发生转折性的时刻，主战派右相张浚主张抓住战机积极备战北伐，而温和派左仆射赵鼎却主张保守等待。朱松恰逢此时赴行人对，向朝廷献上"中兴恢复大计"，正合皇帝的心意，于是下诏改朱松为左宣教郎，除秘书省校书郎。绍兴八年（1138）三月，朱松改除著作佐郎。四月，又改任度支员外郎兼史馆校勘。十二月二日，朱松同馆职官胡珵、张扩、凌景夏、常明、范如圭6人联名上书皇帝反对朝廷议和，痛斥主和派秦桧的乞和卖国主张。奏疏可谓一针见血："金人以和一字，得志于我者十有二年，以覆我五室，以驰我边备，以谒我国力，以懈缓我不共戴天之仇，以绝望我中国呕吟思汉之赤子，以诏谕江南为名，要陛下以稽首之礼。自公卿大夫至六军万姓，莫不扼腕愤怒，岂肯听陛下北面为仇乱之臣哉？"（《宋史》）这可以说是自南渡以来最酣畅淋漓的一篇奏疏。绍兴十年（1140）三月，朱松和参政李光又一次在殿前轮对抗论以后，秦桧便暗中授意党羽右谏议何铸对朱松诬以"怀异自贤、阳为辞逊"的罪名。三月十五日，转任朝廷四品承议郎的朱松，因上书反对卖国求和，遭秦桧党羽排挤，被贬至饶州。朱松忿然请祠主管台州崇道观，同好友范伯达翩然南归。四月，朱松辞官回建阳城关山下邱子野（朱松妹夫）家中。秋后，举家来到建瓯，居住在建瓯城南的环溪精舍，直到1143年三月病逝。朱松的一生亲历北宋的灭亡和南宋的建立，从21岁出仕到47岁去世，在这27年的时间里，真正在官场的时间几乎不到一半。但是，他的爱国之心和报国之志始终没有改变。特别是在官场最后的三年多时间里，不顾自身利益的得失，勇于直谏的精神，主张积极备战、收复中原的决心和信心，永远值得人们肯定和称赞。

朱松知识渊博，是个大诗人，又是治学严谨的学者，其思想儒、道、理兼容。少年时代的朱松就才华出众、语出惊人，诗文以不事雕饰为美，讲求超然秀发，有出尘之趣，到处传诵，直达京师。人们虽未谋其面，却已闻其诗。朱松一生写过几百首诗，其中写政和的就有60多首，最著名有《将还政和》和《题星溪书院》。政和是朱氏入闽第一站，朱松将百年后的父母安葬在政和，视政和为自己的故乡。"归去来兮岁欲穷，此身天地一宾鸿。明朝等是天涯客，家在大江东复东。"这首《将还政和》是1129年初冬，朱松携全家从建州（建瓯）赶往政和的途中所作，表达他对家乡的思念，又寓含着对战火纷飞的无奈和国家局势的担忧。"正拜山前结草庐，春来问子意何如。邻家借得宽闲地，整顿蓑衣剩种蔬。"诗写得悠然自得，表达朱松对美好生活的向往；更深的寓意是希望南宋朝廷早日收复中原，结束烽火连绵的战乱，让人们早日过上稳定的生活。

朱松一生不觉疲倦，孜孜以学。他在政和担任县尉期间，在尉署后五十步处建立一室，取名"韦斋书室"。这是他忙于政务后的坐寝，也是他治学的书房。朱松对"韦斋书室"是极为看重的，以致后来任尤溪县尉时，仍榜其斋亦如是，先后请老师罗从彦写《韦斋记》、友人曹伟写《韦斋铭》，其子朱熹后来写了《韦斋记后跋》，友人石𪫮写《跋韦斋记后》。当时闽北正逢"道南第一人"杨时传承二程（程颐、程颢）理学，洛学逐步向闽学过渡，闽北成为全国文化重心时期。朱松在官暇之余，经常与长沙陆宣公、浦城萧子庄、沙县罗从彦、剑浦李侗从游，时常听讲杨时所传河洛之学，独得古先贤不传遗意。于是，他"日诵《大学》《中庸》之书，以用力于致知诚意之地"。从道学渊源上看，朱松上秉承程颢—杨时—罗从彦的"洛学"思想体系，也以《中庸》冠于四书五经之道，独《中庸》出于孔代家学，《大学》一篇乃入道之门。在五经中，朱松一生最看重的是《春秋》一经，他的忠孝气节和抗金思想是通过《春秋》学的，并传授灌输给朱熹。受其影响，朱熹也特别喜好《春秋》。朱松一生著有《韦斋集》十二卷、外集十卷，但是外集十卷已轶传，现只存《韦斋集》十二卷。直密阁直傅公为《韦斋集》作序，称"其论以为公诗高洁而幽远，其文温婉而典裁。至于表疏书奏，又皆中无理而切事情，亦为得其趣者"。

朱子是在父亲朱松思想熏陶下成长的，他的许多思想闪光点是受父亲朱松影响而形成的，尤其突出的是他的爱国爱民和办学思想更是受其父影响深。1132年八月十五日，朱松一家人在尤溪南溪书院的半亩方塘庭院里赏月，朱松指天对3岁的朱子说："那是天，白天发亮的那个是太阳，现在看到的是月亮。"朱松想不到一向寡言的儿子突然冒出一连串话来。朱子回："父亲，日何所附？"父曰："附于天。"又问："天何所附？天之上何物？"一席话问得朱松惊讶不已。朱子还追问：为什么太阳那么热？为什么月亮又那么凉？太阳、月亮再上去是什么？朱松听了大为惊奇。这就是史书上记载的"朱子问天"的典故。这个有关"天理"的孩提之问，后来竟成为朱子一生苦苦探索的哲学命题。绍兴五年（1134），五岁的朱子被朱松送进政和星溪书院读书。朱松对朱子授以《孝经》，对他提出严苛的要求，想把朱子培养成标准的道学儒士，把复兴儒世家的重任完全寄托在小朱子的身上。当年，朱松的母亲程氏去世，迁居政和县星溪，筑庐为母守孝，朱子随父同往。在政和的三年里，朱子就读于云根书院和星溪书院。朱松在闲暇之时，经常向朱子宣扬杨时和游酢"程门立雪"的故事，杨时及其洛学便在朱子幼小的心灵里打下深深的印记。绍兴七年（1137）二月，7岁的朱子听父亲朱松讲授《管子·上篇·权修》中"一年之计，莫如树谷；十年之计，莫如树林；终身之计，莫如树人"的道理深受启发，决心秉承父亲的意愿，亲手种植名贵树种香樟，以此来激励自己的终身志向。绍兴十年（1140）六月，刘锜在顺昌（今安徽阜阳）以五千精兵大破十万敌兵的消息传来，已寓居建阳的朱松高兴得手舞足蹈。他为朱子诵读《光武纪》，讲解刘秀为何能以三千精兵去破王寻包围昆阳之四十二万大军的故事，又手书苏轼的《昆阳城赋》授予朱子，对朱子进行爱国主义教育，并为他叙述古今成败之兴理，使朱子慨然陷入久久的苦思之中。这给年幼的朱子心中留下十分深刻的印象，这些教育对朱子的影响无疑是巨大的。朱子对父亲抄写的文章奉若至宝，一直把这幅手书珍藏到老；直到晚年回忆这件事，仍感慨不已，还写下《跋韦斋书昆阳赋》一文以纪念慈父的深深教诲。在朱松最后的三年里，对朱子进行经学和理学教育，花相当大的精力指点朱子作文赋诗，其文学思想和文学创作给朱子决定性的影响。绍兴十三年（1143）春天，朱松感觉身体不好，自知时日无多，临终前把他年仅十四岁的朱子托付给崇安（武夷山）五夫好友刘子羽，又写信请五夫的刘子翚、刘勉之、胡宪等三位学养深厚的朋友代为教育朱子。朱松临终前对朱子说："此三人学有渊源，汝往父事之。"此后，朱子遵照父嘱，扶柩将其父朱松安葬于崇安五夫里西塔山，投奔朱松生前好友刘子翚，专心致志地学习，广交天下贤士，再拜李侗为师，终成一代理学大师。

"白云有根斯人载，无边光景一时开。书声随雨出院去，墨香伴衣入心来。"离开云根书院，我随口吟起张建光先生的《云根书院五咏》。但是，我依旧在想朱松。

走近朱子

张建光

两年半的中国思想文化研究生学业到了最后冲刺阶段,论文答辩正在进行。考官们的椅子与学生的一样,但在我看去,七位教授们绝对居高临下。

我小心翼翼地在规定时间内,陈述完我的论文《朱子理学的批判与弘扬》主要内容。接着,主持答辩的教授一口气对我提出了五个问题。听起来,里面机关处处,"杀机四伏"。有个问题明显是引我上钩:"朱子理学形成在南宋时期,而这恰恰是中国思想文化走向衰微之际,请问它与朱子理学有何关系?"教授面带微笑,口气温和。我却明白这些问题的分量:如果我无法经过半个小时的准备,说清这些问题,我的论文大厦就会被挖掉基石轰然倒下。班主任比我还紧张,陪我进准备室时,关切地询问我是否有把握。

我的论文选题看似容易,实则艰难。中国思想文化历史长达5000年,题材汗牛充栋,哪处不能着笔落墨?为何偏偏选择朱子理学?个中原因很多,起关键作用的是一棵树。在闽北工作,处处都可以感受到朱子。朱子孕于我的家乡政和,生于尤溪。1143年,朱子的父亲朱松在建瓯病逝后,14岁的朱子跟着母亲一路蹒跚来到武夷山,按照父亲临终所托投靠他生前的好友。从这以后,除了"仕宦九载,立朝四十六天"外,半个世纪在武夷山中度过。潭溪半亩方塘、朱子巷鹅卵小石、兴贤书院春雨、紫阳楼的灯光、九曲溪上的棹歌和武夷精舍的书声,都向我讲述了朱子许许多多的故事。那天我来到朱子居住的紫阳楼前,看到了一处奇异的景观:潭溪旁朱子手植的古樟内长出一朵硕大的菇状物。据说,曾有人认为它是天底下最大的灵芝。植物研究所专家鉴定后,确认系樟树的树菇。我在樟树前伫立了很久,集中了我对朱子的所有印象,越看那树菇越像一个巨大的问号，仿佛朱子捋须撩衫穿过历史的时空向我们走来，发出谁解我心的提问。我听到了关于朱子的种种评价，有的高遏入云，有的低沉入海。朱子承前启后，把儒学上升到理论化的世界观形态，开创了新儒学，从而将当时的武夷山推向执全国学术之牛耳的地位，因此"宇宙间三十六名山，地未有如武夷之胜；孔孟后千五百余载，道未有如文公之尊"。宋明清皇帝屡次册封，配祀孔庙"十哲"行列，谥为"文公"，《四书集注》列为国学、取仕之制。康熙亲自为其著作作序，称朱子"集大成而绪千百年绝传之学，开愚蒙而立亿万世一定之规"。他的学说致广大、尽精微，综罗百代，成为中国传统文化的主流、南宋以来中国时代精神的表征。著名史学家蔡尚思教授说："在中国文化史、传统思想史、教育史和礼教史上，影响最大的，前推孔子，后推朱子。"家孔孟而户程朱，就是现今对每个中国人的血液进行抽查，我敢说都能检验出朱子理学的成分。我也听到了根本相反的声音：朱子理学曾被斥为"伪学"，是中国人的"精神枷锁"、历史沉重的包袱，一度被当作虚伪、复旧、迂腐的代名词；朱子作为"中国封建主义神父"，是以理杀人的元凶。菲律宾华侨文学家柯清谈先生游览武夷山到"紫阳书院"，拨通历史的程控电话，与八百年前的朱子通话，无限凄凉伤感，抱怨朱子一手造成了他的背井离乡。南宋以来，旷观中国历史，恐无第二人像朱子那样受到如此悬殊的待遇。朱子给后人留下了巨大的评判、研究空间。能不能这样说：不解朱子理学，难识中国文化面目，更无法破译武夷山水人文？我虽然才疏学浅，仍贸然走进朱子的心灵，将论文选题直指朱子。

走近朱子，第一眼就看到了他的画像。最惹人注目的是那脸上右眼角的七颗黑痣——七颗排列成北斗七星的黑子。《朱文公年谱事实》载，"文公右侧有七黑子，如列星，时并称异。"朱子生前的自画像、石刻也明白无误地标明了这一点。世人们对此议论很多。传说，朱子出生前三天，远在千里的婺源南街朱氏故宅的古井中紫气如虹，预兆"紫阳先生"将喷薄出世。还有人考证，孔子当年诞生时，身上也有昴星、北斗星的黑痣。所以，朱子是三代下的孔子。不管是相学之士穿凿附会也好，还是后世弟子的有意奉承也罢，朱子一生于求索真理，认识世界，确实无愧于"文曲星"之称。朱子留予后人评说的文字，在文集方面共有104卷，在著述方面共200卷，在言论问答方面有140卷，真可谓著作等身、思想深邃。朱子认识论可以归结为"格物致知"四字。"格，至也；物，犹事也。穷至事物之理，欲共极处无不到也。"撇开其客观唯心主义的本质，与我们常说的实践观十分相似：通过接触事物，由此得彼，由表得里，由粗到精，由"零细"上升到"全体"，由"现象"深入到"本质"，循序渐进，"用力之久一旦豁然贯通"便能穷尽事物中的"天理"。朱子本人身体力行"格物致知"，上至天文地理，下到飞鸟走兽，无一不被他"格"过。他曾自制浑天仪观测星象，提出了"天地初间，只是阴阳之气。这一个气运行，磨来磨去，磨得急了，便拶出许多渣滓。里面无处出，便结成个地在中央。气之清者，便为天，为日月，为星辰，只在外，常因环运转。地便只在中央，不动，不是在下"这一东方古典星云说。他发现了雪花六边形的事实，比西方天文学家普勒早上四五百年。朱子对周易研究的成果，特别是那张阴阳回互相抱的古太极图，极大地影响了莱布尼茨和波尔，引发了现代物理大师的创造发明的灵感。波尔公开宣称，他的量子理论的互补概念，同东方古典文化的太极阴阳思想有惊人的一致。当他必须选择一种标志来象征他的物理原理时，他毫不犹豫地选中了中华太极阴阳回互相抱的图形，并在上面刻下了一行铭文："对立即互补。"莱布尼茨则受此启发发明了二进位制，于是有了电子计算机。可能很多人不知道，现代电脑键盘敲打的声音中有属于朱子的部分。《中国科学技术史》作者李约瑟说："也许，这种最现代的欧洲自然科学的理论基础，受到庄周、周敦颐和朱子这类人物的恩惠，比世界上现在已经认识到的要多得多。"美国 RA 尤里达教授讲得更为直接："现今科学大厦不是西方的独有成果和财富，其中也有老子、邹衍、沈括和朱子的功劳。"朱子额上格物穷理的七星之光与西方近代实证科学精神竟有如此神交，现代人也为之瞠目结舌。

朱子是很难走近的，不仅仅是他那深奥的思想、不通俗的文字，更多的是因为感情的因素。相信有很多人认为朱子可敬而不可亲。朱子理学以天体为本体，动静无端和理一分殊为并证思维，格物穷理则是认识论，但它们都与道德政治一体化，所体现的文化精神是伦理理性。朱子理学没有更多地向自然迈进，而被历代统治者作为治国方略加以实施，成为泛道德的命题，高挂"存天理、灭人欲"旗帜，推出了"三纲五常"。朱子成了不食人间烟火、没有七情六欲的圣人偶像。让我们克服情感上的好恶，先读读他的诗词。学者钱穆曾感慨地说："朱子倘不入道学儒林，亦当在文苑传中占一席地大贤能事，固是无所不用其极也。"朱子咏梅，把早梅比作佳人，自况多情刘郎，"巡檐说尽心期事，肯醉佳人锦瑟傍"。相信有了梅花仙子相依，"人间何处有冰霜？"。他描海棠，"春草池塘绿，忽惊花屿红"。他状秀水，"问渠那得清如许？为有源头活水来"。他写春日，"等闲识得东风面，万紫千红总是春"。童心大发时，"书册埋头无日了，不如抛却去寻春"。兴之所来日，也曾"酒笑红裙醉，诗惭杂佩酬"。这样清丽活泼的词句、高蹈出世的意境，能出自"道长""神父"和"冬烘先生"的笔下吗？至于那脍炙人口的十首"九曲棹歌"，早已成为武夷山水的最佳导游词。我们再看看他的仕途所为、民本思想。朱子为官之日不多，突出的政绩是修理荒政。在他成长的故里武夷山下五夫镇，发生百年未见的水灾时，他出面请求建州知府借用官粟600担，又亲自动员富户和米商平粜应急。善于思考的他认为，要从根本解决救灾问题，当设社仓。青黄不接时将社仓之粮借给农民，收成时连本带息收回，遇灾之年则以轻息或免息支持灾民，这样就可以免除灾民饥饿。如今，五夫社仓砖雕匾额仍然安在，他亲自撰写的《建州崇安县五夫社仓记》还是那样暖人心房。任职提举浙东茶盐公事时，恰逢天灾，他一方面赈粜救灾，一方面呼吁朝廷减免赋税。他对危害灾民的贪官唐仲友怒不可遏，不顾其与宰相姻亲的关系，连上六篇弹劾状书，最后自己落得个辞官返回武夷。他把官府催收赋税喻作"椎凿"，"催科处处急，椎凿年年侵"；水灾连天，他抗议老天爷，"仰诉天公雨太多，才方欲住又滂沱。九关虎豹还知否，烂尽田中白死苗"。在福州西湖观赏荷花，湖光山色才上心头，那边却"酬唱不夸风物好，一心忧国愿年丰"，真个民间疾苦"一枝一叶总关情"。我们还可以看看他的为人交友之道。朱子一生，举凡士子儒生、骚人墨客、羽士释子、三教九流、巫医百工、田夫野老都有他的朋友，不少与他情投意深。"野人载酒来，农唉日西夕。"朱子为山路崎岖，老农来往不便过意不去，一再叮咛"归去莫频来，林深山路黑"。朱子至交更多的是贤士文友。作为理学同仁志同道合自不必说，但他对于水火不相容的论敌，仍能视为己出，情意笃笃，实属难能可贵。著名的"鹅湖论辩"是场主客观唯心主义的争论，唇枪舌剑，你来我往；但朱子返回武夷山途经汾水关时，笑声朗朗地吟出"地势无南北，水流有西东。欲识分时异，应知合处同"。任职浙东时他官居五品，理学永康学派的陈亮仅为布衣，找上门来围绕"王霸义利"一下便理论10天。随后，又以书信形式进行长达11年的论辩。后人可以从双方书信中发现不乏刻薄反唇相讥的词句，但相互问安祝福又处处可见。朱子建成武夷精舍后，还濡墨致函邀请陈亮前来："承许见故，若得遂从容此山之间，款听奇伟惊人之论，亦平生快事也。"更让后人传为佳话的，是朱子与陆游、辛弃疾之间的友谊。三人都富有爱国之心，坚持抗金主张，胸藏济世致用之才，先后又都任过武夷山下冲佑观提举，平时相互唱酬，砥砺志向，嘘寒问暖。陆游被贬回绍兴之时，同在病中的朱子托人千里赠送武夷纸被。放翁为此赋诗两首，诗云："纸被围身度雪天，白于狐腋软如锦。"辛弃疾认识朱子后便记住了他的生日，虽然远在他乡，还特为朱子寄来寿诗一首。朱子去世时，垂垂老矣的放翁，用颤抖的双手写下悲痛的祭文："某有捐百身起九原之心，有倾长河注东海之泪，路修齿髦，神往形留。公殁不亡，尚其来享。"辛氏作词一首亲往吊唁，哭之曰："所不朽者，垂百世名。孰谓生死，凛凛犹生。"朱子对自然、对百姓、对朋友的亲情，由此可知一二。朱子不知是为了论证他的学识需要，还是早知后人可能误会，他对"存天理、灭人欲"早有解释。"欲富贵而恶贫贱，人之常情，君子小人未尝不同。"他以极为平常的穿衣吃饭现象为例说明天理人欲："如夏葛冬裘，汤饮饥食，此理所当然。才是葛必欲精细，食必求饱美，这便是欲。"超过实际过分追求才是不正当的人欲。

他认为，天理人欲是根本对立的，当天理和人欲发生矛盾之时，应当灭掉作为恶的人欲，复归到"本然之善"的天理。从理欲之辩的初衷和联系朱子限君民本的言行，他的这一主张更主要是为了规谏统治者，针对达官显贵的，相当于现今对领导干部廉洁自律的要求。能说这没有必要吗？有人说过，朱子对儒学发展的贡献，有如康德之于西方哲学。于是，你我都会想起康德墓碑上那句著名的话："位我上者灿烂星空，道德律令在我心中。"

检点朱子生前生后事，沉重胜于轻松。朱子一生悲哀多于欢乐，早年丧父，中年丧偶，幼女夭折，胞妹早逝，晚年去子，生活贫困到经常要告贷的地步。有陆游的诗为证："闻说平生辅汉卿，武夷山下啜残羹。"朱子忧时伤世，抱负远大，满腹经纶，非常希望将他的理论付诸实践。一生中最大的机遇要算入朝担任宁宗的侍讲官。他想借经筵这块阵地，向独断专行的君主灌输自己的"帝王之学"，通过匡正君德来限制君权的滥用。他滔滔不绝 40 余天连讲 7 次，宁宗装作从善如流的样子，朱子高兴地认为"天下有望"。天真的朱子不知皇帝接受批评是有限度的，当动摇到统治者根基时就顾不上一切了。一纸内批逐出经筵国门，满腔热血顿时化为冰霜。虽然朱子遵师训，自号晦翁，给自己立下"不远复"的座右铭，时刻注意道德修养；但他仍不能避免"党锢之祸"，反道学家们的迫害直到他出仕致死，朱子最后是在没有看到理学光复的希望中离开人世的，他死时定然没有瞑目。朱子的悲哀不仅在于身世浮沉、命运多舛，更在于中华文化的巨大矛盾集于理学一身。朱子理学从本质上看应是人本主义的，他从客观走向主观，高扬人的个性旗帜，呼吁人性异化的复归，但它仅仅停留在道德的层次上。这样就包含了两种相反的价值走向：一种是通向人格独立、天赋人权资产阶级的民主启蒙，一种是通向三纲五常、忠孝仁义的封建专制。他的学说充满着思考的精神，符合人们的认识过程，但整个理学大厦却建立在客观唯心主义的基础上。他以修养为本位，而不以认知为本位，道德的绝对化走向朱子善良愿望的反面；他以社会为本位，而不以个人为本位，人性的复归不具有社会实践和自由民主的平等内容；他以政治为本位，而不以经济为本位，把社会和国家的希望寄托在君主宰相的身上；他以价值为本位，而不以真理为本位，他更看重自己的价值判断代替真理，所以他的思想体系还不能称其为科学。加上历代统治者对朱子理学的改造，更是扼杀了前者、强化了后者，给中国的历史发展带来了巨大的不幸。但是即便如此，朱子理学的光芒也还是辉耀历史星空的。

　　孙中山先生是怎样看待朱子理学的呢？他说："中国有一段最有系统的政治哲学，在外国的大政治家还没有见到，还没有说到那样清楚的，就是《大学》中所说'格物、致知、诚意、正心、修身、齐家、治国、平天下'，把一个人从内发扬到外，由一个人内部做起，推到平天下止，像这样精微发展的理论，无论外国什么政治学家都没有见到，都没有说出，这就是我们政治哲学知识中的独有宝贵，是应该要保存的。"

　　毛泽东同志又是如何看待的呢？他曾对张治中将军说，应该好好读读朱子晚年编注的《楚辞集注》，这是本好书。当年田中角荣访华时，毛泽东把这本书当成国宝赠送给他。蔡厚示先生的发问更是振聋发聩："唯心的未必是坏蛋，唯物的也未必是英杰，历史上不乏其例；黑格尔与朱熹都是唯心主义哲学家，为什么马克思主义经典家能对黑格尔十分推崇，而我们却要把朱子骂倒呢？"是的，如果我们都像倒洗脚水把孩子都一块倒掉那样，中华民族的文化便成了无根的文化。我想到了一个非常简单的命题：一把小刀，可以削水果，也可以杀人，你能把杀人的责任或者削水果的功劳都归结于刀吗？"批判的武器不能代替武器的批判。"

半个钟头时间很快就过去了，我收拢思绪，沉着地向答辩室走去。我自信能够圆满地回答教授提出的问题。但我认为，只要有黄皮肤、黑头发的地方，只要还在用方块字进行东方式思维，那么对朱子的评价只会仁者见仁、智者见智。就这个命题而言，论文答辩远远没有结束。

政和时空

黄健平

  政和，在历史上与两位名人的渊源不能不提。

  一位是赵佶。

  说起赵佶，知道的人或许不多。但熟悉历史或读过《水浒传》的人都知道，施耐庵笔下的那位重用奸臣、专门把好汉逼上梁山的"皇帝老儿"就是此人。了解中国文艺史的人也知道，除了南唐后主李煜，赵佶或许是中国帝王中艺术天分最高的皇帝。他独创的瘦金体书法独步天下，可谓空前绝后；其楷书作品《秾芳依翠萼诗帖》堪称楷书杰作，草书也炉火纯青；出自其手笔的《雪江归棹图》《芙蓉锦鸡图》及《四禽图》等中国画的顶尖作品表明，在丹青绘画领域，赵佶也当之无愧地可以跻身中国历史上最优秀的大画家之列。同时，他还是位作家和茶叶专家。虽然同其杰出的书画成就相比，那些风花雪月的词并不突出，但他的茶叶研究成果却一点也不含糊，他亲自撰写的《大观茶论》，在我国的茶叶专著中影响深远。但只可惜，他偏偏生于帝王之家，其兄宋哲宗又因病夭逝。于是，这位"不爱江山爱丹青"的赵佶，就稀里糊涂地坐上了皇帝的宝座，也成为中国历史上蒙受靖康之耻的落难皇帝，在书画大师的头衔上留下了不光彩的一笔。

  其实，如果没有当皇帝，像赵佶这样才华横溢、具有高度灵性的艺术天才，很有可能会成为一位相当完美的艺术家。至少在中国书画史上，他会享有无可争辩的崇高地位。也正是这种阴差阳错，才使他与政和结下了不解之缘。

  话说宋徽宗政和五年（1115）的一天，赵佶正品尝福建路建州府呈送的新茶。贡茶呈上，只见根根白毫开始卧浮，而后芽尖向上，挺立杯中，徐徐降下，甚是奇叹。细细品味，顿觉回味甘醇，芳香肺腑。问起手下，才知茶名"银线水芽"，产自福建路建州府关隶县。于是，龙颜大悦的他，马上用自己飘逸犀利的瘦金体，挥毫将自己的年号——政和，赐予关隶。从此，政和便与这位多才皇帝结下了不解之缘。而在中国，因茶叶而受赐，得到县名的，也只有政和了。

另一位，则是朱子。

提到这位杰出的理学大家，许多人都知道他生于尤溪，终于建阳，武夷山也到处留有他讲课治学的足迹。其实，朱子同闽北的渊源，与政和息息相关。

我们只要把时间回到宋徽宗政和八年（1118），就可以了解朱子与政和的不解之缘。来自江西婺源的朱松（朱子之父）考取了进士，并授任政和县尉。于是，满腔热血的他，举家入闽赴任。上任后，朱松为官清廉，治政有方，百姓赖以为安。为了改善当地风气、教育地方子弟，他还着手创办了云根书院和星溪书院。从此，政和"文风兴盛，儒士善人，彬彬蔚起"。宋宣和五年（1123），朱松调任尤溪县尉，并于建炎三年到泉州石井镇任职。仅过了三个月，他即辞职携眷返回政和定居。在朱松看来，在初仕的几年间，他倾注了太多太多的心血；而埋葬着他父亲的政和，已然就是他心中的故土。或许，他正准备在此终老一生。但历史偏偏就是捉弄人。就在回乡后的第二年（1130），由于兵乱，为了安全起见，朱松只身带着身怀六甲的妻子顺流南下，落脚尤溪。仅过月余，这年的旧历九月十五，朱子就出生了。故有朱子"孕于政和，生于尤溪"之说。在世时，朱子就常借拜祭祖父、祖母之机，留住云根书院，他的父亲就在这里为他讲授治学。转眼斗转星移、岁月沧桑，书院虽几经废葺，但理学依存。2004 年，政和人民为了纪念朱子及其祖父、父亲对政和作出的贡献，又一次重建云根书院。

日前，我再一次登临云根书院。登高望远，在同一片天空下，我所望见的孕育了朱子的小城，在历史积淀中正焕发新的活力。当年赵佶所品的贡茶，如今已成为国家地理标志保护产品，进入寻常百姓家。政和以"中国白茶之乡"的美名，相继打响了政和白茶、政和工夫红茶等品牌，其茶叶种类和品质有了新的飞跃。

回望过去，我突发奇想：如果这个赵佶没有当上皇帝，那政和的历史会是哪般模样？如果当年朱子在出生前，没有遭遇到那场战乱，又将改写出怎样的一段历史？想到这，不禁让人感慨万千。

魏公万能^①重建云根书院记

祝 熹

戊戌夏，余随林公文志赴齐鲁考察。一日，自尼山归曲阜。车窗外，斜阳千里，平野尽望。先生喟然语余曰："齐鲁自古圣贤之地，吾乡亦为理学名邦。齐鲁有'万世师表'之孔子，吾乡有'大儒世泽'之朱子。习近平总书记有言，儒家思想乃中华民族生生不息、发展壮大之重要滋养。建书院，尊圣人，宏儒学，崇道德，不亦宜乎？朱子文化研究会当关注弘扬朱子文化之大德，奖掖先进，以彰其德。政和有魏万能者，当褒扬之。"

"政和"乃宋徽宗年号，北宋政和五年（1115）易闽地关隶县名为政和县。政和八年（1118），朱子之父韦斋先生同上舍出身，授政和县尉，举家入闽。政事之暇，于桥南正拜山下创星溪书院，于县北黄熊山麓创云根书院，以供职事之余，读书观理而养其高大之趣，以风化县人子弟，使知兴学。邦民称韦斋"既民之父母，又民之师保也"。韦斋去县，百姓思复念之，千年而降，或立祠祭祀，或重修书院，或勒石铭记。云根书院，屡废屡修。自宋以还，重建者六。然自清嘉庆十一年（1806），知县丁日恭重建之后，废弃久矣。

魏公万能，政和城关人，历任政和县副县长、中共政和县委副书记、政和县人大常委会主任。曾主持九层际电站工程建设，负责洞宫山水库、下楒洋水库、芹山水库移民安置。所做之事，"农""林""水"也。

政和魏姓，其肇基始祖魏甲太于宋神宗熙宁元年（1068）迁铁山屯头开基，逮今千年矣。家族，有仁人之心、兼善之情；魏氏子弟，或参建县学，或倡修

---

① 魏万能，政和人，政和县人大常委会原主任、云根书院筹建委员会主任、首届文脉奖获得者。

书院。岁月不居，光阴荏苒，时甲申年，有识之士谏曰："重建云根书院，可乎？"政和官长然之，遂成立云根书院筹建委员会，魏公万能任委员会主任。

政和文脉之浸润，家族传统之使命，魏公虽自以为乃建水库修电站之粗人，却以当仁不让之心，阔步而出，穿过城区繁华街巷，站立青龙山上：正拜山在侧，黄熊山在望，千山堆叠，青峰秀峦；双水夹流，星溪逶迤，潺潺湲湲，西流而去；民居祥和，斜阳楼角，溪桥跨岸，市声隐隐……市井溪山之胜，靡不呈献。千里浩然气，一点快哉风，魏公遂选址青龙山。

政府支持、单位鼎力，犹未足也。魏公请商贾赞助、邦民捐款，亦曾赴上海同乡会，游说同乡，合众官署之力量，积众邦民之火焰，买山地、开山路、推土方、跑设计、购材料，事事躬亲，一一区画，心心念念，夙兴夜寐。历时三年，岁次丙戌，方塘半亩，得清如许；斗拱飞檐，殿宇森然；曲苑回廊，移步换景。书院规模尽备矣！然塑像未立，文字阙如，版面空缺，楹联未拟。魏公遍阅县志，撰《韦斋在政和》，编《朱子生平》，拟《政和大事记》，再以退林、韦斋、朱子为楔入，整理宋代理学名贤、政和历代先贤、政和革命先烈，搜罗韦斋、朱子诗词，又上溯前贤古训，《三字经》《千字文》《弟子规》《朱子家训》《朱柏庐治家格言》。塑孔子行教像、朱子雕像、祝夫人育子像。集朱子书法为匾为联，亦请名家拟联，邀书家题匾，约作家撰文，诸如此类，不一而足。以石雕、影雕、彩绘瓷砖表现，倘天地不易、岁月静美则斯文不坠可不朽矣！戊戌季冬，余谒云根书院，魏公带余遍观书院之像、之文、之诗、之联。余窃长叹曰：闽北文化建筑布置罕出其右者。吾亦乃知林公文志所赞非谬也！

魏公承德业继前哲，青龙山上，云根书院之基构鼎新，规模宏大，远避市廛。政和邑民，靓女俊男，往来不绝，登高望远，凭栏俯瞰：千家山郭，屋舍历历；叠巘重峦，星溪粼粼。瞻仰先贤，诵其诗，受其教，继往开来之情勃然而生也。由是邦民奋发，里中赞叹，政和儒风亦复蔚然矣。

魏公立大志、做小事，则事事易成；发宏愿、结善缘，则人人钦佩；行公益，建书院，则自有泽德。熊邑之士，闻公之风，当叹慕则效而兴起也！

2018 年 10 月

（祝熹，南平市朱子文化研究会副会长）

继往开来传薪火

——访第五届"中国·朱子故里文脉奖"获得者吴邦才 ①

林文志　江礼良

中华文明如火炬，照亮了数千年的历史。古人言"天不生仲尼，万古如长夜"，后又有文化学者道"天不生考亭，仲尼如长夜"，形象地比喻思想文化如火炬一样对历史的照耀，也生动地表达出孔子与朱子在中国思想文化史中的地位。

思想文化之火炬千年不熄，靠的是一代又一代守护火种、增亮火光的"燃薪人"。这次我们采访的是中国朱子学会顾问、武夷文化研究院名誉院长、第五届"中国·朱子故里文脉奖"获得者吴邦才先生。

听说要采访自己，吴邦才连声推辞。他说，自己做的事情，都是朱子故里人应尽的责任。经过我们一再坚持，他才表示，要宣传就宣传朱子文化的传承工作，把这几十年来参与朱子文化保护发展的历程记录下来，留给后人，让中华优秀传统文化在闽北薪火相传。

燃起心中的火花

吴邦才对于朱子文化的特别关注和主动作为，始于 20 世纪 80 年代。1985 年，年仅 36 岁的他，赴任崇安县委副书记。当时县委安排他的一项重要任务，是主抓撤县建市（撤销崇安县，设立武夷山市）。要完成县改市，首先需要深

---

①吴邦才，政和人，曾任南平市副市长、武夷学院党委书记，中国朱子学会顾问、武夷文化研究院名誉院长，第五届文脉奖获得者。

入地了解这个县的历史。为此，他调阅了大量史料，做了系统深入的学习研究，并由此深感武夷山不仅生态条件极为优越，而且历史悠久，文化非常厚重。尤其是了解到朱子曾在武夷山生活了近半个世纪，留下了珍贵的文化遗产后，他越深入了解，就越增加对武夷山的热爱和对历史文化的敬畏。

这一时期遇上一个机缘，就是时任全国政协副主席的钱伟长到武夷山考察，吴邦才参与陪同。此次陪同，给他留下了特别深刻的印象。钱老对书院文化高度关注，一到武夷山，就提出一定要看一看朱子当年创办的武夷精舍。在遗址前，钱老感慨地说："朱子创办的这座书院，在历史上非常有影响，可以说是中国大学的雏形。很可惜书院现在荒废了，只留下两堵残墙。这两堵残墙，你们一定要保护好。"

吴邦才说："这次陪同，对我来说可以用'震撼'两个字形容，深深感受到对文化遗存保护的重要性和紧迫性。"从此，他结合县委、县政府的有关部署和要求，从"两堵残墙"开始，在保护武夷山朱子文化遗存方面做了不懈的努力。在他的建议、协调和推动下，县委、县政府把传统文化遗存的保护摆上重要位置。他多次到朱子文化遗存最集中的五夫镇调研，与乡镇干部、县直有关部门干部一起商议古镇街巷的保护工作。吴邦才一再强调："建设是政绩，保护也是政绩。"在比较流行"大拆大建"的20世纪八九十年代，武夷山五夫古镇街巷一直得以保护，这是相当不容易的。

坚定文化自信的基础在于保护。保护好，才能让历史说话、让文物说话、让文化说话。由于武夷山一直以来重视朱子文化遗存的保护，为后来武夷山申报世界文化与自然遗产保留了珍贵的证据。武夷山作为"朱子理学的摇篮"被列入世界文化遗产和自然遗产名录。谈到这些，吴邦才深有感触地说："你对历史负责，历史也会给你丰厚的回馈。"

文化自觉一旦开启，就会转变成持续的行动力量。吴邦才对优秀传统文化的热爱和保护，不仅是在武夷山工作期间坚守着，而且被他带到了此后的各个工作岗位之中。1990年至1994年，任南平地区教育局局长期间，组织启动了《闽北教育志》的编写工作，特别强调收集整理朱子书院教育史料。1995年至2000年，任南平市政协副主席期间，主持编撰了《世界遗产武夷山》一书，成为最早系统地宣传武夷山世界双遗产的文献。2001年至2007年，任南平市政府副市长期间，分管文化、教育、科技等工作，从市政府的层面大力推动历史文化遗存保护工作。这一时期，市里进一步增加了文化保护工作的人员力量和经费保障，一批文物、遗址被列入国家级、省级保护对象。在南平历届市委、市政府的重视和社会各界的努力下，全市朱子文化遗存保护工作不断加强，组织了大规模的专项摸底调查，对全市内朱子遗存进行登记保护。据不完全统计，全市目前已登记保护的朱子文化遗存有 140 处，其中国家级文保单位 2 处、省级文保单位 11 处、县级文保单位 52 处；馆藏可移动朱子文物 23 件，其中一级文物 1 件、三级文物 2 件。这是一笔十分丰厚、令闽北人倍感自豪的文化遗产。

举起手中的火把

在保护的前提下建设，在建设的基础上发展，提升闽北优秀传统文化的地位和影响力，这是南平市委、市政府的决策，也是吴邦才在工作中孜孜以求的愿望和精心落实的行动。他提出，弘扬优秀传统文化，重在"物化、活化、教化"。

"物化"在建设。通过修复和重建的传统文化项目建设，使优秀传统文化陈列在闽北大地上，以实物的形式展示"闽邦邹鲁""道南理窟"的独特魅力。吴邦才为此四处奔走，殚精竭虑，经历和参与了南平市传统文化项目建设不断迈上新台阶的时期。

建阳考亭书院是朱子最后创建的一所书院。朱子在此著述讲学，登上理学高峰，创立考亭学派。"凭栏瞰溪流，一片波光摇学海；游眸迎野趣，四周山色拥贤关。"重建后的考亭书院背靠玉枕峰，面向翠屏山，依山傍水，楼阁成群，雄浑典雅，清幽静谧。这里是海内外文化学者、游人景仰先贤、传承弘扬朱子理学的殿堂。从道原堂、集成殿、庆云楼等仿古建筑群的设计和内部陈展，到清邃阁、春日亭、秋月亭的布局和效果，再到讲学、祭祀、藏书三大功能的形成，重建的考亭书院体现了还原历史、尊重先贤、展示风貌的综合效果。

武夷山五夫镇的朱子故居——紫阳楼，是朱子成长、成家、成才之地，"琴书四十载"的重要生活印记；朱子广场矗立的朱子雕像，高度 71 尺，象征朱子71 岁辉煌的人生。文公山麓的集成殿庄严典雅，成为华夏朱子祭祀中心。这些场景得以重建并对中外游客和文化学者开放，使古老的五夫镇成为四面八方慕名而来的文化圣地。

朱子的父亲朱松创建的云根书院位于政和城南状元峰，是朱子三代人讲学之地。书院的诗廊上，镌刻着吴邦才的《题朱子阁》："南迁入闽国，孔理广传播。竹茂须涵养，剑锋出砺磨。躬耕书院盛，哺育贤达多。重教兴学业，三朱树楷模。"

这些重建项目的建设，不是一般的工程项目，需要融合专业的历史知识、深厚的文化素养、独特的建筑美学为一体。身为南平市朱子文化保护传承工作专家组组长，多年来，吴邦才带着专家组参与了这些重建项目的策划和指导，以专业、严谨的态度，核查史料，科学论证，组织评审方案，付出了大量心血，发挥了他既是官员又是学者的独特作用。

"活化"在活动。举办武夷山朱子文化节，是打响朱子文化品牌、提升朱子故里的文化地位、促进文旅融合发展的重要举措，也是吴邦才等人致力于推动的一项工作。从2005年起到2016年，朱子文化节连续成功举办了七届。依托这项活动，世界朱氏后裔宗亲、海峡两岸的朱子学研究者、各界人士和当地群众齐聚武夷山，祭祀先哲、研讨学术、交流联谊，活动内容丰富多彩，很有影响力。后来，朱子文化节虽转为常年性的朱子文化活动，但其在提升朱子故里文化地位和影响力的过程中所发挥的作用是不容置疑的。

"走朱子之路"是海峡两岸学者共同发起，由海峡两岸朱子文化社团和相关高校联合组织两岸青年学子参加的朱子文化研习营活动，很有意义，影响广泛。吴邦才对这项活动满腔热情地支持，还组织武夷学院师生参与活动。这项活动开展了十五届，至今充满着生命力。

如何把朱子文化转化为旅游产品，这是吴邦才的关注点之一。在他的指导和推动下，武夷山推出文公宴，政和推出了朱子孝茶。

"教化"在传道。让朱子文化进校园，是传承优秀传统文化，使现代教育获得源头活水的重要渠道。吴邦才任武夷学院党委书记期间，把朱子文化作为学院的办学优势和办学特色。在历届学院领导班子和专家团队的持续努力下，武夷学院的朱子文化特色日益鲜明，校园内建起了"朱子书院"，开设朱子文化课程，整合校内朱子学研究力量，成立实体研究机构"朱子学研究中心"。在武夷学院成立了"福建社会科学院·中国社会科学院哲学所宋明理学研究中心"，内设宋明理学图书资料室，藏书数万册。开展宋明理学的学术研究、学术交流、人才培养活动。累计出版朱子学、理学领域的专著23部，发表论文

100 多篇。

让朱子文化走向社会，是激活朱子文化生命力的强大动力。吴邦才退休后把宣传朱子文化作为光荣义务，自号"文化志愿者"。他先后编著出版了《朱熹书法选》《武夷文化选讲》《武夷八大家》《考亭书院大观》等著作。经常深入机关、企业、学校、农村宣讲朱子文化。参与了朱子祭祀大典、"开茶祈福，礼敬朱子"仪式的策划。

让朱子文化走出海外，是扩大朱子文化世界影响力的必由之路。吴邦才除了与台湾、香港文化学者开展经常性的交流，还注重与国外的文化交流，先后为来自法国、德国和东南亚到武夷山访学的文化学者和青年学生讲解朱子文化。还赴韩国与安东国学振兴院开展学术合作。目前，已举办了五届中韩朱子文化学术交流会。

传递不熄的火炬

"薪火相传是中华文明生生不息的根本。作为朱子故里的文化人，不仅应当把朱子文化的火炬高高举起来，而且应当世代传下去。这样才无愧于先贤，无憾于后世。"吴邦才如是说。

时间飞逝，从风华正茂走到年逾古稀，吴邦才从武夷学院党委书记的岗位上退休后，接任武夷文化研究院院长工作时，十分注意在研究员换届中吸纳年轻人参加。他主编《武夷文化研究》期刊，特别注重刊发新人的作品，还专门安排了一期青年学子论文专辑。中国朱子学会在政和县举办朱子孝道文化弘扬大会，吴邦才作为中国朱子学会顾问，在参与安排大会学术交流时，特地选入几位青年博士生的论文参加交流，有意识地培养后备研究人才。在与朱子后裔座谈时，吴邦才说："朱子是朱家的，也是大家的；朱子学是历史的，也是时代的；朱子文化是中国的，也是世界的。让我们共同努力，推进中华优秀传统文化传承群众化、时代化、国际化。"

访谈快要结束时，笔者请教年轻人应如何传承朱子文化的问题，吴邦才讲了自己的体会：

一是学而致知。要研究朱子文化，一定要认识朱子。要认识朱子，一定要读朱子的原著。"我用了整一年时间把《朱子全书》通读了一遍，有的文章甚至读十遍二十遍。这对我来说是一次升华,使我对朱子的思想有一个全面的了解,对朱子文化的精华有一个清楚的识别。这样可以避免人云亦云以至偏听误读。"朱子强调读书要循序渐进,由浅入深。初学者可以从《朱子家训》《小学》入手,接着看《近思录》,再看《四书集注》,然后全面通读,博学慎思,格物穷理。

二是知而笃行。 致知的目的在于行。朱子特别倡导"致知力行"。传承朱子文化,不仅要讲,更要行。如朱子提出"忠孝廉节",其价值不只在于理论建树,更在于行为规范。只有将"忠孝廉节"融化在日用而不觉的行为中,才有真正的意义。

三是行而赓续。 弘扬优秀传统文化,不能急功近利,而应久久为功。"继往开来"是朱子的原创,更是朱子毕生的奋斗与追求。我们弘扬朱子文化,最根本的是要弘扬朱子继往开来的精神气概,守正创新,坚持创造性转化、创新性发展,让中华优秀传统文化永放光芒。

近年来,南平市委、市政府高度重视、大力加强朱子文化的保护、传承和发展工作,围绕打造世界级朱子文化品牌,以建设"朱子文化生态保护区"为目标,着力实施"保护、学术、传播、交流、融合"五大工程,专门成立了领导小组及其办公室,进一步提升了朱子文化的地位作用,扩大了朱子文化在海内外的影响力,氛围浓厚,成绩斐然。讲到这些,吴邦才倍感欣慰,仿佛看到了中华优秀传统文化薪火相传、永续不息的未来。

（作者林文志系南平市朱子文化研究会会长；江礼良系南平市朱子文化研究会特约研究员）

缅怀历史　敬仰先贤

李隆智

2020 年 10 月 17 日，政和县举行云根书院创建 900 周年暨朱子诞辰 890 周年纪念活动，各地领导、专家齐聚一堂，缅怀追思朱子三代在传承中华文明，特别是传统礼仪孝道文化等方面作出的卓越贡献。

中国朱子学会常务副会长陈支平、中国书院学会副会长王立斌、中国社会科学院研究员李存山、福建省委宣传部原副部长朱清、福建省闽学研究会会长黎昕、福建省文史研究馆馆员、南平市政协原主席张建光、世界朱氏联合会秘书长朱义芳、南平市政协副主席余建坤、政和县领导等参加活动。纪念活动由武夷文化研究会原院长吴邦才主持。

宋政和八年(1118)，朱子的父亲朱松进士及第，任政和县尉，举家迁居政和。此后，朱子的祖父祖母都终老在政和，并安葬长眠于政和。政和是朱氏入闽的第一站，成为朱子的祖居地。

朱松是一位理学家，秉承其父朱森的嘱咐，重教兴学，到政和后就创建了政和云根书院。之后又创建星溪书院。朱子幼年曾在云根书院接受启蒙教育，初读《孝经》，发出了"不若此，非人也"的誓言。朱子成年曾多次到政和祭祖、讲学。所以，政和留下朱子三代先贤的印记，获得"先贤过化之乡"的美誉。

中共政和县委副书记王丰受县委书记黄爱华委托为纪念活动致辞，到会的专家学者分别致辞。中国朱子学会常务副会长陈支平为"朱子孝道文化教育基地"授牌，政和县人民政府县长张行书接受牌匾。活动期间，领导嘉宾向云根书院先贤祠敬献花篮，还参观了云根书院和朱子孝道纪念馆及铁山镇凤林村启贤祠、韦斋草庐、朱森墓等文化遗存。

（作者系政和县朱子文化研究会副会长）

附录

韦斋公年谱简编

宋哲宗

绍圣四年（1097）丁丑闰二月二十三日午时，韦斋公生于婺源之居第。公父讳森，字良材，号退林。年二十三始生公，取名松，字乔年，居长，行百一，韦斋其自号也。

元符元年戊寅。二年己卯。三年庚辰。

宋徽宗

建中靖国元年辛巳。崇宁元年壬午。

二年癸未，公七岁。公童时，每出语惊人，退翁心异之，尤加训勉。

三年甲申。四年乙酉。五年丙戌。大观元年丁亥。二年戊子。三年己丑。四年庚寅。政和元年辛卯。二年壬辰。三年癸巳。四年甲午。五年乙未。六年丙申。

七年丁酉（1117），公二十一岁，娶祝氏孺人（为同郡处士祝公确女）。元符三年庚辰七月庚午日生，年十八归于公。鬻郡学贡京师。

八年戊戌（1118），公二十二岁。春，公至汴京参加会试，通关为贡士。三月十六日，徽宗在集英殿策士，公顺利通过殿试。登王昂榜进士及第，同上舍出身，授迪功郎，福建路建州政和县尉。

八月至任，公挈家入闽遂奉二亲就养于官舍，仲弟柽（字大年）、季弟槔（字逢年）、胞妹二人俱偕行，寓居政和。

宋宣和元年己亥（1119），公二十三岁。公自渭卜急害道，因取古人佩韦之义，在其县尉建韦斋室，以自警饬焉。

二年庚子（1120），公二十四岁，丁外艰。（按是年五月二十日亥时卒于尉舍。时盗寇未息，途梗不能归，遂寓葬于县西二十里凤林村护国寺之西侧。）

三年辛丑（1121）。四年壬寅。

五年癸卯（1123），公二十七岁。五月，服除，更调南剑州尤溪县尉，七月之任。

六年甲辰（1124），公二十八岁。公自谓卞急害道，榜其斋亦如是，在其县尉建韦斋室，以自警饬焉。

七年乙巳。

宋钦宗

靖康元年丙午。二年五月为建炎元年。

宋高宗

建炎元年（1127）丁未，公三十一岁。六月，闻靖康之变。二年戊申。三年己酉，公三十三岁。五月秩满，假馆于郑氏之义斋。（按郑氏名安道，熙宁六年进士。）八月，权监泉州石井镇。（按公在石井，闻有北骑自江西入邵武，公十一月初携家眷还政和，寓垄寺。）

四年庚戌（1130），公三十四岁。夏，自政和仍买舟携眷下尤溪。（按是年五月初，龚仪叛兵烧处州，入龙泉，破松溪隘，掠建州，攻南剑，六月被中方为官军所破，尤溪幸无恙。）

九月十五日午时，生文公于尤溪，假馆郑氏之寓舍。（按公生文公后有书致外父祝公，备言建地贼寇未平，频遭遁避之苦。）

绍兴元年辛亥，是年仍避寇，寓长溪龟灵寺。

二年壬子，春，闻建寇未平，将欲携家之福州，不果。

三年癸丑。

四年甲寅，公三十八岁。二月，召试馆职，除秘书省正字、循左从政郎。

九月，丁内艰。〔按程太孺人以九月二十八日戌时卒于建州，寿五十七，葬政和县将溪（富美村）铁炉岭。〕

五年乙卯，公携眷在政和为其母守丧。

六年丙辰，公在政和守丧。

七年丁巳，公四十一岁。服除，九月召对，改左宣教郎，除秘书省秘书郎。

是年，天子有事于明堂，发赦追荣，以公在馆职，有司按故事奉敕赠公父承事郎，母孺人。

八年戊午，公四十二岁，三月，迁著作佐郎。四月，复召对，擢尚书度支员外郎，兼史馆校勘。

九年己未，公四十三岁。历司勋及吏部员外郎，领史职如故。入史院，与修哲宗实录，书成，迁左奉议郎。

十年庚申，公四十四岁。春以年劳转承议郎，出知饶州、辞、未上。请祠，得主管台州崇道观。

十一年辛酉。十二年壬戌。

十三年癸亥（1143），公四十七。三月二十四日辛亥，卒于建州水南环溪精舍。公没之明年甲子，葬于五夫里之西塔山。乾道六年，迁于里之白水鹅子峰下。后至庆元间，再迁葬于上梅里寂历山中峰寺之北。祝太孺人后公二十七年卒，寿七十，葬建阳崇泰里后山天湖之阳。

宋绍熙五年十月，宋光宗追封韦斋公通议大夫暨祀祝氏追封粤国夫人。

元至正二十一年十二月，元顺帝追谥其为朱献靖公。

明嘉靖九年明世宗诏，朱松从祀启圣公庙，令天下学官一体并祀，通称"先儒朱氏"。

（摘自《韦斋集》）

朱子年谱简编

建炎四年　1130 年　1 岁

五月，朱松自政和买舟携眷下尤溪。

九月十五日出生于福建尤溪，父朱松，母祝氏。

绍兴四年　1134 年　5 岁

入小学，开始童蒙生活。

绍兴五年　1135 年　6 岁

随父朱松居政和庐墓守丧，就读于云根书院和星溪书院。

绍兴七年　1137 年　8 岁

六月，朱松赴行临安前，从政和送朱子母子寄居浦城。

绍兴八年　1138 年　9 岁

到临安，就学于杨由义，得尹焞《论语解》抄录苦读。

绍兴九年　1139 年　10 岁

读《四书》，沉迷孔孟"圣贤之学"，慨然有圣人之志。

绍兴十年　1140 年　11 岁

随父归闽，访建阳、崇安（今武夷山）五夫诸朋友。在建阳姑姑家，朱松手书苏轼《昆阳城赋》授之。父亲在建安（今建瓯）城南紫芝上坊建环溪精舍。精舍建成后，受学于父亲。

绍兴十三年　1143 年　14 岁

三月，父病故，临终前让朱子学于五夫的刘子翚、刘勉之、胡宪三先生，并把家事托给在崇安五夫里奉祠家居的刘子羽。遂同母、妹迁居崇安五夫。

绍兴十四年　1144 年　15 岁

在五夫，受教于刘氏家塾六经堂。攻读四书，作《不自弃文》。初见道谦禅师，向其学禅。

绍兴十五年　1145 年　16 岁

刘子翚为朱子取字"元晦"，取"木晦于根，春容晔敷；人晦于身，神明内腴"之意。

绍兴十七年　1147 年　18 岁

秋，举建州乡贡。考官蔡兹阅卷，看到朱子的三篇策论，皆论及朝政大事。蔡兹说："必非常人也。"

绍兴十八年　1148 年　19 岁

娶刘勉之长女刘清四。春，赴临安应试，中王佐榜第五甲第九十名进士。

绍兴二十一年　1151 年　22 岁

至临安铨试，结果中等，授左迪功郎、泉州同安主簿，待次。建"牧斋"，读六经百氏之书。

绍兴二十三年　1153 年　24 岁

赴同安任，经延平（今南平）时往见李侗。李侗劝朱子看圣贤言语，从日用工夫处理会大道。长子朱塾出生。

绍兴二十四年　1154 年　25 岁

任同安主簿兼管县学，次子朱埜出生。

绍兴二十六年　1156 年　27 岁

七月任职期满，送老幼返崇安。

绍兴二十七年　1157 年　28 岁

春，回到同安等待接任者。岁末回到五夫。

绍兴二十八年　1158 年　29 岁

春正月，徒步百里往延平拜见李侗，至三月才归。十二月，差监潭州南岳庙。

绍兴三十年　1160 年　31 岁

与李侗书信讨论"主静存养"与"洒然融释"的理论。冬，再到延平见李侗。长女朱巽出生。

绍兴三十二年　1162 年　33 岁

正月，到建安拜见李侗，并陪侍李侗回延平。五月，监南岳庙祠秩满，再请祠。六月，高宗内禅，孝宗即位。同月，再得监潭州南岳庙。八月七日应诏上封事，是为"壬午封事"。

隆兴元年　1163 年　34 岁

十月至行在；是月，李侗卒。十一月六日奏事垂拱殿。十二月，除武学博士，待次；是月，由行在归。仲女朱兑出生。

隆兴二年　1164 年　35 岁

正月，到延平哭奠李侗。九月，闻张浚病卒，二十日赶赴豫章（今南昌），在舟中哭祭张浚。后从豫章护灵至丰城，同张栻畅谈了三天，面叩湖湘学，讨论中和说。

乾道元年　1165 年　36 岁

二月，召赴行在任武学博士。四月赴行在，同主和派论争。复请祠。五月，得再监南岳庙。二女朱兑出生。

乾道二年　1166 年　37 岁

编订周敦颐《通书》，编订《二程语录》，编订《张载集》。

乾道三年　1167 年　38 岁

八月，赴潭州访张栻，会讲岳麓。十一月，与张栻及门人同游衡山。

乾道四年　1168 年　39 岁

四月，五夫饥荒，上书请建宁拨常平米贷赈济急。七月，崇安大水，奉府檄救灾。

乾道五年　1169 年　40 岁

季子朱在出生。

乾道六年　1170 年　41 岁

葬母于建阳马伏的寒泉坞，开始了六年（一说八年）寒泉著述时期。七月，迁父墓于寂历山。十二月，召赴行在，以居丧辞。

乾道七年　1171 年　42 岁

五月，在崇安开耀乡创建五夫里社仓三间。九月，定《〈资治通鉴纲目〉凡例》。

乾道八年　1172 年　43 岁

《论语精义》十卷、《孟子精义》十四卷合成《论孟精义》，在建阳正式刻版行世。编《资治通鉴纲目》。撰《八朝名臣言行录》，刻版于建阳。

修订《西铭解义》成。

乾道九年　1173 年　44 岁

四月，序定《太极图说解》。六月，编次《程氏外书》。是年，编《伊洛渊源录》成。

淳熙元年　1174 年　45 岁

编订《大学》《中庸》新本，印刻于建阳。编次《古今家祭礼》成。

淳熙二年　1175 年　46 岁

四月，吕祖谦自浙江东阳来五夫与朱子相会，后至寒泉精舍共编《近思录》。五月与吕祖谦同赴江西信州，会陆九渊兄弟于鹅湖寺。七月，云谷的晦庵草堂落成，为之作《云谷记》。

淳熙三年　1176 年　47 岁

十一月十三日，妻刘氏卒。

淳熙四年　1177 年　48 岁

二月，葬妻于建阳县唐石里（今黄坑）大林谷。六月，《论语集注》《论语或问》《孟子集注》《孟子或问》《大学章句》《大学或问》《中庸章句》《中庸或问》略成。十月，《诗集传》成，《周易本义》成。

淳熙五年　1178 年　49 岁

八月，除知江西南康军（今星子），兼管内劝农事。十二月催赴南康任。

淳熙六年　1179 年　50 岁

三月到南康任。十月，重建白鹿洞书院。

淳熙七年　1180 年　51 岁

六月，南康军大旱，大修荒政。

淳熙八年　1181 年　52 岁

正月，在南康军的星子、都昌、建昌三县设场济粜。二月，陆九渊来访，请到白鹿洞书院讲学。三月，改除提举江南西路常平茶盐公事，归崇安家待次。八月，吕祖谦讣至，为位哭之。是月，浙东饥荒。九月，改授提举两浙东路常平茶盐公事，拜命，乞赴行在奏事。十一月，到临安上七札奏事延和殿。十二月，下诏施行"社仓法"于诸郡。

淳熙九年　1182 年　53 岁

七月，巡台州，奏劾前知州唐仲友贪污不法。

淳熙十年　1183 年　54 岁

正月，差主管台州崇道观。二月，拜命。四月，武夷精舍成。

淳熙十一年　1184 年　55 岁

三月，陈亮被逮入狱。与陈亮开始辩论"义利王霸"。

淳熙十二年　1185 年　56 岁

四月，差主管华州云台观。是年，继续与陈亮辩"义利王霸"，同陆九韶论辩"无极太极"。

淳熙十三年　1186 年　57 岁

三月，《易学启蒙》成书并序定。八月，《孝经刊误》成。

淳熙十四年　1187 年　58 岁

三月，《小学》成书。

淳熙十五年　1189 年　59 岁

二月，出示《太极图说》《西铭解义》以授学者。自淳熙十二年，先后与陆九韶、陆九渊兄弟辩"无极太极"。

淳熙十六年　1189 年　60 岁

十一月，知漳州。

绍熙元年　1190 年　61 岁

四月，抵漳州任。六月，奏行经界法。十月，以经界不行及境内地震足疾不能赴锡宴上自劾状，乞予罢黜奉祠，不允。同月，刊刻《四子》（《四书》）于漳州。

绍熙二年　1191 年　62 岁

正月，长子朱塾去世。二月，以嗣子丧请祠。五月，归建阳。

绍熙三年　1192 年　63 岁

六月，建阳考亭新居成。

绍熙四年　1193 年　64 岁

十二月，除知潭州、荆湖南路安抚使。内弟祝康国来访。

绍熙五年　1194 年　65 岁

五月，抵潭州任。六月，修复岳麓书院。七月，光宗赵惇内禅，宁宗赵扩继位。召赴行在奏事，辞。八月，除焕章阁待制兼侍讲，辞，不允。十月初四，奏事行宫便殿。奏事后，辞新除待制职名，不允。初十拜命，十四日进讲《大学》，十七日赐紫金鱼袋。二十三日，经筵留身时，面奏四事。闰十月初八，封婺源县开国男，食邑三百户。十九日晚讲后，被免侍讲职位。赵扩内批除宫观。二十一日，内批付下，即出居城南灵芝寺待命。二十五日，改除宝文阁待制，辞。二十九日，除知江陵府、荆湖北路安抚使，均辞。离行在南归，十一月十一日至玉山讲学于县庠。二十日，返抵建阳考亭。十二月，诏依旧焕章阁待制，提举南京鸿庆宫。考亭新居之侧的竹林精舍建成。

庆元元年 1195 年 66 岁

六月，草拟封事数万言，极陈奸邪蔽主之祸，蔡元定卜卦得"遯"之"家人"。朱子焚谏稿，改号"遯翁"。

庆元二年 1196 年 67 岁

三月，朱学被诬为"伪学"。庆元党禁开始。十二月，沈继祖疏奏朱子"十大罪状"。

庆元三年 1197 年 68 岁

正月，与蔡元定会宿寒泉，相与订正《参同契》。十二月，《韩文考异》成。十二月，被列入朝廷诏定的"伪学逆党"籍。

庆元四年 1198 年 69 岁

十二月，申尚书省乞致仕。《楚辞集注》成。

庆元五年 1199 年 70 岁

四月，奉旨致仕，开始用野服见客。六月，致仕告家庙。十二月，迁朱松墓于寂历山。

庆元六年 1200 年 71 岁

正月，考亭陈氏修建聚星亭，为其设计聚星亭画屏，作《聚星亭画像赞》。三月八日，手书黄榦告诀，以道相托，收拾《礼书》文字。初九午时，卒于考亭。十一月，葬于建阳县唐石里之大林谷。

（南平市朱子文化研究会整理）

后　记

政和是朱氏入闽首站地、朱子孕育地、朱子孝道文化实践地、朱子理学文化过化地，与朱子祖孙三代结下深厚文化情缘，朱子文化遗存丰富。为了更好贯彻落实习近平文化思想及习近平总书记来闽考察重要讲话精神，弘扬中华优秀传统文化，中共政和县委、政和县人民政府决定对朱子三代在政和留下的宝贵资料和丰富的朱子文化遗存进行全面收集整理，编撰出版《朱子三代与政和》一书。

《朱子三代与政和》是一部集专业性、研究性、史料性、故事性于一体的朱子文化书籍。全体撰写编辑人员历经十多年，本着对历史、对后人高度负责的精神，认真学习研究，广泛博采史料，仔细筛选整理，精心归纳编写。《朱子三代与政和》初稿形成后，由罗小成同志负责统稿和修改，并请朱子文化专家、学者审核审定，几易其稿，终付梓成书。全书共分彩页、绪论、源远流长、千秋吟颂、朱子三代与两院两园三祠、朱松诗文、朱子格言、朱子三代在政和的故事、朱子仪礼、孝道政和和熊城诵歌等11个篇章，约50万字，约100幅彩图。书中的彩页插图由余明传、李左青、许荣华、郭隐龙、郑和兴、张荣丽、魏荣华、王志明等同志提供。本书是资料性书籍，为人们了解、学习、研究、传承、保护、弘扬朱子文化提供了宝贵的资料。

《朱子三代与政和》的出版，是继《韦斋与政和》《朱子孝道文化论文专辑》出版后又一部朱子文化书籍，是中共政和县委、政和县人民政府持续推动朱子文化创造性转化、创新性发展的又一成果。本书编纂过程中，得到中国朱子学会、武夷文化研究院、南平市朱子文化研究会大力支持；南平市朱子文化研究会、婺源朱子文化研究会、尤溪朱子文化研究会、政和朱子文化研究会、政和云根书院文化研究会等相关研究会提供了宝贵资料；中国朱子学会朱崇实会长作序，吴邦才、张建光、林文志、陈国代等朱子文化专家亲自指导并提出宝贵的建议。
在此，一并表示衷心感谢！

　　由于时间仓促，编辑经验不足和编者能力所限，书中存在不妥之处，敬请
读者批评和指正，对此亦表歉意！

编者

2023 年 10 月 16 日